Problemas y métodos de la Literatura

ESPASA
UNIVERSITARIA
Literatura

CONSEJO ASESOR

Comunicación y lenguaje

JOSÉ LUIS L. ARANGUREN

Catedrático de Ética y Sociología
de la Universidad Complutense

Filosofía y Pensamiento

JOSÉ LUIS ABELLÁN

Catedrático de Historia de la Filosofía Española
de la Universidad Complutense

Historia

CARLOS SECO SERRANO

Catedrático de Historia Contemporánea de España
de la Universidad Complutense

Ideas e Instituciones

RAMÓN GARCÍA COTARELO

Catedrático de Teoría del Estado
de la U. N. E. D.

Lingüística

EMILIO LORENZO

Catedrático de Lingüística Inglesa y Alemana
de la Universidad Complutense

Literatura

FRANCISCO LÓPEZ ESTRADA

Catedrático de Literatura Española
de la Universidad Complutense

Psicología

JOSÉ LUIS PINILLOS

Catedrático de Psicología
de la Universidad Complutense

Sociología

JOSÉ CASTILLO

Catedrático de Sociología
de la Universidad Complutense

José Alsina Clota

Problemas y métodos de la Literatura

Espasa-Calpe, S. A.
MADRID
1984

ES PROPIEDAD
© José Alsina Clota, Madrid, 1984
© Espasa-Calpe, S. A., Madrid, 1984

—

Diseño de cubierta Alberto Corazón

—

Depósito legal: M. 35.132—1984
ISBN 84—239—6522—8

Impreso en España
Printed in Spain

Talleres gráficos de la Editorial Espasa-Calpe, S. A.
Carretera de Irún, km. 12,200. 28049 Madrid

Ἡ γὰρ τῶν λόγων κρίσις πολλῆς ἐστι πείρας τελευταῖον ἐπιγέννημα.

(Pues el juicio de valor en la Literatura es el fruto maduro de una larga experiencia.)

(PSEUDO-LONGINO, *Tratado sobre lo sublime.)*

A José M. Valverde,
crítico, poeta y amigo.

PRÓLOGO

La existencia de un libro como el que el lector tiene en sus manos necesita, creo, una cierta justificación. Al introducirse en los planes de estudio de la Facultad de Filología de la Universidad de Barcelona la materia titulada *Introducción a los estudios literarios*, caímos inmediatamente en la cuenta de que, por lo pronto, no existen en España titulados en Literatura general, por lo que hubo que recurrir a profesores de Literatura —catalana, castellana, griega— cuya formación es, evidentemente, parcial, pero que podían suplir su falta de estudios oficiales con una cierta dedicación vocacional a la Literatura. El autor de este libro fue uno de ellos. Por otra parte, acababa de enviar a la imprenta un grueso volumen *(Teoría literaria griega)* para cuya elaboración había tenido que hacer frecuentes excursiones en los métodos y cuestiones que plantea la Ciencia de la Literatura: creyó, en consecuencia, que la experiencia obtenida y acumulada a lo largo de la redacción de aquel libro le posibilitaría responder a la idea que se había formado del contenido de la nueva asignatura que acababa de introducir la Facultad de Filología en sus planes de estudio. El resultado de todas esas circunstancias es el presente libro.

¿Cuál es la finalidad que ha guiado al autor? Por lo pronto, algo le resultaba evidente: si quería responder al espíritu y a la letra de una *Introducción a los estudios literarios* no tenía otra alternativa que plantearse —y plantear a los posibles lectores— las cuestiones más candentes que un contacto con la Literatura pueda generar. No bastaba, a su juicio, confeccionar una colección de textos para comentarlos en clase, y seleccionar unos cuantos puntos concretos de entre los muchos que plantea la ciencia literaria. El autor creyó, honradamente, que su obligación era ofrecer al lector todo lo más importante que se haya podido decir sobre la Literatura. Por supuesto que intentar contestar a todos los problemas y a todos los interrogantes era imposible: pero al menos se podía intentar poner a disposición de los lectores, en escorzo, el núcleo central de lo que la problemática y la metodología literarias constituyen. En consecuencia, el resultado es un libro que tiene que ser completado por el propio lector. En él hay una multitud de cuestiones planteadas, aunque no siempre resueltas. Se da la suficiente información para que —en una labor de colaboración maestro-discípulo— se intente resolver las más importantes cuestiones planteadas. Es un libro que pretende convertirse en útil de trabajo, en instrumento de colaboración entre maestro y discípulo. Su estilo telegráfico responde al deseo, acaso exagerado, de querer hablar de muchas cosas. El autor tiene conciencia de este hecho.

Complementa el libro una *Antología* que puede servir no sólo para realizar sobre ella una serie de comentarios de texto, sino que, al tiempo, puede ilustrar muchos aspectos de la teoría contenida en el libro. En algunos casos se ha dado la traducción, cuando la índole del texto lo requería. La antología, por otra parte, intenta ofrecer un panorama completo, aunque selectivo, de la historia de la lírica, especialmente. Sólo algún texto épico y muy escasos autores dramáticos están representados aquí. Si no se indica lo contrario, las traducciones que acompañan a los textos antológicos son del autor de este libro.

Barcelona, octubre 1982-marzo 1983.

I

ESTÉTICA Y LITERATURA

> Creo que la Filosofía del Arte, la Estética, podría encerrarse en una teoría del estilo.
>
> A. SALAZAR.

ESTÉTICA Y ARTE

La Estética es la ciencia de la Belleza, y de la Belleza en todas sus manifestaciones. Engloba, en cierto modo, además, una Teoría del Arte, y se propone, esencialmente, establecer los principios y el fundamento de las diversas manifestaciones artísticas —por lo cual todo estudio de la Literatura debe ir necesariamente precedido de unas nociones estéticas—. «El problema de la Estética —ha escrito Meumann— no es otro que el de intentar acercar a nuestra inteligencia todo el dominio del arte y de la creación y goce artísticos.» Si aceptamos esta definición, se desprenderá de ella que, además de lo que hemos dicho, la Estética debe abordar una serie de cuestiones, marginales a veces, pero con frecuencia muy importantes para entender los productos del artista: la obra de arte como tal, las diversas manifestaciones artísticas encarnadas en las distintas artes. Pero, además, debe contener el análisis del proceso psicológico que culmina en la creación artística, y —¿por qué no?— un intento por captar lo que de vivo y permanente —de universal— subyace en toda obra. Finalmente, el estudio del artista como creador, y lo que cabría llamar el goce estético.

Como toda ciencia, la Estética exige la aplicación de unos métodos que permitan captar el mecanismo de la producción artística y explicarla en todas sus múltiples facetas. Apuntamos a continuación los principios metodológicos más importantes que se aplican en toda investigación estética:

1. La recopilación y estudio de las confesiones y testimonios de los artistas sobre su propia actividad. Este método plantea sus dificultades, que es preciso soslayar. Por lo pronto, señalaremos que la reflexión del artista sobre la esencia de su propia actividad es relativamente moderna. Suele señalarse que es con el Renacimiento —con el descubrimiento de la individualidad, de acuerdo con las tesis de Burckhardt— cuando este autoanálisis se inicia de un modo reflexivo y consciente. En Italia, Leonardo nos describe sus propias reflexiones en torno al sentido y técnica de su pintura; Cellini hará lo mismo respecto a su actividad. En Alemania, es Durero quien se ocupará de desvelarnos estos secretos profesionales. También Miguel Ángel puede incluirse aquí.

Conviene señalar, aquí, que en el caso de los escritores estamos en mejores condiciones para acumular tales datos. «El pintor, el músico, el político —escribe Muschg— sólo en casos excepcionales y en época avanzada se ocupan de reflexionar sobre su actividad; tratándose del poeta, esto no tiene nada de excepcional.»

Las palabras antes citadas de E. Meumann proceden de su *Sistema de Estética* (trad. esp., Buenos Aires, 1947, Col. Austral). Las de Muschg, han sido tomadas de su contribución al volumen colectivo, editado por Ermatinger, *Filosofía de la Ciencia Literaria,* trad. esp., México, F. C. E., 1946, págs. 293 y sigs.

Una buena bibliografía, con indicaciones de los estudios traducidos al español en el artículo «Estética» del *Diccionario de la Filosofía,* de J. Ferrater Mora, Buenos Aires, Ed. Sudamericana, 1965[3]. (Véanse, además, los artículos «Bello», «Belleza», etc.)

Dentro ya de las diversas corrientes estéticas contemporáneas debemos hacer referencia a una serie de obras que abordan el tema desde distintos ángulos de visión: Citamos las obras que hacen una referencia especial a la Poesía.

G. Chiavacci, *La ragione politica,* Florencia, 1947, que se basa en el neoidealismo de B. Croce.

C. Nahm, *Aesthetic Experience and its Presupositions,* Nueva York, 1946, que se orienta hacia la crítica y la teoría, y que se inspira en la escuela del *Empirical Idealism.*

M. Duval, *La poésie et le principe de trascendance,* París, 1935, que está dedicada a E. Bergson, lo que delata ya su posición teórica.

Th. Haecker, *Schönheit. Ein Versuch,* Leipzig, 1936, orientada en el sentido religioso de una *philosophia perennis,* y según el cual la Belleza «es una cualidad permanente e inalterable del ser».

Vale la pena asimismo consultar los trabajos de R. Imgarden (*Das literarische Kunstwerk,* Halle, 1931) y E. G. Wolff (*Die Aesthetik der Dichtkunst,* Zurich, 1944). Una breve visión general de los principios básicos de la estética literaria en el librito de C. M. Bonet, *Estética literaria* (Buenos Aires, 1978). Importante, pero discutible, B. Croce, *La estética como ciencia de la expresión y lingüística general* (trad. esp., Buenos Aires, 1973; la edición italiana es de 1903).

En torno a la estética literaria

El estudio y análisis de las reflexiones personales de los artistas plantean, empero, no pocas dificultades: Si se trata de establecer la visión que de su técnica ofrecen los artistas, como hace Leonardo en su *Tratado sobre la pintura,* hay versión española publicada por Editora Nacional (Madrid, 1975), la cosa no ofrece demasiados problemas. Pero cuando se pretende combinar este método con el de la autobiografía, hay que señalar que ésta, que suele escribirse tardíamente, no es más que una reflexión retrospectiva, lo que significa que no siempre el autor —que lógicamente se halla en un estadio más avanzado que el período que está autobiografiando— puede hablar con absoluta objetividad. Entonces se mezcla a la Verdad mucha Poesía (como la expresión de Goethe, que tituló así su autobiografía: *Poesía y Verdad*).

Es en los últimos dos siglos cuando constatamos una frecuencia y un mayor interés de los artistas, especialmente de los literatos, por hablar de su propia actividad: Sirvan de ejemplo, aparte el citado de Goethe *(Dichtung und Wahrheit, Poesía y Verdad),* las *Confesiones* de Rousseau, las *Cartas sobre la educación estética del hombre* y la *Poesía ingenua y Poesía sentimental,* de Schiller (ambas traducidas al español, la primera en la Col. Austral, Espasa-Calpe, y la segunda en Buenos Aires, Ed. Nova, 1963), *Los cuadernos de Malte* o las *Cartas a un joven poeta,* de Rilke, (de ésta hay una versión de J. M. Valverde, Madrid, Alianza Editorial, 1980). La misma editorial ha dado una versión de los *Cuadernos.* Nos ocuparemos con más detalle cuando hablemos de la Biografía y la Autobiografía en posteriores capítulos.

2. Otro método de estudio consiste en la organización de cuestionarios y encuestas. El valor de tales documentos estriba en que esas interrogaciones al artista pueden esclarecer los motivos de la creación artística. Sabemos, por ejemplo, que Goethe se inspiró en un artículo de periódico para escribir uno de sus poemas. Las *Conversaciones con Goethe,* de Eckermann, es un ejemplo indirecto de tales métodos. En ellas el autor alemán habla de lo divino y humano, y es escrupulosamente recogido por su metódico secretario.

Aunque el método es esencialmente moderno, hay barruntos de algo parecido ya en la Antigüedad. Jon de Quios, por ejemplo: sabemos que compuso un trabajo donde exponía el resultado de conversaciones con grandes poetas del siglo V a. de C. Gracias a un fragmento de Plutarco, se ha conservado lo que decía Sófocles de la evolución y esencia de su arte (Plutarco, *Moralia,* 79 *b*). Aunque adopta la forma de la comedia, *Las Ranas* de Aristófanes nos presenta a Esquilo y Eurípides estableciendo los principios en que se basaba su poesía. Los ejemplos podrían, naturalmente, multiplicarse.

3. La *Psicología experimental,* en sus especialidades de la Patografía y la Psicología individual, ofrece asimismo métodos para penetrar en el secreto de los mecanismos de la producción artística. Y aunque puede objetarse que es difícilmente viable determinar experimentalmente la actividad creadora del artista, ello nos permite, cuando menos, poner al descubierto algunos de los fundamentos psicológicos de esa actividad. En el capítulo dedicado a la *Creación artística,* abordaremos el problema más detalladamente. Cabe colocar aquí la aplicación del método psicoanalítico.

4. La aplicación del método científico-natural al estudio de los principales fenómenos artísticos, y a la penetración en el interior del artista. Se combinan aquí los métodos de la Biología, por un lado, incluso de la Medicina, pero asimismo el histórico y el comparativo. Mencionaremos de un modo especial los trabajos de G. Marañón *(Amiel, Tiberio, Enrique IV).*

5. Finalmente, la aplicación del método positivista, especialmente aplicado en el siglo pasado. Se trata, fundamentalmente, de establecer los elementos determinantes que permiten explicar la aparición de una obra de arte. El ejemplo más claro de la aplicación de este método lo hallaremos en la *Filosofía del arte* de H. Taine (hay trad. esp., Buenos Aires, Col. Austral, 1944). Para Taine hay tres factores que explican la génesis de la obra de arte: la *raza,* el *medio* y el *ambiente.* Partiendo de los datos proporcionados por tales factores, Taine intenta explicar por qué ha surgido en el siglo V a. de C. la escultura griega, en el XVII la pintura holandesa y en el XVI la del Renacimiento italiano. El mismo principio aplicó en su *Historia de la Literatura inglesa.* La mayor objeción que puede hacerse a Taine es que sólo explica la obra de arte desde fuera, pero sin llegar al meollo de la misma.

Métodos parecidos ha aplicado Wilamowitz para enfrentarse con la poesía de Píndaro (*Pindaros,* Berlín, 1922) o la poesía helenística (*Hellenistische Dichtung zur Zeit des Kallimachos,* Berlín, 1927).

LAS ARTES

Un capítulo importante de la Estética es la determinación de las diversas artes y la cuestión de si al establecer una división entre ellas obramos acertadamente. Hay toda una corriente, magníficamente ejemplificada por B. Croce, que, partiendo de un exagerado nominalismo, insiste en que el fenómeno estético es único, y que, por ende, no tiene sentido hablar en serio de las distintas artes. Antecedente de tal postura puede hallarse en la expresión horaciana *ut pictura poësis*, que, en última instancia, remonta a una frase de Simónides, para el cual «la pintura es una poesía muda y la poesía una pintura que habla».

Desde luego no han faltado críticas a tal actitud, sobre todo la observación de que en arte la forma es decisiva, y no la mera intuición estética (cfr. J. M. Valverde, *G. de Humboldt y la Filosofía del lenguaje*, Madrid, Gredos, 1955, págs. 64 y sigs.).

Uno de los primeros críticos modernos que planteó la esencial diferencia entre las artes plásticas (sobre todo la escultura, pero asimismo cabe aplicar sus observaciones a la pintura) y la literatura fue Lessing, en su *Laokoon* (hay versión esp., Madrid, Editora Nacional). Partiendo del estudio de la escultura de Laocoonte y comparando su actitud dolorosa con pasajes de Virgilio donde se describe la muerte de este héroe, llega a importantes cuestiones sobre las «reglas» en que se basan las artes plásticas frente a la poesía: en las primeras, se puede y se debe captar simultáneamente toda la obra en su conjunto; en la segunda se impone necesariamente una contemplación «por etapas».

Hegel, en su libro *Sistema de las artes* (trad. esp., Espasa-Calpe, Buenos Aires, 1947), ha abordado la cuestión de la existencia y el fundamento de las distintas artes que pueden establecerse en toda teoría artística. Partiendo de un principio que hoy se considera ya inconmovible (la Belleza es algo sensible) señala que las distintas artes afectarán a diversos sentidos. Hay que excluir, insiste, en el sentido del olfato y del tacto y del gusto, por lo que nos quedamos con la vista y el oído (los dos sentidos más nobles y perfectos que distinguieron los griegos). Nos quedamos, pues, con dos grandes grupos de artes, las plásticas (Arquitectura, Escultura, Pintura) y auditivas (Música, Poesía). Hegel llega, así, a establecer una cierta clasificación más o menos jerárquica: 1. Las artes del «dibujo», esto es, las plásticas, aquellas que necesitan como condición *sine qua non* la participación de la vista (Arquitectura, Escultura, Pintura); 2. Las artes de los sonidos, o de la Música; 3. Las artes de la palabra (Poesía y Literatura en general). Llegamos, pues, a la determinación de las famosas cinco artes clásicas que aceptan hoy por hoy todos los críticos.

La clasificación establecida por Nietzsche en *El origen de la Tragedia* (trad. cast., Espasa-Calpe, Madrid, 1964 [4]) en el fondo viene a confirmar tal división. El Apolinismo no es sino una manera mítica de definir lo *plástico,* en tanto que lo Dionisiaco sería lo *musical.*

Se puede discutir la existencia de las artes menores, algunas de las cuales no serían sino subdivisiones de algunas de ellas: la Cerámica, o la Danza, por poner algún ejemplo. A esta última, la podríamos definir como una combinación de lo plástico (la coreografía) y lo musical.

Breve historia de la estética

Si pasamos ahora al problema de lo que cabría llamar la «biografía» de la Estética, asistiremos a un largo proceso a través del cual la ciencia de lo bello ha ido conquistando paso a paso su autonomía y su independencia. Podríamos definir esta lucha por la propia personalidad de la Estética diciendo que se ha tenido que vencer la enorme resistencia que la Lógica o la Teoría del Conocimiento ofrecían a la autonomía del Arte. Y, en efecto, fue Kant quien, siguiendo en parte las huellas de Baumgarten —como veremos inmediatamente— ha proclamado la autonomía de la intuición artística, estableciendo el carácter «desinteresado» de la emoción estética. Así como en Ética el gran filósofo estableció la autonomía de la voluntad, en el campo del arte sentó las bases para una autonomía de la Estética. Pero conviene ir por partes.

1. El racionalismo que caracteriza la concepción del Arte durante el Clasicismo francés (pensemos, por ejemplo, en Boileau) fue una de las grandes rémoras que detuvieron el progreso hacia una concepción intuitiva —y por ende, subjetiva— de la contemplación y goce de lo Bello. Cierto que Boileau pareció, en un cierto momento, que iba a ser «el Newton del arte» —como más tarde pedían a gritos un Kant y un Rousseau—. Y, efectivamente, hay en Boileau un primer paso hacia la concepción «científica» de la Estética. El paralelismo que establece entre las Ciencias y las Artes podría haber conducido a una nueva concepción. Le Bossu (uno de los teóricos de la estética de este momento) llegó a escribir: «Les arts ont cela de commun avec les sciences: qu'ils sont, come eux, fondées sur la raison, et que l'on doit se laisser conduire par les lumières que la nature nous a donné» (*Traité du poème épique,* aparecido en 1675). Recordemos, a este respecto, el gran aprecio de la razón en la *Poética* de Boileau:

Aimez donc la raison; que toujours vos écrits
empruntent d'elle seule et leur lustre et leur prix.
(*Art Poétique,* canto I.)

Pero lo que perturba la posibilidad de una concepción autónoma de la Estética y del Arte es la insistencia de los tratadistas del Clasicismo en el principio aristotélico del arte como *mímesis,* como imitación. Se trata de una concepción *gnoseológica* del arte, que ve en él una faceta del *conocer.* En este sentido, razón y *bon sens* son los únicos métodos que permiten llegar a una creación artística válida. Todavía Chénier, a finales del siglo XVIII dirá, siguiendo los postulados del clasicismo francés:

C'est le bon sens, la raison, qui fait tout:
Vertu, génie, esprit, talent et goût.
Qu'est-ce que vertu? Raison mise en practique.
Talent? Raison produite avec éclat.
Esprit? Raison qui finement s'exprime.
Le goût n'est rien qu'un bon sens délicat.
Et le génie est la raison sublime.

Antes de llegar a Kant, dejaron su impronta imborrable en la historia de la conquista de la propia autonomía por parte de la Estética tres importantes espíritus: Shaftesbury, Baumgarten y Rousseau.

«Shaftesbury tiene en su haber la gloria inmarcesible de haber dignificado el sentimiento», escribe el prof. Mirabent (*Estudios estéticos,* II, 15.) Y, al hablar de sentimiento, es claro que nos movemos ya en un clima que se halla en las antípodas del clasicismo francés, con su insistencia en la razón.

Podemos distinguir, de entre el complejo de ideas del citado crítico inglés, los siguientes principios:

1. *La idea de la armonía cósmica.* El orden universal es admirable, y no es posible una mayor perfección. El principio nos recuerda el optimismo de Leibniz, del que se burló Voltaire en su *Candide.*

2. En consecuencia, el mundo es esencialmente bello, y su contemplación nos despierta el sentido de la Belleza por medio de los juegos naturales de la imaginación. Estas ideas, platónicas en el fondo, le llevan a postular un cierto carácter religioso en el fenómeno de la contemplación de la belleza natural.

3. Idea del sentido moral: Frente a la mera contemplación de lo natural, hay un grado más alto por el cual el espíritu humano se encuentra a sí mismo: el *sentido moral* se origina en lo recóndito de la naturaleza humana y es el punto de enlace con la Inteligencia divina.

4. Hay, por tanto, una *Belleza moral.* Cuando el hombre ha descubierto en su misma naturaleza ese sentido moral que le permite valorar

los actos propios y los ajenos, aspira a la unión indestructible de los tres conceptos universales que rigen la existencia armónica del universo: Verdad, Belleza, Bien.

Nadie dejará de observar el fuerte influjo que la concepción platónica de la Belleza ha ejercido sobre el pensamiento de Shaftesbury, así como el imperativo moral propio de su época. Como ha dicho Windelband, «un irresistible soplo de poesía cósmica domina toda la obra de Shaftesbury».

Sobre la estética del Clasicismo, puede verse el luminoso estudio de E. Cassirer, *La filosofía de la Ilustración* (trad. esp., México, F. C. E., 1946, págs. 265 y sigs.)

Las dos obras más importantes de Shaftesbury son *Letter concerning the Art of Science or desing* y *The Moralists*. Un buen estudio del autor, y de algunos de sus continuadores (Hutcheson, Burke, etcétera) puede hallarse en el amplio estudio —de hecho un amplio resumen de su tesis doctoral—, de Mirabent, recogido en sus *Estudios* (Barcelona, 1957). De entre los continuadores de Shaftesbury mencionaremos a su discípulo Hutcheson (*Inquiry into the original ideas of beauty and virtue,* 1726) y E. Burke (*Philosophical inquiry into the origin of the sublime and beautifull,* 1756).

Shaftesbury inaugura, indudablemente, una nueva orientación de la Estética que iba a perdurar. Vivió a principios del siglo XVIII, siglo que ha sido calificado por algunos críticos como la cuna y el crisol de la Estética. Y en efecto, la orientación eminentemente *preceptivista* (las famosas *reglas*) que preside toda la producción del clasicismo francés, (con un fuerte influjo cartesiano) era un auténtico freno que se oponía a un examen serio y profundo del fenómeno estético. Como en tantas otras cosas, fue la reacción alemana frente al clasicismo francés (en la línea de lo que serán Winckelmann o Lessing) lo que dio un empuje decisivo hacia la creación de una Estética auténticamente moderna. Y aquí hay que mencionar a A. G. Baumgarten, calificado por algunos como el verdadero padre de la Estética. Cierto que Baumgarten se movía, en determinados aspectos, en un clima que estaba muy preparado para esa renovación. En Inglaterra comenzó a valorarse el *sentimiento* (la palabra *sentimental* es usada por vez primera en el título de la obra de Sterne, *Viaje sentimental,* y, en Italia, por Vico, cuyo valor para la historia de la Estética y de la Poesía ha puesto de relieve B. Croce). Baumgarten significa, pues, en Alemania, lo que Vico para Italia. En 1735 publica el pensador alemán su estudio *Meditationes Philosophicae de nonnullis ad Poema pertinentibus,* importante porque, por vez primera, y con un claro rigor, se intenta distinguir entre Estética y Lógica. Si la primera estudia los fenómenos sensibles, la segunda se ocupa de los intelectuales. Así pues, al separar el *conocimiento estético* del lógico, Baumgarten se aparta de la concepción racionalista de un Leibniz. Pero, sin embargo, quedan todavía en las teorías baumgartianas restos, aunque escasos, del racionalismo que hasta entonces había presidido la reflexión estética. Así, para Baumgarten, la Estética no pasa de ser una especie de la *Lógica de la sensibilidad.* En su *Aesthetica,* aparecida en 1750, donde el autor intenta una clara distinción de las divisiones que pueden establecerse en la Estética, es donde más claramente se observa aún esa dependencia de las concepciones anteriores, ese lastre de la concepción lógica y gnoseológica de la ciencia de lo bello. Y, en efecto, al definir la estética como *scientia cognitionis sensitivae* lo que hace es poner en grave riesgo la existencia autónoma de esa misma disciplina que Baumgarten pretendía liberar. Porque si la Estética no es sino una *theoria literarium artium,* la belleza natural queda relegada al olvido; si es una mera gnoseología inferior, la intuición estética queda convertida en un mero aspecto del conocimiento.

Contemporáneamente, en Francia de un modo especial, pervivía la concepción que hasta ahora podemos considerar como clásica de la Belleza y la teoría de lo bello. Persiste la concepción imitativa del arte, la *mímesis,* aunque ahora se intenta introducir algunas correcciones a esa visión. Y, efectivamente, asistimos a un notable esfuerzo por establecer que el Arte no debe ser *mera imitación de los fenómenos externos.* El artista debe mejorar su modelo, con lo que los factores subjetivos empiezan a asomar. Así, el abate Batteux en su tratado *Les beaux arts réduits à un même principe* (1747) y los críticos italianos de la época coinciden en defender que el arte no debe ser, sin más, naturaleza. El objeto del arte debe ser la *bella naturaleza.*

> La *teoría de la imitación,* que es tan antigua casi como los primeros balbuceos de la crítica (Platón y, sobre todo, Aristóteles), y reaparece en la época moderna, podía aún sostener el carácter de imitación de la tragedia y de la comedia o de la épica. Pero ¿qué hacer con la lírica? No puede definirse como la imitación de un estado de ánimo, porque lo lírico, el sentimiento, no puede imitarse sin más. Por ello la lírica fue siempre la piedra de escándalo de la teoría de la imitación.

Rousseau rechaza toda la teoría clásica y neoclásica del arte, actuando, de este modo, como un auténtico revulsivo para la concepción de la estética. Del mismo modo que el escritor y pensador ginebrino abrió nuevas rutas a la pedagogía y a la política, intentó algo parecido en el campo de la teoría del arte. La *Nueva Eloísa* puede ser considerada, a este respecto, como la pieza inicial del edificio que iba a construir Juan Jacobo. Se abandona aquí la doctrina de la *mímesis,* en tanto que introduce un factor nuevo y decisivo: el *subjetivismo.* El ideal que se defiende ahora es del «arte característico» al tiempo que se insiste en que hay que sentar como principio fundamental que el arte no es mera descripción, sino, esencialmente, *captación, intuición*. Así, de manos de Rousseau, el Arte deviene psicológico.

Los alemanes siguieron muy pronto las ideas artísticas de Rousseau: Goethe y Schiller, en este sentido, ganan la partida definitiva al arte imitativo para establecer el carácter *creativo, característico*. El arte es, pues, expresión, esencialmente expresión de la subjetividad del artista; pero no debe olvidarse que, al mismo tiempo, la obra de arte no puede dejar de ser *formal*. Este principio, que aparece claramente a los ojos de los críticos de finales del XVIII, se le escapa a B. Croce, ya en nuestra época. Para Croce el arte es interesante sólo como *expresión*, dejando de lado el *modo* de tal expresión.

Se va afirmando, pues, el carácter subjetivo de la belleza, de la intuición de la belleza. Hume ha dado una nítida formulación de los nuevos principios al afirmar: *«Beauty is no quality in things themselves; it exists merely in the mind wich contemplates them, and each mind percieves a diferent beauty»* (La belleza no es una cualidad de las cosas en sí mismas; existe sólo en la mente del que las contempla, y cada mente percibe una belleza distinta).

Vale la pena señalar que esta visión subjetiva del arte fue expresada maravillosamente por Safo en pleno siglo VI a. C. al escribir, en uno de sus más bellos poemas (fr. 195 Page), «es bello lo que uno ama», y que es un principio básico de la concepción de la Poesía por parte de Píndaro («El Arte, que es el que da vida a las cosas bellas para el hombre», en *Ol.*, I, 30). Así, el verso de Bécquer, «mientras hay en el mundo una mujer hermosa, habrá poesía» puede invertirse y convertirse en: «mientras haya poesía habrá mujeres hermosas».

Fue en su *Crítica del Juicio* (*Kritik der Urteilskraft,* 1790) donde Kant, siguiendo la línea trazada un poco antes por Hutcheson y Mendelssohn, establece como principio inconmovible la tesis del arte como *placer desinteresado (interesseloses Wohlgefallen),* con lo que «separó resueltamente el reino de la estética del reino de la ciencia, moralidad y utilidad, argumentando que el estado de ánimo estético se diferencia profundamente de nuestra percepción de lo placentero, útil, lo verdadero y lo bueno (Wellek, *Historia de la crítica moderna,* trad. española, Madrid, Gredos, 1959, I, pág. 265). Reelaboró una nueva visión del *gusto,* estableció nuevos criterios para establecer un concepto de *genio* (que ya había sido, en parte, teorizado por los estéticos anteriores), así como una nueva concepción de lo sublime. De ello hablaremos más adelante, al abordar el estudio de las categorías estéticas.

Discípulo de Kant, aunque influido por las doctrinas *platónicas* de Shaftesbury, fue Schiller, el gran poeta trágico y lírico de finales del siglo XVIII (1759-1805). Es interesante señalar que Schiller no se limitó a seguir las huellas de su admirado maestro en el campo de la estética, sino que en algunos de sus poemas ha sabido resumir maravillosamente aspectos de la filosofía kantiana. Por ejemplo, en un poema suyo canta el poeta:

Der Tüchtige sieht in jedem Soll, ein Muss

(que podríamos traducir así: «El hombre virtuoso ve en todo *deberías* un *tienes que*»), lo que es una magnífica y concisa definición de la ética kantiana del *imperativo categórico.*

Pero fue en lo estético donde Schiller se adhirió con especial fervor a la doctrina kantiana. Cabe destacar, en este campo, sus *Cartas sobre la educación estética del hombre (Briefe über die aesthetische Erziehung des Menschen,* 1795, cinco años después de la aparición de la *Crítica del juicio* kantiana*)* y su *Poesía ingenua y poesía sentimental (Ueber naive und sentimentalische Dichtung,* 1796). En la primera de las citadas obras insiste Schiller en que la libre actividad estética se caracteriza por un impulso lúdico *(Spieltrieb)* aunque se apresura a señalar que no se trata, aquí, de la mera frivolidad del jugar infantil. Quiere decir que el artista se encuentra en una gran libertad de propósitos prácticos frente a lo utilitario y lo moral. De hecho, afirma Schiller, el artista es el lazo de unión entre la Naturaleza y el hombre, entre el intelecto y los sentidos. O, dicho en el lenguaje del propio Schiller, entre el *Stofftrieb* (el impulso por asimilarse el mundo de los sentidos) y el *Formtrieb* (el impulso por someter el mundo a la ley moral). En este sentido, el arte está dotada de una alta misión civilizadora. *El arte reconcilia al hombre consigo mismo.*

Tanto Kant como Schiller, al igual que Goethe y Hölderlin, se hallan en la línea estética abierta por Winckelmann que postula una vuelta real al arte de los griegos, del que dará una nueva visión frente a la interpretación neoclásica francesa. Winckelmann había definido el arte griego como «noble sencillez y tranquila grandeza» *(edle Einfalt und stille Grösse),* con lo que se abre un nuevo capítulo en la historia de la visión de lo helénico (el llamado *Neohumanismo)* que postula una visión idealizada de lo griego, y del que dio una visión poética a Schiller en su poema *Los dioses de Grecia (Die Göter Griechenlands).* De entre las obras básicas winckelmannianas hay que citar su *Historia del arte en la Antigüedad (Geschichte der Kunst des Altertums,* trad. esp., Madrid, Aguilar, 1955) y su estudio *Godanken über die Nachahmung der griechischen Werke in der Malerei und Bildhauerkunst* (Ideas sobre la imitación de las obras griegas en pintura y escultura). Para la Estética kantiana cfr. L. Pareyson, *L'estetica dell'idealismo tedesco,* vol. I, Turín, 1950. (También Wellek,

Historia de la crítica moderna, I, págs. 262 y sigs.) Para Schiller aparte el capítulo que le consagra Wellek en la citada obra, V. Basch, *La poétique de Schiller,* París, 1911 [2].

Interesante es asimismo la contribución de un contemporáneo de Schiller, Hegel, quien consagró algunos estudios al fenómeno de la belleza *(De lo bello y sus formas,* trad. esp., Buenos Aires, Col. Austral, Espasa-Calpe, 1946). Partiendo de un principio básico de su pensamiento filosófico (el Espíritu opuesto a la Naturaleza), insiste Hegel en que la belleza no es un producto de la naturaleza, sino del arte. La belleza es una creación del hombre, y tiene un fin en sí misma. Se opone rotundamente a la teoría de la *mímesis* que, según el filósofo, «es el fondo de casi todas las teorías del arte» (Hegel habla de los estéticos del siglo XVII y XVIII). Para Hegel, además, la esencia del arte es la *expresión* (término que reaparecerá en su seguidor Croce, a finales del siglo XIX), y la creación. El poeta no debe imitar, sino *crear.* La misión del poeta no consiste en representar la forma externa de las cosas, sino su principio interno y vivo, la *idea,* los sentimientos, las pasiones, los estados del alma. Tampoco aceptará Hegel la tesis de la misión moralizadora del arte, que hemos hallado en Schiller. El Arte, por el contrario, es autónomo, y su verdadero fin es la expresión de lo bello.

Dentro del conjunto de la filosofía hegeliana, sobre todo la que desarrolla en su *Filosofía del Espíritu* (trad. esp., México, F. C. E., 1966), establece Hegel el lugar que el Arte ocupa en ese despliegue del Espíritu. En efecto, distingue el filósofo tres estadios o momentos en esa progresión: de un lado, el *espíritu subjetivo* (representado por la Antropología y la Psicología); en un estadio ulterior del despliegue, el espíritu objetivo (Derecho, Moralidad, Sociabilidad), para llegar al Espíritu absoluto, representado por el Arte, la Religión revelada y la Filosofía, que, como se ve, ocupa la escala jerárquica superior, y representa, por tanto, el grado supremo de lo espiritual.

* * *

La Estética romántica está maravillosamente representada, entre otros, por los hermanos Schlegel, aunque Young, en pleno siglo XVIII, había anticipado algunos de sus principios (*Conjectures on the original composition,* 1759), donde hallamos frases como la siguiente: «La pluma de un escritor original... saca, de un yermo estéril, una florida primavera», es decir, el espíritu crea a partir de los datos brutos que le ofrece la naturaleza. Es importante, asimismo, el principio defendido por este autor (y que ha hallado plena vigencia en nuestra época) de acuerdo con el cual no deben medirse todas las obras con los mismos parámetros, porque cada obra de arte tiene su propio lenguaje característico. De ahí a afirmar que cada gran obra es un universo con leyes propias hay sólo un paso. Se comprende que, con la llegada del Romanticismo, el aspecto creador, el subjetivismo, el papel del yo en la elaboración de la obra artística llegue a su punto culminante. Filosóficamente, tal actitud halla su paralelo perfecto en los sistemas de Hegel y de Fichte, con exaltado idealismo que llega a postular que el mundo «es una creación de la conciencia, del Yo».

Otro rasgo específico de la estética romántica es la profunda relación existente entre arte y ensueño. La imaginación de los románticos se nutre esencialmente de visiones oníricas, que más tarde darán lugar a un movimiento, muy próximo en algunos aspectos al Romanticismo y que conocemos como Surrealismo. F. Schlegel escribe, a este respecto: «El comienzo de toda poesía consiste en abolir la ley y el método de la razón... y en sugerirla, una vez más, en la arrrebatadora confusión de la fantasía, en el caos original de la naturaleza humana». Por su parte, Bergson *(Essai sur les domaines inmédiates de la conscience),* afirma que «el objeto del arte consiste en adormecer los poderes activos, o, más bien, resistentes de nuestra personalidad y colocarla así, en un estado de perfecta irresponsabilidad en la cual realizamos la idea que nos es sugerida, y simpatizamos con el sentimiento que nos es expresado».

Como en otros muchos aspectos, también Shaftesbury ha anticipado algunas de estas ideas. Y, en efecto, sus tesis sobre el infinito poder creador de la naturaleza son un rasgo completamente nuevo en la historia espiritual del siglo XVIII.

F. Schlegel, que en un principio se movió en la línea de los neohumanistas en lo que respecta al papel *modélico* de la poesía y arte griegos (véase su *Ueber das Studium der gr. Poesie,* donde la potencia artística del mito helénico es puesta de relieve), más tarde se hizo partidario del *arte moderno* como algo más elaborado y perfecto que el griego. Si en su primera juventud había sostenido que la tragedia griega, en especial la de Sófocles, representa el momento sublime de este género, en su *Historia de la Literatura antigua y moderna* (1812) considera a Shakespeare como verdadera cúspide del arte dramático. Sirve este ejemplo para ilustrar su evolución.

Un interesante estudio sobre el carácter *onírico* del romanticismo puede hallarse en A. Béguin, *L'âme romantique et le rêve,* París, 1961 (trad. esp., México F. C. E., 1978).

La actitud de F. Schlegel frente a lo griego, en la segunda etapa de su evolución, la hallaremos en Nietzsche, sobre todo en su *Origen de la tragedia* que representa el mejor estudio del filósofo sobre el arte antiguo. Nietzsche combate con todo el ardor de que es capaz las concepciones del siglo XVIII, sobre todo en lo que respecta al arte de los griegos. De hecho, se sitúa en las antípodas de Winckelmann, que había exagerado el lado ideal de los Griegos: la grandeza de la tragedia griega consiste en la tensión entre Apolo y Dionisos. Y aunque Nietzsche no es el primero que ha elaborado una teoría de la oposición entre estos dos aspectos del alma helénica, el luminoso plástico, y el discurso músical (hay precedentes de estas ideas en autores del siglo XIX), sí es cierto que a él debemos la formulación más perfecta.

Teorías modernas sobre el arte

Aunque sea a grandes trazos, creemos interesante ofrecer un esbozo de otras visiones del arte tal como se han defendido en el siglo XX.

1. Por un lado, la llamada *teoría lúdica del arte.* Esta visión se ha desarrollado en dos direcciones básicas: de un lado, ya hemos hablado del impulso de juego que subyace en algunas de las tesis básicas de Schiller. Y aunque aparentemente sostienen tesis parecidas pensadores como Darwin y Spenser, hay en el fondo una profunda diferencia de contenido. Para estos dos últimos, en efecto, el juego y la belleza no son sino fenómenos naturales, mientras que para Schiller el juego significa el mundo de la libertad.

> Una interpretación reciente del arte, en especial la poesía, como juego puede hallarse en Huizinga, *Homo ludens* (trad. esp., Buenos Aires, 1957). Pero hemos de señalar que ya Snell titula uno de los capítulos de su libro *Las fuentes del pensamiento europeo* (trad. esp., Madrid, Razón y Fe, 1965), «El arte juguetón en Calímaco». La concepción del arte como juego, en efecto, es un rasgo de la poesía helenística (en la que un poemita se llama «juego» *(Paignion),* que heredará en parte la poesía romana.

2. Por otro lado, tenemos lo que ha venido en llamarse *hedonismo estético,* para el cual el placer estético (en griego *hedoné*) es esencial en toda intuición artística. Ya Kant, según hemos visto, había señalado que toda visión estética es un disfrute, un placer, si bien este placer es desinteresado. Quien mejor ha formulado los principios de esta concepción del arte es J. Santayana (*The sense of Beauty,* Nueva York, 1896), donde leemos frases como ésta: «El arte es la respuesta a la demanda de entretenimiento.»

3. La tesis del *arte deshumanizado,* que ha sido sostenida esencialmente por Ortega (*La deshumanización del arte,* Madrid, Revista de Occidente, 1960), más que una concepción artística es un profundo aná-

lisis de las corrientes del arte contemporáneo, que es, por esencia, elitista, difícil, y alejado de lo humano. Ya Mallarmé había escrito: «Un poema debe ser un enigma para el hombre vulgar, música de cámara para iniciados». Ortega insiste en que todo el arte contemporáneo, música y pintura incluidas, «tiene la masa en contra suya y la tendrá siempre». La razón es que no entiende lo que tiene ante sí, porque el artista ha roto todo lo que lo unía a lo externo, a lo humano, para convertirse —en el caso de la poesía— en «poesía pura». Todo porque la gente nueva ha declarado tabú toda injerencia de lo humano en el arte. El arte ha dejado de ser «confesión» para convertirse en algo más sutil. O, por decirlo con las propias palabras de Ortega: «La poesía es hoy el álgebra superior de las metáforas.» Y es que la metáfora es precisamente una de las formas más representativas de la poesía moderna, ya que lo que se intenta es no decir las cosas directamente, sino a través de un sutil velo, que sólo el lector inteligente es capaz de levantar.

Las categorías estéticas

Aristóteles define la categoría (*Categorías,* 1 *b* 4, págs. 25 y sigs.) como los predicados últimos que pueden atribuirse al ser en cuanto ser. Similarmente, podemos definir las categorías estéticas como los predicados irreductibles a otros que es posible aplicar a la obra artística. Lo malo es que mientras Aristóteles señala un número definido de categorías ontológicas, los críticos difieren a la hora de establecer el número de categorías estéticas. Hay una primera clasificación, en efecto, que distingue tres grados de belleza estética: *lo sublime, lo bello, lo feo,* aunque de cada uno de estos grupos, o, al menos, para alguno de ellos, es posible establecer nuevas distinciones. Así, dentro de lo feo, algunos incluyen, como variedad, lo grotesco. Desde otro punto de vista, puede establecerse la oposición *cómico/trágico,* para incluir, dentro de lo cómico, algunas subdivisiones (lo *paródico* por ejemplo). B. Croce distingue, por su parte, un número bastante considerable de categorías, como lo *lindo,* lo *bonito,* lo *patético,* lo *conmovedor,* lo *ridículo,* lo *triste,* lo *serio,* lo *digno,* lo *decoroso,* lo *violento,* etc. Indudablemente, muchas de esas categorías no son tales categorías, sino matices introducidos dentro de conceptos de extensión muy amplia.

Nos limitaremos a dos tipos básicos: por un lado, y desde el punto de vista de la obra en sí, la categoría de lo sublime, lo bello y lo feo (que no es otra cosa que la carencia de belleza, y que, por ende, es un concepto negativo); desde el punto de vista de la forma en que se expresa esa belleza estética, nos limitaremos a lo *trágico* y lo *cómico.*

LO SUBLIME Y LA SUBLIMIDAD

La primera formulación estricta de la sublimidad la hallamos en el Pseudo-Longino *(Tratado sobre lo sublime),* el cual, en el umbral de su estudio, afirma que es «un no sé qué de excelencia y perfección soberana del lenguaje, y que gracias a él lograron su preminencia los mejores poetas y prosistas» (cap. III).

Ahora bien, respecto al Pseudo-Longino y a su concepción de la sublimidad conviene aclarar muchas cosas para no formarse una falsa idea de sus puntos de vista. Tendremos, pues, en cuenta: 1. Que la obra de este autor es una réplica polémica contra Cecilio de Caleacte, crítico contemporáneo de Augusto, que había publicado un estudio sobre el tema, estudio que al Pseudo-Longino se le antoja incompleto, y para completar este trabajo publica el suyo. 2. Todo lo que estos autores antiguos dicen de lo sublime está relacionado con los distintos estilos que distinguía la Antigüedad, estilos que sólo hacen referencia a la Literatura. Tales estilos son: *el estilo elevado* (equivalente al sublime del Pseudo-Longino), *el elegante, el grave* y *el llano.* En la Edad Media estos estilos se redujeron a tres, que se pretendía ilustrar con el estilo de las tres obras de Virgilio: *Bucólicas* (humilde), *Geórgicas* (mediano), *Eneida* (elevado), de acuerdo con la llamada *rota virgiliana.*

Cfr. para este aspecto concreto Faral, *Les arts poétiques du XIIe et XIIIe siècles,* París, 1923, págs. 83 y sigs., y F. López Estrada, *Introducción a la Literatura Medieval Española,* Madrid, Gredos, 1966, 104.

Pero el Pseudo-Longino no se contenta con dar una definición, por lo demás muy vaga, de lo sublime. Establece, por un lado, el efecto que un pasaje sublime produce en nuestro espíritu:

> «Y es que el efecto producido por un pasaje sublime no consiste en alcanzar la persuasión del auditorio, sino, más bien, en provocar su entusiasmo... La persuasión, por lo general, sólo depende de nosotros, mientras que los pasajes marcados con el sello de lo sublime ejercen una atracción tan irresistible, que se imponen soberanamente al espíritu...» (cap. I, pág. 4). Y más adelante:
>
> «En virtud de su propia naturaleza, lo auténticamente sublime arrebata de alguna manera nuestro espíritu, y, poseído por una especial exaltación, llénase de gozo y orgullo, cual si fuera él mismo quien ha creado la frase que acaba de escuchar» (trad., José Alsina).
>
> Por lo demás, el *Tratado sobre lo sublime* establece cinco fuentes de sublimidad: la facultad de concebir nobles ideas; la fuerza y la

vehemencia de la emoción; apropiada disposición de las figuras, nobleza de la expresión (selección de los términos, el uso apropiado de la metáfora, etc.); la quinta raíz de la sublimidad la radica el autor en la dignidad del todo en la estructura total de la obra.

Una edición fácilmente manejable he dado en la Colección Erasmo (Barcelona, Bosch, 1977, bilingüe). El tratado del Pseudo-Demetrio de Fáleron *Sobre el estilo* ha sido traducido al castellano por J. García López (Barcelona, Gredos, 1978, juntamente con el *Tratado sobre lo sublime).*

El opúsculo del Pseudo-Longino ha ejercido —lógicamente— una gran influencia en todas las épocas. Boileau la tradujo al francés (1674), y a través de esta versión su conocimiento se extendió considerablemente.

Ahora bien, a partir del siglo XVIII se introduce en los estudios estético-literarios una profunda modificación en el concepto de la sublimidad y de lo sublime: mientras la vieja tradición lo veía en función de la grandeza y el patetismo, ahora comienza a ganar terreno la idea de que lo sublime debe definirse a partir de una infinitud. En oposicón a la norma de equilibrio de lo clásico, hace su aparición una tendencia claramente «romántica», que valora en lo sublime todo lo que rompe los moldes y se manifiesta en un expandirse sin trabas ni fronteras. Parece que fue un autor casi desconocido hoy (cfr. Menéndez y Pelayo, *Historia de las ideas estéticas en España,* IV, pág. 17), quien inició esa nueva concepción de la sublimidad. Por su parte, Kant opone la finitud de lo *bello* a la infinitud de lo sublime *(Beobachtungen über das Schöne und Erhabenen),* añadiendo que lo sublime se reconoce por su carácter de *espantoso, aterrador, transtornador.* Mientras la belleza incita la sensibilidad y el entendimiento a una colaboración armoniosa, lo sublime crearía conflictos entre la imaginación y la razón.

Ed. Burke sostendrá, por su parte, ideas parecidas (cfr. su *Philosophical Inquiry into the Origin of Our Ideas on the Sublime and Beautiful,* aparecido en 1756). Para Burke, de modo semejante a Kant, lo sublime hace que nos sintamos como oprimidos por lo enorme y prepotente. Conviene relacionar esta nueva interpretación prerromántica de lo sublime con la nueva concepción que del *genio* comienza ahora a surgir. Cfr. lo que decimos en el capítulo dedicado a la visión del poeta.

Para Burke, por otra parte, los elementos que contribuyen a la sublimidad son: el terror, la obscuridad, la fuerza, la inmensidad. En general, sobre el tema remitimos a W. J. Hipple, *The Beautiful, the Sublime and the Picturesque,* Londres, 1957. También E. Trías, *Lo bello y lo siniestro,* Barcelona, 1982.

Lo bello

Que lo bello artístico nada tiene que ver con lo bello natural se evidencia si consideramos que lo que es feo por naturaleza puede resultar bello artísticamente hablando. Es más, según Hegel sólo puede hablarse de belleza cuando nos referimos a una obra artística, jamás a un fenómeno natural. Y así, seres deformes y horrorosos, como las brujas, se convierten, por obra y gracia del arte, en algo bello. Incluso ha llegado a afirmarse que lo feo artístico no existe, sino sólo la obra buena o mala. La superioridad de lo bello artístico por encima de lo natural se explica, para el idealismo de Hegel, por el hecho de que en la obra artística ha intervenido el espíritu *(Geist)*.

Resulta difícil definir lo *bello en sí.* Suele hablarse de una cierta proporción en los elementos que lo constituyen, pero eso es un rasgo que a todas luces resulta insuficiente. Prosiguiendo con las palabras de Hegel, diremos que, según este autor, «lo bello es la *idea:* no la idea abstracta, anterior a su manifestación, no realizada, sino la idea *concreta* realizada, inseparable de la forma, como ésta lo es del principio que en ella aparece» (*De lo bello y sus formas,* 63). Se trata, pues, aquí, de la belleza sensible, no de la mera idea abstracta de la belleza.

Pero hay otros intentos por definir lo bello: Ya en Platón, uno de los primeros pensadores que se ocupó del fenómeno de la belleza, dotándolo de una dimensión metafísica e incluso religiosa, hallamos esbozadas dos tendencias, que, a lo largo de la historia de la Estética, reaparecerán en una u otra forma. En efecto, aparte el *Banquete,* donde asistimos a una visión de la Belleza absoluta a la que se llega por ascensión dialéctica a través de las *cosas bellas,* y aparte el *Fedro,* que relaciona la Belleza con Eros, el diálogo que lleva por título *Hipias Mayor* merece nuestra atención. En este diálogo, Sócrates intenta una definición de la Belleza. Su interlocutor, Hipias, a la pregunta socrática «¿qué es lo bello?», contesta: «Bello es una cosa bella, por ejemplo, una bella muchacha».

No se trata de una broma de Platón: de esta respuesta, y de la posición socrática —que define lo bello como algo gracias a cuya presencia las cosas bellas son bellas— podemos ya establecer dos posiciones claves ante el fenómeno de la Belleza: o la racionalista y absoluta (la Belleza como Idea) o la relativista-empirista: la Belleza como tal no existe; sólo existen cosas bellas.

Pero se han intentado otras definiciones y concepciones de lo bello. Diderot definía la Belleza como el resultado de una proporción de relaciones varias adecuadas a los objetos; Ed. Burke opinaba que la belleza es un instinto social; Kant afirma que lo bello es lo que agrada universalmente y sin necesidad de concepto: una finalidad sin fin, y al placer estético, según hemos visto antes, la satisfacción desinteresada *(interesseloses Wohlgefallen)*.

Existen modos distintos de abordar el sentido de lo bello, y cada uno tiene un sentido y una vigencia concreta. En efecto, podemos hablar de una consideración *semántica* de la Belleza. En este caso, de hecho, estamos ante un análisis previo a toda teoría de lo bello, según comenta Ferrater Mora: «Porque se trata, aquí, de averiguar qué expresiones son sinónimas de lo bello. Y que este análisis previo es importante se colige del hecho de que, según la posición que adoptemos tendremos una estética de un signo o de otro (relativista, empirista, absolutista o racionalista, etc.).» Pero puede también abordarse el sentido de lo bello desde un punto de vista *psicológico*): se trata, ahora, de intentar entender lo bello a partir del análisis del proceso psicológico-mental por medio del cual formulamos un juicio estético. O bien podemos adoptar una actitud *metafísica:* en este caso el problema que nos ocupará será el de la naturaleza de lo bello en sí (es la posición de Platón, por ejemplo). Pero podemos enfrentarnos con lo bello desde una actitud *ética:* se trata del problema de si lo bello es, ya de por sí, moral (ésta es una de las posiciones de los griegos). Finalmente, es posible adoptar una actitud *axiológica:* estamos ahora en plena teoría de los valores. Se descubre entonces que la Belleza no es una propiedad de las cosas, o una realidad en sí misma, sino un *valor.* Los que sostienen el carácter axiológico de lo bello, por otra parte, se dividen a la hora de definir si este valor es algo *objetivo* o meramente *subjetivo.* En el caso, por ejemplo, de exagerar la interpretación subjetiva, se cae en un mero relativismo; si se exagera la primera posición, en un absolutismo. Algunos filósofos de la axiológica (como Hartmann y Scheler) han planteado, además, la cuestión de la jerarquía axiológica de lo bello: para ellos, los valores estéticos son superiores a los vitales y a los utilitarios, pero inferiores a los éticos, cognoscitivos y religiosos. En una posición parecida se halla Kierkegaard, quien en su obra *Estadios en el camino de la vida* ha establecido tres fases de valor ascendente: *estético, ético* y *religioso.*

Es normal, al abordar los problemas sobre la facultad de percibir la belleza, hablar del *gusto,* aunque es éste un término cuyo sentido es ambiguo y varía según los distintos autores. Para los pensadores y estéticos del XVIII, justo será compartir las doctrinas estéticas del Neoclasicismo: así Voltaire *(Essai sur le goût)* o Montesquieu (*Ensayo sobre el gusto,* trad. esp., Col. Austral, Espasa-Calpe). Cercano a esta posición está el estudio de Hume, *On the Standard of Taste.* En cambio, T. S. Eliot ha hablado de la educación del gusto en poesía (en *Función de la poesía y función de la crítica,* trad. esp., Barcelona, Seix Barral, 1955, págs. 47 y sigs.) con criterios no dogmáticos, sino quasi-fenomenológicos: en este ensayo describe el itinerario o la educación gradual que el propio escritor siguió en su valoración de la poesía, y que eleva a norma general. También se ha ocupado del tema, desde otra perspectiva, Schiller en sus *Cartas sobre la educación estética del hombre.*

Sobre la concepción neoclásica de la belleza cfr. las lúcidas páginas de E. Cassirer, *La filosofía de la Ilustración,* México, 1946, (págs. 261 y sigs.). En general, sobre el tema, remitimos a los trabajos de Ph.-G. Blaukler, *Lo bello y su historia,* 1912 (trad. esp.), G. Santayana, *El sentido de la belleza,* 1945, y M. Menéndez y Pelayo, *Historia de las ideas estéticas en España.* G. Lukacs, *Estética* (trad. esp.), Madrid, 1982.

Lo feo

Si lo bello es lo proporcionado, lo feo es lo deforme, lo carente de forma o lo que está privado de *proporción.* Algunos autores, que se resisten a aceptar que lo feo sea una categoría artística, como G. M. Bonet (*En torno a la estética literaria,* Buenos Aires, Nova, 1959, págs. 68 y sigs.), hablan de lo *grotesco* que sería, en opinión de este autor, adoptando una posición mimética del arte, la imitación de la realidad peor de lo que es. Otros pensadores, en cambio, no sólo admiten la categoría de lo feo, sino que incluso han hablado de una *estética de la fealdad.*

Frente a la estética de lo bello, que podemos considerar encarnada en Grecia (Homero, Píndaro, Platón, Sófocles) o en versos como los de Keats en el inicio de su *Endymion,*

a thing of beauty is a joy for ever,

a mediados del siglo XIX se inicia en Francia (Baudelaire) una estética de lo feo (cfr. H. Friedrich, *Estructura de la lírica moderna,* trad. esp., Barcelona, Seix Barral, 1959, págs. 62 y sigs.). De acuerdo con esta nueva orientación artística, se afirma que «el poeta saca de lo feo un nuevo encanto». Lo deforme produce sorpresa y ésta sirve, a la vez, para el «ataque inesperado». El poeta baudeleriano, por otra parte, experimenta, en frase de Friedrich, «el aristocrático placer de desagradar». Buena parte de la poesía de Baudelaire se complace en evocar carroñas, y esqueletos para elevarlos a una cierta categoría estética (cfr. *Les fleurs du mal,* con un título bien significativo). Th. Gautier ha escrito: «Baudelaire puede decir, como las brujas de Macbeth: "Lo bello es horrible, lo horrible es bello"».)

En contraste con esta orientación estética, los griegos propugnan todo lo contrario.

Para Píndaro, Zeus ama la poesía, el canto, que en la *Pit.*, I, es sinónimo de orden, de armonía. Para Sócrates y para Platón, lo bello es bueno, lo feo, malo éticamente. Y el mismo adjetivo *(aiskhrós)* sirve para expresar lo feo ético (malo) y lo feo estético.

LO TRÁGICO Y LO CÓMICO

Si lo sublime, lo bello y lo feo representan una gradación estética, lo cómico y lo trágico se establecen a partir del contenido o de la forma en que la belleza se representa. O, si adoptamos la teoría aristotélica de la *mimesis,* la imitación de una acción elevada, o de una acción vulgar. El trágico imita a hombres superiores al normal, y el cómico a hombres inferiores a nosotros mismos. Lo trágico mueve a la compasión, lo cómico a la risa.

Se ha intentado definir lo trágico como una oposición en la que resulta imposible una conciliación. Así lo hizo Goethe y, desde entonces, esta consideración de lo trágico ha dominado en la crítica occidental. Recuérdese, empero, cómo Hegel veía en la *Antígona* de Sófocles la ilustración de su teoría de la dialéctica del espíritu en la que, a través de la *tesis* y la *antítesis,* se llega a la *síntesis.*

Pero resulta que, si admitimos esa concepción, digamos, *catastrófica,* de la tragedia, muchas de las tragedias griegas quedarían fuera de la consideración. Hay en Esquilo, en Sófocles, en Eurípides, muchas piezas trágicas que acaban en una «conciliación», en un *happy end.* Ante esta aparentemente paradoja, donde algunos críticos admiten que la tragedia y lo trágico surgen no meramente de una oposición insalvable, sino de una situación seria, en la que el héroe adopta una actitud noble y en la que, a pesar de la superación final, domina un clima de tensión y de dolor.

Lo cómico, por su parte, «resulta, objetivamente, de que, primero, una impresión puede ser producida por la palabra, o por una situación o acción en su comprensión inmediata y más próxima, despierta en nosotros la interpretación usual», para que después, mediante el contraste entre lo que se ve o se lee o escucha, surja la sorpresa que provoca la risa. Así define lo cómico Meumann en su *Sistema de Estética.* Pero hay otras definiciones de lo cómico: Aristóteles lo definirá como el paso de una situación desgraciada a otra feliz, y Bergson afirmará que para que exista comicidad es preciso una falta de proporción o de armonía entre el efecto y la causa. Horacio lo ha explicado claramente cuando hablando del esfuerzo de un poeta por ofrecer una obra grandiosa, el resultado es paupérrimo:

parturiunt montes, nascetur ridiculus mus.

(paren los montes y nace un ridículo ratón).

Uno de los trabajos más inteligentes sobre lo cómico es el libro de Bergson, *La risa* (trad. esp., Madrid, Col. Austral, Espasa-Calpe, 1973). La intención del filósofo francés es analizar los procedimientos de elaboración de lo cómico.

Dentro de lo cómico puede caer, como un subgénero, de un lado, lo *grotesco* (del que hemos dicho algo al hablar de lo feo) y lo *paródico*. Para algún crítico, lo grotesco, visto desde el punto de vista de la *mímesis,* es la imitación de una realidad peor de lo que es.

El género propio para la exhibición de lo grotesco es, evidentemente, la Comedia. Ahora bien, lo grotesco no necesariamente abarca lo feo, porque lo feo, *si no hay deformación,* lo que produce es *realismo*. Por otra parte, lo grotesco helénico se distingue de las demás formas en que deriva directamente de lo «bello natural», mientras que lo grotesco cristiano es la exageración de lo feo natural (Bonet).

V. Hugo, en el prefacio de *Cromwell*, intenta demostrar que el cultivo de lo grotesco es un rasgo propio del Romanticismo. Lo grotesco sería, en su opinión, el reverso de lo sublime.

Como ejemplos de lo grotesco cristiano pueden aducirse la representación de aquelarres, las brujas, Satán; como ejemplo de grotesco renacentista, la Comedia del Arte, Polichinela, Arlequín, Scaramouche, etc.

Sobre el tema, cfr. E. Trias, *Lo bello y lo siniestro,* Barcelona, Seix, 1982.

Un subgrupo de lo grotesco sería lo *esperpéntico,* que, aunque no desconocido en la Edad de Oro hispánica (recuérdese a Quevedo) y el siglo XVIII (algunos cuadros de Goya), es uno de los rasgos de la obra de Valle-Inclán *(Los cuernos de D. Friolera, La princesa Rosalinda, La corte de los milagros)*.

De entre los elementos que pueden distinguirse en el esperpento valleinclaniano, A. Risco (*La estética de Valle-Inclán,* Madrid, Gredos, 1966) señala el lenguaje, la ley del contraste (crueldad/erotismo; juegos de palabras antitéticas) y la deformación. Sobre la técnica pre-esperpéntica de Quevedo, remitimos a J. Nolting-Hauff, *Visión, sátira y agudeza en los sueños de Quevedo,* Madrid, Gredos, 1968.

Nos resta hablar de lo *paródico*. En Grecia, donde un concepto concreto de *parodia* no existe, hay, en cambio, la idea concreta que se refiere a la imitación burlesca de algo concreto, sobre todo en el campo literario (parece que en un principio, *parodiar, parôdeîn* significa estar al lado de alguien que recita en serio, desafinando, o sea, rebajando su seriedad estética, según Koller). Por lo general, empero, en Grecia, el término se refirió siempre al tratamiento cómico de un pasaje trágico (así lo atestigua el léxico Suda: «*parodia:* así se llama el hecho de trasladar de la tragedia a la comedia»). Y, realmente, por lo que se refiere a Grecia, la parodia debe relacionarse con la comedia. Los esporádicos casos en que lo parodiado es un poema épico *(Batracomiomaquia),* o plegarias (estudiado por Kleinknecht, *Die Gebetsparodie in der Antike,* Tubinga, 1937) son más bien excepciones.

La parodia puede considerarse, por otra parte, desde varias perspectivas: 1. Desde el punto de vista del original: entonces tendremos la parodia épica (la *Gatomaquia,* de Lope de Vega); de la tragedia (por ejemplo, *La venganza de Don Mendo*), de oráculos (como en muchos pasajes de Luciano), de plegarias, de instituciones, etc. 2. De pasajes concretos de una obra. 3. Una escena cómica es elevada mediante el empleo del *sermo trágicus* (así en Aristófanes, *Acarn.,* vs. 418 y sigs.). 4. Parodia de escenas trágicas completas (como la escena del *Télefo* de Eurípides en los *Acarnanios* de Aristófanes). 5. Finalmente, puede parodiarse un motivo trágico (lamentos, saludos, despedidas, etc.).

Caen dentro de lo paródico piezas como *Los intereses creados,* de Benavente (donde lo paródico se une a lo esperpéntico); *Un mundo feliz,* de A. Huxley (con intención satírica); *Los Viajes de Gulliver,* de Swift, o *D. Jaume el conquistador,* de Pitarra.

Sobre el tema, remitimos al artículo «Parodie», del *Reallexikon der deutschen Literaturgeschischte,* 1926-1928, II, págs. 6340 y sigs.; Köller, «Die Parodie» (*Glotta,* 25-1956, 27 y sigs.). Para la parodia trágica en Grecia, P. Rau, *Paratragodia,* Munich, 1967, y para la Edad Media, P. Lehmann, *Die Parodie im Miltelalter,* Stuttgart, 1963 [2].

Sobre la parodia teatral —especialmente en la literatura castellana—, cfr. la tesis de M. F. Íñiguez (*Introducción al estudio de la parodia teatral,* Universidad de Barcelona, 1981).

Para lo cómico y lo grotesco, cfr. además, G. Müller, *Theorie der Komik,* Wurzburgo, 1964; W. Kayser, *Das Groteske. Seine Gestalten in Malerei und Dichtung,* Oldenburg, 1961 [2].

II

¿QUÉ ES LITERATURA?

> La humanidad descubrirá en creciente medida que tenemos que recurrir a la poesía para interpretar la vida, para consolarnos, para sostenernos.
>
> MATTHEW ARNOLD.

Nos proponemos en el presente capítulo desarrollar fundamentalmente dos cuestiones: de un lado, intentar definir la esencia de la Literatura, o, cuando menos, pasar revista a los diversos intentos por definirla: de otro, abordar la cuestión de su función —o funciones—. Conviene indicar, sin embargo, una distinción establecida por algún crítico: la que define como actividades distintas la *Literatura* y los *Estudios Literarios.* Mientras aquélla significa la *creación literaria,* los *Estudios Literarios* caerían dentro de lo que entre otros autores se llama *Ciencia de la Literatura (Literaturwissenchaft).* Al estudioso de la Literatura —al crítico, pues, no al creador— lo que le interesaría primordialmente sería «traducir a términos intelectuales sus vivencias».

ALGO DE SEMÁNTICA

Antes, empero, será preciso abordar las diversas acepciones que ha tenido a lo largo de la Historia el término *Literatura.* Este término latino no es sino la traducción del griego γραμματική *(grammatikê,* sobreentendida la palabra τέχνη; *tekhnê* = arte), que, en el mundo helénico, era la actividad del *grammatikós,* el maestro que enseñaba a sus alumnos las letras (latín, *litterae),* las γράμματα *(grámmata).* Pronto, empero, y en el mismo mundo antiguo, el término pasó a ser sinónimo de lo que hoy entendemos, en cierto modo, por Literatura, aunque pueda haber una gran diferencia entre la concepción de esta disciplina en la Antigüedad y en la época moderna. De hecho, la «literatura» como tal tardará mucho en surgir, y lo único que tendrá arraigo en el mundo helenístico y romano será una actividad filológica (edición, comentario de autores clásicos), aunque Calímaco, poeta erudito del siglo III a. de C., escribió unos *Pinakes* que pretendían ser una visión sinóptica de los autores clásicos y sus obras.

Que la *grammatikê* griega, empero, se identifica con *litteratura,* lo afirma contundentemente Quintiliano (II, 1, 4) cuando escribe: «grammaticê, quam in latinam linguam transferentes litteraturam vocaverunt».

Esta concepción de la *grammatikê* como arte de la lectura de los autores perdurará hasta el siglo XVII. Surge entonces, en efecto, una nueva acepción del término: ahora pasa a significar la actividad del hombre de letras en tanto lo que antes se llamaba *grammatikê* pasa a denominarse *poesia* o *elocutio.*

Será a partir del siglo XVIII cuando el término vaya adquiriendo un sentido más próximo al que tiene hoy: Lessing, en efecto, publica en 1765 su estudio *Briefe der neuesten Literatur betreffend (Cartas referentes a la más reciente Literatura),* donde se ve claro que el sentido es «producción literaria» en general. Simultáneamente, va adquiriendo otra acepción como «producción concreta de una literatura dada». Así, en 1772 Tiraboschi publica su *Storia della letteratura italiana;* por su parte, Mme. de Staël tiende a darle el sentido de fenómeno literario en general (cfr. su *De la littérature, considerée dans ses rapports avec les institucions sociales,* 1800). En ciertos momentos del siglo XIX e incluso del nuestro, coexisten diversas acepciones. Así comprobamos que, en ciertas zonas lingüísticas, Literatura tiende a significar Bibliografía, e incluso puede tener un cierto sentido despectivo de *«retórica».* Secundariamente, y por un desplazamiento de su valor corriente, puede significar manual de Literatura, o simplemente, sin más, Historia de la Literatura.

Nosotros entenderemos aquí Literatura como el estudio científico del fenómeno literario, advirtiendo que, como hemos señalado, algunos críticos tienden a distinguir entre la creación (Literatura) y el estudio de tales creaciones (Estudios Literarios, o Ciencia de la Literatura).

Sobre las primeras actividades de los *grammatikoi* de la época helenística, y en especial sobre Calímaco, cfr., ahora, R. Pfeiffer, *Historia de la Filología clásica* (trad. esp., Madrid, Gredos, 1968, I, págs. 165 y sigs.). Sobre la filología en la época romana, W. Kroll, *Historia de la Filología clásica* (trad. esp., Barcelona, Labor, 1941, págs. 60 y sigs.). En el volumen segundo de la obra de Pfeiffer se hallarán buenas indicaciones sobre el mundo pre-renacentista y moderno hasta 1850.

NATURALEZA DE LA LITERATURA

Plantear la pregunta *¿Qué es Literatura?* no significará para nosotros sino preguntarnos qué debe entenderse por tal. Varias respuestas se han dado al interrogante:

1. Es Literatura todo lo que está escrito, especialmente lo que está en letra de molde. Representante conspicuo de esta orientación es Ed. Greelaw, quien (*The Province of Literary History,* Baltimore, 1931), escribe:

> «Nada que se relacione con la historia de las civilizaciones cae fuera de nuestro campo.»

Será, pues, Literatura, toda la bibliografía que aborda aspectos de la historia de la civilización y de la cultura. Trabajos como el de J. P. Vernant sobre «La organización del espacio» *(Mito y Pensamiento en la Grecia antigua,* trad. esp., Barcelona, 1965), que se plantea el tema concreto de la manera de concebir el espacio entre los griegos, o el de Schadewalt, «El modelo del mundo de los griegos» (*La actualidad de la antigua Grecia,* trad. esp., Barcelona, 1981); los estudios que se centran sobre aspectos de la Edad Media (por ejemplo, *El otoño de la Edad Media,* de Huizinga) o de la Edad Moderna (por ejemplo el libro de H. Hallm, *The Introduction to the Literary History of the Fifteenthe, Sixteenth and Seventeenth Century*) que aborda tanto los tratados de jurisprudencia como de teología y medicina, etc.). Cualquier estudio al estilo, por ejemplo el de Lovejoy, *The Great Chaine of Beeing* (Nueva York, 1960 [2]), que es la historia de una idea filosófica (una muestra de la cual sería el Platonismo), o estudios como *La bohemia literaria durante el modernismo* (tesis doctoral, de M. Aznar, Barcelona, 1981) u obras que aborden aspectos como «La profesión médica durante la Edad Media», la visión del escritor en la Roma imperial, etc., sería una producción literaria, y, por ende, deberían ser abordados por los manuales de Literatura.

Nadie deja de ver, empero, que esa amplísima concepción de la obra literaria lo que hace es introducir una inaceptable identificación entre la Literatura y la historia de la Civilización.

En parte, esta orientación está ya implícita en los momentos originarios de la Ciencia de la Antigüedad, a finales del XVIII, cuando se considera que la *Altertumswissenschaft,* en lo que llegó a convertirse la *philologia,* debería ser el estudio integral de todo el mundo antiguo *(totius antiquitatis cognitio historica et philosopha.)* Al nuevo filólogo le interesará de igual manera una inscripción que una obra de Sófocles. Contra esa actitud se rebeló ya G. Hermann.

2. Para otros investigadores será estrictamente *Literatura* las obras estéticas de expresión verbal, sea ésta escrita u oral.

3. Sin que ello suponga una marginación, hay críticos que consideran que la Literatura debe limitarse al estudio de lo que ellos llaman *los grandes espíritus,* los autores más sobresalientes de la producción de un país o de la humanidad. En determinada perspectiva, ello supone un *clasicismo* a ultranza (sólo son dignos de leerse determinados espíritus señeros), y, por otra, una limitación dictada exclusivamente por razones pedagógicas. De hecho, es el procedimiento que suele seguirse en la enseñanza de la Literatura. Pero es que, por otra parte, la delimitación y la selección de los «mejores autores» suele ser arbitraria y subjetiva, lo que quita valor científico a tal concepción.

Esto nos llevaría a plantear el problema del *gusto literario* del que hemos hablado en el capítulo primero, así como de la posibilidad de una evolución en el mismo. Que tal evolución efectivamente se da en las personas es la tesis sostenida por T. S. Eliot en un breve artículo («Sobre el desarrollo del gusto en materia de poesía», recogido en su libro *Función de la poesía y función de la crítica,* trad. esp., Barcelona, 1955). El grado supremo de esta evolución, que Eliot cifra, naturalmente, en la madurez, se caracterizaría por el hecho de que entonces dejamos de identificarnos con el poeta que leemos para conseguir una visión crítica. Y termina: «El conocimiento del por qué Shakespeare, Dante o Sófocles ocupan el lugar que ocupan sólo muy lentamente se alcanza en el transcurso de la vida». En el fondo, lo mismo viene a decir el Pseudo-Longino en su *Tratado sobre lo sublime* cuando afirma que «el juicio de valor, en Literatura, es el fruto sazonado de una larga experiencia».

Han tratado sobre el gusto literario hombres como Voltaire *(Essai sur le goût),* Hume *(On the Standart of Taste)* y Montesquieu *(Sobre el gusto).* El libro de Schücking, *El gusto literario* (México, 1956, trad. esp.), es un enfoque sociológico.

4. Sin caer en los extremos abordados en el apartado 1, la verdad es que considerar como literaria la producción filosófica e histórica (incluso a veces la ciencia y los tratados políticos) es procedimiento común en las historias de la Literatura. Así, no se concibe, por lo menos en la práctica, una historia de la Literatura antigua sin hablar de

Platón y de Aristóteles, de Tucídides, Demóstenes y de Hipócrates, por lo que se refiere a lo griego, y de Cicerón, Lucrecio, Varrón, Livio y Tácito, en lo que atañe a la literatura latina. Y a veces ello ocurre de un modo muy natural, pues en algunos casos (Platón, Lucrecio, Tácito) hay clara conciencia de que se está haciendo Literatura. Es difícil que una historia de la literatura francesa se olvide de Montesquieu, de Renan o de Bergson, incluso de Descartes; que una literatura inglesa silencie los nombres de Burke, Gibbon o Hume, en tanto que es normal hallar en una literatura italiana figuras como Vico, por ejemplo.

La actitud extrema contraria está representada, por ejemplo, por B. Croce, quien se niega a aceptar que sea no ya poesía sino mera literatura toda producción en la que haya intención utilitaria, como satirizar o enseñar. Una serie de poetas quedan entonces, de un plumazo, borrados: Hesíodo, Arato, parte de Horacio y de Virgilio, La Bruyère, Samaniego, Pope, etc.

Función de la Literatura

Si de la naturaleza pasamos a la función que desempeña la literatura nos hallaremos ante otro punto polémico. Porque ¿hay que hablar de función o de funciones? Es decir, la Literatura, ¿desempeña una única función, tiene una única finalidad, o bien puede hablarse de varias, todas ellas legítimas? Un dato nos hará ver ya, sin más, el problema. El capítulo dedicado al tema en la *Teoría literaria,* de Warren y Wellek, se titula «Función de la Literatura», mientras en el manual de V. M. de Aguiar *(Teoría de la Literatura)* se habla de funciones, en plural. Y, en efecto, los criterios están aquí ampliamente repartidos: mientras hay quien se niega a ver más que una función —la estética, por lo general, o la lúdica— críticos como C. Boas (*Primer for critics,* Baltimore, 1937) han defendido con vigor un pluralismo de intereses y tipos de crítica correspondiente. Para él, resumiendo su tesis, cabría distinguir lo siguiente: *a*) una función práctica; *b*) una función estética; *c*) una función ética; *d*) una función pedagógica; *e*) un medio de proporcionar evasión, y *f*) expresión de un compromiso. Vamos a desarrollar brevemente cada uno de estos puntos.

Comenzando por la *utilidad* de la obra literaria, hay que decir que los representantes del *arte por el arte* (en especial a partir de la segunda mitad del siglo XIX) se niegan en redondo a aceptar que la obra literaria pretenda un fin práctico, o ser útil. El fin exclusivo de la Literatura, para estos críticos, es la belleza; sú único campo es ése, sin contaminaciones de lo que pueda llamarse útil o práctico. Th. Gautier ha expresado muy bien ese ideal con sus palabras: «Sólo es verdaderamente bello lo que no puede servir para nada.»

Ya hemos visto, hace un momento, que Croce se negaba a aceptar el carácter de utilidad de la poesía. Y, sin embargo, hay que admitir que, al menos en sus orígenes, parte de la poesía ha tenido un sentido mágico, práctico por tanto, que en parte ha pervivido sobre todo en determinados usos del lenguaje: tabús, metáforas, etc. Todavía en Esquilo W. Porzig ha podido detectar innegables pervivencias mágicas en algunos aspectos de su estilo y de su léxico. Y no se olvide que, en latín, *vates* significó, en un principio, *adivino,* luego pasó a tener el sentido de poeta en su valor actual. La fuerza de la palabra ha sido siempre un elemento innegable de la poesía.

Por lo que respecta a las relaciones entre *moral* y *literatura,* es obvio, dado el carácter práctico de la perfección moral, que los defensores del arte por el arte se niegan, asimismo, a aceptar que haya, en la Literatura, ninguna relación con la ética y la moralidad. O. Wilde sostiene que «la estética supera a la ética»; Baudelaire arrecia contra la «herejía de la enseñanza de la Literatura» y la contrapone una poesía independiente de todos los «valores no poéticos o artísticos». Ch. Morgan dirá que la vida imita al arte, y Ortega sostendrá que «el arte es una subrogación de la vida».

De todos modos, pueden darse dos actitudes distintas entre los que separan la moralidad y la literatura: o bien, por un rechazo excesivo se cae en la «inmoralidad» (O. Wilde o Huysman) o bien se afirma con rotundidad que la obra de arte tiene una moralidad propia, *sui generis* (Baudelaire).

En la literatura antigua —y buena parte de la moderna hasta el XVIII— se aceptó claramente la concepción de la obra literaria como el medio de alcanzar una perfección moral. Así lo hace Aristóteles en la *Poética;* y en nombre de la moralidad expulsa Platón a los poetas de su ciudad ideal. Horacio dirá que la poesía pretende o enseñar o deleitar *(aut delectare aut prodesse).* Sobre las teorías del arte por el arte cfr. A. Cassagne, *La theorie de l'art pour l'art en France chez les derniers romantiques et les premiers réalistes,* París, 1959.

Si abordamos ahora la función de la Literatura como *medio pedagógico,* o instrumento de enseñanza —en el sentido más amplio que se quiera—, tendremos que señalar autores que lo defienden y otros que lo atacan. Que el arte pueda ser un medio de conocimiento lo niega rotundamente Platón aduciendo que el arte imita a las cosas, que, a su vez, son sólo un pálido reflejo de las Ideas que son la Realidad Absoluta. El arte, pues, es un reflejo en segundo grado de la Realidad (cfr.

P.-M. Schuhl, *Platon et l'art de son temps,* París, 1952) y, en consecuencia, nada puede enseñar al hombre. Por su parte, Aristóteles, en su *Poética,* escribe unas palabras muy enigmáticas: para él la poesía es más filosófica que la historia. Como para el Estagirita filosofía es el conocimiento de las causas últimas del ser y de la realidad, eso querrá decir que la Literatura, en especial la poesía, nos situará más cerca de la realidad que la propia historia; que podremos aprender de ella.

Para matizar el pensamiento aristotélico hemos de añadir que en este pasaje se alude a la capacidad para conocer lo *universal:* la historia narra qué le ha sucedido a un hombre cualquiera, a un individuo, en tanto que la poesía evoca qué le podría ocurrir, al hombre universal, no concreto. Y como la Filosofía primera se ocupa de lo universal, está claro que la poesía es más filosófica que la historia.

Sobre este punto, cfr. K. von Fritz, *Antike und moderne Tragödie,* Berlín, 1962, págs. 430 y sigs. (que aborda la génesis y el sentido de este capítulo de la *Poética).*

El Romanticismo se planteó de nuevo el carácter práctico de la Poesía. Para los románticos, en efecto, la poesía es la única vía de auténtico conocimiento de la realidad profunda del ser. Esta concepción idealista de la poesía está en íntima relación con el carácter de hombre *inspirado,* visionario y profético que para la estética romántica tiene el poeta. Volveremos sobre ello más adelante.

Para el poeta Romántico el mundo es un poema gigantesco, una vasta red de jeroglíficos y enigmas que sólo el poeta es capaz de entender. Como decía Shelley: «La naturaleza es un poema de secretas señales misteriosas».

Píndaro, en plena Antigüedad, anticipa ya esta visión del poeta como el ser inspirado por la divinidad para poder entender cabalmente el sentido secreto de la armonía del universo. Y se presenta, en consecuencia, como un *profeta.* Rimbaud es otro típico representante de esa concepción: «El poeta —escribe— se torna vidente a través de un largo, inmenso y racional desarreglo de los sentidos.»

Orientada en una dirección en cierto modo emparentada, es la escuela de E. Cassirer y su teoría de las *formas simbólicas.* Para este filósofo, la Literatura, lejos de ser una diversión o una actividad lúdica (cfr., por ejemplo, Huizinga en su *Homo ludens*) representa la revelación, en la forma simbólica del lenguaje, de las potencialidades oscuramente presentidas por el alma del hombre. «La poesía —escribe— es la revelación de nuestra vida personal.» Véase, de este autor, su *An-*

tropología filosófica (trad. esp., México, 1945), que quiere ser un resumen de su voluminoso estudio *Philosophie der symbolischen Formen.*

Pero la Literatura, hemos dicho, puede también servir de medio de *evasión.* Ante determinadas circunstancias de la existencia, la creación se convierte en el medio idóneo para escapar a la miseria de la vida. Esa evasión es, al tiempo, la búsqueda de un mundo nuevo, al que el artista se agarra como un clavo ardiente y que le permite seguir viviendo. Cuando la vida no responde, hay que acudir al arte. O, como decía Ortega: «el arte deviene una subrogación de la existencia». Gracias a la poesía se salva el poeta. Goethe afirmaba que con el suicidio literario que habia impuesto a Werther, libróse él mismo de suicidarse. Flaubert escribirá a un amigo suyo: «Trabaja, trabaja; escribe tanto como puedas... Es el mejor corcel, la mejor carroza para escapar de la vida» (*Lettres choisies,* París, 1947). Y más adelante: «Haz como yo: rompe con el exterior.» Y comunicándose con otro amigo suyo, le dice: «El único medio de soportar la existencia es aturdirse en Literatura.»

Esa visión no es, empero, exclusiva del mundo moderno. Homero dice (*Odisea,* VIII, 63) del aedo Demódoco que la divinidad le había arrebatado la vista, pero le había concedido el don de la poesía. El poeta piensa en la compensación que puede ser, en la desgracia, el arte. Píndaro (*Ol.,* I) habla de la *Charis* (la *Poesía*) como la fuente de todas las dulzuras para el mortal. Teócrito (*Idilios,* XI, 1 y sigs.) afirma que no hay remedio mejor contra las penas amorosas que las Piérides, es decir, la Poesía. Y Virgilio (*Geórgicas,* IV, págs. 464 y sigs.) recuerda que Orfeo se consolaba de la muerte de su esposa Eurídice con el canto:

Ipse cava solans aegrum testudine amorem
te, dulcis coniunx, te solo in litore secum,
te, veniente die, te, decedente, canebat.

* * *

¿Cuáles son las causas que pueden dar origen a esa actitud fugitiva, a esa evasión? Podemos distinguir varias:

1. *Un conflicto con la sociedad:* el escritor no es comprendido —o se siente como tal—, y ante esa incomprensión busca el poeta un mundo para él solo, adonde refugiarse. Esta actitud, que no es privativa del mundo moderno, halla, sin embargo, desde el Pre-romanticismo, su manifestación más evidente. Desde Rousseau, en efecto, se considera que el hombre, bueno por naturaleza, se corrompe en contacto con la sociedad. Y en el Romanticismo esa actitud llega a su cenit. El poeta *maldito* será un prototipo de la poesía moderna. Pero

ya antes asistimos a hechos que delatan una actitud similar, aunque no tan insistente: fray Luis de León da expresión a ese anhelo cuando escribe:

un ángulo me basta entre mis lares,
un libro y un amigo, un sueño breve
que no perturben deudas ni pesares.

Un poco antes, Petrarca (que en muchos aspectos es un anticipo de la mentalidad moderna) gustaba asimismo de refugiarse en su amada Vaucluse, donde llegó a escribir algunas de sus obras más hermosas.

También hay ejemplos en la época clásica: de Eurípides se cuenta que disponía de una *gruta* en la isla de Salamina, donde iba a menudo para alejarse del mundo y crear en paz. Y el nacimiento de la poesía bucólica, en la época helenística, no es sino la reacción de una sociedad excesivamente urbana. El campo, el mundo idílico de los pastores, se presentaba como una verdadera evasión. Y lo mismo podemos decir del mundo pastoril de Virgilio, de Garcilaso o de Sannazzaro.

2. *Sentimientos íntimos* que torturan el alma del escritor y le obligan a buscar una especie de huida. El *mal du siècle* de la época romántica, el *spleen* inglés, el *Weltschmerz* alemán o el *tedio* hispano, son ejemplos de esa actitud. Sénancour en su *Obermann* escribirá: «Existe en mí una inquietud que no me abandonará.» Y el romántico inglés Worsworth ha dicho en uno de sus poemas: *(A una alondra):*

I have walked through wilderness dreary
and to day my heart is weary;
had I now wings of a Faery
up to thee would I fly.

Este *sentimiento de tristeza* será uno de los rasgos de la literatura moderna. Fue preparado por el *pesimismo filosófico:* Schopenhauer, en su libro *El mundo como voluntad y representación* concluye que «vivir es querer, y querer es sufrir», por lo que la vida es, en esencia, dolor; Ed. Hartmann *(Filosofía de lo Inconsciente)* intenta un balance de la vida y en este inventario pesa mucho más el dolor que el gozo: Nietzsche reniega de todos los valores activos y propone otros para que los substituyan: la vida, tal como se presenta, no le gustaba. Burckhardt, al hablar de los griegos en su *Historia de la cultura griega,* valora mucho más el sentimiento pesimista helénico que lo que pueda considerarse como optimista.

Pero es que, en el campo literario, hallamos, en buena parte, lo mismo. Aun aceptado que hay lugar para la esperanza —y Laín, en su libro *La espera y la esperanza*, ha esbozado una visión muy completa de esa actitud— en conjunto, suele pesar, en la literatura contemporánea, mucho más lo negativo que lo positivo. Grandes pesimistas han sido, en el siglo XIX, hombres como Víctor Hugo, Lamartine, Leopardi, lord Byron, Ibsen, Tolstoi, Verlaine, Dostoyewski, Espronceda, Flaubert, Baudelaire, Poe, Stendhal, Dickens, Huysman, Bourget, O. Wilde... y la lista se haría interminable. Leopardi, el poeta de la desesperación y del hastío ante la vida, es el autor del poema *L'infinito,* que representa un verdadero «manifiesto» pesimista.

Y en el mundo contemporáneo la nómina no es menos larga: Después de D'Anunnzio, que habló de la «tristezza atroce della carne inmonda», una larga lista de hombres pesimistas, o desesperados: Albert Camus, Sartre, Sagan, han sentido lo que Ch. Moeller ha llamado «el silencio de Dios». A. Huxley es el autor que mejor ha expresado la religión sin amor. Hay, empero, también aquí, un halo de esperanza: en Ana Frank, en la inquietud de Unamuno, en G. Marcel o en Ch. Péguy.

Se han realizado no pocos análisis y estudios de esa inquietud, de ese pesimismo, de ese sentimiento de tristeza. A. Deleito y Piñuela en su estudio, *El sentimiento de tristeza en la literatura contemporánea,* Barcelona, Minerva, 1923; G. Marcel, en *El hombre problemático,* Buenos Aires, 1956 (que analiza el pensamiento, sobre todo, desde la búsqueda de la *ataraxia* por parte de los estoicos hasta A. Gide, pasando por San Agustín, Pascal, Kierkegaard, y en Goethe, Heidegger, Sartre y Nietzsche). En su libro *El hombre en la encrucijada* (Buenos Aires, 1953), Ferrater Mora realiza un estudio semejante. En los gruesos volúmenes del padre Ch. Möller (*Literatura del siglo XX y Cristianismo,* Madrid, Gredos, 1960) hay muchos aspectos abordados que tocan de lleno el tema que nos ocupa.

Se constituye, así, una literatura que hemos convenido en llamar de *evasión*. Y si ahora pasamos de los motivos que provocan su nacimiento, a las diversas formas que puede adoptar, podremos distinguir, *grosso modo,* los siguientes:

a) Por un lado, la Literatura puede jugar un papel *catártico,* puede ser una especie de terapéutica que permite expulsar los malos humores, superar los estados patológicos del espíritu. Que la lectura de obras filosóficas puede servir de consuelo al hombre en la desgracia lo sabemos, al menos, desde Cicerón y desde Séneca. El tema de la filosofía como cura del alma es uno de los más frecuentes en la historia de la Filosofía, al menos en la Antigüedad: sólo tenemos que recordar las *Tusculanas* de Cicerón, las *Cartas a Lucilio* de Séneca o la *Consolación de la Filosofía* de Beocio. Pero es que la Literatura puede ejercer un efecto tonificante parecido. Ch. de Bos escribe en un pasaje de su libro *Qu'est-ce que la Littérature?*, París, 1943: «¿Quién de entre nosotros no ha conocido esas horas en las que las temperaturas anímicas bajas, caen a cero? En tales casos hay que acudir a la Literatura.» Y Goethe confesaba a su secretario Eckermann, a propósito del *Werther:* «Con esta composición, más que con ninguna otra, me había liberado de aquel estado tempestuoso y apasionado al que había sido arrastrado por culpa propia y ajena...» Uno de los capítulos del libro de N. N. Dracoulides, *Psychanalyse de l'artiste,* Ginebra, 1952, se titula: «Contribución del sufrimiento de la creación artística, y del arte como alivio del sufrimiento.»

La definición aristotélica de la tragedia, en su *Poética,* comporta además, la afirmación del carácter *catártico* de la misma: mediante el terror y la compasión se nos proporciona la purgación de tales pasiones. Sobre los sentidos en que ha sido interpretada la frase aristotélica, cfr. Laín, *La curación por la palabra en la Antigüedad clásica,* Madrid, 1958, págs. 243 y sigs. La doctrina fue adoptada por el clasicismo francés, en especial por Corneille.

b) Por otra parte, la Literatura puede convertirse en una especie de Religión para el artista, que lo somete todo a su imperio. El escritor, en este caso, eleva el Arte a la categoría suprema, y halla refugio en él del mismo modo que el creyente halla refugio en Dios. Pero puede ocurrir también, que la evasión esté orientada en sentido vertical, esto es, que la religión en sentido propio sea el refugio auténtico. Entonces la poesía no es sino la expresión de esa vida suprema que el místico vive. Se trata ahora de una evasión que trasciende lo humano: Como dirá fray Luis de León:

Aquí el alma navega
por un mar de dulzura, y finalmente,
en él ansí se anega,
que ningún accidente,
extraño o peregrino oye o siente.

O bien, en acentos aún más arrebatados, San Juan de la Cruz:

Y si lo queréis oír,
consiste esta suma ciencia
en un subido sentir
de la divinal Esencia;
es obra de su clemencia
hacer quedar no entendiendo,
toda ciencia trascendiendo.

La evasión literaria puede tener lugar en el espacio o en el tiempo. Si el poeta lo prefiere, puede ir a refugiarse en una época lejana, en un pasado remoto que, por serlo, será idealizado, y ofrecerá, por tanto, una región dorada en la que su alma se sentirá segura. Tal es el origen del Mito de la Edad de Oro, que aparece reiteradamente en la Literatura desde que Hesíodo, el primer poeta de la evasión, lo evocó en su poema *Los trabajos y los Días,* o desde que Virgilio la cantara en su Égloga IV. Los Románticos suelen refugiarse en la Edad Media (Walter Scott, por ejemplo) o en la época clásica (Chénier). Los postrománticos hacen lo mismo: Flaubert en su *Salambó* evoca el remoto mundo cartaginés. Y aun hoy, algunos poetas buscan en el mundo antiguo el consuelo que no les ofrece el mundo contemporáneo: Seferis, por ejemplo, huye hacia el mito antiguo, como lo habían hecho, cierto que con otro espíritu, Hölderlin, Schiller o Kleist. Un verso de la *Ifigenia* de Goethe puede resumir la actitud del poeta frente a la remota antigüedad, cuando pone en labios de la heroína este verso:

Das Land der Griechen mit der Seele suchend
(buscando con el alma el suelo griego).

Pero la evasión puede tener lugar en el *espacio,* buscando otros escenarios distintos a los que el poeta está habituado a ver e incluso a padecer. Los Pre-románticos (Chateaubriand, B. de Saint-Pierre), imaginando tierras exóticas en las que sitúan la escena de algunas de sus obras; los Románticos evocarán en especial Italia y España, como países maravillosos y de ensueño. Recuérdese a Goethe hablando del «país de los limoneros en flor»; a Stendhal, centrando sus obras en su querida Italia; o a Merimée, que las localiza en España.

No es menos frecuente el motivo del viaje como forma de evasión. La huida es la liberación. Como escribía Mallarmé:

La chair est triste et j'ai lu tous les livres...
Fuir, là bas, fuir!...

Desde la *Odisea* los paisajes exóticos y las tierras lejanas que pueden ofrecer los viajes, éstos serán un gran motivo literario. También Baudelaire ha escrito hermosas páginas sobre el viaje *(Invitation au voyage),* así como Gide *(Rétour de l'enfant prodigue).* Un esteta como Charles Morgan ha hecho de esa actitud el tema de una de sus mejores novelas *(El viaje).*

La *hostilidad del ambiente* puede ser, y con frecuencia es, un estímulo para la creación artística. O bien la indignación ante la maldad humana es el motor que pone en movimiento la inspiración del poeta. Aparecen entonces, por ejemplo, las *epistolas morales,* como la que un autor anónimo dirige a Fabio *(Epístola moral a Fabio),* llena de ataques contra la *moral* de la corte (él lo llama «esperanzas cortesanas»); o la *Epístola censoria* de Quevedo, que acaba siendo una expresión de la nostalgia por el rudo mundo medieval. No es infrecuente que la reacción del artista por el mal trato que la sociedad le ha dispensado acabe en un poema en el que se manifiesta el deseo de huir, de escapar, como en fray Luis de León:

Un ángulo me basta entre mis lares,
un libro y un amigo, un sueño breve
que no perturben deudas ni pesares.

O, como en el mismo autor:

Vivir quiero conmigo,
gozar quiero del bien que debo al cielo,
a solas, sin testigos,
libre de amor, de celo,
de odio, de esperanza, de recelo.

En otros casos, el poeta *se venga* literariamente, castigando a sus enemigos en la obra que ha compuesto: como señala Papini, Dante se vengó de la maldad de sus enemigos colocándolos en el infierno *(Dante vivo,* en el capítulo titulado «fuego contra fuego»).

O bien, si el artista se siente objeto de la injusticia de sus contemporáneos, puede acudir a una especie de evasión, a la *protesta.* Se busca un modelo ideal que oponer a la dura realidad contemporánea (así han nacido las grandes utopías desde la de Platón y Tomás Moro a la de Marx), o se inventa un país de fábula en el que el protagonista, que es el propio autor, se yergue como un gigante entre pigmeos (cfr. *Los viajes de Gulliver,* de Swift; o *La isla de los pingüinos,* de A. France). Ese mundo imaginario puede situarse también en un futuro remoto (como en *Un mundo feliz,* de A. Huxley).

No es raro que el refugio que busca el poeta sea el de la infancia del propio autor, y los recuerdos dorados de la misma. Como decía G. de Nerval: «Los recuerdos de la infancia se reavivan al llegar a la mitad de la vida». Otro recurso frecuente es el *ensueño,* lo que Freud llama "soñar despiertos", que es, para este autor, la manera de expansionarse de un deseo insatisfecho y reprimido. «El poeta, dice Freud, es como un niño: juega, se crea un mundo imaginario y lo distingue claramente de la realidad.»

Sobre el papel que el ensueño ha jugado en el Romanticismo, cfr. A. Béguin, *L'âme romantique et le rêve,* París, 1961 (págs. 193 y sigs., trad. esp.).

En general, sobre la inquietud humana en nuestra época cfr. el estudio de Freud *El malestar en la cultura,* donde se distingue entre la literatura «negra» de la «blanca»: en ésta hay siempre un héroe simpático que reúne en sí todas las perfecciones que el lector pueda querer encontrar.

No es raro que la evasión sea un querer *huir de la vulgaridad,* escapar de la fea cotidianeidad para refugiarse en su *torre de marfil,* donde todo es hermoso. Suele coincidir esta actitud escapista en aquellos escritores que defienden el *arte por el arte.* En la antigüedad poetas como Píndaro Calímaco y Horacio han sabido expresar muy bien esta actitud. Como canta Horacio:

Odi profanum vulgus et arceo.
Favete linguis. Carmina non prius
audita, Musarum sacerdos,
virginibus puerisque canto

(*Odas,* III, págs. 1 y sigs.)

El primer verso es, de hecho, una adaptación latina del verso de Calímaco (βικχαίνω πάντα τὰ δημόβια) *(odio todo cuanto es popular).*

En algunos casos, el arte es, no sólo un medio de escapar de la vulgaridad ambiental, sino, al tiempo, una manera de vengarse del hecho de que el escritor debe llevar una vida o ejercer una profesión que no llena sus anhelos. Hay muchos ejemplos: Th. Gautier, obligado a ganarse el sustento escribiendo obras folletinescas, sabe huir, en los momentos de libertad, a su torre de marfil. Mallarmé, oscuro profesor de inglés, hallará en la poesía una compensación a su obscura tarea. Algo parecido le ocurrirá a A. Machado, que escapa de sus deberes de profesor de francés mediante el cultivo de la poesía. El mundo moderno, que en determinados aspectos aparece tan desolador, tan triste, tan absurdo, ha inspirado a no pocos escritores modernos que se refugian en la Literatura no para escapar de este mismo mundo, sino para proclamar su inhumanidad y su falta de sentido, vengándose así de él: Kafka y Ionesco son autores bien representativos en este aspecto. *El proceso,* de Kafka, y el *Rinoceronte,* de Ionesco, son un ejemplo sin par de esta literatura del absurdo, de lo ilógico e irracional.

Finalmente, se ha hablado y se habla mucho de la *literatura como compromiso.* Hay, en efecto, escritores y artistas que niegan al arte la simple cualidad de actividad sin objeto para atribuirle una misión especial. Sartre elimina al escritor desinteresado y postula, en su lugar, la militancia. El artista, y el escritor en particular, deja de ser, en tal consideración, un ser desentendido de la sociedad para elevarse a la categoría de espíritu que lucha por un ideal concreto.

Aunque la concepción de la literatura como compromiso es un fenómeno esencialmente moderno —por lo menos en el terreno de la mera teorización— hay, y no pocos, antecedentes de esa actitud. Pensamos, por ejemplo, en el hecho de que el poeta griego es un auténtico servidor de la comunidad. Los trágicos, los cómicos, son como *pedagogos* del pueblo. Y los poetas corales trabajan para la sociedad en la que viven. Ya en la época moderna, un Montaigne (*Essais,* I, 2, 8, 367) entiende que su actividad de escritor, lo que realmente busca es el modo de ofrecerse a los otros de la manera más perfecta posible. Boileau dice que cuando se escribe lo que se hace es buscar el agrado o la gloria. Ideas parecidas hallaríamos en espíritus como Goethe, Balzac, Heidegger, Dilthey o Croce.

Ocurre, empero, que cuando se habla de *literatura comprometida* se hace referencia a la militancia política del escritor, que pone su pluma al servicio de las ideas de su partido. Eso pudo parecer así en un momento dado, cuando Sartre empezó a hablar del escritor *engagé.* Pero el caso es que puede darse una literatura de *apostolado* en la que, simplemente, el escritor pone su obra al servicio de un ideal. Tal los escritores pacifistas (como E. M. Remarque, Berta de Suttner, Saint-Exupéry o Curzio Malaparte).

Una variante específica de esta literatura comprometida es la que podemos definir la *literatura planificada* o *programada.* Se trata, en estos casos, de un dirigismo político o ideológico que impone, a veces férreamente, una línea artística concreta de la que los autores no pueden separarse. Lógicamente, tal tipo de literatura aparece normalmente en los regímenes políticos que hoy llamamos totalitarios y en los que el estado se erige en dueño absoluto de la normativa artística.

El fenómeno, que ha alcanzado en nuestro propio tiempo su momento culminante (nazismo, comunismo) tiene, empero, raíces ya en el Antigüedad clásica. Platón, en su *República* y sus *Leyes* ideó una ciudad-estado «perfecta» en la que se realizaba la justicia completa: cada persona ocupaba el lugar que le correspondía por su valía personal. Pero como la orientación básica de Platón es la supremacía del estado por encima del individuo, en el Estado platónico es la autoridad la que regula íntegramente la vida del ciudadano, y, de un modo muy especial, la educación —la *paideia*—, que es férreamente programada. Partiendo de que la formación religiosa —ofrecer una imagen positiva de los dioses— es básica para la formación individual y el buen orden social, Platón expulsa de su Estado a los poetas, porque éstos no ofrecen sino los aspectos negativos de los dioses paganos griegos, con sus pasiones a cuestas.

A partir de entonces, la vigilancia del estado sobre la producción artística —en especial la Literatura— y el pensamiento ha sido, en ciertas épocas, obsesiva.

Ya en la Antigüedad se inició un tipo de control ideológico y artístico, que cristaliza en la persecución de los filósofos y la prohibición de ciertos libros, así como una actitud intolerante contra determinadas formas de creencia religiosa (judaísmo, cristianismo). L. Gil ha realizado un concienzudo estudio de esta cuestión (*Censura en el mundo antiguo,* Madrid, 1960).

El caso más concreto, por su directa incidencia en las orientaciones literarias, es el del llamado *realismo socialista.* La Revolución rusa tuvo, naturalmente, sus aspectos culturales, y la tentación de controlar la producción literaria con fines *pedagógicos* hizo pronto su aparición. La frase de Lenin «¡Abajo el literato sin partido!» es bien significativa. Surge así, en la U.R.S.S., una literatura combativa que se decanta a favor o en contra del proletariado.

Hay que reconocer que había en la misma Rusia zarista determinados antecedentes no ya sólo de censura, sino de intentos por controlar el pensamiento y la producción artística. Bielinski, Chernischevski, Tolstoi, Plejànov, cada uno a su manera, son ejemplos claros de esta actitud.

Se insiste, ahora, en la capacidad de *didactismo revolucionario* de la Literatura (y del Cine). A partir de 1925 se manifiesta entre los marxistas rusos una clara tendencia a eliminar o a combatir las corrientes hostiles al materialismo dialéctico, la filosofía del marxismo. Sus protagonistas más importantes serán Trotsky y Bujarin. Lo que no es «realismo» y materialismo dialéctivo cae bajo la negativa rúbrica de «literatura de evasión».

El Congreso de Escritores de Jarkov en 1930 representa, en este sentido, la consagración de esa corriente ideológica. Algunas de sus tesis son claro indicio de la política «educativa» y «literaria» que va a imponerse.

Entre algunas de estas tesis están las siguientes: El arte es arma de clase; los artistas deben abandonar el individualismo; la creación artística debe ser sistematizada, organizada y colectivizada, para que siga las directrices del partido; todo artista «proletario» debe seguir los principios del materialismo dialéctico, etc.

Unas palabras de Gronski pueden resumir, asimismo, los objetivos y las directrices de ese llamado realismo socialista: «la petición básica que hemos de hacer al escritor es ésta: escribir la verdad, retratar verdaderamene nuestra realidad, que es, en sí misma, dialéctica».

Como modelo a seguir, se ponía a Gorki. Todo escritor que no se adaptara a tales principios, o todo crítico que no aceptara los principios señalados, era descalificado e insultado cuando no perseguido. El autor independiente no tenía derecho a existir ni a manifestarse. Como le ocurrió a Lukács.

> Ni que decir tiene que la *verdad* sobre la realidad socialista podía estar a mil leguas de la auténtica verdad objetiva. De lo que se trataba era de imponer la «verdad» del partido, aunque esa verdad pudiera cambiar de un momento a otro por un cambio de tácticas o por una nueva orientación política que había adoptado, también por razones técnicas —o de lucha por el poder— el partido.

BIBLIOGRAFÍA

Aunque no muy abundantes, existen en castellano unos cuantos estudios consagrados a dar un enfoque general sobre los estudios literarios.

El libro editado por Ermatinger (*Filosofía de la Ciencia literaria,* trad. esp., México, F. C. E., 1946) contiene muy buenas contribuciones sobre aspectos concretos. En general están orientados hacia cuestiones teóricas y, normalmente, se refieren en los temas abordados a la literatura alemana.

La *Teoría literaria* de R. Wellek y A. Warren (Madrid, Gredos, 1953) es acaso uno de los libros mejor estructurados y planteados. Resultado de la colaboración de dos buenos críticos, puede decirse que abordan todas las cuestiones básicas que se plantean a la hora de enfrentarse con los problemas del estudio de la Literatura. Contiene una buena bibliografía selecta, aunque deberá ésta ponerse al día por el tiempo que ha transcurrido desde su publicación.

Un buen complemento de la obra anterior es el libro de W. Kayser, *Interpretación análisis de la obra literaria* (trad. esp., Madrid, Gredos, 1954). Como indica el título, no se trata de una introducción a los estudios literarios, pero es un buen manual, a veces algo abstruso, para complementar aspectos del libro de Warren y Wellek, que se ocupa sólo superficialmente del tema del análisis de la obra literaria.

La *Théorie de la Littérature,* editado por T. Todorov y con un prefacio de R. Jakobson (trad. franc., París, Ed. du Seuil, 1965) es, de hecho, una selección de trabajos de los principales *formalistas* rusos (Eikhenbaum, Chklovski, Tynianov, Brik, Tomachevski y Jakobson): por tanto, no es una introducción general, sino un libro para entrar en los aspectos metodológicos de esa corriente crítica.

Max Wehrli publicó hace algunos años su *Allgemeine Literaturwissenschaft,* que luego se tradujo al español (con el título de *Introducción a la Ciencia Literaria,* Buenos Aires, Edit. Nova, 1966). De hecho es un manual introductivo que aborda, a veces muy superficialmente, algunos aspectos esenciales. (Naturaleza y sistemática e historia de la Ciencia literaria, aspectos filológicos de esa ciencia, relación poeta-sociedad, los problemas de la Historia Literaria, los períodos).

En la misma colección de la obra de Wehrli *(Arte y ciencias de la expresión)* han aparecido dos estudios que pueden servir de complemento a esta obra: *La literatura y el lector* de A. Nisin (Buenos Aires, 1962) y R. M. Castagnino, *El análisis literario* (Buenos Aires, 1967). Rafael Lapesa (*Introducción a los estudios literarios,* Madrid, Cátedra, 1974) ha publicado un breve manual que aborda sólo unas cuantas cuestiones a veces muy someramente, pero puede servir de manual para iniciarse en los puntos básicos de la materia. Concede mucho espacio a la versificación, y prácticamente nada al análisis e interpretación de la obra literaria.

De entre los manuales de menos pretensiones, cabe mencionar a G. Díaz-Plaja, *El estudio de la Literatura* (Barcelona, Sayma, 1963), libro muy ágil, pero que no quiere ser más que un *impromtu.*

El librito de J. M. Ibáñez Langlois (*Introducción a la Literatura,* Pamplona, Euinsa, 1979) es un libro decepcionante que sólo contiene ciertas reflexiones muy subjetivas sobre el tema. Es interesante J. M. Valverde, *La Literatura,* Barcelona, 1981. También C. de Girolamo, *Teoría crítica de la Literatura,* Barcelona, 1982.

Al lado de estos trabajos, que deben considerarse introducciones del tipo de manual, hay otros libros que abordan, a veces exhaustivamente, los problemas y las cuestiones de esta materia, como M. Dragomirescu, *La sciencie de la Littératura,* París, 1928-1929 (en cuatro tomos), o E. Elster, *Prinzipien der Literaturwissenschaft,* Halle, 1897-1911 (dos tomos), o que están enfocados desde un prisma especial, como el libro de G. Michaud, *Introdution a une science de la littérature,* París, 1950, el de F. Baldensperger, *La Littérature: création, succès, durée* (París, 1919 ²), la de H. Cyzar, *Literaturgeschichte als Geisteswissenchaft,* Halle, 1926, o D. Daiches, *A Study of Literature,* Ithaca (Nueva York), 1948.

Quedan, finalmente, algunos estudios que ensayan determinados métodos o aproximaciones, como A. Reyes, *El deslinde. Prolegómenos a la teoría literaria,* México, 1944; D. Alonso, *Poesía española. Ensayo de métodos y límites estilísticos,* Madrid, Gredos, 1966 ², o C. Bousoño, *Teoría de la expresión poética,* Madrid, Gredos, 1970 ².

III

LA POESÍA, EL POETA Y LA CREACIÓN POÉTICA

> Hay que lograr, ante todo, la pureza del sentimiento. El primer paso hacia esa pureza es aprender a no quedarnos insensibles ante lo que nos parece obvio.
>
> J. PFEIFFER.

1

LA POESÍA

En un pasaje de su estudio «Análisis de la obra literaria», R. Petsch escribe: «Empezamos examinando las obras poéticas desde el punto de vista de su contenido: lo que ante todo se destaca en primer plano de nuestra atención es el *qué,* no el *cómo* de la representación». Pero con estas palabras el crítico alemán pretende decir algo muy matizado: si el *qué* es lo primero, cronológicamente, el *cómo* lo es lógicamente. En Literatura, y en Arte en general, como ya observará Goethe, lo importante no es el contenido, sino la forma en que se expresa ese contenido.

Si aceptamos que poesía es el *arte* que se manifiesta por medio de la palabra, es lógico que, a diferencia de las obras científicas, en las que se pretende, sobre todo, *convencer,* la obra poética busque *conmover.* Un ejemplo ilustrará, creo, lo que intentamos decir. Imaginemos dos textos que se ocupen de la fugacidad de la vida y de la ineluctabilidad de la muerte, uno escrito por un filósofo y el otro por un poeta. El filósofo intentará expresar «conceptualmente» la idea; el poeta hará que el lector *la viva.*

Tomemos, para el caso, unas palabras del filósofo español Ferrater Mora (*El sentido de la muerte,* Buenos Aires, 1947, págs. 183 y sigs.):

> «Si consideramos, en efecto, al hombre como una realidad últimamente material, reducible a sus elementos físicoquímicos, el morir humano será, simplemente, su cesar; el hombre morirá *porque* se habrán disuelto sus componentes materiales... Si lo estimamos como un ser esencial y fundamentalmente biológico, el morir será, según hemos comprobado, inherente. El hombre morirá, pero entonces no ya porque en el curso de su vida le acontezca o sobrevenga algo que produce su terminación en virtud de hallarse esta terminación en el principio mismo de su vida.»

Comparemos, ahora, este texto, con el soneto de Quevedo:

Cerrar podrá mis ojos la postrera
sombra que me llevare el blanco día,
y podrá desatar este alma mía
hora a su afán ansioso lisonjera.

Mas no de esotra parte en la ribera
dejará la memoria en donde ardía;
nadar sabe mi llama el agua fría,
y perder el respeto a ley severa.

Alma a quien todo un dios prisión ha sido,
venas que humor a tanto fuego han dado,
medulas que han gloriosamente ardido,

su cuerpo perderán, no su cuidado:
serán ceniza mas tendrán sentido,
polvo serán, mas polvo enamorado.

O bien, leamos la *Oda,* II, 14, de Horacio, donde el sentimiento de la muerte es también obsesivo:

Eheu fugaces, Postume, Postume,
labuntur anni nec pietas moram
rugis et instanti senectae
ad feret indomitaeque morti.

Non, si trecenis quotquot eunt dies,
amice, places inlacrimabilem
Plutona tauris, qui ter amplum
Geryonem Tityonque tristi

compescit unda, scilicet omnibus
qui cumque terrae munere vescimus
enaviganda, sive reges
sive inopes erimus coloni.

(Ay Póstumo, mi Póstumo, los años
deslizándose veloces... Apremiantes
nos llega la vejez con sus arrugas
y su anuncio de muerte inevitable
sin que ni la virtud ni las plegarias
a detenerla basten.

Vano será que inmoles cada día
trescientos toros a Plutón. El hace
que el gigantesto Gerión y Ticio
aprisionen las ondas infernales,

tristes ondas que todos
cuantos se nutren de la tierra madre
han de cruzar, ya sean claros reyes
o ya pobres colonos miserables.)

(Trad., Chamorro.)

El mismo sentimiento ha expresado el poeta alemán M. Claudius:

Ach es ist so dunkel in den Todes Kammer,
tönt so traurig, wenn er sich bewegt
und nun aufhebt seinen schweren Hammer
und die Stund schlägt.

(Ay, es tan triste la alcoba de la muerte,
con qué tristeza suena cuando ella mueve
y cuando alzando su pesado martillo
nos da la hora.)

En el texto del filósofo el *cómo* de la participación resulta traducible. Su contenido podría expresarse fácilmente de otras maneras muy distintas. Los versos de Quevedo, de Horacio o de Matthias Claudius, no: su forma está indefectiblemente unida a su contenido. Cambiarlos significaría dotar al poema de otra esencia. Se mudaría su vivencia. Y es que, como ha escrito E. Steiger, «el valor de los versos (líricos) como tales consiste en esa unidad de significación de sus palabras y su música. Es una música inmediata... Nada resulta más difícil de penetrar que esa comunicación inmediata que se desprende de una manifestación lírica. De ahí que cada palabra y aun cada sílaba de un poema lírico aparezca siempre como algo absolutamente necesario e insustituible» (*Conceptos fundamentales de poética,* trad. esp., Madrid, Rialp, 1966, pág. 31).

Pero si el *cómo* de la poesía es intraducible, imposible de ser modificado sin que pierda su esencia, también es verdad que para que brote del alma del poeta esa íntima manifestación de su estado anímico, éste tiene que haber vivido muchas e intensas experiencias. Rilke ha sabido expresarlo muy claramente: «Sí, pero hacer versos es muy poca cosa cuando éstos se han hecho de joven. No debería tenerse ninguna prisa; habría que acumular significación y dulzura durante toda una vida, y, a ser posible una larga vida, y entonces, al final, quizá fuéramos capaces de escribir dos líneas buenas. Porque los versos no son, como cree la gente, sentimientos. Son experiencias.»

> Estas experiencias pueden estar, en parte, determinadas por aspectos muy concretos de la vida del escritor. ¿Quién duda que la locura de Maupassant, la joroba de Kierkegaard, la ceguera de Milton, la dureza de la vida que conoció Dickens, el penal donde cumplió su condena Dostoyevski o Cervantes, la locura de Hölderlin, el alcoholismo de Baudelaire o la cojera de lord Byron ejercieron una influencia decisiva en la génesis de buena parte de su poesía y de su literatura?

Si la Literatura, y de un modo especialísimo la poesía, debe su vibración al *cómo* y no al *qué,* el corolario es que hay dos maneras, en cierto modo opuestas, de enfrentarse con un poema: o atendiendo exclusivamente al contenido, o prestando atención exclusivamente a la forma. Es evidente que el método adecuado es atender a esos dos aspectos esenciales de la obra poética.

Por lo pronto, los dos elementos básicos de la forma están determinados, en poesía, por el *ritmo* y la *melodía,* que son los factores determinantes de su belleza estética. A pesar de todo, es un buen principio comenzar por atender a la forma externa, para luego atender a su ritmo, a su música, a su forma interior.

Veamos, por ejemplo, un poema de Verlaine, tomado de su libro *La bonne chanson:*

La lune blanche
luit dans le bois;
de chaque branche
part une voix
sous la ramée...
O bien aimée.
L'étang réflète,
profond miroir,
la silhouette
de saule noir
où le vent pleure...
Répons, c'est l'heure.

Du vaste et tendre
apaisement
semble descendre
du firmament
que l'astre irise.
C'est l'heure exquise.

Si analizamos el poema desde el punto de vista externo, salta a la vista que está formado por tres estrofas, cada una de las cuales consta de cinco versos. La rima los articula de tal modo, que a los cuatro primeros ligados por la rima alternante, sigue una rima distinta, con la que rima, a su vez, un verso que se destaca incluso tipográficamente (*o bien aimée...*, etc.). Cada uno de estos versos separados del resto de la estrofa debe ser considerado el más importante, y de hecho actúa como si fuera una unidad propia. Los versos son iguales todos. Tienen cuatro sílabas (de acuerdo con la métrica francesa, las agudas no valen una sílaba más, como ocurre en la métrica hispana). Párese atención, además, en que el segundo y el cuarto tienen terminación femenina; los otros, son femeninos (agudos).

Tal sería la estructura métrica, que se repite a lo largo del poema. Pero ante todo, para una cabal comprensión del poema, debemos tener en cuenta el ritmo y la melodía. Párese atención en que el ritmo queda cortado, con una pausa, en el segundo verso de las dos primeras estrofas, de modo que podemos observar que el poema avanza en tres grandes ondas y cada una de las estrofas forma como una unidad rítmica. Pero la división externa —métrica— queda modificada profundamente por el ritmo, de manera que su estructura podría expresarse con el gráfico siguiente:

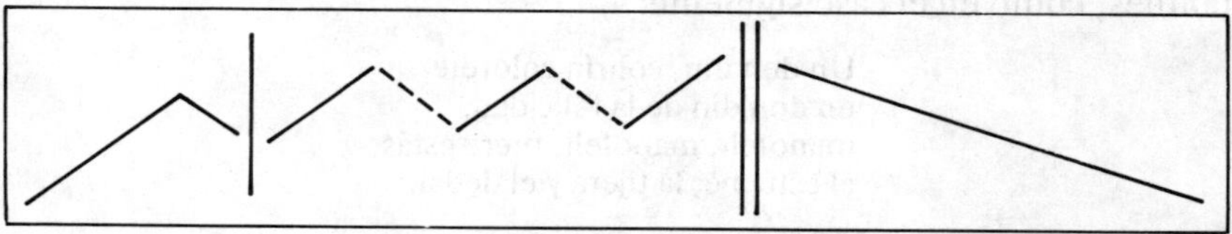

Un análisis completo exigiría ahora una consideración de los elementos estilísticos, comenzando por los sonoros: pondríamos de relieve las frecuentes aliteraciones *(lune-luit; blanche-branche)*. No hay unidad en el uso de las vocales: en la segunda estrofa predominan las obscuras (la *o* es frecuente, o la *u);* en cambio la primera estrofa se caracteriza por la frecuencia de vocales claras *(ü, e):* frente a la irisación de esta primera estrofa se destaca la obscuridad de la segunda.

Y así podríamos seguir. Cfr. W. Kayser, *Interpretación y análisis de la obra literaria,* Madrid, Gredos, 1954, págs. 245 y sigs., de donde hemos tomado el ejemplo.

De lo que acabamos de decir se desprende que la *sonoridad* es un elemento importante de la poesía, naturalmente junto a otros elementos, como veremos más adelante. Se ha planteado en algunas ocasiones la cuestión de si existe una relación necesaria entre el sonido y el significado, y aunque a veces puede parecer una relación real, el hecho es que tal relación es arbitraria. Sin embargo, puede descubrirse a veces una intención del poeta. Así, es frecuente que a un contenido indicando *agua corriente* se utilice el empleo de vocales líquidas (*l, r,* sobre todo), como puede observarse en este verso de Garcilaso:

Corrientes aguas puras, cristalinas...

El tema sería muy largo, pero nos contentaremos con algunos ejemplos famosos: Sófocles, en el *Edipo Rey,* quiere evocar el tartamudeo de una persona indignada. Se trata de la terrible discusión entre Edipo y Tiresias. Edipo le dice al adivino, que es ciego:

τυφλὸς τὰ τῶτα τόν τε νοῦν τά'τ ὄμματ εἶ

(porque eres ciego de oído, de mente y de ojos).

Teócrito, *Idilios,* I, 1, está intentando evocar el murmullo de las ramas mecidas por el viento, y escribe:

Ἀδύ τι τό ψιθύρισμα και ἁ πίτυς...

(Dulce es el murmullo de este pino...)

El caso extremo en el empleo de la sonoridad lo tenemos cuando el poeta juega simplemente con *sonidos sin contenido.* Tendríamos una especie de *poesía verbal,* sin fondo. Ello puede ocurrir en las canciones infantiles, como en el caso siguiente:

Un don din, colirín colorete,
un don din de la felicidad,
manofeli, manofeli, fuera estás,
el estuche, la tijera y el dedal.

Los sonidos, pues, tienen una coloración, y la melodía de un poema suele apoyarse en ella. Cada palabra, puede decirse, posee una determinada coloración acústica que determina un cierto halo afectivo. Las vocales claras indican alegría; las obscuras, tristeza. Véanse los dos ejemplos siguientes:

¡Salir, salir por fin
a glorias, a rocíos
(certera ya la espera,
ya fatales los ímpetus),
resbalar sobre el fresco
dorado del estío!

Léase, por el contrario, el poema siguiente:

¡Esta rota y cansada podredumbre
osada muestra de soberbios pechos,
estos quebrados arcos y deshechos
y abierto cerco de espantosa cumbre!

En el primero, el predominio de vocales claras; en el segundo, el de las oscuras, colaboran en crear una atmósfera distinta en cada una de las dos composiciones.

Conviene, sin embargo, no exagerar. D. Alonso ha sostenido que existe siempre una vinculación motivada entre significado y significante. Valéry, en este mismo orden de ideas, afirmaba que la poesía pretende siempre apropiarse de nuevo de la música. Pero cuando Lutero sostenía que el término alemán *Liebe* (amor) no necesita traducción, porque la musicalidad de la palabra evoca ya su significado, va demasiado lejos. De hecho, las distintas lenguas tienen sonidos que producen efectos agradables y otros desagradables. Parece, por ejemplo, que en griego la *sigma* sonaba mal, de acuerdo con bastantes testimonios antiguos.

Rimbaud compuso un poema famoso *(El soneto de las vocales)* en el que se intenta relacionar cada una de las cinco vocales con colores distintos:

A noir, E blanc, I rouge, O bleu, U vert; voyalles;
je dirai quelque jour vos naissances latentes.

El lenguaje poético

Aparte la sonoridad y la melodía, intervienen otros factores en la elaboración del lenguaje de la poesía. Sin duda, los dos más importantes son la *imagen* y la *metáfora*. En efecto, mientras en el lenguaje cotidiano y el científico lo importante es lo conceptual, la mera exposición, en poesía lo básico es su fuerza plástica. La *imagen* predomina sobre el concepto. Si psicológicamente el término imagen se refiere a una mera representación mental, en Literatura —esencialmente en poesía— imagen significa la *capacidad de evocar.* Suele tener una fuerza visual, aunque no exclusivamente. Y, en efecto, algunos críticos han intentado clasificar las imágenes en olfativas, gustativas, térmicas, cinestéticas, cromáticas, etc.

La imagen poética es, pues, la capacidad de crear imágenes. Y también aquí se ha inventado una clasificación. Hay poetas con *imaginación visual* (Eurípides, Píndaro, Dante), evocan sus imágenes como si fueran pintores, resaltando los aspectos plásticos y el colorido. Otros la tienen auditiva (Milton, por ejemplo.)

Sobre la imaginación auditiva de Milton —que quedó ciego en una edad avanzada— se ha discutido mucho. T. S. Eliot (*Sobre la poesía y los poetas,* Buenos Aires, 1959, págs. 140 y sigs.) ha señalado la importancia de dicha ceguera para captar la esencia de su poesía. «Para mis fines —escribe— el hecho más importante acerca de Milton es su ceguera. No quiero decir que perder la vista ya en la madurez sea de suyo suficiente para determinar la naturaleza de la poesía de un hombre. La ceguera ha de tenerse en cuenta unida a la personalidad y al carácter de Milton y a la singular educación que recibió. También ha de considerarse en relación con su amor a la música. En ningún momento de la vida sobresale en su poesía la imaginación visual.»

Un ejemplo claro de su imaginación auditiva podemos verlo en concreto en este poema suyo, *L'allegro e il penseroso:*

When the ploughman near at the hand
whistles o'er the furroed land
and the milkmaid singeth blithe,
and the mower wets his scythe,
and every sheppard tells his tale
under the hawthir in the dale...

(Mientras el labrador ahí cerca
silba sobre el campo arado,
y canta alegre la lechera,
y el segador afila su guadaña,
y el pastor cuenta su cuento
bajo el esplendor del valle...)

Aquí, el poeta no ve ni un labrador, ni una lechera, ni un pastor particular: todo hace referencia a sensaciones auditivas, todo habla al oído.

Léase, en cambio, el poema *La vaca cega* de Maragall. Aquí todo es visión, color, fuerza, plástica. Como es sabido, el poema termina con un verso de una gran fuerza plástica.

brandant llánguidament la llarga cua.

Dotado también de una gran fuerza plástica el final de la *Égloga I* de Virgilio. Para evocar la llegada del atardecer el poeta se limita a evocar este cuadro:

Et iam summa procul villarum culmina fumant,
maioresque cadunt altis de montibus umbrae.

(Y ya a lo lejos humean las chimeneas de las granjas
y de los montes caen las sombras cada vez más densas.)

Así pues, en la medida en que la poesía es *masa de sonido,* lo esencial en ella es su fuerza plástica, su ritmo y su melodía, y que, en cuanto masa de sonido, su cualidad es la virtud proteica que posee (J. Pfeiffer). Y, con todo, la plasticidad sea acaso un concepto demasiado estrecho para definir lo auténticamente poético. Puede, en efecto, darse el caso de que un poema expresa el estado de ánimo de una persona, y en este caso lo plástico ya no nos sirve. Hay que acudir a otras categorías.

Los ejemplos podrían aducirse, naturalmente, a montones. Léase el poema de Safo (frag. 2, Page), donde la poetisa expresa su emoción al contemplar al ser amado (si es ese el sentido del poema. Hay otras interpretaciones, pero para nuestro fin ello es indiferente). La mayor parte de las *Elegias a Diotima,* de Hölderlin, caerían dentro de esa misma categoría. Recuérdese asimismo el fragmento de Garcilaso:

No me podrán quitar el dolorido
sentir, si, con la vida,
primero no me quitan el sentido.

Otro de los grandes ingredientes de la auténtica poesía es la *metáfora.* El término es griego *(metaphorá)* y significa *«traslado».* Se trata de trasladar el uso recto de un término a otro; pasar de un campo semántico propio a otro que no lo es. Algunos críticos han intentado distinguir la metáfora «como principio omnipresente del lenguaje y la metáfora específicamente poética».

Que el lenguaje es metáfora constante es un hecho conocido de los lingüistas. Cfr.: Richards (*Philosophy of Rhetoric,* Londres, 1936, págs. 117 y sigs.) Campbell, en pleno siglo XVIII considera que el campo apropiado de la primera acepción es el del gramático; el de la segunda, el retórico.

No nos interesa aquí el problema del origen de la metáfora, que es un problema filosófico más que crítico y literario. Algunos han intentado entender la metáfora como una comparación abreviada: pero símil y metáfora no son poéticamente equivalentes, ni mucho menos.

H. Werner (*Der Ursprung der Metapher,* Leipzig, 1919) ha pretendido ver en el *tabú* ese origen: en muchos pueblos hay palabras que no pueden pronunciarse, por lo cual se acude al procedimiento de decir una cosa por otra (los hebreos que no podían pronunciar el nombre de Jahwé acuden, para nombrarlo, a denominaciones «metafóricas» como Sol, León, Roca, etc.). Sin embargo, la tesis no es del todo válida. Wellek ha señalado que también metaforizamos aquello por lo que sentimos afecto. De hecho, la metáfora poética no procede nunca de una mera trasposición: La auténtica metáfora brota del alma del poeta espontáneamente.

Warren (*Teoría literaria,* 341) distingue en la metáfora cuatro elementos esenciales: analogía, doble visión, imagen sensorial, (reveladora de lo imperceptible) y proyección animista.

Ciertamente, en la metáfora debe haber un elemento de proporción o analogía entre los dos campos semánticos. Eso lo señaló ya Aristóteles en su *Poética* (el tratamiento más antiguo del tema). Así, los versos de Garcilaso:

¿Dó la columna que el dorado techo
con presunción graciosa sostenía?

Sólo es posible si establecemos una relación de analogía entre la *columna* (el cuello) que sostiene la cabeza con su cabellera rubia (el dorado techo). Los dos elementos siguientes se entienden fácilmente: el poeta ve simultáneamente el cuello y la columna (en el caso del poema de Garcilaso), y, al tiempo, esa expresión metafórica revela que el poeta crea una imagen sensorial que establece, precisamente, una relación oculta que sólo él sabe percibir. En cuanto a la proyección animista, es claro que un rasgo frecuente de la metáfora consiste en dar vida a algo que, en sí mismo, está muerto, como cuando Homero dice que una lanza vuela a la búsqueda del cuerpo enemigo, o cuando Píndaro dice que «si cada cosa tiene sed de algo, toda victoria tiene sed de canto» (es decir, quiere ser cantada).

Se ha observado que cada época o estadio cultural tiene sus propias metáforas, que le serán específicas: en la tragedia griega, la metáfora tomada del mundo jurídico, atlético, o de la caza, suele ser la más frecuente, y es que esos son los grandes temas que interesan a los atenienses del siglo V a. de C. Hay otras, empero, que son contantes en todas las literaturas: la metáfora de la nave del estado —o de la vida— aparece en la poesía griega (Arquiloco, y sobre todo Píndaro), pero asimismo en la romana (Horacio, «Navis. referent in mare te novi fluctus», en *Odas*, I, 14), y en la española *(Pobre barquilla mía,* de Lope).

En determinados casos puede darse un paso más y convertir la metáfora en *símbolo:* en este caso se trata de un objeto que evoca otra cosa, lo simboliza: así el *mar* puede ser el símbolo de la vida. En el poeta catalán Espriu el árbol suele tener el valor simbólico de la muerte.

Aunque Homero no es un poeta que utilice con excesiva frecuencia la metáfora, es un hecho que en sus epopeyas aparecen. Suelen ser metáforas calificadas por algún homerista de *tradicionales* (no exclusivas de un autor sino de un género). Aristóteles (*Rhet.* 1411, b, 31) alude a estas metáforas homéricas, añadiendo que, con ello, vivifica lo inerte (que hemos visto es un rasgo esencial de la metáfora). Algunos ejemplos bastarán:

Ilíada, N, 587, habla de un «dardo que vuela»; O, 542, el poeta alude a un proyectil que «desea ardientemente saciarse de carne». En A, hablando de Néstor, dice que «de su boca fluía la voz más dulce que la miel».

El gran poeta griego de la metáfora es, empero, sin duda alguna, Píndaro. La desproporción de su uso de la metáfora frente a la parquedad de la epopeya se explica fácilmente: La epopeya cuenta, el lirismo, por el contrario, expresa emociones. La metáfora, breve por naturaleza, le conviene; la comparación, más lenta, es menos conforme a su género, ha escrito A. Croiset (*La poesie de Pindare,* págs. 395 y sigs.).

> Bowra ha señalado que, en Píndaro, algunas metáforas presentan ciertos rasgos tradicionales, por lo menos en cuanto a la idea. Pero por lo general, su lenguaje metafórico es osado, y revela una expresión claramente personal (*el cielo de bronce es inaccesible,* imágenes que hallamos, con otros términos, en Alcmán). Algunas de sus metáforas tienen una gran fuerza, como cuando, en la *Pit.,* I, habla del Etna como de la «ratonera» donde ha quedado aprisionado Tifón.
>
> No es raro que la metáfora devenga, en este poeta, un auténtico símbolo (la Lira en la *Pit.,* I, la Copa en la *Ol.,* VII, la Rosa en la *Ol.,* VI, etc.). Norwood ha querido incluso hacer de Píndaro un verdadero poeta simbolista.
>
> También Esquilo emplea profundamente la metáfora. En él, además puede darse la metáfora repetida que, a lo largo de una de sus tragedias, adquiere el sesgo de auténtica clave para entender su obra (así el tema de la *red = muerte)* que domina en toda la *Oresteia.* Lattimore ha hablado, en el caso de Esquilo, de «complejo de simbolismos»; y la recurrencia de la misma imagen crea un auténtico *leit-motiv.*
>
> Sobre la imaginación Euripídea, cfr. Barlow (*The imagery of Euripides,* Londres, 1971). A veces llegan a convertirse en verdaderas alegorías, como en *Hip.,* 72 y sigs., donde la corona que ofrece Hipólito a Artemis es la expresión de su vocación de vida casta y mística.

También en los autores medievales la metáfora juega importante papel. En ocasiones, se trata de auténticas alegorías, cuando no de verdaderos símbolos. Dante, en el comienzo de su *Divina Comedia* (la selva oscura, etc.), es un ejemplo claro. También los poetas hispanos pueden llegar a convertir en alegoría el empleo de sus metáforas.

Berceo en el inicio sus *Milagros de Nuestra Señora* explica que, yendo a una romería, halló un prado delicioso donde reposar. Pero el poeta, inseguro de que haya sido entendido, se apresura a explicar el sentido religioso de su lenguaje: la romería es la vida, el romero es el poeta —símbolo, aquí, del hombre— y el prado, la Virgen.

El Arcipreste, amante asimismo de expresiones metafóricas, no se arredra ante nada: las metáforas de la caza (en el lenguaje amoroso es banal esta metáfora) y del campo son en él frecuentes:

La cierva montesina mucha corrida causa,

dice, aplicando la metáfora al acecho de una mujer.

Sobre la metáfora del Arcipreste, cfr. C. Soriano, *El mundo poético de Juan Ruiz* (Madrid, Gredos, 1968). En Plauto el lenguaje militar aplicado al mundo amoroso es notable (por ejemplo, en el *Miles gloriosus),* y, sin duda, lo ha tomado de él la Elegía romana.

De entre los autores del Siglo de Oro hispano podemos dar algunos ejemplos de Garcilaso, fray Luis, Góngora.

Garcilaso comienza así su *Égloga,* I:

Corrientes aguas puras, cristalinas,
árboles que *os estáis mirando* en ellas,
hiedra que por los árboles *camina*

(donde la imagen, además, vivifica a los árboles y a la hiedra).

Fray Luis de León:

¡Oh campo, oh monte, oh río!
¡Oh secreto seguro, deleitoso!
¡Roto casi el navío
a vuestro almo reposo
huyo de *aqueste mar tempestuoso!*

(donde la metáfora naval de la existencia es claramente perceptible).

Góngora es el poeta de la metáfora por excelencia, como se sabe. Su uso y su abuso, a veces, es el rasgo que distingue, precisamente, al Barroco. En *Angélica y Medoro,* cuando Angélica, al curar al herido Medoro se va enamorando de él, dice el poeta:

Ya es herido el pedernal,
ya despide el primer golpe
centellas de agua...

(Es decir, su corazón, duro como un pedernal, es herido por las miradas del joven; y Angélica vierte abundantes lágrimas = centellas de agua.) Como ejemplo del estilo metafórico de Góngora, con una constante acumulación de metáforas que hacen que el poema exija casi un intérprete, tomemos el siguiente soneto del gran poeta:

Prisión de nácar era articulado
de mi firmeza un émulo luciente,
un diamante, ingeniosamente
en oro también él aprisionado.

Cloris, pues, que su dedo apremiado
de metal aun precioso no consiente,
gallarda, un día, sobre impaciente,
lo redimió del vínculo dorado.

Mas, ¡ay!, que insidioso latón breve
en los cristales de su bella mano
sacrílego, divina sangre bebe.

Púrpura ilustró menos indiano
marfil: envidiosa sobre nieve
claveles deshojó la autora en vano.

Se trata, para dar la clave, de una mujer que llevaba un anillo de oro y cristal de diamante; quísoselo sacar, pero una aguja que tenía la joya la hirió haciéndole brotar sangre.

Otro gran creador de metáforas es Shakespeare. Algunos críticos han señalado, por otra parte, que en cada una de sus piezas suele predominar un tipo de metáfora que está íntimamente relacionada con el sentido profundo de la obra. Así, C. Spurgeon (*Shakespeare's Imagery, and what it tells us,* Cambridge, 1935) ha observado que la frecuencia de las metáforas tomadas de la enfermedad que tenemos en *Hamlet* indica que lo que el poeta quiere decir es que no es Hamlet, sino Dinamarca la que está enferma. También se ha indicado que en este dramaturgo, cada personaje suele tener preferencia por un tipo concreto de metáforas, y que cada metáfora está determinada por el momento concreto en que tiene lugar la escena.

Keats, en su *Endymion* habla del *dulce cobijo* que ofrece siempre la Belleza; de que «día a día tejemos la guirnalda (de la vida)», de los *días crepusculares* y de los *oscurecidos caminos* referida a la vejez.

Para citar tan solo una imagen goethiana, nos referiremos al conocido pasaje del *Fausto* en el que Mefistófeles dice a Wagner:

Gris es, querido amigo, toda teoría,
pero es verde el árbol dorado de la vida.

(Grau, teuerer Freund, ist alle Theorie,
doch grün des Lebens goldner Baum.)

Sobre el uso frecuentísimo que la poesía contemporánea hace de la metáfora, cfr. las páginas de Ortega, *La deshumanización del arte,* donde leemos:

La poesía es hoy el álgebra superior de las metáforas.

Un intento, aun simplificado, de ofrecer una bibliografía sistemática sobre la metáfora sería una empresa irrealizable, por lo menos en el marco de un libro como éste. Aparte los múltiples tipos de metáforas que pueden establecerse, habría que realizar un inventario autor por autor, época por época y nación por nación, o, cuando menos, estudiar la historia de algunas expresiones metafóricas más frecuentes. E. R. Curtius *(Literatura europea y Edad Media latina,* trad. cast., México, 1981 [3], I, págs. 189 y sigs.) ha realizado un breve estudio tipológico o temático de la metáfora medieval (pero también parcialmente de la moderna) a partir de sus «modelos» latinos (metáforas náuticas, de persona, de alimentos, de partes del cuerpo, del teatro). Nos contentaremos, pues, con unas breves indicaciones bibliográficas esenciales:

1. *Obras generales:* Aparte el libro clásico de H. Hatzfeld, *Bibliografía crítica de la nueva estilística* (Madrid, Gredos, 1955), libro imprescindible para todo intento de aproximación a la nueva ciencia de la literatura, y que contiene en las páginas 125 y siguientes una bibliografía —muy selectiva, por otra parte— sobre la imagen y la metáfora. Remitimos para el tema a libros como H. Werner, *Der Ursprung der Metapher,* Leipzig, 1919; S. J. Brown, *The world of Imagery: Metapher and kindred Imagery,* Londres, 1927; H. Konrad, *Étude sur la métaphore,* París, 1939; C. Day-Lewis, *The poetic Image,* Londres, 1947; C. M. Turbayne, *El mito de la metáfora* (trad. cast.), México, 1947, y M. Foss, *Symbol and Metapher in Human Experience,* Princeton, 1949.

2. *Métafora en la Antigüedad Clásica:* W. S. Stanford, *Greek Metapher Studies in Theory and Practice,* Oxford, 1936; A. L. Keith, *Simile and Metapher in Greek Poetry from Homer to Aeschylus,* Chicago, 1914; y los trabajos dedicados a autores concretos, como el de Péron (Píndaro), Dumortier, Mielke y Van Ness (Esquilo), Linder (Sófocles), Pauer y Barlow (Eurípides), Neviger (Aristófanes), Straub (San Pablo).

3. *Edad Media:* Aparte las indicaciones generales antes citadas de E. R. Curtius, ha sido estudiado especialmente Dante (Sachetto, *Il gioco delle imagine in Dante,* Florencia, 1947).

4. *Edad Moderna y Contemporánea:* De entre la enorme cantidad de autores y temas estudiados, mencionaremos a Shakespeare (W. Clen, *Shakespeares Bilder,* Bonn, 1936; C. Spurgeon, *Shakespeare's Imagery and what it tells us,* Cambridge, 1935), los demás poetas isabelinos ingleses (H. W. Wells, *Poetic imagery, illustrated from Elisabethian Literature,* Nueva York, 1924). Garcilaso ha sido poco estudiado en este aspecto (cfr. A. A. Parker, «Tema e imagen

de la égloga I de Garcilaso», en el volumen colectivo *La poesía de Garcilaso,* ed. por E. L. Rivers, Barcelona, 1974, págs. 197 y siguientes = BSS, 25-1948, 222 y sigs.); Góngora (E. J. Gates, *The Metaphors of Gongora,* Philadelphia, 1933, y una buena parte de los estudios de D. Alonso); Calderón (A. A. Parker, «Metáfora y símbolo en la interpretación de Calderón», en *Actas del I Congreso Internacional de hispanistas,* Oxford, 1964, 141 y sigs.); para los románticos, puede ser útil como modelo el estudio de E. Huguet (*La couleur, la lumière et l'ombre dans les métaphores de V. Hugo,* París, 1905); para los simbolistas, los trabajos sobre Mallarmé (D. Aish, *La métaphore dans l'oeuvre de Mallarmé,* París, 1938), Verhaeren (Ch. Baudoi, *Le symbole chez Verhaeren,* Ginebra, 1924) y para los contemporáneos, el estudio de L. Lesage (*Jean Giraudoux's use of Metapher,* Diss. Urbana, 1940). Muchas de las metáforas y símbolos de los poetas franceses modernos han sido abordados en el libro de J. P. Weber, *Génèse de l'oeuvre poétique,* París, 1966).

Sobre la lengua poética en general, cfr. D. Alonso, *Materia y forma en poesía,* Madrid, 1965, y J. Cohen, *La estructura del lenguaje poético,* Madrid, Gredos, 1970. Algunas indicaciones hallará el lector en el trabajo de C. Bousoño, *Teoría de la expresión poética,* Madrid, 1970 [2], y A. Alonso, *Materia y forma en poesía,* Madrid, 1965. Enfocado de acuerdo con las corrientes lingüísticas modernas, pero algo decepcionante, el libro de J. A. Martínez, *Propiedades del lenguaje poético,* Oviedo, 1975.

RASGOS DE LO POÉTICO

¿Hay alguna manera de distinguir lo poético de lo no poético? ¿Es posible señalar los rasgos que nos permiten la *valoración* de la auténtica poesía? Desde luego, no acudiendo a categorías puramente externas que, todo lo más, pueden llevarnos a una más o menos exacta caracterización de lo puramente aparencial y externo. D. Stauffer, por ejemplo (*The nature of Poetry,* Nueva York, 1946), acude, para definir lo poético, a una serie de símbolos o expresiones, algunas de ellas bastante heterogéneas. Así señala como rasgos, lo *exacto,* lo *intenso,* lo *significante,* lo *concreto,* lo *complejo,* lo *rítmico* y lo *formal.* Frente a actitudes tan formalmente académicas, críticos de fina sensibilidad como J. Pfeiffer han expresado su repulsa insistiendo, por el contrario, en que hay que ver en la lírica el fenómeno de la poesía en su forma más pura, y que el único criterio válido para distinguir lo poético de lo no-poético es el alma, el espíritu interior: que no sea sólo la cáscara lo que descubramos, esto es, lo que el marqués de Santillana llamaba «una fermosa cobertura». Toda poesía *falsa* se traiciona al instante porque su expresión verbal es mera cobertura y no, en cambio, el modo forzoso e intransferible de aparecer un contenido o una interioridad.

1. Evidentemente, la *autenticidad,* la *sinceridad,* es el supuesto previo de la creación poética digna de este nombre. El *tono* y el *ademán* descubren —en las relaciones diarias entre los hombres— si el contenido expresado se basa o no en un estado anímico verdadero. Si lo que se dice es realmente sentido o simplemente *fabricado.*

En el capítulo titulado «Ton und Gebärde in der Lyrik», en el libro *Dichtum und Volkstum,* de J. Pfeiffer (aparecido en 1934), el gran crítico ha expresado estos puntos de vista, insistiendo en que «no importa la habilidad formal: la corroboración del tema por la voz y el gesto no depende en absoluto de la voluntad de modo que éstos delatan al punto al farsante». Como criterio supremo de la autenticidad señala Pfeiffer lo hinchado de la expresión: entonces se percibe una secreta tensión entre lo aparente magnífico y el verdadero estado de ánimo. La intimidad, pues, resulta enemiga de lo retórico. Por ello —prosigue el mencionado crítico—, la poesía romántica, tan dada a lo grandilocuente y retórico, es esencialmente insincera. Claro que el problema es la habilidad para detectar esa sinceridad, pues hay casos que pueden desorientarnos. En algunos momentos de la poesía de corte petrarquista, y, al contrario, hay poesía romántica completamente sincera (Vigny, Hölderlin).

El poeta romano Catulo es, dentro de la poesía latina, uno de los más evidentemente sinceros. La autenticidad se manifiesta en capacidad para decir lo que siente de un modo directo y sincero, sin acudir a artificiosidades. Uno de sus poemas, formado meramente por un dístico elegiaco (*Carmen*, 85) suele considerarse como un ejemplo clásico de verdad y autenticidad desnudas, dichas, además, en un lenguaje escueto y profundamente agresivo:

Odi et amo. Cur fieri possit fortasse requiras.
Nescio. Sed fieri sentio et excrucior.

(Odio y amo. ¿Cómo es posible?, preguntarás acaso.
No sé, pero siento que es así y es una tortura.
(Trad., M. Dolç.)

La retórica poesía de Ovidio, por el contrario, ha sido siempre sospechosa de insinceridad.

Dentro de la misma poesía romana, puede compararse Tibulo, I, 5, con Ovidio, *Amores,* I, 5. Mientras Tibulo, uno de los poetas más auténticos, por otra parte, de la elegía romana, sabe confiarnos su desesperación ante la ruptura con su amada («Era altivo, y decía que iba a aceptar muy bien la ruptura/más ¡qué lejos, ahora, aquella seguridad que yo tenía!/Pues ruedo igual que un trompo rueda en tierra movido por un hilo/y que un niño despierto mueve con su habitual maestría»), Ovidio da la sensación de que escribe con los ojos puestos en sus modelos literarios. Incluso cuando evoca su propia desgracia personal (en las *Tristes),* por ejemplo, cuando recuerda el día en que se le comunicó que tenía que ir al destierro (I, 1), las imágenes a las que acude resultan hinchadas y rebuscadas.

2. *Lo original y lo no original* es otra de las oposiciones que pueden servir para delatar la auténtica poesía de la falsa. No se trata, aquí, de concebir la originalidad como la capacidad de decir *cosas nuevas.* En verdad nos referimos, aquí, a una actitud interna, a un modo de enfrentarse con el mundo, a un modo o un estilo de vivir. El poeta verdaderamente original es siempre *el mismo* y no uno de tantos.

Esa originalidad, así entendida, posee una fuerza plasmadora que se traduce en un auténtico estilo personal, inconfundible. En el lenguaje se caracteriza al poeta original por esa fuerza, en tanto que el no original, aunque diga cosas nuevas, se delata por su lenguaje adocenado y estereotipado. Veamos el ejemplo de un poema cargado de reminiscencias literarias, procedentes de diversas fuentes y que, no obstante, es profundamente original. Léase este poema de Miguel Hernández:

Era cano y moreno,
alto y mejor mirado que una roca
floreciente de hinojos y cantueso,
nutrida de jarales.
Como la paz de bueno
la regalada llaga de su boca,
entre la voz y el beso
destilaba panales.
¡Ay, dolor sin compaña!
¡Ay, pena sin pareja!
¡Ay, qué grande sin él es la cabaña!
¡Ay, qué sola sin él está la oveja!
Despiértate a mi queja:
no duermas, que me muero,
no mueras, que no vivo.
¡Válgame, mi cordera!
¡qué triste, qué roncero!
¡qué blanco, qué inactivo!

Sólo porque hay un algo difícilmente definible en lo que cabría llamar el sello propio de cada poeta es posible llegar a una visión comprehensiva de lo que hace que una obra esté marcada por ese sello. Hay algo que podemos definir como *homérico, hesiódico, pindárico, virgiliano, dantesco, shakespeariano, goethiano,* etc. Es el lenguaje, evidentemente, pero también algo que trasciende al mero lenguaje. Es una actitud inconfundible, es lo que algunos críticos llamarían la *forma interior* que nos permite elevarnos, a partir de una mera frase, a la contemplación de la fuerza interna que bulle detrás de ella, a la personalidad creadora que la ha parido.

Kierkegaard ha sabido expresar, en un hermoso pasaje, esta idea maravillosamente: «Hay que tomar el mundo como es: tal es el contenido de la vida de esos millones, de esos ejemplares humanos, y tal es su vida. La Existencia no se da cuenta, propiamente, de la presencia de esos millones... Pero basta que aparezca un hombre que lleve en sí algo prístino, que por tanto no diga hay que tomar el mundo como es... sino que diga no importa cómo sea el mundo yo me atengo a una originalidad que no pienso someter al visto-bueno del mundo, para que, en el mismo instante ocurra una transformación total de la Existencia.» De Píndaro es este verso: *aprende a saber quién eres, y sélo* (γένοιο οἷος ἐσσι μαθών).

Es de Herder la idea de que, en Literatura, hay que ir al descubrimiento de lo que verdaderamente nuevo ha aportado cada poeta al acervo cultural de su época.

3. *Fuerza plasmadora.* Rasgo de la verdadera poesía es que ésta no puede limitarse a ser meramente hablada. Tiene que poseer fuerza plástica. No basta que el poeta se limite a la mera afirmación de sus sentimientos: tiene que saber evocarlos como algo vivido y sentido.

Cuando un poema no sabe mantener ese tono lírico y plástico, se observa inmediatamente una ruptura, un descenso hacia la frialdad y lo meramente reflexivo. Examinemos, por ejemplo, el siguiente soneto de Garcilaso:

¡Oh dulces prendas, por mi mal halladas,
dulces y alegres cuando Dios quería!
Juntas estáis en la memoria mía,
y con ella en mi muerte conjuradas.

¿Quién me dijera, cuando en las pasadas
horas en tanto bien por vos me vía,
que me habíais de ser en algún día
con tan grave dolor representadas?

Pues en una hora junto me llevastes
todo el bien que por términos me distes,
llevadme junto al mal que me dejastes.

Si no, sospecharé que me pusistes
en tantos bienes, porque desastes
verme morir entre memorias tristes.

Es evidente que en los dos primeros cuartetos hay un sentimiento sincero y una fuerza plástica innegable. Pero, a partir del primer terceto la expresión se enfría, se hace reflexiva: hay una ruptura evidente del tono. No ya por el hecho de que el lenguaje es pesado (acumulación de formas verbales en *-astes*) sino por la misma expresión, incluso por la música y la melodía de los versos. En vez de la *magia verbal* estamos ante un «hablar acerca de» que destruye la auténtica tensión poética.

2

El POETA

Al creador literario —y no tan sólo si crea poesía en el sentido auténtico— se le llama *poeta,* cuyo significado etimológico es *creador* (del verbo griego *ποιεῖν = hacer).* El término, que inicialmente no estaba especializado (Sócrates en los diálogos platónicos habla del «poeta de una cama» o sea, del ebanista), pasa, en gran parte por influjo platónico, a significar el creador literario.

Hemos dicho antes que existen diversos tipos de imaginación. También se ha intentado establecer una tipología poética, basada en la caracterología, que parte del predominio de alguno de los elementos temperamentales en el poeta. Existe una importante bibliografía sobre la tipología poética.

> Ed. Spranger (*Formas de vida,* trad. esp., Madrid, 1954[4]) intentó una división de lo que cabría llamar categorías básicas del conocimiento humano. Establece el filósofo alemán seis maneras típicas de enfrentarse y reaccionar ante la realidad: de ellas se derivan seis *tipos* humanos: el *homo teorético,* el *homo economómico,* el *homo estético,* el *homo social,* el *homo político* y el *homo religioso.* Poco antes, Jung había intentado una clasificación que distinguía entre *introvertidos* y *extravertidos,* con todas las subdivisiones posibles (*Tipos psicológicos,* trad. esp., Buenos Aires, 1945[3]). Véanse, asimismo, los trabajos de Kretschmer (*Constitución y Carácter,* trad. esp., 1947) y R. La Senne (*Traité de caracteriologie,* París, 1945).

Pero acaso el intento más serio de una clasificación de los *tipos poéticos* a partir de la constitución «humoral» (y empleamos este término galénico-hipocrático por su fácil comprensión) es el trabajo de Guy Michaud (*Introduction à la science de la littérature,* Estambul, 1950, 210 y sigs., y *Le visage interieur,* París, 1952). La importante labor de Michaud se orienta, de un lado, a establecer la relación existente entre la vida interior de un escritor y su obra. Pero, asimismo, según decíamos, y con métodos en parte relacionados con el psicoanálisis, ha ensayado una clasificación en la que, aunque suele ser iluminadora, no siempre es posible seguirle.

Distingue el crítico francés los siguientes tipos: flemático, apático, femenino, sanguíneo, colérico, apasionado, nervioso, sentimental. Como se ve, a la clasificación cuatripartita tradicional de los temperamentos (sanguíneo, flemático, colérico y melancólico) añade otros tomados de la moderna caracterología. Volveremos sobre el tema al abordar el estudio de las relaciones entre Psicología y Literatura.

El intento más antiguo, dentro de la crítica moderna, para establecer una clasificación tipológica del poeta, fue desarrollado por Schiller, en su ensayo *Ueber naive und sentimentale Dichtung,* 1795-1796 (hay trad. esp., *Poesía ingenua y poesía sentimental,* Buenos Aires, 1963). Siguiendo doctrina típicamente rousseauniana, establece el poeta y crítico alemán una contraposición entre *naturaleza* y *civilización.* El libro se basa en un contraste engañosamente sencillo: la poesía *ingenua* sería la *natural,* la que se escribe con la mirada fija en el objeto; es un arte realista y objetivo, cuya misión es «imitar a la naturaleza»; es una poesía, además, impersonal y plástica. Por el contrario, la poesía *sentimental* es reflexiva, consciente, personal, musical. El poeta sentimental tiene que enfrentarse con el abismo que media entre el ideal y la naturaleza, en tanto que el ingenuo vive en la naturaleza. Por otra parte, la poesía sentimental puede ofrecer otros rasgos, y por ello pueden establecerse varios subtipos: si el poeta se enfrenta al abismo existente entre el ideal y la naturaleza y establece el lazo entre ambos como distante, casi inalcanzable, tendremos *poesía satírica;* si lo que hace el poeta es llorar ante la distancia existente entre ideal y realidad, tendremos *poesía elegiaca;* si el ideal se sitúa en el pasado o en el futuro, tendremos la *poesía idílica.* Naturalmente, tal subclasificación no se basa en los géneros tradicionales: así, para Schiller puede haber *tragedia elegiaca* (como el *Tasso* de Goethe) o *tragedia satírica* (como *Los Bandidos* del propio Schiller).

De hecho, para Schiller el poeta ingenuo es el antiguo, el sentimental, el moderno, sobre todo el nórdico. Aunque hay algunas excepciones, y podría hablarse de poeta antiguo sentimental (como Horacio) o poetas modernos que son ingenuos (como Goethe). Y, en efecto, véase lo que Schiller escribe a su amigo Goethe el 24 de agosto de 1794: «Si hubiese nacido Ud. griego, si al menos hubiese nacido Ud. italiano... su camino se habría abreviado infinitamente; pero como nació Ud. alemán, y como su espíritu helénico fue arrojado a este mundo nórdico, no tenía más camino: o convertirse en artista nórdico o suplir con su imaginación lo que la realidad le escatimaba, mediante la ayuda de su facultad intelectual de dar vida, por así decir, desde dentro y por el camino racional, a una nueva Grecia.»

Sobre el «perfil del poeta en la obra literaria» y sus avatares, léase el trabajo de Muschg en el libro colectivo *Filosofía de la Ciencia literaria* (ya citado), págs. 293 y sigs.

ORIGEN DE LA FACULTAD POÉTICA

Desde los primeros tiempos de la crítica literaria consciente se ha planteado siempre el problema de si lo que hace al poeta es una facultad innata o el esfuerzo y el estudio. O, dicho en términos populares, «si el poeta nace o se hace». En general, ha habido siempre una cierta tendencia a apuntar que el poeta es el equilibrio entre estos dos datos, aunque, como veremos, ha habido ocasiones en que ha predominado la supremacía de una u otra facultad.

Horacio, en su *Arte Poética,* págs. 408 y sigs., es el primero, del que tengamos noticia, que ha expuesto tal doctrina —aunque sin duda en Demócrito y en Platón podemos hallar ya anticipos de esta idea.

Natura fieret laudabile carmen, an arte,
quaesitum est. Ego nec studium sine divite vena,
nec rude quid possiti video ingenium: alterius sic
altera pascit opem res, et coniurat amice.

(Se ha discutido si es natura o es el arte
lo que vida concede a los buenos poemas:
yo no veo qué puede hacer de provecho el estudio
sin la inspiración, ni el talento sin cultivo:
uno el auxilio reclama del otro y recíprocamente se completan).

El propio Horacio nos informa que Demócrito excluía del Helicón al poeta que estuviera en su juicio (es decir, que no fuera una especie de vidente, dominado por la locura poética), y Platón (*Ion,* págs. 533 y sigs.) afirma que «todos los buenos poetas de épicos cantos no por arte alguna, sino por endiosados y posesos dicen todos sus bellos poemas» (trad., D. García Bacca). Sobre este punto, cfr. Gil, *Los antiguos y la inspiración poética* (Madrid, Guadarrama, 1967, 53 y sigs.) y Dodds, *Los griegos y lo irracional* (trad. esp., Madrid, R. O. 1960, 69 y sigs.).

Por su parte, el gran autor anónimo del tratado *Sobre lo sublime,* escribe en los mismos umbrales de su obra:

La primera cuestión que debemos formularnos es ésta: ¿Hay un arte específico de lo sublime o de lo profundo? Porque opinan algunos críticos que aquellos que pretenden reducir tales temas a simples preceptos técnicos están completamente equivocados. «El genio nace —se ha afirmado— y no es susceptible de aprendizaje; no existe medio capaz de proporcionarlo si no es la propia naturaleza... Pues bien, por lo que a mí respecta, afirmo poder probar exactamente lo contrario... La genialidad está especialmente expuesta al peligro cuando se la abandona a sí misma y cuando, desprovista de toda disciplina, sin áncora ni lastre, se deja arrastrar por su ciego impulso y su ingenua audacia» (trad. J. Alsina, *Anónimo: Sobre lo sublime* (Barcelona, Bosch, 1977, págs. 73 y sigs.)

Y Boileau, que recoge en su *Art Poétique* mucho de la doctrina horaciana, escribe:

C'est en vain qu'au Parnasse un téméraire auteur
pense de l'art des vers attendre la heuteur
s'il ne sent point du ciel l'influence sécrète...
Dans son génie étroit il est toujour captif,
pour lui Phoebus est sourd et Pégase rétif.

(Cfr., además, R. Bray, *La formatión de la doctrine classique en France,* París, 1957, págs. 107 y sigs.)

De hecho se suceden a lo largo de la historia tendencias al predominio de un tipo u otro de poeta: si hasta bien entrado el mundo renacentista predominará la visión del poeta dominado por el *furor animi* (es decir, la visión platónica, que se manifiesta en espíritus platónicos como Marsicio Ficino), pronto va a dominar la tendencia a ver en el poeta un *artifex* un hombre de *oficio.* El poeta irá poco a poco dejando de considerarse un hombre en éxtasis que concibe sus poemas en un estado de posesión (entusiasmo lo llamará Platón, que puede traducirse por «endiosamiento», «posesión», «trance»), pero, paulatinamente, se impondrá la concepción del poeta como un artesano que bebe su doctrina y el conocimiento de su arte en la lectura de los grandes maestros del pasado. Como aconseja Horacio a los Pisones:

vos exemplaria graeca
nocturna versate manu, versate diurna.

Esta corriente intelectualista tendrá uno de sus más típicos representantes en E. A. Poe (*Filosofía de la composición,* en su libro *Art poétique,* trad. franc., París, 1956).

Siguiendo los principios de su «maestro», Baudelaire escribirá: «La orgía ya no es hermana de la inspiración: hemos roto este parentesco.» Y Valéry: «El entusiasmo no es un estado de alma del escritor.»

EL POETA INSPIRADO

Ya hemos anticipado bastantes cosas respecto a la concepción del poeta como un ser inspirado que compone bajo los dictados de la Musa, en un estado de trance. Diremos ahora algunas cosas complementarias.

Uno de los simbolismos expresados normalmente, por el poeta, para insistir en que su poesía es «inspirada» es ofrecernos, en una confesión autobiográfica, una escena en la que el poeta se ve consagrado por una divinidad, la cual le encarga una misión concreta. Puede tener lugar esta consagración en estado de vigilia (como en Hesíodo) o mediante un sueño (como Calímaco). Hesíodo se hallaba apacentando sus rebaños cuando se le aparecieron las Musas, le entregaron un ramo de laurel (símbolo de la consagración) y le exhortaron a cantar a Zeus y a las Musas y a los dioses todos (*Teogonía,* vs. 22 y sigs.).

> Este texto ha inspirado muchas imitaciones, incluso en poetas que sostenían la tesis de que el poeta compone en estado de lucidez, como Calímaco (prólogo de los *Aitia);* Persio se burla de este tipo de «iniciación», cfr. *Sátiras,* 1 y sigs.
>
> *Nec fonte labra prolui caballino*
> *nec in bicipiti somniase Parnasso*
> *memini, ut repente sic poeta prodirem.*
>
> Sobre el tema, cfr. A. Kambylis, *Die Dichterweihe und ihre Symbolik,* Heidelberg, 1965. Sobre el poeta inspirado, en general, N. K. Chadwick, *Poetry and Prophecy,* Cambridge, 1924.

Si nos proponemos ahora seguir los avatares que ha conocido la concepción del poeta inspirado (que procede de la Antigüedad, como hemos venido diciendo), recordaremos que esta visión domina la poética de los siglos XV-XVI (M. Ficino: sólo que, por influjo cristiano, es normal que las Musas sean substituidas por el Dios cristiano); los poetas de la Pléyade (Ronsard, en su *Ode a Michel de l'Hôpital,* inspirada en Píndaro) son unos de sus adeptos; en el siglo XVIII, cuando surge una reacción contra el racionalismo del XVII, se desarrolla la teoría del *genio* —que está por encima de las reglas y de las vallas que se oponen a su imaginación—: cfr. el artículo de Didérot en la *Encyclopédie* (art. «Génie»), o los trabajos de Hogarth y Warton Young o Wood en Inglaterra, la orientación de la escuela de la *Sturm und Drang* alemana, o, ya en el siglo XIX, la posición romántica. Ahora la «imaginación» adquiere una importancia decisiva para la concepción del poeta, así como las visiones oníricas, el «ensueño».

Sobre este punto, cfr. Bowra, *The romantic imagination,* Oxford, 1961. Coleridge distinguía, en este contexto, entre *fantasía* (simple facultad de acumular imágenes) e *imaginación* que es para él la verdadera facultad creadora. Por su parte, Shelley (*Defense of Poetry,* 1821) define la poesía precisamente como «la expresión de la imaginación».

Sobre el ensueño como factor para entender la poesía romántica, cfr. A. Béguin, *L'âme romantique et le rêve,* París, 1961. Sobre el «sentido» del sueño y su papel en la creación literaria ha insistido, como se sabe, la obra de Freud (en especial en su *Interpretación de los sueños).* Para una orientación de la crítica psicoanalística —total o parcial—, cfr. A. Clancier, *Psicoanálisis, literatura, crítica,* Madrid, Ed. Cátedra, 1976.

Modernamente se ha intentado resucitar la imagen del poeta-profeta que, según veíamos, había sido la concepción primitiva. A partir del siglo XVIII, sobre todo, pero en especial en el XIX, la idea de que Poesía es una especie de visión profética se va abriendo paso. No en el sentido de que el Poeta pueda prever el futuro y vaticinar cosas concretas. No: lo que ocurre es que el Poeta anticipa unas verdades superiores que sólo tras su muerte la Humanidad empieza a vislumbrar. Emerson escribe en una parte de su obra que «el signo y las credenciales del poeta son que anuncia lo que nadie percibía». Carlyle en los *Héroes* dedica un capítulo a la concepción del Poeta como Héroe, y pone el acento en su carácter de *vates* que «por su mensaje nos revelará ese sagrado misterio en cuya presencia vive más que otros». Albères, ya en nuestra propia época, afirma que muchas novelas de Kafka, Bernanos, Malraux o Graham Greene se anticipan a visiones de la situación del hombre, «acosado» a consecuencia de la segunda guerra mundial. J. Green escribe, por su parte: «Si muchos escritores actuales son enfermos, su enfermedad les ha permitido sentir antes que los otros la enfermedad del siglo.»

En este sentido, figuras como Nietzsche han podido ser calificadas de proféticas. Él sería el *profeta de la Muerte de Dios,* con todas las consecuencias que comporta. Algo así podríamos decir de A. Camus, por ejemplo. Y es que —como afirma un crítico moderno— «el arte puede ser llamado profético: y para eso no hace falta que revele el porvenir: se trata, más bien, de revelar el eterno presente».

Al lado de la dicotomía *autor poseso/autor artista,* se ha intentado, en ocasiones, enfocar la creación artística partiendo de otro tipo de oposiciones. Tal, la establecida por Nietzsche en su famoso libro *El origen de la tragedia (Die Geburt der Tragödie aus dem Geiste der Musik).* Aquí, la polaridad que se establece es *Apolo/Dioniso,* en la que el primer dios simboliza la fuerza plástica, la razón, en tanto que el segundo simboliza el espíritu de la música, la fuerza irracional del arte. Pero la dicotomía nietzscheana entendida como dualidad abstracta de unas *constantes* que presiden, de un modo suprahistórico, el misterio de la creación poética, no tiene ningún valor crítico. Y, en efecto, puede darse el caso de que dos tipos de poética emanados del principio dionisiaco no tengan nada en común, como, por ejemplo, la concepción neoplatónica y la surrealista.

El fenómeno de la creación poética ha sido, como se sabe, estudiado a la luz de los elementos inconscientes del espíritu humano en los últimos tiempos. Siguiendo las huellas de Freud —el gran maestro— pero corrigiendo la visión pansexualista del pensador vienés, hay, por otra parte, una gran escuela en sentido amplio, que ha penetrado en los misterios de la psique humana a través de consideraciones que remontan, en última instancia, el psicoanálisis freudiano. Y pese a las múltiples críticas que se han hecho y puedan hacerse a esta orientación, quede constancia de que el método que consiste en superar los enfoques racionalistas e intelectualistas para penetrar en el secreto del espíritu humano ha dado buenos frutos.

Jung ha corregido aspectos del inconsciente freudiano postulando la existencia de lo que él llama el *inconsciente colectivo:* de éste es depositario la humanidad —sería como la memoria histórica de los pueblos—, que elabora unos *arquetipos* de carácter naturalmente simbólico, que representará invasiones «primigenias». El método ha sido aplicado, en colaboración con Kerenyi *(Einführung in das Wesen der Mythologie,* Zurich, 1941), al estudio de la mitología, y por el mismo investigador húngaro al análisis de algunos «arquetipos» antiguos (Dioniso como arquetipo de la plenitud vital, Asclepio como el del médico ideal, Prometeo como el del rebelde, etcétera).

Sigue asimismo la huella psicoanalítica J. P. Weber en su curioso estudio *La génèse de l'oeuvre poétique,* París, 1960, para quien «la idea que defendemos es ésta: la *obra total* de un escritor y especialmente de un poeta... expresa, a través de una multitud indefinida de símbolos... un *tema único,* tema que halla su raíz última en algún suceso de la infancia del escritor», pág. 19. Siguiendo este procedimiento, aborda Weber la obra de una serie de poetas, desde Vigny a Apollinaire, intentando hallar en cada uno de ellos un tema que se relacione con algún hecho ocurrido durante sus años infantiles (en Vigny el tema del *reloj* y el aspecto fugitivo del tiempo, en Baudelaire la imagen macabra, en Mallarmé el ave, en Verlaine el tema de la estatua, etc.).

Importantes aportaciones ha hecho, asimismo, al análisis del fenómeno de la creación poética, Ch. Mauron. Su método es denominado por el autor *psicocrítica:* reconoce que en la obra literaria juegan factores diversos, pero él se interesa sobre todo por los aspectos inconscientes. En la poesía juegan, en efecto, para Mauron tres factores: la *conciencia,* el *mundo exterior* y el *inconsciente.* Para Mauron la psicocrítica se interesa —siguiendo, pues, doctrina psicoanalítica— por lo inconsciente. El método empleado es el de la *superposición* de textos de un mismo autor, lo que proporciona, de entrada, una red de asociaciones, el estudio de las cuales permite al crítico hallar los mecanismos psíquicos inconscientes que han dado nacimiento a la obra poética. Sus principales obras son *Des metaphores obsédantes* (su tesis doctoral) y el artículo, donde define su método, «La psychocritique et la méthode» (*Orbis liberarum,* Copenhague, 1958). Ha estudiado especialmente a Baudelaire, Mallarmé y Racine.

Sobre las *fuentes de inspiración,* especialmente antigua, cfr. L. Gil, *Los Antiguos y la inspiración poética* (ya citada). El amor es uno de ellos, tanto en la Antigüedad como en la época moderna, aunque normalmente entre los poetas modernos se da por sentado. En cambio, los antiguos, que conocen otro tipo de inspiración (sueño, la aparición de las Musas, incluso las drogas alucinógenas), suelen hacer constar cuando ha sido el amor quien ha inspirado su obra. Así, Propercio, II, págs. 1 y sigs.

Quaesitis unde mihi totiens scribantur amores,
unde meus veniet mollis in ore liber:
Non haec Calliope, non haec mihi cantat Apollo:
ingenium nobis ipsa puella facit.

(Me preguntáis por qué siempre escribo sobre amores,
por qué mi libro suena muelle en mis labios.
No me los recita Calíope, no me los recita Apolo,
la misma amada alimenta mi talento.)

(Trad. A. Tovar.)

IV

METODOLOGÍA, CRÍTICA, INVESTIGACIÓN

Wer nicht über die Sache versteht schreibt über Methode.

G. HERMANN.

Method will never supersede vision in its own place, however method will often prevent illusion.

L. BIELER.

Nos proponemos tratar en este capítulo tres aspectos de la Ciencia literaria que, aunque distintos, coinciden, al menos en un aspecto: en efecto, los métodos aplicados en la investigación y la actitud crítica ante la obra literaria son dos aspectos complementarios que difícilmente podrán separarse si lo que se pretende es elaborar un análisis lo menos subjetivo posible de la obra literaria. La *investigación creadora* es necesaria para que el conocimiento no se estanque; el *método* presupone una profunda toma de conciencia sobre la forma que debe adoptar esa investigación; la *crítica* debe ser el juez que determine los resultados de la investigación y la creación, señalando si son positivos o negativos.

Cada uno de estos aspectos comporta, es cierto, sus peligros: la investigación puede llegar a convertirse en mera erudición; la metodología puede encubrir una ignorancia de los contenidos; la crítica puede derivar en mero juego de conceptos. Sin embargo, la presencia de tales peligros no debe conducir a un escepticismo sobre las posibilidades de estos tres tipos de actividad. La investigación no debe perder conciencia de que se trabaja sobre obras literarias en las que el hombre ha volcado todo su ser; la metodología debe convertirse (de acuerdo con su etimología) en *camino* que conduce a la verdad; la crítica debe ser algo más que pontificar o juzgar con métodos puramente subjetivos.

La etimología de la palabra *método* es ya de por sí subjetiva: de hecho, fue Platón quien dio a este término (μέθοδοσ), su valor técnico: es una metáfora cuyo sentido es «seguir las huellas» de la pieza que se quiere cobrar (en Platón, la verdad). Las metáforas de la *caza* son, por otra parte, muy abundantes en Platón en su intento por definir la actividad metafísica (cfr. C. J. Classen, *Untersuchungen zu Platons Jagdbildern,* Berlín, 1960, y mi reseña en la revista *Helikon,* 1963).

La prehistoria

La Ciencia de la Literatura, como tal, tiene un origen relativamente reciente. De hecho, es una creación del siglo XVIII, que se elaboró al darse la mano la Filología clásica y la Preceptiva. Siguiendo los principios de aquélla, se constituyeron la Germanística primero, y los demás sectores particulares de la ciencia del lenguaje y de la literatura más tarde. En rigor, empero, si no como ciencia estricta, la preocupación por la literatura es mucho más antigua. Es el fruto del quehacer de los grandes eruditos alejandrinos, que en las cortes de los reyes y príncipes helenísticos echaron las bases no sólo de la futura Filología, sino de lo que, andando el tiempo, iba a ser el estudio literario. De un lado las primeras técnicas de edición, de determinación de autenticidad de una obra y los criterios para establecer los rasgos de la lengua de un autor (Homero, sobre todo) sin la existencia de diccionarios, son el resultado de los esfuerzos de hombres como Aristófanes de Bizancio, Zenódoto o Aristarco, gracias a los cuales asistimos ahora por vez primera en Occidente a los intentos por *catalogar* la obra de un autor. Fue el poeta-erudito Calímaco de Cirene quien, en sus *Pínakes (Cuadros)* echa las bases de lo que, durante un tiempo, será la preocupación por el estudio literario. Es posible, ciertamente, que la obra de Calímaco se redujera a un catálogo de las obras de un autor, con breves indicaciones específicas sobre las mismas. Pero las bases estaban echadas. En los *escolios* (notas aclaratorias que suelen acompañar los textos contenidos en los manuscritos medievales), en las *hipótesis* (resúmenes del contenido de una obra conservados en los manuscritos y que suelen ir al principio, como una introducción), hallaremos el germen de lo que, con el tiempo, será la crítica. Y en los *gene* o genealogías que asimismo suelen hallarse en las primeras páginas de la obra de un autor, tenemos, asimismo, la base de la biografía literaria.

Todo ello, naturalmente, poco sistematizado y sin una visión de conjunto de lo que es la labor crítica tal como apuntará en el siglo XVIII. Será ahora, en efecto, y gracias a la labor, entre otros, de Herder, cuando se preparará el alumbramiento de la crítica y de los estudios literarios modernos. Antes de Herder, y especialmente por la influencia del clasicismo francés, los estudios literarios estaban reducidos a mera Preceptiva. De lo que fundamentalmente se trataba era de establecer el valor de una obra a partir de la constatación de que se adaptaba o no a los cánones imperantes en el momento: cánones del *buen gusto* que se habían elaborado a partir de la obra de Aristóteles, Horacio o Boileau.

En honor a la verdad, hay que decir, empero, que Aristóteles nunca pretendió, a juicio nuestro, ofrecer una *preceptiva dogmática*. Su *Poética,* que constituye la base en la que se apoyarán más tarde los críticos, más que otra cosa pretendía establecer los principios filosóficos de la tragedia —y de la poesía en general—, así como la evolución y los avatares de este género literario. Pero jamás señala la forma y el contenido concreto que debe presidir una obra trágica. De hecho, lo que realizó fue lo que hoy llamaríamos un análisis fenomenológico de un género.

> Así, hallaremos en él el principio de la *mímesis* como base de la poesía; la discusión sobre la forma primitiva de la tragedia; la tesis de que la poesía es más *filosófica* que la historia; un estudio de los métodos con que puede engrandecerse la expresión poética; la teoría de la metáfora. Pero Aristóteles, que toma como base de su análisis el *Edipo Rey,* de Sófocles, no pretende imponer un tipo concreto de tragedia: señala sus principios generales y las partes en que se divide la tragedia, sin más.
>
> Horacio, en su *Arte poética,* quiso ofrecer a los Pisones unas ideas básicas, a veces harto generales, y poco precisas, sobre la poesía en general, y aunque fue un poco más lejos que Aristóteles, no siempre pontifica.
>
> Obras como el *Tratado sobre el estilo,* del llamado Pseudo-Demetrio, o el *Tratado sobre lo sublime,* del Pseudo-Longino —que delatan un fino conocimiento del fenómeno literario—, no pretenden dar normas absolutas, aunque tienen una finalidad retórica. El Pseudo-Longino valora lo subjetivo cuando afirma que «el juicio de valor, en literatura, es el fruto sazonado de una larga experiencia».
>
> La *Poétique* de Boileau sí que se proponía, fiel a su modelo horaciano, aunque más dogmático, imponer criterios sobre lo bueno y lo malo en literatura, de acuerdo con las tendencias dogmatizantes de su época. Aunque detrás de Boileau hay toda una larga tradición: la *Poética de Vida* (siglo XVI), la de Escalígero *(Poetices libri septem,*

segunda parte del siglo XVI), la del Pinciano (*Filosofía antigua poética,* 1596), y la de Minturno (*Arte poética,* 1563). Es dudoso que deba considerarse una poética en sentido estricto el *Nuevo arte de hacer comedias,* de Lope de Vega (1609), pues en ella el autor lo que pretende es exponer su propia visión del problema. Después de Boileau prosiguieron las poéticas dogmáticas: Pope (*Essay on Criticism,* 1711), Gottsched (*Kritische Dichtung,* 1730), Luzán (*Poética,* 1737).

Sobre este último, cfr. G. Makowiecka, *Luzán y su Poética* (Barcelona, 1973). Para las *poéticas medievales,* cfr. E. Faral, *Les Arts poétiques du 12e et du 13e siécle,* París, 1923. Para el Renacimiento, J. E. Spingarn, *A History of Literary Criticism in the Renaissance,* Nueva York, 1925. Para la poética francesa del XVII, R. Bray, *La formation de la doctrine classique en France,* París, 1931 [2]. Para los orígenes de la crítica alemana, M. Kommerel, *Lessing und Aristoteles,* Francfort del Mein, 1940.

La época moderna

Se ha dicho, con razón (cfr. F. Schultz, *apud* Ermatinger, *Fil. de la Ciencia lit.,* 12), que en Herder tenemos ya el germen de lo que sería la ciencia de la literatura en los siglos XIX y XX. Y ello en muchos aspectos, que conviene resaltar:

1. Inicia el concepto de *comprensión (Verstehen)* establecido sobre unas bases genéticas e históricas. Con ello sentó los principios del *historicismo* que habrá de imponerse durante buena parte de los siglos siguientes, aunque después se reaccionó contra tal historicismo (estructuralismo, formalismo). En un pasaje de su obra *Philosophie der Geschichte* leemos: «Habría sido una desgracia que el tiempo que produjo un Pericles y un Sófocles hubiera tenido que durar un momento más de lo que la cadena de las circunstancias determinaba.» Y, expresando ya estas ideas con plena conciencia historicista, afirma Ed. Spranger: «La historia descubre no sólo los caminos, sino también los valores de la Humanidad: nos muestra a nosotros mismos ante nuestros ojos no sólo como resultas del pasado, sino como participantes de algo inmutable que está en nosotros».

2. La idea de la *aportación del poeta al mundo circundante.* Herder escribió, en efecto, en 1768 (Ed. Suphan, II, 265), anticipando la idea del *biografismo* positivista del siglo XIX: «Lo que precisa es evidenciar lo que un autor debe a su tiempo o al mundo que le antecedió, y, de otro lado, lo que él aporta al mundo circundante. El autor lleva siempre sobre sí las trazas de su época, a la que ofrenda su libro: se halla arraigado en la época en que vive como el árbol a la tierra en que crece...»

3. El concepto de *literatura nacional,* que tanto auge tendría, sobre todo en el siglo XIX. Desarrollado el concepto de literatura nacional por el Romanticismo, halló sus continuadores en hombres como Gervinus, que elaboró una amplísima *Geschichte der poetischen National-Literatur der Deutschen,* en cinco gruesos tomos aparecidos entre 1835 y 1842; y en figuras como W. Scherer, que combina la idea de literatura nacional con la de ética nacional.

4. Finalmente, apunta ya en Herder la concepción de *espíritu de la época (Zeitgeist)* que era, para Herder, un concepto evolutivo-vitalista, un medio para llegar a un fin, y no un fin en sí mismo como hará más tarde la crítica historicista alemana.

> Schiller ha ocupado ya nuestra atención en capítulos anteriores. Los hermanos Schlegel, que representan la crítica romántica más pura, prosiguen la idea herderiana de la búsqueda de lo individual, lo propio de cada autor (cfr. R. Wellék, *Historia de la crítica moderna,* trad. cast., Madrid, II, págs. 12 y sigs.). Mme. de Staël inicia aspectos también modernos al enfrentarse con el tema de las relaciones a la ciencia literaria: en esta orientación hay que situar a K. Rosenkranz (especialmente su *Handbuch der allgemeinen Geschichte* lianismo y romanticismo hace que durante parte del siglo XIX la especulación hegeliana y romántica se hermanen en sus aproximaciones a la ciencia literaria: en esta orientación hay que situar a K. Rosenkranz (especialmente su *Handbuch der allgemeinen Geschichte der Poesie,* aparecido en 1882), y R. Haym. El primero fue apartándose paulatinamente del hegelianismo; su actitud determinó el paulatino abandono de las posiciones hegelianas; y efectivamente, D. Nisard, de un modo especial, inicia la reacción contra la crítica romántica en una época tan temprana como 1833 *(Contre la littérature facile),* libro que fue seguido de su monumental estudio *Études sur des moeurs et de critique sur les poètes latins de la décadence* (París, 1834), donde, so pretexto de atacar a los poetas decadentes latinos (Marcial, Lucano, Estacio, etc.), arremete contra los modernos, en especial contra los románticos (V. Hugo, Lamartine). El rasgo que caracteriza a Nisard es lo que alguien ha llamado la *tentación absolutista:* y en efecto, Nisard habla, en su obra, de *l'esprit humain,* encarnado en el *espíritu francés.* Y describe, en efecto, en su libro antes citado *Études sur des moeurs, etc.:* «C'est dans le magnifique ensemble des chefs-d'oeuvre de l'esprit français que j'ai appris à reconstruire l'image le plus complet et le plus pure de l'esprit humain.»

Heredero, en esto, de la crítica del Clasicismo, con su pretendida valoración absoluta del principio de las *reglas,* sus ideas están llenas de un racionalismo trasnochado, estrecho y agresivo contra el que muy pronto iba a levantarse Sainte-Beuve. Éste, en efecto, es el primer crítico que intenta cuestiones trascendentales, como el espíritu universal, y en vez de ocuparse de esos problemas, lo que propone —y pone en práctica— es acercarse a la obra literaria o a un autor, *simpáticamente.* Prefiere describir a juzgar. Hombre de fina sensibilidad, su crítica puede calificarse de *impresionista* y de artística:

> La critique —escribe en *Portraits littéraires,* III, pág. 546— telle que je l'entends et telle que je voudrais la pratiquer, est une invention, une création perpetuelle.

El avance de las ciencias naturales en el siglo XIX determina, casi inevitablemente, la aparición, en los estudios de Ciencia Literaria, de la que, por analogía, podríamos llamar la *tentación cientificista.* Se intenta, ahora, hacer de la poética una ciencia positiva, a imagen de la ciencia natural. Tal objetivo se propusieron, especialmente en Francia, hombres como H. Taine, F. Brunetière, Hennequin; en Alemania, un Dilthey y un W. Scherer; en Rusia, un Veselovski. Y aunque el intento fracasó, la crítica llegó a conocer una renovación del cientificismo, años más tarde, en lo que podríamos llamar *crítica erudita,* representada por hombres como G. Lanson, Bédier, P. Hazard, Petit de Julleville entre los más conocidos; y en la corriente *psicoanalítica,* con Freud y sus continuadores.

El positivismo francés de la segunda mitad del siglo XIX es, posiblemente, el que más frutos ha cosechado. Preparado por un discípulo de Mme. de Staël, F. Villemin (1790-1870), que propugna una crítica *objetivista* («éloignée de toute passion, de tout interêt, de tout parti»), pero que, al aplicar sus propios criterios a la investigación, nos decepciona profundamente. Su frío academicismo, su, a veces, falta de información, su mezcla de biografía, crítica e historia política (cfr. su *Tableau de la littérature au Moyen Age, en France, en Espagne et en Angleterre* (1830) y su *Cours de littérature française* (1828-1829) no convencen a nadie.

Sin embargo, el camino estaba trazado. En 1853 aparece la primera obra de Taine, el autor que iba a marcar los estudios sobre la literatura durante el siglo XIX con un sello difícil de borrar. El método y los principios en que se basa Taine para su trabajo están claramente expresados en las primeras páginas de su *Philosophie de l'Art* (1882), donde escribe:

> La méthode moderne que je tâche de suivre consiste à considérer les oeuvres humaines en particulier comme des faits et des produits dont il faut remarquer les caractères et chercher les causas, et rien de plus. Ainsi comprise, la sciencia ne proscrit ni pardonne: elle constate avec un intêret égal tantôt l'oranger et tantôt le sapin, tantôt le laurier et tantôt le bouleau. Elle est, elle même une sorte de botanique appliquée, non aux plantes, mais aux oeuvres mêmes.

Un poco antes, el autor había comparado la temperatura y el clima moral que, con sus variaciones, determinan la aparición de ciertas manifestaciones artísticas, con el clima de una región que permite que crezcan en ella unas especies y no otras. Y concluye:

> Las producciones del espíritu humano, como las de la Naturaleza, sólo pueden explicarse por el medio que las produce.

En el prólogo de su *Histoire de la Littérature anglaise* (1863) expone Taine los tres factores que determina la aparición de la obra de arte y la explican: la *raza,* el *medio* y el *momento.* Nos hemos ocupado en capítulos anteriores, brevemente, de este crítico, pero aquí insistimos un poco más en los conceptos que determinan sus métodos:

Por *raza* entiende «une espèce de dispositions psychologiques innées et héréditaires»; el *medio (milieu)* es el conjunto de «circonstances auquelles un peuple est soumis»; el *momento (moment)* es inseparable del medio y es definido como un «point atteint par l'esprit d'un peuple dans son devenir».

F. Brunetière, otro de los grandes positivistas franceses del siglo XIX, se muestra menos atado por los principios estéticos y metodológicos de Taine, a quien reprocha el haber renunciado a *juzgar,* olvidando, con ello, decía, el punto de vista estrictamente literario. Porque para Brunetière (1849-1907) criticar es, ante todo, juzgar una obra, pero juzgándola en la medida en que expresa una esencia específica: la literaria.

Como sus antecesores en la metodología cientificista, Brunetière se opone a los impresionistas, a los críticos del «gusto personal», y pretende, en cambio, crear una ciencia literaria de base objetiva. Ello no es óbice para que su método haya sido calificado de dogmatismo camuflado (como Carlini-Filloux en su obra colectiva *La critique littéraire,* París, 1958, pág. 44). Preocupado, pues, por dar a la crítica y a la ciencia literaria unas bases científicas, positivas, se pregunta cuál es la misión de esta ciencia, contestando que ésta consiste en *juzgar, clasificar, explicar* las obras literarias (art. «Critique», en la *Grande Encyclopédie).* La explicación establece, esencialmente, las relaciones existentes entre una obra y la historia, general de la literatura, con las leyes propias del género y del medio en que ha sido concebida por su autor.

> Su preocupación por las evoluciones que se producen en el campo de las ciencias históricas y literarias (tema esencialmente positivista) se traduce en su estudio sobre «La formación de la idea de progreso en el siglo XVIII» (aparecido entre sus *Études critiques,* París, 1880, y traducido al castellano con el título de *El carácter esencial de la literatura francesa,* Buenos Aires, 1947). Su positivismo

evolucionista se manifiesta de un modo concreto en el libro *L'évolution des genres dans l'histoire de la Littérature* (París, 1898), uno de sus estudios más famosos.

Con Hénnequin (1858-1888) el positivismo crítico llega a su grado máximo de madurez. Hénnequin propone (cfr. su obra *La critique scientifique,* París, 1888) un método de análisis sociológico, al tiempo que combate los principios de su maestro Taine cuando cuenta, para explicar la obra literaria, con los famosos tres factores.

P. Bourget (1852-1935), más próximo a Hénnequin que a Taine, prosiguió, en Francia, la orientación científica, aunque más matizada que en sus antecesores. Se ocupó, lógicamente, de las relaciones entre literatura y sociedad —el tema básico del positivismo literario— profundizando en algunas de las ideas de Hénnequin (así en su *Sociologie et Littérature,* París, 1906).

El positivismo alemán está representado esencialmente por W. Scherer. No era un innovador, sino más bien un espíritu que supo sintetizar las corrientes más importantes de su tiempo. «La genialidad científica de Scherer —escribe F. Schultz— residía en el modo como supo situar su labor científica dentro de la conexión de los puntos de vista universales y de los problemas de la vida moderna». Era un positivista, pero de otra especie que los franceses. Su actitud es *positivista* ante los fenómenos de su mundo circundante. En su evolución llegó primero a una actitud que sobrevaloraba el método de la ciencia natural. «Con hermosas opiniones —escribe—, con palabras ingeniosas, con frases generales, no lograremos nada. Exigimos investigaciones concretas en las que los fenómenos conocidos con seguridad se reduzcan a las fuerzas motrices que los han engendrado. Las ciencias naturales nos han enseñado a aplicar esta pauta». Una de sus más conocidas obras es la *Historia de la literatura alemana (Geschichte der deutschen Literatur,* 1883).

El materialismo dialéctico como método

El enfoque crítico que ve en la Literatura un objetivo esencialmente social surge, fundamentalmente, en el ámbito ruso, desde Bielinski (1811-1848) hasta Plejànov (1857-1918), pasando por autores del tipo de Chernichevski (1828-1889). Antes de la introducción de las doctrinas marxistas en Rusia, por lo tanto, el terreno estaba ya preparado, en cierto modo, para poder asimilar las doctrinas de Marx y Engels. Tolstoi en su trabajo *¿Qué es el Arte?* colaboró a esta orientación de igual manera que lo hiciera el introductor de las doctrinas marxistas en el ámbito ruso (cfr. G. Plejánov, *Art and Society,* trad. ingl., Nueva York, 1936).

Conviene, ante todo, descartar toda relación entre el materialismo dialéctico elaborado por Marx y Engels, y las doctrinas de Taine, quien, como hemos señalado, explicaba la obra de arte partiendo del medio social histórico que lo rodeaba. Por su parte, Marx se apartó del idealismo de Hegel para alinearse —frente a un Feuerbach— entre los discípulos que formaron la *izquierda hegeliana.* Sus ideas son una profunda modificación del pensamiento de su maestro, que postulaba un *despliegue dialéctico* del Espíritu —en sentido idealista—. Marx no acepta otra realidad que la materia, y centrará en la *lucha de clases* toda la fuerza dinámica del desarrollo de la Historia. Como consecuencia de su visión materialista, pero dialéctica, sostiene que arte y literatura no son sino un resultado —y el reflejo— de la lucha de clases que se manifiesta como epifenómeno de la misma. (Sin embargo, parece que al final de su vida modificó esencialmente su pensamiento en relación al arte.)

Partiendo de esos principios, algunos marxistas han intentado establecer los criterios a partir de los cuales puede entenderse una obra literaria: en algunos casos, se insistirá en el hecho de que cada individuo refleja la ideología de la clase a la que pertenece, y en su obra se hará patente a través de un profundo análisis, esta ideología. Así, Lunacharsky sostenía que «la concepción trágica de Shakespeare fue el resultado de ser la expresión dramática de la aristocracia feudal que en los tiempos de la reina Isabel había perdido sus privilegios». G. Thomson, por su parte *(Aeschylus and Athens,* Londres, 1941), ha intentado explicar la tragedia griega a partir de las condiciones socioeconómicas de la Atenas del siglo V a. de C. Y en el ámbito estrictamente ruso no faltan intentos por explicar —a partir de las condiciones socio-económicas— autores como Homero (cfr. Markisch, *Gomer i jevó poemi,* Moscú, 1962), Esquilo (cfr. Yarcho, *Esjil,* Moscú, 1958), Heródoto (S. Luria, *Gerodot,* Moscú, 1947) y Aristófanes (cfr. Sobolewski, *Aristofan i jevo vremia,* Moscú, 1957).

De entre los autores modernos abordados por los marxistas podemos citar el estudio de A. A. Smirnov *(Shakespeare. A marxist interpretation,* trad. ingl., Nueva York, 1936), que sostiene que el teatro del dramaturgo inglés refleja la ideología burguesa cuando por vez primera se enfrentó con el régimen feudal); G. Lukács *(Goethe und seine Zeit,* Berna, 1947), donde se defiende la tesis de que el período que va de Goethe a Marx representa la lucha entre el espíritu progresista y el reaccionario; T. A. Jackson *(Charles Dickens. The progress of a Radical,* Nueva York, 1938); F. B. Grib *(Balzac,* trad. ingl., Nueva York, 1937). También nuestro Cervantes ha sido abordado con este método y presentado como exponente de la ideología de un período de lucha contra el feudalismo (cfr. J. P. Novotski, *Cervantes and D. Quixotte,* trad. ingl., Nueva York, 1936).

La exposición teórica de los métodos marxistas ha sido una labor importante, en la que citaremos autores como M. Iskowicz (*La littérature à la lumière du matérialisme historique,* París, 1926), M. Lifshitz (*The philosophy of art of Karl Marx,* trad. ingl., Nueva York, 1938), G. Thomson (*Marxism and Poetry,* Londres, 1945), H. Ermolav (*Soviet literary theories, 1917-1934,* Berkeley-Los Ángeles, 1963), L. Goldmann (*Dialektischer Materialismus und Literaturgeschichte,* en el volumen ya citado *Methodenfragen der deutschen Literatur,* págs. 487 y sigs.).

Una compilación de algunos trabajos de Marx, Engels, Lenin y Stalin sobre el tema puede verse en J. F. Frévile, *Sur la littérature et l'art,* París, 1936, en dos tomos.

Sobre el *realismo socialista,* cfr. el capítulo «¿Qué es literatura?», en *Literatura y Sociología.*

El método histórico

Escribía H. Rodier en 1965 (*Révue de Litt. comparée,* abril-junio 1965, pág. 178): «Desde hace unos veinte años existe una querella, o, más bien, divergencias franco-americanas, que se prolongan aún en los Estados Unidos. La crítica literaria, ¿debe continuar basándose esencialmente en la biografía del autor, en la historia de su desarrollo intelectual y de sus obras, en la investigación de sus fuentes y de su influencia cuando es posible discernirlas, o abocarse primordialmente al estudio de las obras en sí mismas, a su forma y estructura?»

Con estas palabras el crítico francés no hacía sino plantear una situación que había tenido su momento culminante en el *Primer Congreso internacional de Historia literaria,* celebrado en Budapest en 1931. La trascendencia de dicho congreso fue doble: por una parte, al tomar como tema central el de la *historia literaria* se manifestaron allí con toda claridad los criterios en que se fundamenta la Literatura abordada desde un ángulo histórico; pero, al mismo tiempo, al contraponerle el método no-histórico (digamos, crítico o estético), se pusieron de relieve las ventajas e inconvenientes de uno y otro enfoque del fenómeno literario.

Franz Schultz ha desarrollado magníficamente la historia del método de la investigación literaria en su contribución al libro de Ermatinger, *La filosofía de la ciencia literaria,* y a él remitimos para los detalles. Aquí nos interesa, especialmente, analizar el principio en que se basa cada una de las dos grandes tendencias. Por lo pronto, hay que recordar que ya mucho antes de 1931 habían sido frecuentes los ataques a la consideración meramente evolutiva de la Literatura. Ataques que, en hombres como A. France, Péguy y Proust, fueron más bien suaves, comedidos. Son los representantes de lo que ha venido en llamarse *crítica impresionista.* Su tendencia básica es el rechazo de la erudición, de la creencia en que una acumulación de datos y documentos es suficiente para la comprensión de la obra literaria. Creía A. France que, al no poder nunca salir de sí mismo, se está abocado necesariamente a una crítica subjetiva, a una proyección autobiográfica. Un poco más tarde, críticos como Waldock hablarán de la *documentary fallacy.* Aunque Waldock es un filólogo clásico y el término creado por él aparece en un estudio sobre Sófocles, lo creemos válido, primero, porque en sí es un principio que puede extenderse a campos no filológicos; y, segundo, porque ejemplifica su tesis partiendo de un estudio realizado por un crítico inglés sobre el *Hamlet,* por tanto, de una auténtica obra literaria.

Pero el ataque frontal contra la historia literaria, contra el método histórico, surgió de la pluma de Dragomirescu en su agresivo libro *La science de la Litérature* (trad. del rumano, París, 1928; hay versión castellana, Buenos Aires, 1964). Ya su capítulo inicial es una declaración de guerra: «La impotencia del método histórico para el estudio científico de la literatura.» El segundo capítulo, no menos radical, se titula «La literatura constituida como ciencia, prescindiendo del método histórico.» Escribe el crítico rumano: «La corriente histórica es todopoderosa. Los estudios realizados según el método histórico llenan enormes bibliotecas. Se ha llegado a hacer historia pura, pretendiendo hacer historia literaria, y se aprovecha la pasión que existe por la historia para beneficiar el método histórico en los estudios literarios». Y termina expresando el objetivo a alcanzar. «La idea de independizar la ciencia literaria que actualmente no es más que la ''ancilla historiae'', debe poseer por tal motivo una base inquebrantable.»

La reacción antihistoricista es comprensible a partir de los excesos del historicismo; la reacción de Dragomirescu se enmarca en la reacción contra el historicismo que se produce por estas fechas.

El conflicto, más o menos larvado, entre la literatura considerada como puro fenómeno estético y el método histórico sale definitivamente a la luz en el citado Congreso. En su *rapport* inicial, Van Tieghem pasa revista a las grandes tendencias del momento, y enumera para el método histórico las siguientes:

1. La literatura comparada. 2. La literatura general. 3. La historia sociológica de la Literatura. 4. El método geográfico. 5. El método generacional.

Paralelamente, los métodos de la corriente opuesta serían: 1. El método de la biografía de la obra literaria; 2. el método estético; 3. El método estético-crítico; 4. El método filosófico, biológicomoral; 5. El formalismo ruso, y 6. La crítica literaria de orientación literaria o artística. Las actas de este importante Congreso fueron publicadas en Budapest, 1931 (cfr. *Bulletin of the International Commitee of Historical Sciences,* IV, I, núm. 14, París, P.U.F., 1932).

La verdad es que nunca se había presentado con tanta virulencia la polémica entre historicistas y criticistas, y, por lo general, siempre se intentaron soluciones de entendimiento. Valéry (*Variété,* V, París, 1952, pág. 288) ha escrito que «una historia profunda de la Literatura debería entenderse no tanto como una historia de los autores y de los accidentes de su carrera, como una historia del espíritu en cuanto producto de la "literatura"». Croce, muchos años antes (*La poesía,* trad. cast., Buenos Aires, 1954, la obra original es de 1936), sostuvo que si existe historia del arte o de la literatura es sólo en calidad de monografía, es decir, como estudio particular de obra o autor. Su discípulo K. Vossler intenta resolver el conflicto a base de acudir a la historia de la literatura concebida como historia cultural (cfr. el capítulo «Historia de la lengua e Historia de la Literatura», en su *Filosofía del lenguaje,* Madrid, 1942).

¿Cuál será el área en que se moverá la concepción histórica de la Literatura? Podemos distinguir varios criterios:

1. *El criterio geográfico.* A la hora de delimitar el ámbito de la literatura, ¿qué criterio seguir? Porque, si toda historia de la literatura presupone un marco propio, ¿a cuál acudiremos? ¿A toda la humanidad, y haremos historia universal de la Literatura? ¿A un marco puramente nacional, o distinguiremos en toda nación un ámbito regional? Es importante delimitar estos conceptos porque una obra o un autor no pertenecen a un país concreto por haber surgido allí. Así tenemos casos como el de van Tieghem, que excluye de *Histoire littéraire de l'Europe* a Turquía. He aquí ya un problema planteado.

2. *El ámbito lingüístico.* ¿Acudiremos al criterio de la lengua? Es cierto que van Tieghem señaló que no clasifica las obras literarias por naciones o estados, sino por lenguas. Pero este criterio está sujeto a fuertes objeciones, y una de ellas es que la frontera lingüística no siempre coincide con la frontera política. Tendremos, por ejemplo, obras escritas en inglés, pero que pertenecen a la literatura argentina. ¿Qué hacer con figuras como Rilke, Maeternick o Kafka, que escribieron en una lengua pero que pertenecían a una nacionalidad distinta de la lingüística? La literatura canadiense en lengua inglesa ¿a qué dominio pertenece?

El problema se agudiza en casos como los de la literatura catalana, o la occitana, cuyas orientaciones e historia no han coincidido con la de España o Francia, por lo menos en grandes momentos de su historia. Entonces, figuras como Marquina ¿pertenecen a la literatura «catalana» o a la «española»? Mistral, ¿es un autor «francés» o «provenzal»?

3. *El criterio histórico.* ¿Cuándo, en qué momento comienza una literatura, o acaba? La literatura latina, ¿acaba con la caída del Imperio Romano? ¿Cuándo comienza la literatura argentina: al dejar de ser española, o antes? ¿Y la literatura francesa? Nisard hace empezar la literatura francesa en el Renacimiento, porque entiende que todo el período anterior «pertenece a la historia de la lengua, el instrumento necesario que habrá de servir, un día, para expresar las ideas generales». La tendencia de algunos críticos a reunir bajo el índice de *Literaturas románicas* las manifestaciones literarias de la Edad Media Francesa, Provenzal, Castellana e Italiana (por ejemplo, E. Auerbach, *Filologia romanza,* trad. ital., Milán, 1974) ¿está justificada?

* * *

De los métodos «históricos» señalados por Van Tieghem, estudiaremos aquí fundamentalmente dos: el *método comparado* y el *método de las generaciones.* Y ello por una razón muy sencilla: nos hemos ocupado de la sociología de la literatura en un capítulo aparte, en tanto que los criterios geográficos y de literatura general no nos parece que debamos discutirlos aquí. Tampoco nos ocuparemos del método de la historia de las ideas, no señalado por Van Tieghem, porque también nos hemos ocupado de él en otro momento de este libro. Del mismo modo, al abordar más adelante los métodos no históricos, estudiaremos el *estructuralismo* (tampoco señalado por Van Tieghem en su *rapport* de 1931, por el hecho de que todavía no había surgido este método) el *formalismo ruso* (sí considerado por el crítico citado) y el *new criticism,* que tampoco es citado por razones obvias en el *rapport* antes aludido.

La literatura comparada

Desde los primeros años del siglo XIX observamos, en el campo de las ciencias, una fuerte tendencia a la *comparación.* Aunque el caso más espectacular haya sido, acaso, la *gramática comparada* (surgida, de hecho, en 1816, con Bopp), es posible señalar intentos anteriores de comparativismo: Cuvier publica (en 1800-1805) su *Anatomie comparée;* en 1817, C. Ritter publica una obra monumental que llevaba el subtítulo de *Allgemeine vergleichende Geographie.* Conocida es asimismo la tendencia al *Derecho comparado* y a la *Religión comparada.*

Goethe había acuñado ya el concepto de *Weitliteratur,* y escribía en una ocasión: «Toda literatura experimenta periódicamente la necesidad de mirar hacia el extranjero». Sea cual fuera la intención de estas palabras, lo cierto es que, paulatinamente, en Europa va surgiendo la necesidad de considerar la literatura concreta de un país no de un modo aislado, sino en relación con las demás literaturas. Paulatinamente van planteándose cuestiones concretas que, con el tiempo, darán nacimiento a lo que hoy, plenamente desarrollada, llamamos literatura comparada.

Como siempre, hay antecedentes. Pero, como señala M. Bloch, «el advenimiento del nombre siempre es un hecho señalado... porque marca la época decisiva de la toma de conciencia». Así, si la inauguración oficial de la investigación comparada nace con M. H. Posnett en su libro, de carácter teórico, *Comparative literature* (Nueva York, 1896), de hecho hay, como siempre, precedentes.

> Tras lo que A. C. Pichois y A. M. Rousseau llaman los pioneros (E. Quinet, Chasles, B. de Bury), surgen las primeras conquistas (A. Richard, De Sanctis, H. Metlzi, Posnett, M. Carrière), y ya, a finales del XIX, los grandes teóricos (L. P. Betz, Baldensperger, Woodberry) y, entrado ya el siglo XX, surgen figuras como Lanson, E. R. Curtius, P. Hazard. En la actualidad está bien afianzada: Van Tieghem, Porta, Cioranescu, Cuyard, Pichois, Weisstein, Carré, Escarpit, etc.

¿Qué se entiende por literatura comparada? Podemos distinguir dos grandes tendencias: una, que insiste esencialmente en una consideración más bien restringida, representada por la escuela francesa (aunque se observen diferencias entre sus representantes) y que podría resumirse con la definición que da M. F. Guyard *(La literatura comparada,* trad. cast., Barcelona, 1957) y que reza así:

> La literatura comparada es una rama de la historia literaria: es el estudio de las relaciones espirituales internacionales, de las *relaciones de hecho,* que han existido entre Byron y Puschkin, Goethe y Carlyle, Walter Scott y Vigny, entre las obras, las inspiraciones, las vidas de los escritores que pertenecen a distintas literaturas.
>
> Hay que tener en cuenta que no todos los de la «escuela francesa» coinciden: van Tieghem pretende, por ejemplo, subsumir la literatura comparada en la literatura general. Cfr. su estudio «La synthèse en histoire littéraire: littérature comparée et litt. générale», en *Révue de synthèse historique,* 31-1921, págs. 1 y sigs.

La corriente americana, más laxa, más amplia, podría definirse a partir de las siguientes palabras de H. H. H. Remak *(Comparative Literature its definition and function* (en el volumen editado por Stallknecht-

Frenz, *Comparative Literature: Method and Perspective,* Carbondale, Southers Illinois University Press, 1961):

> La literatura comparada es el estudio de la Literatura más allá de las fronteras de un país particular, y el estudio de la relación entre la literatura, de un lado, y otras áreas del conocimiento y creencias, como las Artes... la Filosofía, la Historia, las Ciencias Sociales, la Ciencia, la Religión, etc., de otro lado. En pocas palabras, es la comparación de una literatura con otra o con otras, y la comparación de la literatura con otras esferas de la expresión humana.

Nadie deja de ver que la consideración americana es mucho más ambiciosa que la corriente francesa, aunque el principio es el mismo: en el fondo, ambas aspiran al mismo fin, que podríamos definir, con Pichois-Rousseau, diciendo que aspira a la comparación metódica y diferencial, interpretación sintética de los fenómenos literarios e interlingüísticos o interculturales, de modo que utilizando los datos de la Historia, la Crítica y la Filosofía se comprenda mejor la Literatura como función específica del espíritu humano.

Pasemos ahora a señalar el objeto de la literatura comparada. Ulrich Weisstein *(Einführung in die vergleichende Literaturwissenschaft,* Stuttgart, 1968) establece los siguientes:

1. Recepción.
2. Influencia e imitación.
3. Época, período, generación, movimiento.
4. Género.
5. Historia de motivos y fuentes.
6. Influencia mutua entre las artes.

Por su parte, Guyard señala como objeto inmediato del estudio comparado de la literatura: 1) los agentes del cosmopolitismo; 2) los libros; 3) los hombres; 4) la fortuna de los géneros; 5) la fortuna de los temas; 6) la fortuna de los autores; 7) las fuentes; 8) los movimientos y corrientes ideológicas, y 9) la interpretación de un país.

> Enfocado en una amplitud mayor o menor, de hecho, como se ve, los métodos y los fines y objeto suelen coincidir; cfr. Pichois-Rousseau, *La literatura comparada* (trad. cast., Madrid, 1967, donde se nos ofrece el mismo panorama con una clasificación distinta).

Vamos a explicar, en principio, qué entienden los autores respectivos por cada uno de los epígrafes señalados, con lo que se aclarará, creemos, el ámbito y los intereses de los comparativistas.

1. *Recepción.* Ante todo, en la literatura comparada hay que tener en cuenta que, tratándose de *relaciones,* es preciso analizar qué tipo de

relación puede darse entre dos culturas (o entre varias). Sin ser comparativista, Ed. Spranger señaló en su día *(Von Altertum zu Gegenwart,* Berlín, 1919, pág, 76) que hay varios tipos de influencia entre dos culturas: invasión, colonización, recepción y renacimiento. La diferencia entre recepción y renacimiento (los dos conceptos que nos importan de entre los mencionados) es importante. La recepción consiste en una influencia paulatina y, en cierto modo, inconsciente, de un elemento cultural tomado de otro ámbito. Por ejemplo, se habla de la recepción del Derecho romano por parte de la sociedad europea del siglo XIII, o de la recepción del Romanticismo en los diversos países de Europa a partir de Alemania. Dentro de este concepto, estará el capítulo del éxito o fracaso de un autor entre un público determinado, originariamente distinto del del autor en cuestión. Guyard señala que, en el caso de la fortuna de los autores, el punto de partida es extremadamente preciso: se trata del éxito de un género específico cultivado por un escritor, de una obra o de un hombre (por ejemplo, Shakespeare, *Hamlet,* Goethe). Cada uno de estos objetivos podrá estudiarse en una nación concreta o en un momento determinado (Horacio en España, Goethe en Francia, Calderón en Alemania; o bien el *Edipo Rey* en Francia, o en Voltaire, etc.).

Frente a la recepción, el renacimiento es el intento consciente y paulatino de una etapa cultural concreta, normalmente aplicado al influjo del mundo clásico sobre Occidente. Estamos en este caso en un auténtico capítulo autónomo de la literatura clásica, y que suele designarse con el nombre de *Tradición clásica.* Cfr. G. Highet, *La tradición clásica,* trad. cast., México, 1978 [2]; Díaz del Corral, *La función del mito clásico en la literatura contemporánea,* Madrid, 1952, y J. S. Lasso de la Vega, *Helenismo y Literatura contemporánea,* Madrid, 1967. Una revista, *Antike und Abenland,* que se publica en Berlín, es su principal manifestación periódica.

Fue Menéndez Pelayo —nombre que está completamente olvidado en los tratados comparados de literatura— el que inició esta orientación *(Horacio en España)* y que luego ha sido con frecuencia imitada.

2. *Influencia e imitación.* Aunque en principio pueden parecer estos dos conceptos identificables con los anteriormente estudiados, los comparativistas los suelen considerar como el juego entre originalidad y dependencia. Como señala Wisstein, «la dialéctica de la originalidad y la imitación atraviesa la historia de la Literatura y del Arte como un hilo rojo». Hay, pues, una profunda diferencia. Por otro lado, es importante constatar que el concepto de originalidad e imitación no ha regido con el mismo vigor en todas las épocas: en Grecia hay una visión de lo original mucho menos profunda que en la literatura mo-

derna; el concepto de imitación es valorado positivamente en el Neoclasicismo (y, en general, en épocas clasicistas) en tanto que tiene un sentido peyorativo en el Romanticismo y el Simbolismo. Otro principio que hay que tener en cuenta: que no todo lo que es parecido entre dos autores no necesariamente ha de ser considerado producto de la influencia (ni, *a fortiori,* de la imitación). Van Tieghem lo ha formulado claramente *(La littérature comparée,* págs. 136 y sigs.):

> Hay afinidades muy marcadas que parecen, a primera vista, debidas a un influjo por lo demás plausible; una investigación más profunda demuestra que no hay tal. Dos ejemplos pueden considerarse en este caso como clásicos: «Este Ibsen, del que se habla tanto (decía J. Lemaitre en 1895), no es, sin embargo, original. Todas sus ideas sociales y morales son de George Sand, Brandes... le respondió que Ibsen jamás había leído a G. Sand. No importa.» Pero importa mucho...

El fenómeno puede repetirse a lo largo de la historia literaria. Figuras que no han tenido conocimiento una de la otra y que, sin embargo, muestran unas ideas parecidas. Tal es el caso de Dostoievski con relación a Kierkegaard: éste no era conocido en Rusia cuando el escritor ruso escribía... Y, sin embargo, los críticos están de acuerdo en señalar que hay en el novelista un planteamiento de problemas que recuerdan a Kierkegaard. Nietzsche decía incluso que muchas cuestiones de Kierkegaard se iluminan a la lectura de Dostoievski.

3. *Época, período, generación, movimiento.* En otros capítulos de este libro nos ha ocupado el problema *(Los períodos literarios),* por lo que no volveremos sobre ello, remitiendo a dichas páginas. Sólo nos ocuparemos, más tarde, del problema de las generaciones como método histórico.

4. *Género.* Aunque nos ocupamos en un capítulo aparte del género, señalaremos los puntos más importantes del estudio del *género* no en sí, sino desde un punto de vista comparado. Que el género es uno de los capítulos más apropiados para un enfoque comparado de la literatura lo reconocen explícitamente los investigadores. Ya preocupó a los escritores romanos el problema de la deuda que, con relación a este punto, había Roma contraído con Grecia: todos los géneros, excepto la sátira, procedían del helenismo. ¿Qué puntos son los esenciales en este capítulo? De un lado, el de la definición de género; de otro, estudiar la forma cómo el préstamo de géneros se ha producido. Así, Horacio introduce la lírica mélica en Roma, y probablemente Catulo la elegía.

Hay *préstamo directo* cuando, por ejemplo, V. Hugo decide introducir el drama shakesperiano en la escena francesa; indirecto cuando los seguidores de Hugo continúan haciendo lo mismo.

Pero hay otros aspectos a estudiar: el del influjo recíproco del género sobre el autor y de éste sobre el género es uno de los más interesantes.

El tema del género dentro del método comparativo ha sido abordado en un libro colectivo editado por J. U. Fechner y otros, *Die Gattungen in der vergleichende Literaturwissenschaft,* Berlín, 1974.

5. La llamada *Stoff-und Motivgeschichte* ocupa un largo capítulo en el libro de Weisstein, y, ciertamente, es uno de los temas más apasionantes de este método. Hemos hecho referencia ya en este libro, o la haremos a la llamada *Quellenforschung* (investigación fuentes), al estudio de los tópicos (estudiado, entre otros, por E. R. Curtius y María Rosa Lida) y de los motivos y temas (cfr. el capítulo *Análisis de la obra literaria,* y las páginas que dedicamos a *Literatura y Mitología).*

Por lo general, este capítulo, que puede aportar a veces cierta luz al estudio de la literatura (piénsese por ejemplo en el tema de don Juan, que veremos más adelante), pero por lo general los críticos lo consideran un punto árido y excesivamente erudito.

Al lado de estos objetivos, pueden existir otros. Por ejemplo, Guyard analiza, además, lo que él llama el *movimiento de las ideas:* se trata de una combinación entre historia de las ideas, historia de la Filosofía e historia del Arte, combinada con la Literatura. Uno de sus más eximios cultivadores ha sido P. Hazard *(La crise de la conscience européene, Le siècle XVIII,* etc.). Van Tieghem ha propuesto incluir estas investigaciones dentro de lo que él llama «literatura general».

Otro tema de estudio para Guyard es lo que podríamos llamar la visión o interpretación de un país por parte de los escritores o pensadores de otro. Hay varios aspectos a considerar: por ejemplo, la visión de una literatura por otra (Inglaterra en la literatura francesa del siglo XIX; España vista por Francia); pero puede limitarse a un solo autor: por ejemplo, el trabajo de Sobejano, *Nietzsche en España.* Es evidente, por otra parte, que este capítulo se entrecruza con el tema de la recepción y la fortuna de un autor. Pero ciertamente puede plantear cuestiones distintas:

Independientemente de los tratados citados anteriormente, ofrecemos un breve panorama bibliográfico relativo a la literatura comparada:

a) Síntesis: A. Porta, *La letteratura comparata,* Milán, 1951; A. Cioranescu, *Principios de literatura comparada* (trad. cast., Tenerife, 1964); J. Brandt Cortius, *Introduction to the comparative Study of Literature,* Nueva York, 1967.

b) Las principales revistas son: *Arcadia. Zeitschrift für die vergleichende Literaturwissenschaft* (Berlín, 1960 y sigs.); *Comparative Literature* (Univ. de Oregón, 1949 y sigs.); *Comparative Literature studies* (Cardiff, 1941 y sigs.); *Journal of comparative literature* (Nueva York, Columbia Univ., 1903 y sigs.); *Révue de littérature comparée* (París, 1921 y sigs.), y *Zeitschrift für die vergleichende Literaturgeschichte* (1887 y sigs.).

El método histórico de las generaciones

A partir de mediados del siglo pasado comenzó a abrirse paso la idea según la cual el ritmo de la historia debía medirse por pequeñas unidades temporales que se llaman *generaciones.* Como señala J. Marías en el libro que le ha dedicado *(El método histórico de las generaciones,* Madrid, 1949, pág. 11), «la idea de generación, de tan larga historia como precipitado de la experiencia de la vida, la tiene muy breve como problema científico. Sólo desde hace cosa de un siglo se ha intentado elaborar ese saber y convertirlo en conocimiento». Y, efectivamente, a partir de los primeros escarceos de Comte y de Durkheim, pasando especialmente por Dromel, Lorenz, Dilthey, Petersen, Pinder y Ortega, poco a poco se ha ido perfilando, por distintos procedimientos, el método. El traslado de los nuevos métodos de enfocar el ritmo de la vida a la historia y a la literatura no tardó en producirse. A veces con una concepción *biológica* de la generación, cuando no basándose en postulados racistas (Drerup).

Posiblemente la mejor fundamentación del método generacional sea la de Ortega, cuyos principios pueden estudiarse en el libro de Marías (págs. 73-107). En su contribución a la obra colectiva de Ermatinger *(Filosofía de la Ciencia literaria)* establecía Julius Petersen («Las generaciones literarias») los principios básicos que deben tenerse en cuenta al abordar la literatura desde un punto de vista generacional.

Para Petersen, los factores que determinan y caracterizan una generación son los siguientes:

1. *La herencia:* A. Petersen, frente a la concepción biológico-racista que sostuvo en su tiempo O. Lorenz, basa la generación en lo que él llama el *caudillaje espiritual.*

2. *Fecha de nacimiento:* Debe tenerse en cuenta, con cierta mesura, el hecho de que alrededor de un mismo año han llegado al mundo una serie de hombres que, por el hecho de pertenecer a la misma generación, tendrán unos problemas parecidos —independientemente de la solución que les den—. «¿Quién hubiera pensado —dice— en el siglo XVIII en nombrar a la vez a Klopstock y a Kant?»

3. *Elementos educativos:* Toda generación se halla frente a unos nuevos elementos educativos que arrinconan otros ya superados. Petersen quiere que las diferencias que, hasta su tiempo, se habían establecido entre el hombre gótico y el renacentista, entre éste y el barroco, se apliquen al ritmo más corto de las generaciones. Sigue, así, generación tras generación, el largo camino que va desde Dante hasta el Renacimiento, observando cómo cada generación significa un paso más en el ideal intuido.

4. *Experiencia de la generación:* Se refiere aquí Petersen a lo que Pinder llama «la incontemporaneidad de lo contemporáneo»: las vivencias coetáneas significan cosas diferentes para las tres generaciones que conviven: los ancianos, los maduros y los niños. Se trata, pues, de las vivencias comunes juveniles que lentamente van asimilando y que marcarán con su sello a toda una generación. Se habla, por ejemplo, de generaciones quemadas, o marcadas por una guerra o un hecho concreto.

5. *La comunidad personal:* Es decir, las relaciones personales entre los grupos o los componentes de una generación. Sabido que las ideas no entran ni se difunden por sí mismas, sino, especialmente por el contacto humano.

6. *El guía:* Hay un tipo ideal humano que en cierto modo hace como de guía y mentor de una generación; el *uomo universalae* del Renacimiento; el *cortesano* del Barroco (cfr. su retrato ideal por Castiglione), el *gentleman* inglés, el *dandy,* el *superhombre.*

7. *El lenguaje de la generación:* Toda nueva generación se reconoce inmediatamente por su lenguaje. Todo lo relativo a las innovaciones, giros, actitud ante la lengua es algo a tener en cuenta al estudiar una generación.

8. *El anquilosamiento de la generación:* Es ley de vida que sobrevenga la arterioesclerosis espiritual. Las conquistas conseguidas se fosilizan, los hombres se hacen herméticos, incapaces ya de recibir influjos vivificadores del exterior. Otra generación está llamando a la puerta.

Aspectos concretos (desplazados generacionales, marginados, etcétera) toca en parte el libro de J. Marías *Literatura y generaciones,* Madrid, 1975. Como ejemplo típico de estudio de una generación, cfr. P. Laín Entralgo, *La generación del 98* (Buenos Aires, Colección Austral, Espasa-Calpe, 1948).

Estructuralismo y formalismo

Hacia el segundo decenio del presente siglo se produce en el campo de la Lingüística, por obra de Saussure, una profunda revolución. Frente a la Lingüística histórica, atenta simplemente a los cambios del lenguaje, propugna, el lingüista de Ginebra en su *Cours de Linguistique,* una nueva consideración del lenguaje, que prescindía, en principio, del eje de lo que hoy llamamos *diacronía,* para fijar su atención en el eje *sincrónico* del lenguaje, es decir, en la consideración del estado concreto, actual, de una lengua. Con el concepto de signo lingüístico, caracterizado por dos componentes, *significado* y *significante,* cuya relación es arbitraria, echa Saussure las bases de una nueva orientación que habrá de dar sus importantes frutos. Tras su aplicación al campo de la Lingüística, esa consideración ahistórica fue penetrando paulatinamente en otros campos de la ciencia: también en la Literatura.

En su libro sobre el *Estructuralismo* (París, P.U.F., 1968) señala J. Piaget los múltiples valores que el término puede tener. «Si se consideran los caracteres positivos del concepto de estructura —escribe, pág. 6— se hallan, al menos, dos aspectos comunes a los estructuralistas: de un lado, un ideal, o unas esperanzas, de inteligibilidad intrínseca, fundadas sobre el postulado de que una estructura es autosuficiente y no requiere, para ser explicada, el recurso a todas clases de elementos extraños a su naturaleza.»

Ese insistir en el hecho de que una estructura se agota en sí misma, ese dejar a un lado toda consideración histórica para entender un fenómeno, tendría una gran repercusión en el estudio de la obra literaria. Curiosamente el libro antes mencionado de Piaget, que se ocupa del influjo del estructuralismo sobre las ciencias sociales y la filosofía, no habla de las relaciones entre Estructuralismo y Literatura. Diremos, con todo, que la consideración estructural de la obra literaria consiste en considerarla como un signo con dos caras, el *significante* y el *significado,* al modo como actúa la Lingüística.

Uno de los autores que con más éxito ha utilizado el método estructural es Roland Barthes, recientemente fallecido. Su libro *Sur Racine* ha sido una obra pionera que, aplicando el método estructuralista, ha descubierto la resonancia de las estructuras lingüísticas en la psicología del autor. Lévi-Strauss, el padre del estructuralismo antropológico, ha ejercico un fuerte influjo sobre la corriente francesa representada por J. P. Vernant, M. Detienne y P. Vidal Naquet. Emparentado, en cierto modo, con la antropología cultural, tal como L. Gernet había ensayado (cfr. su *Anthropologie de la Grèce ancienne),* Vernant ha insistido en que su método se basa en la psicología histórica, con cuyos métodos intenta aproximarse a las concepciones de los antiguos sin proyectar sobre ellos las concepciones modernas (cfr. sus libros *Les origines de la pensée grecque,* París, 1962, y *Mito y pensamiento en la Grecia antigua,* trad. cast., Barcelona, 1965).

Lévi-Strauss ha pasado por una serie de etapas en su evolución: a partir de un primer estadio (que suele llamarse el momento de la experiencia), se inicia en el campo de la etnología. Pertenecen a esta etapa libros como *La vie familiale et sociale des Nambikwan* y *Tristes Tropiques;* una segunda fase representa el momento de «estructuralismo duro» *(Les structures élémentales de la parenté,* 1949). Tras un período de *reflexión (Anthropologie structurale* y *La pensée sauvage)* llega a su última etapa, en la que publica libros tan definitivos como *Mythologiques (Le cru et le cuit,* etc.).

De entre sus ideas básicas señalaremos las siguientes: 1. Así como los elementos del lenguaje carecen de significación aislada, así en el mito sólo se tienen en cuenta los elementos en relación con otros elementos. 2. Las versiones de un mito pueden variar en su sentido superficial, pero la estructura y las relaciones básicas serán constantes. 3. No pretende con su método mostrar cómo piensan los hombres en el mito, sino cómo los mitos son pensados por los hombres sin que éstos se den cuenta de ello. 4. *Esprit* es la estructura de la mente humana, que es la misma en todos los hombres del mundo, y se revela por medio de un proceso de división *binario.* 5. La actividad de categorizar plantas y animales que los antropólogos han convenido en llamar «sociedad primitiva» está motivada por la necesidad de construir un sistema universal de referencias cruzadas entre diferentes aspectos de la experiencia. 6. Las sociedades tribales emplean un estilo de lógica completamente distinto del de las sociedades desarrolladas occidentales, incluidas las de la Edad del Bronce. 7. Todo mito es un punto entre dos extremos.

Sobre el estructuralismo, cfr. G. Runciman, «What is Structuralism?» *(Brit. Journal of Sociology,* 20-1969, págs. 253 y sigs.); G. Charbonnier, *Entretiens avec Lévi-Strauss,* París, 1961; J. Pouillon, *Problemas del estructuralismo,* México, Siglo XXI, 1967.

Para las relaciones entre Filología clásica y Estructuralismo véase el estudio de C. Calame, «Philologie et anthropologie structurale» *(Quaderni Urbinati di cultura classica,* 11-1971, págs. 7 y siguientes).

Una criticca a la concepción del mito en Lévi-Strauss puede verse en G. S. Kirk, *Myth,* Berkeley-Los Ángeles, 1970.

Para las relaciones entre Literatura y Estructuralismo, cfr. D'Arco Silvio Avalle, *Formalismo y Estructuralismo,* Madrid, Cátedra, 1974, y, en general, M. Bierwisch, *El estructuralismo. Historia, problemas, método,* Barcelona, 1971.

El formalismo ruso es, como el estructuralismo, una corriente que representa la reacción contra el historicismo. Empezó este nombre por tener un sentido peyorativo, pronto alcanzó una visión teórica de la literatura perfectamente delimitada: pretende conferir a la crítica literaria un carácter bien definido, atribuyéndole un objeto específico y un método propio. Este objeto específico es la *literaturidad (literaturnosch)* de la obra, es decir, aquello que le confiere el carácter de una auténtica literatura. Valora, además de la imagen, el sonido. La imagen es sólo uno de los procedimientos artísticos empleados por el escritor. El formalismo pretende, por otra parte, penetrar en la esencia de la *literaturnosch* a través del lenguaje literario, que tiene un carácter específico. Rechaza la división de la obra en fondo y forma, e insiste, en cambio, en distinguir entre *argumento* y *trama*. El método sincrónico y el diacrónico tienen la misma justificación; y, finalmente, insisten en el importante papel que juega en la obra literaria el *género* a que pertenece. En un libro colectivo *(Théorie de la Littérature,* París, 1965) presentado y traducido por Tzvetan Todorov, se han reunido una serie de estudios del propio Todorov, de Schklovsky, Jakobson, Propp, etc., donde los representantes del movimiento exponen sucintamente sus ideas. Un libro importante para contemplar el funcionamiento en la práctica, del método de los formalismos, es la *Gramática del Decamerón,* de Todorov (trad. cast., Madrid, 1973). Intenta aquí el formalista ruso reducir a sus elementos formales los cuentos del *Decamerón* de Bocaccio. Cada elemento formal es simbolizado en un signo que recuerda los de los positivistas lógicos. Cfr. también Propp, *Morfología del cuento,* Madrid, 1974.

Sobre el formalismo ruso, cfr. V. Erlich, *Il formalismo russo,* Milán, 1966.

Se llama *New criticism* una corriente crítica surgida hacia los años treinta que ha ejercido una notable influencia en la crítica contemporánea, especialmente en Norteamérica. No se trata, empero, de una escuela con métodos únicos, sino más bien de una corriente *renovadora* (de aquí el adjetivo *new)* en la que militan hombres como Ransom, Brooks, Tate, Warren y Winters, entre otros. Nacida bajo el impulso de algunos precursores, como Hulme, y extendida gracias a la actividad del poeta y crítico T. S. Eliot, pronto adquirió adeptos, así como por la obra de I. A. Richards, aunque este autor se aparta en muchos aspectos de la ortodoxia de esta corriente. Debemos a J. C. Ransom *(The new Criticism,* Norfolk, 1941) una visión de los principios en los que se basa esta corriente, siendo uno de ellos el postulado según el cual debe excluirse de la crítica toda reacción personal: se rechaza, por consiguiente, toda veleidad impresionista. Al exigir, como hace Ransom, que la crítica sea *ontológica,* esto es, que se centre en la obra literaria simplemente considerada como «modelo» *(pattern)* enlaza con el estructuralismo, y, en parte, con el formalismo. La obra literaria es un todo autónomo y autosuficiente, en el que cada elemento tiene una íntima relación con los demás. Recuérdese que los primeros saussurianos definían el sistema como un conjunto en el que «tout se tient». Esta exigencia de hallar y ver en la obra literaria una estructura estratificada de signos podemos hallarla también en Wellek (cfr. su obra *Concepts of Criticism,* págs. 293 y sigs.). Para Brooks, en concreto, ocuparse del autor y de los aspectos externos de la obra literaria aun siendo legítimo no hace sino apartar al crítico de su auténtica misión. Ideas parecidas sostienen críticos como E. Vivas *(Creazione e scoperta,* Bolonia, 1958), quien insiste en que el crítico debe ocuparse de la obra como *objeto,* y no del *sujeto;* tampoco puede confundirse la crítica con la *sinopsis* o la *paráfrasis* de una obra. Este punto no es original, y ya Boeckh lo había sostenido, pero el *New Criticism* lo ha desarrollado ampliamente dándole un fundamento teórico. Tampoco puede identificarse la crítica literaria con los estudios históricos, como ha ocurrido con frecuencia. Como señala Ransom, la erudición literaria acaba haciendo olvidar aquello que precisamente justifica la crítica, esto es, la obra literaria en sí misma. Como consecuencia de esta actitud negativa frente a los métodos tradicionales, el *New Criticism* aboga por un estudio estrictamente inmanente de la obra literaria *(close reading,* lo llaman algunos). En su afán de desembarazarse del lastre erudito e histórico que arrastraba la crítica tradicional, los partidarios del *New Criticism* llegan a olvidarse y a ignorar la condición histórica de la obra literaria. Tal orientación fue iniciada ya por T. S. Eliot, quien en su importante libro *Tradición y talento individual* llega a afirmar que toda la literatura occidental, desde *La Ilíada* hasta nuestros días tiene una existencia simultánea.

Siguiendo este método se han escrito libros sobre literatura del XVII sin buscar ninguna información acerca de esta época, como W. Empson. En suma, se proclama que la literatura es una actividad autónoma.

Sobre esta corriente, cfr. V. M. de Aguiar, *Teoría de la Literatura,* págs. 413 y sigs., con abundante literatura y referencias bibliográficas.

INSTRUMENTOS DE TRABAJO

Aparte la bibliografía que hemos ido e iremos citando a lo largo de este trabajo, conviene indicar aquí aquellos instrumentos de trabajo que se necesitan para el estudio de la Literatura:

1. De entre las principales *Historias de la Literatura Universal* más asequibles mencionaremos las de C. Pérez Bustamante (director): *Historia de la Literatura universal,* Madrid, 1947; S. Trampolini, *Historia universal de la Literatura,* Buenos Aires, 1955-1958 (13 tomos); Riquer-Valverde, *Historia de la Literatura universal,* Barcelona, 1959 (reeditada en 1983); R. Quenaud (director): *Histoire des littératures* (Encyclopédie de la Pléyade, París, Gallimard, 1962); E. Laaths, *Historia de la literatura universal* (Barcelona, 1967).

Para problemas específicos: O. Tacca, *La historia literaria,* Madrid, 1968 (que plantea los problemas inherentes al planteamiento histórico de la literatura). Para cuestiones de método: M. Dragomirescu, *La science de la littérature,* París, 1928 (hay trad. cast., Buenos Aires, 1964); G. Lanson, *Essais de méthod de critique et d'histoire littéraire,* París, 1965.

Son muy útiles los siguientes instrumentos de trabajo: Bompiani, *Diccionario literario* (adaptación española, Barcelona, 1959, en 12 tomos); F. C. Sainz de Robles, *Ensayo de un diccionario de literatura,* Madrid, 1953 (3 tomos); E. Frenzel, *Diccionario de argumentos de la literatura universal,* Madrid, Gredos, 1975; íd., *Diccionario de motivos de la Literatura universal,* Madrid, Gredos, 1976.

2. Para el estudio de las literaturas en particular:

a) *Literaturas clásicas:*

Para una información bibliográfica año a año, cfr. la publicación *L'Année philologique,* París, Les Belles Lettres. De entre las principales revistas mencionaremos: *Révue de Philologie de littérature et d'Histoire ancienne* (Burdeos); *Rivista di Filologia e d'Istruzione classica* (Turín); *Emerita. Revista de Lingüística y Filología clásica* (Madrid, S. C. I. C.); *Classical Review* (Oxford, Clarendby, contiene información crítica sobre los libros aparecidos); *Gnomon* (Munich, Beck).

Para la literatura griega: A. Lesky, *Historia de la Literatura griega,* trad. cast., Madrid, Gredos, 1968; R. Cantarella, *Storia della letteratura greca,* Milán, Nuova Accad. Editrice, 1962; J. Alsina, *La Literatura griega: contenido, problemas y métodos,* Barcelona, Ariel, 1967 (segunda edición ampliada y refundida con el título de *Teoría literaria griega,* Barcelona, en prensa).

Revistas especializadas en filología y literatura griega: *Révue des Études grecques* (París, Klincksieck); *Journal of Hellenic Studies* (Londres).

Para la literatura latina: J. Bayet, *Literatura latina* (trad. cast., Barcelona, Ariel, 1965); J. Büchner, *Historia de la Literatura latina* (trad. cast., Barcelona, Labor, 1968); E. Bickel, *Historia de la literatura romana* (trad. cast., Madrid, Gredos, 1982).

Revistas: *Révue des Études Latines* (París).

b) *Literaturas románicas:*

Una visión sinóptica en E. Auerbach, *Filología romanza* (Milán, 1974, que contiene una visión de las literaturas románicas medievales).

1. *Francés:* Los principales libros de información bibliográfica son los de G. Lanson *(Manual bibliografique de littérature française,*

ed. revisada, París, 1925); D. C. Cabeen-J. Brody (*A critical Bibliography of french Literature,* Syracusa Univ. Press, 1947-1961), y A. Mareuil (*Guide bibliographique des études littéraires,* París, Hachette, 1960).

De entre las principales literaturas citaremos las de J. Bédier-P. Hazard, *Histoire de la Littérature française,* París, 1948 (ed. revisada); R. Escarpit, *Histoire de la litt. française* (trad. cast., México, 1956); P. Abraham, *Manuel d'Histoire de la littérature française,* París, 1965.

De entre las principales revistas de investigación en filología y literatura románicas debemos citar *Romania* (publicada en París), y los *Cahiers d'Histoire de Littérature romane* (titulada también en alemán *Romanische Zeitschrift für Literaturgeschichte,* Heidelberg); para lo francés: *Révue d'Histoire littéraire de la France* (París), *Studi francesi* (Turín), *Poétique* (Páris).

2. *Italiano:* Para la información bibliográfica, se puede acudir a las siguientes publicaciones: R. Fratolli, *Introduzione bibliografica alla letteratura italiana* (Roma, 1963); M. Puppo, *Manuale critico-bibliografico per lo studio della letteratura italiana,* Turín, 1965 [6]; W. Bioni publica una bien informada reseña de lo aparecido en los números correspondientes de su *Ressegna della letteratura italiana.*

De entre los numerosos tratados de Literatura citaremos: G. Mazzoni, *Avviamento allo studio critico della letteratura italiana* (principalmente, información bibliográfica), Roma, 1937; F. Flora, *Storia della letteratura italiana,* Turín, 1940; F. de Sanctis, *Storia della letteratura italiana* (trad. cast., Buenos Aires, 1953), y M. Apollonio, *Storia della letteratura italiana,* Brescia, 1957.

El conocidísimo manual de K. Vossler, *Italienische Literaturgeschichte* (Sammlung Göschen, Leipzig, 1900), ha sido traducido, hace muchos años, al castellano (Col. Labor, Barcelona).

3. *Español: a)* Para la *literatura castellana,* la información de la *Biblioteca hispana Vetus* (1672) y la *Biblioteca hispana Nova* (1696) de Nicolás Antonio es imprescindible. Es asimismo de gran valor C. Haebler, *Bibliografía ibérica del siglo XV,* (Nueva York, 1903 y sigs.). Muy importante S. Simón Díaz, *Manual de Bibliografía de la literatura hispánica,* Madrid, 1950.

Para los grandes manuales de literatura puede acudirse al de Valbuena, *Historia de la Literatura española,* Barcelona (varias ediciones: la séptima es de 1964). En tres tomos.

G. Díaz-Plaja (director), *Historia general de las literaturas hispánicas,* Barcelona, 1949-1957; J. O. Alborg, *Historia de la Literatura española,* Madrid, Gredos, a partir de 1966 (han aparecido hasta el momento cuatro tomos). Allí hallará el lector citados los principales repertorios bibliográficos.

b) Para la *literatura catalana,* la monumental de M. de Riquer-A. Comas, *Literatura catalana,* Barcelona, Ariel.

4. *Portugués:* Los principales repertorios bibliográficos están catalogados en V. M. Aguilar, *Teoría de la Literatura,* Madrid, 1979, págs. 368 y sigs. De entre las Historias de la Literatura portuguesa merece citarse la de F. de Figueiredo (traducida al castellano en la Col. Austral, Madrid, Espasa-Calpe).

5. *Provenzal:* A. Jeanroy, *La poésie lyrique des troubadours,* París, 1934, y Daix-Champroux, *Naissance de la poésie française,* París, 1961.

c) *Literatura inglesa:*

De entre los principales repertorios bibliográficos merecen citarse los de R. B. Mackerrow (Oxford, 1927), F. W. Bateson (editor), *The Cambridge Bibliography of English Literature,* Cambridge, 1941.

Manuales de Literatura: Ed. Gosse, *A short History of english Literature,* Londres, 1897; L. Cazamian, *Histoire de la Littérature anglaise,* París, 1924; A. C. Bangle, *A Litt. History of England,* Londres, 1948, y G. Saintbury, *Historia de la literatura inglesa,* Buenos Aires, 1957 (trad. cast. de la edición de 1898).

d) *Literatura alemana:*

Información bibliográfica en J. Körner (*Bibliographisches Handbuch des deutschen Schriftums,* Berna, 1949).

J. Dresch, *Guide de l'étudiant germaniste,* París, 1945.

De entre las historias de la literatura más importantes citaremos las de M. Scherer-O. Walzel, *Geschichte der deutschen Literature,* 1928; L. Martini, *Deutsche Literaturgschichte,* Stuttgart, 1968, y para la literatura posterior a la guerra, M. Durzak, *Die deutsche Literatur der Gegenwart. Aspekte und Tendenzen,* Stuttgart, 1971, y el libro de D. Weber, *Die deutsche Literatur seit 1945,* Stuttgart, 1968. En la colección *Weger der Forschung* hay una serie de volúmenes dedicados a autores concretos (Lessing, Novalis, Goethe, Kafka, Hofmannstahl...). Una buena antología de las principales publicaciones sobre cuestiones metodológicas del estudio de la Literatura alemana puede verse en R. Grimm-J. Hermand, *Methodenfragen der deutschen Literatur,* Darmstadt, 1973.

e) *Literaturas eslavas:*

Para la *literatura rusa,* D. S. Mirsky, *A History of Russian Literature* (edición abreviada del original, Londres, 1949); E. Lo Gatto, *La literatura ruso-soviética* (trad. cast., Buenos Aires, 1972); R. Hingley, *Historia social de la literatura rusa* (trad. cast., Madrid, 1967, llega sólo al 1904).

Para información literaria y bibliográfica las *Voprosi Literaturi* son importantes.

Dentro de las restantes literaturas eslavas citaremos: M. Hermann, *Historia de la literatura polaca* (París, 1963); J. Magnuszewski, *Historia de la literatura checa* (en polaco, Wroslaw, 1973); B. Penew, *La literatura búlgara hasta 1871* (en polaco), Varsovia, 1938, y J. Golabek, *La literatura serb-croata* (en polaco), Katowice, 1938.

f) *Literatura griega moderna:*

J. Alsina-C. Miralles, *Literatura griega medieval y moderna* (Barcelona), y A. Mirambel, *La litt. grecque moderne,* París, 1954.

g) Para la literatura bizantina el manual de Krumbacher *(Geschichte der byzantinischen Literatur,* Munich, 1897) es el más rico en información.

Para información bibliográfica sobre este importante campo, véase la *Byzantinische Zeitschrift* (Munich).

h) *Literaturas semíticas:*

D. González Maeso, *Manual de Historia de la literatura hebrea,* (Madrid, Gredos, varias ediciones), y J. Vernet, *Literatura árabe* (Barcelona, s. a.).

De entre las revistas más importantes citaremos, en España, para árabe *Al-Andalus* (Madrid) y para el mundo hebreo *Sepharad* (Madrid).

i) *Literatura del Próximo Oriente:*

L. Renou, *La littérature de l'Inde,* París, P.U.F., 1950, y J. Díaz-Canedo, *Resumen de literatura sánscrita,* Madrid, 1942.

Para Egipto, cfr. J. R. K. Glenville, *El legado de Egipto* (trad. cast., Madrid, Pegaso, 1942), y J. E. Seet, *A comparative Study of the Lit. of Egypt, and Mesopotamia,* Londres, 1931.

Aspectos importantes de la literatura ugarítica en G. del Olmo, *Mitos y Leyendas de Canáan según la tradición de Ugarit,* Madrid, 1981.

j) *Literaturas de América:*

A. Torres Rioseco, *Historia de la literatura ibero-americana,* Buenos Aires, 1964; R. A. Arrieta, *Historia de la literatura argentina,* Buenos Aires, 1940; C. González Peña, *Historia de la literatura mexicana,* México, 1963; A. Viatta, *Histoire littéraire de l'Amérique française,* Quebec-París, 1959, y M. D. Zabel, *Historia de la literatura norteamericana,* Buenos Aires, 1970.

V

LOS GÉNEROS LITERARIOS

> La Ciencia literaria necesita un concepto de género, cuya definición debía abarcar la lógica de la formación de los géneros literarios. Hipotéticamente se acuñó aquí como punto de partida el concepto de «mutación permanente».
>
> J. U. FECHNER.

1

GENERALIDADES

La cuestión de los géneros literarios ha propiciado, desde hace años, una cierta polémica. Por otra parte, se constata que, a lo largo de la historia de la crítica, la noción misma de género ha comportado numerosos cambios. Platón —uno de los primeros que se ocupó de literatura— al abordar la naturaleza de la poesía distinguió tres *genera:* la mimética, (dramática), la lírica y la épica. Su discípulo Aristóteles —que en crítica literaria dejó muy atrás a su maestro— partía de la existencia del género literario, y consagró un libro entero, la *Poética,* a estudiar los problemas que plantea la tragedia. Esta era, en su pensamiento, uno de los *eidê* (géneros) en que se puede dividir la poesía.

B. Croce, que trabajó intensamente sobre estética literaria, llevado de su idealismo, se revolvió contra los intentos de un Brunetière, quien en su obra *L'évolution des generes dans l'histoire de la littérature,* (París, 1890) había sostenido, siguiendo pautas «darwinianas» que los géneros son como entidades biológicas que nacen, se desarrollan y mueren. Croce atacó esta actitud, y en un pasaje de su libro *La poesía* arremete contra el crítico francés, a quien no nombra pero al que tiene en la mente. He aquí sus palabras:

> «Y después, habiéndose pervertido el concepto de historia de la filosofía idealista en el evolucionismo positivista, hubo quien quiso aplicar a la poesía la evolución de las especies de Darwin.»

En realidad, la crítica moderna ha tendido siempre a aceptar la existencia de los géneros. No, ciertamente, como puede existir un animal o una planta, sino a la manera de «institución» (Wellek). F. Schlegel ha insistido en su *Gespräch über die Poesie (Diálogo sobre la poesía)* en el principio de que «la fantasía del poeta no debe desintegrarse en poesías caóticamente genéricas, sino que cada una de sus obras debe tener carácter propio y totalmente definido, de acuerdo con la forma y el género a que pertenecen». Un buen poeta sabe, al menos, una cosa: cuáles son las leyes de un poema. Pero también debe saber ajustar, distender y modificar las formas clásicas.

Ahora bien: si el género tiene una existencia —en el sentido que hemos convenido— ¿permanece fijo e inalterable? ¿Se modifica? ¿Evoluciona? Están, sí, sujetos a ciertas transformaciones, causadas, muchas veces, por la decisiva influencia de una obra concreta: Milton escribió su *Paraíso perdido,* poema en el que quiso seguir a *La Ilíada* y a la *Eneida:* con ello, lo que consiguió fue inyectar un nuevo espíritu en el género épico, el espíritu cristiano del siglo XVII. A partir de él, la épica religiosa tendrá ganado un puesto en la literatura.

Podemos decir que el rasgo que caracteriza a los géneros literarios es lo que Fechner ha llamado *mutación permanente.*

En cuanto al número de géneros, tradicionalmente se ha venido distinguiendo —ya desde Aristóteles y Horacio— entre *epopeya, lírica* y *drama.* A veces se añaden una serie de *géneros menores,* pero que no son en el fondo sino *especies* a distinguir dentro de los *géneros.*

> En todo caso, debe distinguirse, con E. Staiger, entre Lírica como género (que es un concepto formal), del adjetivo *lírico,* que hace referencia a una actitud, al tono de un poema. Lo mismo vale la distinción entre *Épica* y *épico* y *Drama* y *dramático.*

Desde un punto de vista filosófico, se han realizado varios intentos por defender la necesidad de la tripartición de la poesía en épica, lírica y dramática. A partir de la *relación sujeto-objeto,* Hegel por un lado y Vischer por otro, defendieron que hay una íntima relación entre los tres géneros y el movimiento dialéctico de la idea: lo *objetivo* representaría la *épica;* lo *subjetivo,* la *lírica;* la *síntesis* de ambas sería la poesía *dramática.* Jean Paul Richter, por su parte, quiso establecer la existencia de la tripartición a partir de la concepción del tiempo: así, la Epopeya es la narración del *pasado;* la lírica, del *presente,* en tanto que lo dramático sería la acción que se extiende hacia el *futuro.*

Otras veces se parte de los tres tipos de la concepción del mundo (cfr. M. Wundt, *apud* Ermantinger, *Filosofía de la Ciencia literaria,* págs. 445 y sigs.): la epopeya se basaría en una concepción *naturalista,* la lírica representaría el *psicologismo* y el drama el *idealismo* (que abraza, en síntesis, el naturalismo y el psicologismo). Otros acuden a las formas psicológicas de la vivencia de lo vasomotor, lo imaginativo y lo motor. Incluso se ha intentado relacionar la tríada de los géneros con las tres potencias de *sentimiento, pensamiento* y *voluntad.*

Contra Jean Paul, E. Staiger ha puesto en íntima relación lo lírico con el pasado *(el recuerdo).*

Uno de los intentos más logrados por fundamentar la existencia de los tres géneros es el que se basa en las funciones del lenguaje establecidas por la lingüística. Ya Cassirer intentó fundamentar la división a partir de los tres grados del lenguaje que él distingue (la *expresión sensorial,* la *contemplativa,* y la *conceptual.* Cfr. su *Philosophie der symbolischen Formen,* I, *Die Sprache,* Berlín, 1923). Por su parte, H. Junker ensayó un sugestivo método (cuyos principios esbozó en un trabajo publicado en el volumen de homenaje al lingüista Stritberg, 1924); Junker define las tres funciones del lenguaje con tres conceptos básicos: *Kundgabe (manifestación), Forderung* o *Auslösung (incitación* o *desencadenamiento)* y *Mitteilung* o *Darstellung (Comunicación* o *narración).* Relacionando estos tres conceptos con otra serie que indiquen la dirección *(Richtung),* la persona *(Person),* la esfera de la vivencia *(Erlebnissphäre)* y grupo *(Gruppe)* establece el siguiente esquema:

Leistung (Función)	*Richtung* (Dirección)	*Person* (Persona)	*Erlebnissphäre* (Esfera de la vivencia)	*Gruppe*
Kundgabe (Manifestación)	*Expressiv* (Expresivo)	*Ich* (Yo)	*Emotional* (Emocional)	*Stimmung-Gefühl* (Talante-sentimiento)
Auslösung (Incitación)	*Impressiv* (Impresivo)	*Du* (Tú)	*Intentional* (Intencional)	*Befehl-Wunsch* (Orden-deseo) *Frage-Zweifel* (Pregunta-duda) *Streben* (Tendencia)
Darstellung (Narración)	*Factiv* (Factivo)	*Er, sie, es* (Él, ella, ello)	*Rational* (Racional)	*Vorstellung* (Representación)
	Demostrativ (Demostrativo)			*Denken* (Pensamiento)

Aunque el autor no lo indica expresamente, resulta claro que estamos aquí ante una teoría de lo lírico, lo épico y lo dramático basado en las funciones del lenguaje. Sobre estas funciones, cfr. K. Bühler, *Teoría del lenguaje,* trad. cast., Madrid, Rev. de Occ., 1967.

En el cuadro, la Lírica corresponde a *Kundgabe,* lo épico a *Auslösung* y lo dramático a *Darstellung* (cfr. una ampliación de estas ideas en Kayser, *Int. y an.,* págs. 537 y sigs.).

La tripartición que hemos desarrollado se refiere sólo a la poesía (la novela es una forma de épica). Pero cabe distinguir géneros de la prosa, con sus leyes y su estilo propio (Historiografía, Oratoria, etc.).

En uno de sus últimos libros *(La littérature fantastique,* París, 1970), Todorov ha hecho, en un interesante capítulo inicial, una defensa del género literario.

2

LOS GÉNEROS NARRATIVOS

1

En los tratados de teoría literaria suelen estudiarse juntos una serie de textos que tienen como rasgo común la narración *(Erzählung).* Estos textos son la *epopeya,* el *poema épico* y la *novela* (ésta suele considerarse el género narrativo que viene a sustituir a la épica). Es verdad que esta posición teórica tiene buen fundamento, pues el *estilo narrativo* es común en toda esta producción literaria, aunque, históricamente, la novela deriva de la historiografía —por lo menos en Grecia esta tesis puede defenderse—. Pero hay una diferencia profunda, en cuanto al espíritu, entre una epopeya y una novela. Mientras la epopeya es un producto de una edad heroica (en formación) que refleja toda una etapa cultural, está escrita en verso, y, sobre todo, es anónima (por ser el resultado de una larga evolución, o por otras causas); la novela está en prosa, suele surgir —de acuerdo con la bien conocida tesis de Luckács— en períodos de decadencia, está en prosa por lo general (excepción del *roman courtois* medieval, por ejemplo los de Chrétien de Troyes) y suele tener un autor concreto. En cuanto al *poema épico* se diferencia de la epopeya en que es de origen individual, el resultado de la labor concreta de un poeta concreto y suele tener unos rasgos poéticos bastante distintos de la epopeya.

La *teoría individualista* (Bédier, sobre todo) quiere que la epopeya sea el resultado de la actividad de un poeta concreto. La *tradicionalista* (Menéndez Pidal) sostiene que la epopeya es el resultado final de una larga tradición. Los intentos por descubrir el nombre del autor de los *Nibelungos* han fracasado (se ha querido creer que era Walter von der Vogelweide, Wolfram von Eschenbach, Rudolf von Ems, Heinrich von Oefterdingen. Los tradicionalistas verán en el Turoldus de la *Chanson de Roland* y en el *Peer Abat* del Mio Cid sólo un mero copista). Los nombres que quiere unirse al *Mahabharata* y al *Ramayana* (Valmiky y Vyasa) son, los dos, compiladores.

En todo caso, la épica, en general, se diferencia de lo lírico por una serie de rasgos que los distinguen claramente: 1. «El poeta épico —escribe Staiger, *Conceptos fundamentales de poética,* 104— no ahonda en el pasado mediante la íntima evocación del recuerdo como hace el lírico, sino que lo memoriza.» 2. Como consecuencia, lo épico es esencialmente «histórico», en tanto que lo lírico es personal, por esencia a histórico. 3. Aunque no con carácter general, sí puede afirmarse que el verso épico suele ser muy majestuoso, en tanto que el lirismo suele utilizar versos más breves, que tienen un rasgo más íntimo y efectivo. 4. Lo épico tiene siempre un héroe central alrededor del cual se organiza la acción; en la lírica es el *yo desnudo* lo que domina todo el poema. En algunos casos el héroe tendrá que tomar una decisión que puede calificarse de *trágica* (Aquiles es un caso específico). 5. La épica suele comportar cierta tragicidad —la caída del héroe, o sus sufrimientos—. En lo lírico es el sentimiento propio del autor lo que domina. 6. Normalmente lo épico tiende a la *repetición* de escenas y de actos mediante un lenguaje más o menos formulario, en tanto que lo lírico tiende normalmente a la variedad. La fórmula rompería, en la poesía lírica, la intimidad, el carácter de *unicum* que tiene el sentimiento evocado por el poeta. 7. Staiger señala, además, que el lenguaje lírico y el épico se diferencian profundamente: mientras en lo épico suele predominar la *onomatopeya,* que tiende a esclarecer algo con medios lingüísticos, de modo que, en frase de Spitteler lo pueda «transformar todo en un acontecer vivo», la lírica emplea un lenguaje *musical,* en el que siempre predomina un estado anímico.

Un intermedio entre lo épico y lo lírico podría ser el *Lied* en el sentido en que lo han empleado algunos críticos para explicar la génesis del *epos* a partir de cortas narraciones épico-líricas. Pero pronto esta teoría (Lachmann) fue combatida.

Las leyes principales de lo épico podrían resumirse del modo siguiente:

1. Lo que importa, esencialmente, en lo épico no es tanto una *tensión* que dura del principio al fin (ello más bien es propio de lo dramático) como su marcha tranquila hacia el final. Este rasgo ha sido clara-

mente intuido por Goethe, cuando escribe a Schiller en 21 de abril de 1797:

> La finalidad del poeta épico reside en cada uno de los puntos del movimiento. Por eso no nos lanzamos con impaciencia hacia la meta, sino que nos detenemos gustosamente en cada uno de sus pasos.
>
> (Para las ideas goethianas sobre el estilo épico, cfr. O. Walzel, *Sokrates,* N. F. 2, 1914, págs. 369 y sigs.)

Utilizando esas intuiciones del poeta alemán, Schadewalt *(Iliasstudien,* Darmstadt, 1966 [2], págs. 150 y sigs.) ha señalado que es un rasgo muy propio de lo épico el principio de la *retardación* complementado por el de la *anticipación.*

> Aunque el poeta de *La Ilíada* y la *Odisea* informa —ya en el preludio— sobre el fin del poema (y esta información perdura a lo largo de la obra), este final va retardándose más y más hasta el punto de que el protagonista puede no aparecer hasta bien entrado el poema.

2. La tendencia general a que aparezca un estilo *formulario,* que se traducirá, además, en el empleo de *escenas típicas,* hechas a su vez con versos o hemistiquios formularios, que se repetirán una y otra vez en el poema.

3. La frecuencia relativa de *comparaciones,* que sirven para hacer más viva la escena concreta que quiere evocar el autor.

4. El papel que juega en lo épico el *tiempo* determina una serie de rasgos específicos: por un lado, hay que distinguir con G. Müller *(Die Bedeutung der Zeit für den Erzählkunst,* Bonn, 1947) el tiempo que exige la narración de un hecho *(Erzählzeit)* del tiempo que realmente dura el hecho en sí. Pero es más importante la llamada *ley Zielinski,* de acuerdo con la cual, la épica *no puede,* por razones técnicas, describir dos hechos que ocurren simultáneamente. La impresión que produce todo lo que se narra en segundo lugar es que ha ocurrido, efectivamente, más tarde. Así como en el cine la alternación de plano puede evocar que dos acciones se desarrollan simultáneamente (hay un ejemplo muy ilustrativo en el film *Inés de Castro,* cuando se la asesina al tiempo que el rey está cazando) y en la novela la intervención del autor puede resolver el problema, en lo épico ello resulta técnicamente imposible.

> Quizá por ello en los poemas épicos el curso de la acción suele ser rectilínea. Sólo en escasos ejemplos tenemos el fenómeno de la *vuelta atrás* en la narración *(Odisea, Paraíso Perdido, Eneida, Los Lusíadas).*

Zielinski esbozó su teoría en el trabajo titulado «Die Behandlung gleichzeitiger Erreignisse im antiken Epos» *(Philologus,* Suppl. 8, 1899-1901, págs. 405 y sigs.). Su tesis fue desarrollada por Ed. Delebecque, *Télémaque et la structure de l'Odyssée,* Aix-en Provence, 1958. Cfr. últimamente, T. Krischer, *Formale Konventionen der homerischen Epik,* Munich, 1971, 91 y sigs.

5. *Discursos* y *diálogos* entre los personajes. El diálogo épico es un elemento básico para romper la monotonía de la narración. Aunque en los poemas épicos aparecen en proporción muy desigual, siempre son un elemento integrante de esta poesía.

6. En el centro de todo poema épico hay siempre una *gesta,* una acción heroica de importancia, aunque puede darse el caso de que la gesta sea más o menos novelada; sobre todo cuando el tema del poema lo constituyen una serie de aventuras y viajes, como en la *Odisea* y *Los Lusíadas.* En los poemas homéricos *(La Ilíada)* es normal que se describan gestas *(aristeiai)* de algunos guerreros.

* * *

Hemos convenido en distinguir entre *epopeya* y *poema épico.* La distinción es importante porque, de hecho, en las epopeyas tendremos sólo elementos comunes muy laxos, en tanto que en los poemas épicos, de origen claramente individual, hay una imitación constante de la poesía homérica que, en este punto, se ha convertido en modelo de toda la poesía posterior ya directamente ya a través de Virgilio.

2

Si intentamos enumerar los caracteres esenciales que aparecen en la poesía homérica, distinguiremos los siguientes: *Invocación* a la Musa y resumen; narración por parte del poeta; diálogo épico; *aristías* (un héroe destaca y realiza una importante acción); vuelta hacia atrás, decisión trágica, escenas entre los dioses (llamadas *olímpicas);* asambleas y catálogos; escenas *típicas; verso formulario.*

Vamos a estudiar cada uno de estos elementos, para compararlos con los poemas que antes hemos señalado.

a) *Invocación:* Tanto *La Ilíada* como la *Odisea* se abren con una solemne invocación a la Musa, a la que se le pide que cante el tema concreto del poema. Ello sirve, de paso, para que el oyente/lector tenga una idea, aunque vaga, del tema. Así *La Ilíada* se abre con estas palabras:

Canta, diosa, la cólera aciaga de Aquiles Pelida,
que a los hombres de Acaya causó innumerables desgracias,

y dio al Hades las almas de muchos intrépidos héroes
cuyos cuerpos sirvieron de presa a los perros y pájaros
de los cielos.

(Trad., F. Gutiérrez.)

La *Odisea*, por su parte, se inicia de la forma siguiente:

Habla, Musa, de aquel hombre astuto que erró largo tiempo
después de destruir el alcázar sagrado de Troya,
del que vio tantos pueblos, y de ellos su espíritu supo,
de quien tantas angustias vivió por los mares, luchando
por salvarse y salvar a los hombres que lo acompañaban;
mas no pudo, ay, salvarlos, no obstante el esfuerzo que hizo.
¡Insensatos! La muerte en sus propias locuras debieron.
Se comieron las vacas del Sol, Hijo de las Alturas,
que apartó de sus vidas el día feliz del retorno.

(Trad., F. Gutiérrez.)

Si pasamos a considerar las principales epopeyas, observaremos lo siguiente: En el *Beowulf* tenemos un brevísimo proemio, que, de hecho, no informa al oyente sobre el tema concreto del poema: la gesta de Beowulf, dando muerte al monstruo Grendel. No hay tampoco invocación a ninguna diosa o Musa.

Escuchad, yo conozco la fama gloriosa
que alcanzaron en los tiempos antiguos los reyes daneses,
las gestas heroicas de nobles señores.

En *Los Nibelungos* tenemos una simple exhortación al auditorio a escuchar las acciones de los héroes del pasado. No hay tampoco invocación:

Uns ist in alter maeren wunders vil geseit
von helden lobebaeren, von grôzzer arebeit;
von frouden hôchgeziten, von weinwn und von Klagen,
von küener recken strîten, muget ir nu wunder skoenen sagen.

(Hay en los viejos poemas muchas gestas contadas,
de héroes, muy honrosos, de gran ingenio dotados,
de alegres bodas, de llantos y lamentos,
de luchas de los nobles: quered ahora oírlos.)

Por lo que respecta al *Digenís Akritas,* hay que observar que aunque los manuscritos que nos han transmitido el poema, contienen una relativamente larga introducción, ésta está en un metro distinto del resto del poema, claro indicio de que es añadido posterior.

No hay proemio ni invocación en la *Chanson de Roland;* en el *Mio Cid* faltan las páginas iniciales del manuscrito, por lo que estamos a oscuras sobre su comienzo: el *Gilgamesch,* curiosamente, contiene un breve resumen que recuerda muy de cerca el proemio de la *Odisea:*

> A aquel que conoció todas las tierras
> yo cantaré... al sabio que conoce toda cosa.
> Secretas cosas ha visto, jamás por nadie vistas,
> e hizo un largo viaje lleno de dificultades.

Si de las epopeyas anónimas pasamos al poema épico resulta claro que sus respectivos autores se inspiran en una larga tradición que remonta a Homero directa o indirectamente:

1. Un breve proemio en *Las Argonáuticas.* Curiosamente, la invocación tiene lugar algunos versos más adelante, una vez el poeta ha informado al lector de la prehistoria del tema (la brevísima alusión a Febo Apolo en el verso primero no es de corte homérico).

> Te invocaré al principio, Febo, y me remontaré
> a las hazañas de los héroes de antiguo linaje
> los que allende la entrada del mar Negro
> y del paso de las Rocas Cinaeas, por mandato
> del rey Pelias, en pos del vellocino de oro
> su nave impulsaron, la bien construida Argos.

Sólo algunos versos más tarde escribe el poeta:

> ¡Ojalá que las Musas sean inspiradoras de mi canto!

2. *La Eneida,* que es una síntesis romana de *La Ilíada* y la *Odisea,* reúne también en el proemio de los dos poemas griegos. Tiene, también, invocación a la Musa:

> Canto las armas y al héroe que, el primero, de la costa troyana
> dirigióse hacia Italia, impulsado por el hado, y a las playas
> de Lavinia. Mucho tiempo lo zarandearon por mar y por tierra
> el poder de los dioses, y la ira de Juno implacable;
> soportó muchas guerras, también, hasta que hubo fundado
> la Ciudad, y entrado los dioses en el Lacio, de donde
> desciende el linaje Latino, los padres Albanos y el alto reducto de Roma.
> Musa, recuérdeme por qué injuria causada a su numen,
> por qué insulto la reina de los dioses forzó a un hombre
> altamente piadoso a probar tantos males...

3. Muy breve proemio contiene el *Orlando furioso,* que, además, no tiene invocación —pero sí, en cambio, una dedicatoria—. Largo

preludio tenemos, en cambio, en *Los Lusíadas,* con invocación que recuerda los versos de un pasaje de las *Geórgicas* virgilianas. La primera estrofa del canto I contiene el resumen del poema:

Las armas y varones señalados
que de la playa occidua lusitana
pasaron por caminos nunca usados
el no surcado mar de Taprobana,
en peligros y guerras levantados
sobre el valor de toda fuerza humana,
que entre gente remota edificaron
reino con que su nombre eternizaron.

(Trad. L. Gómez de Tapia.)

Siguen dos octavas reales más, donde se perfila el argumento, y en la cuarta estrofa tenemos la invocación.

Siguiendo la práctica normal en el Barroco, a la invocación a la musa —diosa pagana— sigue una nueva invocación a Cristo. El mismo procedimiento tenemos en *La Jerusalén libertada.*

4. Finalmente, *El Paraíso perdido.* También aquí un proemio con el resumen del poema, una invocación a la Musa y, como en el caso de *La Jerusalén libertada,* referencias al carácter cristiano o judío de esta divinidad:

Del hombre la primera rebeldía
y el prohibido fruto que nos trajo,
por haberlo probado, muerte y penas,
pérdida del Edén, hasta que vino
un Hombre más potente y recobrólo,
canta, oh Musa celestial...

b) *La detención y vuelta atrás del poema* no la hallamos en *La Ilíada,* cuyo movimiento es rectilíneo, pero sí en la *Odisea:* aquí, Ulises cuenta al rey Feacio sus aventuras anteriores hasta llegar en el momento en que se abría el poema. Se trata de los cantos VIII-XII que constituye la *Odisea* en sentido estricto (aventuras de Ulises). El procedimiento permite, además, iniciar la acción épica *in medias res* —como escribió Horacio— y rompe la monotonía de una acción rectilínea.

Este método no aparece en ninguna epopeya medieval, donde el proceso es siempre lineal. Por el contrario, lo hallaremos en la mayor parte de los poemas épicos: en *La Eneida,* los cantos II y III están consagrados a las aventuras anteriores de Eneas: captura de Troya, la orden que recibe de los dioses de lanzarse al mar en busca de una nueva patria y primera aventura de la expedición; en el canto IV volvemos a encontrar al héroe donde lo había dejado el poeta en el final del canto I.

No hay marcha atrás en *Las Argonáuticas.* Sí en *Los Lusíadas:* llegado Gama con sus compañeros a la tierra de Melinde, su rey los acoge y entonces el héroe cuenta su historia y los principales avatares de la expedición (canto III-V).

No hay *vuelta atrás* en el *Orlando furioso,* a no ser breves historias sin importancia. Sí, por el contrario, en *El Paraíso perdido:* el canto V contiene el relato que Rafael hace a Adán de la caída del diablo; el relato se prosigue en el canto VI; en el canto VII el ángel cuenta al héroe la creación del mundo, hasta llegar el momento en que fue creado el hombre y colocado en el Paraíso.

Característicos de la poesía homérica son las llamadas *escenas olímpicas:* asambleas de dioses que deciden, por medio del diálogo, cuando no de la airada disputa, los destinos de los héroes. *La Ilíada* y la *Odisea* presentan, a este respecto, ciertas diferencias: mientras la *Odisea* se abre con una escena de este tipo, en la que Zeus se queja de las acusaciones que los hombres hacen a los dioses, culpándoles de su destino, palabras que aprovecha Atenea para interceder por el piadoso Ulises, en *La Ilíada* tenemos que esperar hasta que el canto I ha llegado a su fin. Pero tanto en uno como en otro poema son abundantísimos estos tipos de escenas.

Hallaremos escenas «olímpicas» en *Las Argonáuticas* (es especialmente hermosa la del comienzo del canto III); *La Eneida* las ofrece en abundancia, ya desde el canto I. Son interesantes las escenas entre *divinidades* en *El Paraíso perdido,* donde, naturalmente, tenemos una trasposición a la teología cristiana: se trata o bien de escenas entre el Creador, los ángeles y el Hijo, o entre los diablos, capitaneados por Satán. Abundan también en *Los Lusiadas.* El único canto de la *Aquileada* de Goethe contiene una muy hermosa sesión en el Olimpo. Por el contrario, no hay nada semejante en la *epopeya medieval.*

Otro de los elementos que caracterizan a los poemas homéricos —en especial *La Ilíada*— son las *asambleas* y las *enumeraciones catalógicas.* En *La Ilíada,* el canto II contiene una lista, bastante seca, de los guerreros que van a enfrentarse en la lucha, en tanto que el poeta utiliza el procedimiento de las asambleas en varias ocasiones. A semejanza de Homero, hallaremos este tipo de escenas y enumeraciones ya en Apolonio de Rodas (el famoso catálogo de los Argonautas en el libro I, mucho más elaborado que en Homero); lo veremos asimismo empleado por Virgilio antes de que estalle la lucha entre troyanos y latinos; lo usará Camoens de un modo muy personal, sirviéndose de ella para narrar la historia de Occidente, con sus grandes héroes y caudillos.

También lo hallaremos en Milton, donde (*El Paraíso perdido,* I y II) describe la asamblea de diablos y sus generales.

Pero sin duda el rasgo más típico de los poemas homéricos es el empleo de los llamados *versos formularios.* De acuerdo con el estado actual de los estudios homéricos, y desde Milmar Parry especialmente, sabemos hoy que la epopeya arcaica griega está formada a base de fórmulas que los aedos aprendían y a base de las cuales se teje la trama épica. *Fórmulas y escenas* típicas son elemento inseparable de la lengua y el estilo homéricos:

1. Llamamos *escenas típicas* a aquellas que indican hechos o actos que se repiten siempre con las mismas palabras o idénticos versos: salida y puesta del sol, caída del guerrero herido, comer y beber, etc. Es un aspecto específico del carácter formulario del verso homérico. Fue Milman Parry quien, en 1928, publicó un libro magistral que iba a revolucionar toda nuestra visión del estilo y la lengua de los poemas homéricos. Estudiado el juego de nombre-epíteto, llegó a la conclusión, matizada más tarde, de que hay una *economía poética* en la lengua homérica, y que esta lengua está hecha a base de fórmulas. El papel decisivo que la métrica jugó en la formación de la lengua homérica se puso decisivamente de manifiesto. Ya algunos críticos anteriores habían intuido oscuramente este carácter artificial de la lengua (sobre todo Witte).

En la epopeya medieval hallaremos, asimismo, ciertos usos formularios, y la repetición de alguna escena. Pero, en conjunto, no con la frecuencia ni la variedad de lo homéricco. Lo que sí ha contribuido a afianzar el esfuerzo de Parry es el carácter *oral* y tradicional de la poesía épica medieval. Los poemas épicos «artísticos» no presentan más que de una forma pálida el carácter formulario.

La obra básica de M. Parry (*L'épithète traditionnel dans Homère,* París, 1928) ha sido editada junto con otros trabajos suyos en el libro *The making of Homeric Verse,* Oxford, 1971. Han continuado las investigaciones sobre la fórmula una serie de críticos (Hoekstra, Notopoulos, Kirk). El carácter de *improvisación* que descubrió Parry en la ejecución del aedo ha sido analizado más a fondo por Lord (*The Singer of Tales,* Cambridge, 1964). Hoy se admite el carácter oral de toda la epopeya arcaica griega y la medieval europea. Sobre todos estos problemas, cfr. el libro *Oral Poetry,* editado por N. Voorwinden y Max de Haan (Darmstad, 1979).

Sobre el elemento formulario en el *Mio Cid,* cfr. E. de Chasca, *El arte juglaresco en el «cantar de Mio Cid»,* Madrid, 1967; para la *Chanson de Roland,* Riquer, *Los cantares de gesta franceses,* Madrid, 1952. Un buen análisis de algunas fórmulas de Beowulf en W. Whallon, «Fórmulas for Heroes en the Iliad and in Beowulf» (*Modern. Philol.,* 63-1965, págs. 95 y sigs.).

La *comparación* es, posiblemente, uno de los elementos más bellos del estilo homérico. Cuando el poeta quiere sugerir a la mente del oyente con mayor insistencia que la nueva narración, acude al procedimiento de comparar esta acción con otra tomada normalmente de la vida cotidiana, campesina, o pastoril; sobre todo son frecuentes estas comparaciones en los contextos guerreros, para indicar la furia del ataque, o la rapidez de la retirada. También cuando un héroe sale al combate: entonces suele compararse el resplandor de sus armas a las del sol. La caída de un guerrero herido o muerto se compara con frecuencia a un árbol caído. La comparación homérica puede ir, desde un simple «al igual» que desarrollar una amplísima escena en la que el poeta parece que busca la descripción del cuadro por sí mismo. Tengamos el siguiente ejemplo (tomado del canto XI de *La Ilíada):*

> Como perros y mozos robustos acosan y embisten
> a un feroz jabalí que ha salido de la espesa selva,
> aguzando en sus curvas quijadas los blancos colmillos
> ya, aunque estando cercada, rechina los dientes la fiera
> y se muestra terrible a los hombres, que firmes resisten,
> así...

La *comparación homérica* no aparece prácticamente en la epopeya medieval. Sí en cambio en la poesía épica artística, que alcanza en algunas ocasiones gran belleza.

> Apolonio de Rodas y Virgilio, naturalmente por imitación directa de Homero; Milton hace un uso muy frecuente. Véase el caso de Milton, *El Paraíso perdido,* IX, págs. 634 y sigs. (un ejemplo entre muchísimos):
>
> *As when a wand'ring fire,*
> *compact of unctous vapor, which the bight*
> *condenes, and the cold environs round,*
> *kindled through agitation to a flame,*
> *which oft, they say, some evil Sprit attends,*
> *hov'ring and blazing with delusive ligth,*
> *misleads th'amazed nigth-wand'ier from his way*
> *the bogs and mires, and off through pond of pool,*
> *there swallew'd up and lost, from succor far.*
> *So...*

Discursos y aristeia contienen, naturalmente, tanto la epopeya como la poesía épica. Sin embargo, con ciertas diferencias con respecto a Homero: aquí las escenas de lucha están narradas con gran profusión de detalles, y las heridas son descritas con una enorme verosimilitud, con gran realismo. En cambio, por lo menos en la epopeya, normalmente no tenemos sino breves indicaciones generales. Veamos, a guisa de modelo, el siguiente ejemplo (*La Ilíada,* XVI).

A Erimanto clavó Idomeneo el cruel bronce en la boca
y la lanza le hendió la cabeza y pasó por debajo
del cerebro y deshizo en pedazos los pálidos huesos;
le crujieron los dientes y entonces sus ojos llenáronse
con la sangre que desde la boca y nariz fluía.

No se puede comparar a este crudo realismo textos como éste del Poema del Cid:

Sácanlos de las tiendas — cáenlos en alcaz;
tanto braço con loriga — veriedes caer a part,
tantas cabeças con yelmos — que por el campo ceden,
cavallos sin dueños — salir a todas partes.

Sobre las comparaciones homéricas el mejor estudio es el de H. Fränkel, *Die hom. Gleichnisse,* Gottinga, 1921. Las escenas olímpicas han sido estudiadas en varias ocasiones; cfr. G. Finsler, *Die olimp. Szenen,* Berlín, 1906. Sobre la *aristeia,* el libro antes citado de Krischer *(Formale Konventionen...);* para el catálogo, especialmente el de las naves, R. H. Simpsom y J. F. Lazenby, *The Cataloge of Ships in Honer's Iliad,* Oxford, 1970; para las *escenas típicas,* W. Arend, *Die typischen Szenen bei Homer,* Berlín, 1933. Trata del estilo homérico al describir la caída y muerte del guerrero, W. H. Fredrich, *Verwundung und Tod in der Ilias,* Gottinga, 1956. Para los diálogos épicos: D. Lohmann, *Die Komposition der Reden in der Ilias,* Berlín, 1970.

La técnica virgiliana es analizada en R. Heinze, *Vergils epische Technik,* Berlín, 1914 [3].

Para la epopeya germánica, cfr. las contribuciones recogidas en el libro colectivo, ed. por W. J. Schröder, *Das deutsche Versepos,* Darmstad, 1969. Cfr., además, T. Abeling, *Das Nibelungenlied und seine Literatur,* Berlín, 1907. Algunos críticos han pretendido hallar en el *Beowulf* imitaciones de *La Eneida* (así, entre otros, C. W. Kennedy, *The earliest English Poetry,* Nueva York, 1943; J. R. A. Tolkien, *A Comparative study of Beowulf and Àeneis,* 1931. El hecho es más que improbable).

Para el *Digennis Akritas,* cfr. H. Gregoire, *Digenís Akritas,* Nueva York, 1942.

Ya hemos hecho referencia a algunos importantes estudios sobre los cantares de gesta castellanos y para la *Chanson de Roland.* Para el Digenís Akritas, cfr. la edición de J. Valero, Barcelona, 1981.

La concepción antigua del epos es abordada en G. Koster, *Antike Upostheorien,* Wiesbaden, 1970.

3

LA NOVELA

En el capítulo que dedica W. Kayser a la novela en su libro *(Interpretación y análisis de la obra literaria,* págs. 575 y sigs.) hay un amplio párrafo que lamenta el profundo cambio que causó el paso de la poesía épica a la novela. No resistimos la tentación de reproducirlo porque vale la pena meditar sobre el punto de vista expresado por el eminente crítico:

> Hegel y Vischer expusieron la difícil situación en que se encuentra el poeta épico en los tiempos modernos. No puede apoyarse en leyendas o mitos creídos; su mundo está «organizado prosaicamente», ha quedado sin mitos y sin milagros, y se ha convertido en una «realidad conocida experimentalmente». Y el poeta no encuentra ya auditorios reunidos, sino que tiene que escribir para lectores. Esto mismo modifica ya la actitud narrativa. Pero la transformación del mundo circundante, sobre el cual versa la narración, es aún más profunda. Así como el narrador ya no está ahora en el sitio elevado del rapsoda, sino que habla como narrador personal... así como el auditorio se ha disuelto en lectores personales, así también se ha particularizado el mundo de la narración. El lector atiende como persona particular, y, en consecuencia, se le cuentan vivencias personales. Incluso cuando el asunto... es todavía un gran acontecimiento que abarca pueblos enteros, en esta dirección se tratará siempre de vivencias personales: el tiempo de las cruzadas se llamará *Ivanhoe* (W. Scott); la ruina de los visigodos, *Eurico* (A. Herculano); el declinar del Renacimiento, *Victoria Accorrombona* (Tieck).

En principio, acaso tenga sentido lamentar la muerte de la épica, como siempre que se pierde una adquisición cultural. Pero, de hecho, la novela moderna ha conocido un esplendor tan brillante y una historia tan llena de ricos avatares, que no creo que tenga demasiado sentido lamentar que la novela haya venido a sustituir al mundo épico. Novelas son, en el fondo, obras como la *Odisea* (cfr. R. Friedrich, *Stilwandel im hom. Epos,* Heidelberg, 1975); una novela en verso es el *Digenís Akritas.* Eso sin contar que hay verdaderas epopeyas que han sido elaboradas bajo la forma de novela *(Guerra y Paz* es, sin duda, la más característica), también *El Don Apacible* de Sholojov.

Pero es que la novela ha tenido, por lo menos, *tres nacimientos* sucesivos: pese a las afirmaciones de A. Thibaudet en el sentido de que «la novela, aunque la antigüedad le haya podido servir de *materia*, no tiene casi ninguna vinculación con la antigüedad clásica: es autóctona...

es *romance» (Réfléxions sur le roman,* París, 1938, pág. 114), el hecho es que la Antigüedad vio la aparición de un género nuevo, que ciertamente murió, como murió la tragedia griega, sin que ello fuera obstáculo para que, de un lado, volviera a surgir un nuevo tipo de novela, la medieval, y apareciera otra tragedia en el Renacimiento que conoció acaso tanta vitalidad como la antigua. Finalmente, tras la muerte de la novela medieval —generalmente en verso y con un espíritu muy alejado de la narrativa contemporánea— surge, en tiempos postrenacentistas, la novela moderna, que en los siglos XIV y XX estará llamada a un gran esplendor.

* * *

El problema es que, dentro del género narrativo en prosa hay varios tipos que conviene deslindar. En castellano tenemos la desventaja de que la terminología no se cubre con la que emplea el resto de Europa: nosotros llamamos novela a lo que en Europa —desde el medievo— se llamó *roman;* no disponemos de un término específico para nombrar lo que en Europa se llama *Novelle* (nosotros le damos el nombre de *novela corta).* Y existe, finalmente, el cuento *(Märchen).* Una segunda dificultad es el de la definición: dada la riqueza de formas y manifestaciones, no es posible dar una definición de novela que abarque todos los posibles tipos que ha conocido. Por ello nos limitaremos a ofrecer un intento de clasificación, para pasar luego, brevemente, a algunas cuestiones particulares.

Ante todo, la *novela en la antigüedad clásica,* cuyo origen es más que problemático. Existen innumerables trabajos que han intentado esclarecer estos orígenes, sobre todo a partir del estudio de Rohde *(Der gr. Roman und seine Vorläufer,* Leipzig, 1876), muy modificado en cuanto a sus conclusiones relativas tanto a la génesis como a la cronología. Lukács ha demostrado, en su conocido libro sobre *La teoría de la novela,* que ésta surge en períodos de decadencia, y ha trazado en forma muy convincente los rasgos que la caracterizan. Así se entiende que la novela griega (que no tiene un nombre específico y que se suele llamar *narración)* surge hacia finales del siglo I a. de C. con unos rasgos típicos: es una historia de aventuras y de amor. Normalmente se repiten los mismos esquemas: dos jóvenes enamorados tienen que separarse por una serie de circunstancias. La muchacha ve en muchos casos amenazado su pudor, pero todo acaba bien, y tras muchos avatares pueden reunirse de nuevo. Entre la producción griega, la novela mejor construida es sin duda la de Heliodoro (siglos III-IV) *Etiópicas* o *Teágenes y Clariclea,* que no sigue una trama rectilínea, sino que está elaborada de tal modo que se entra *in medias res* para volver al principio ya avanzada la obra. Otras novelas griegas son: *Efesíacas* (de Jenofonte de Éfeso, hacia el año 100), *Leucipa y Clitofonte,* de Aquiles Tacio (siglo II) y *Dafnis y Cloe* de Longo (siglo II).

Tenemos restos de otras novelas, algunas de ellas gracias a los descubrimientos papirológicos. El carácter más *sencillo* de la trama de las novelas que hemos mencionado, frente a la de Heliodoro, es debido probablemente a que aquéllas son una refundición abreviada.

Sobre el problema de los orígenes de la novela griega, cfr. el *rapport* de Reardon en su libro *Courants littéraires grecs du II et III siècle après J. C.,* París, 1971, págs. 309 y sigs. Un resumen de lo que se sabe hasta ahora en C. García Gual, *Los orígenes de la novela,* Madrid, 1972, con un esquema argumental de cada pieza y una discusión de la bibliografía.

Las dos novelas más importantes de la literatura romana son el *Satiricón* de Petronio y las *Metamorfosis* de Apuleyo.

Desaparecida la novela clásica con el mundo romano, el género muere —si bien en Bizancio conocerá momentos de resurrección: es la llamada *novela bizantina,* que tanto tendrá que influir en los siglos XVI y XVII— pero hacia el siglo XII, al darse unas nuevas condiciones sociales y culturales (el amor cortés, el humanismo *romántico,* la resurrección del platonismo) se va a crear un nuevo tipo de novela, que tendrá unos rasgos bien definidos: es un relato histórico; estará próximo a la épica con protagonistas que ofrecen rasgos heroicos; el público suele ser con preferencia femenino, y está escrito en verso.

Los temas son variados: en unos casos, sus figuras son personajes o acontecimientos de la historia antigua —ya convertidos en leyenda— como en el *Roman de Thèbes* o el *Roman de Troie;* en otros, predomina la mitología céltica como la leyenda del rey Arturo, Tristán e Isolda y sus amores, o el tema mítico del Graal. De entre los autores más conocidos tenemos que citar a Chrétien de Troyes *(Erec y Enide, Cligés, Lanzarote o el caballero de la Carreta, Perceval o el cuento del Graal);* Thomas y Béroul son autores de sendas versiones del *Román de Tristán e Isolda,* cuyos amores desgraciados tanto podían complacer a la mentalidad «romántica» de la época.

Sobre Tristán e Isolda, cfr. J. Bédier, *Le roman de Tristan par Thomas,* París, 1902-1905. Un resumen del tema en el libro de C. García Gual, *Las primeras novelas europeas,* Madrid, 1974. El libro de D. de Rougement, *El amor y occidente* (trad. cast., Barcelona, 1978), es un intento por ver en este mito la cristalización de los amores desgraciados, y apunta la teoría de un origen cátaro.

Los principales problemas del ciclo del rey Arturo están recogidos en K. Wais (ed.), *Der arthurische Roman,* Darmstadt, 1970.

El tercer nacimiento de la novela tiene lugar en el Renacimiento, con figuras como Rabelais *(Gargantua y Pantagruel),* y Sannazaro, Ribeiro y Montemayor que cultivan la novela *pastoril* (Arcadia, Menina e Moça, Diana). En el Barroco conocerá la novela una gran proliferación, con figuras como Cervantes, el creador de la novela moderna, con el auge de la novela picaresca. En el XVIII la novela se orienta hacia el análisis penetrante de las pasiones *(Manon Lescaut,* de Prévost; *Werther,* de Goethe, y un poco antes, *La nueva Eloísa,* de Rousseau).

Finalmente con el Renacimiento la novela se afirma como uno de los grandes géneros literarios propio de la nueva sociedad. Tenemos entonces, de un lado, la novela psicológica (como el *Adolphe,* B. Constant), la novela histórica (W. Scott, Victor Hugo), la *novela poética (Hiperión* de Hölderlin, *Enrique de Ofterdingen,* de Novalis, etc.). Con la superación del romanticismo a partir de la tendencia realista, surge un tipo de novela (Tolstoi, Balzac, Dickens, Dostoievski, George Sand) que poco a poco irá derivando hacia el naturalismo (Flaubert, Zola, los hermanos Goncourt). En el siglo XX tenemos, de un lado, los novelistas tradicionales, como la del análisis psicológico (Proust y Virginia Woolf), la simbólica *(Ulises,* de J. Joyce), y las narraciones de Kafka. La variedad de la novela hace que cada vez sea más difícil encuadrarla dentro de un tipo: unas veces se orienta hacia un velado platonismo (Charles Morgan), otras son narraciones más o menos existencialistas (Sartre, Camus, Malraux, etc.).

M. Albères ha seguido el proceso de la novela moderna en su libro *Histoire du roman moderne,* París, 1962. Para la corriente llamada «nueva novela», cfr. J. Ricardou, *Problèmes du nouveau roman,* París, 1967. Un panorama general en L. Rodríguez Alcalde, *La hora actual de la novela en el mundo,* Madrid, 1959. Charles Moeller ha dado en la serie *Literatura europea y Cristianismo* (Madrid, 1958: varios tomos y varias reediciones) un análisis de los novelistas contemporáneos más significativos.

Con el nombre de *novelle* se conoce en Europa un género especial que consiste en lo que nosotros llamamos *novela corta:* no se trata, empero, de una simple diferencia de extensión, sino que esa misma brevedad —relativa, por otra parte— hace que el tono y la técnica se diferencien de la novela en sentido estricto. No hay tanta complicación ni formal ni de contenido. A veces resultará difícil diferenciarla del *cuento (El Decamerón,* de Bocaccio, es un libro que contiene una serie de narraciones cortas que a veces resulta difícil distinguirlas del cuento). Quizá lo que caracteriza a éste sea un origen popular. De entre las principales podemos mencionar: *El Decamerón,* de Bocaccio; las *Novelas ejemplares,* de Cervantes; *Las afinidades electivas,* de Goethe.

Sobre el tema, cfr. J. Kunz (ed.), *Die Novelle,* Darmstadt, 1973, que recoge una serie de interesantes estudios monográficos sobre la cuestión de su definición y su técnica.

CLASIFICACIÓN

Suelen coincidir los críticos en señalar que los tres elementos o estratos esenciales de la narración son los acontecimientos, los personajes y el espacio donde éstos se mueven. Por ello es costumbre establecer una clasificación tipológica de la novela: la *novela de acontecimientos,* la *de personaje* y la *de espacio.*

Esta división tipológica, defendida por críticos como W. Kayser y V. M. de Aguiar, coincide, en cierto modo, con la establecida por Muir *(The Structure of the novel,* Londres, 1960), quien distingue, entre otros tipos, la *dramatic-novel,* la *character-novel* y las *«chronicles»;* por su parte, R. Petsche *(Wesen und Formen der Erzählkunst,* Halle, 1934), había distinguido dos tipos: la *novela de evolución* y la *de incidentes* (que, grosso modo, pueden identificarse con la de personaje y de acontecimientos) G. Müller *(Die Bedeutung der Zeit in der Erzählkunst,* Bonn, 1947) coincide en lo esencial con la tipología de Kayser, pues por el método inductivo llega a establecer tres tipos, *novela de las transformaciones,* del *alma* y *de las situaciones.*

En la *novela de acontecimiento* el autor pone en primer plano los avatares por los que pasa el héroe, sin que se ponga mucha atención a lo psicológico ni a la descripción de paisajes. Históricamente es la más antigua (la novela de la antigüedad clásica). En algunos casos deriva en la *novela de amor.* Los ejemplos más patentes son las obras de Walter Scott y las de Alejandro Dumas. Podríamos incluir aquí, con cierta preocupación, la novela policíaca (excluido, quizá, Simenon, donde hay cierta dosis de psicología). También la *novela de terror* puede considerarse un subtipo del que nos interesa ahora (Dostoievski, en algunos casos Balzac, quedan incluidos, con precaución, en este subtipo). En la *novela de personaje* tenemos siempre a un personaje central, cuidadosamente estudiado por el autor, y, en no pocas ocasiones, deriva hacia la novela lírica y subjetiva (como *Heinrich von Oefterdingen,* de Novalis; el *Werther,* de Goethe; el *Adolphe,* de B. Constant, o el *Raphael,* de Lamartine; el *Hyperión,* de Hölderlin, y, en determinada perspectiva, *Don Quijote,* donde Cervantes «dio a su personaje aquella plenitud de esencia, profundidad y armonía que hace de su obra el inmortal representante de este tipo de novela (notemos que en la novela de personaje el héroe suele dar el título a la obra).

La autobiografía suele ser una de las formas de la novela de personaje, aunque no toda biografía es una novela, aunque trate del propio autor. Por esta razón no podemos incluir aquí, como hace Kayser, las *Confesiones* de San Agustín, que, todo lo más, tienen la forma de novela, pero no la intención.

La *novela de espacio* tiene como rasgo esencial la preocupación por el hecho de que lo más importante es la descripción del ambiente histórico y geográfico en el que se desarrolla la trama. La novela de Balzac, de Zola, de Tolstoi; el *Simplicisimus, la novela picaresca,* la obra de Stendhal, de Flaubert. Especialmente en los autores del siglo XIX el interés básico es la descripción de la sociedad de su tiempo, en especial ciertos ambientes concretos, (bajos fondos, sociedad burguesa, etc.).

Desde el punto de vista formal destaca el tipo de *novela epistolar,* no muy abundante, pero ensayada en todos los tiempos, especialmente en la Edad moderna *(Werther, Nueva Eloísa, Pepita Jiménez* (sólo parcialmente epistolar).

Lukács *(La théorie du roman,* París, 1963, pág. 68) distingue, asimismo, entre *novela abierta* y *novela cerrada:* caracteriza a ésta el que está claramente delimitada, con principio, medio y fin: metódicamente, el autor va presentando a sus personajes, describe los ambientes y desarrolla su tema desde el principio al epílogo; en la *novela abierta* los episodios se interpretan mutuamente sin llegar a constituir una unidad estructural: por ejemplo, la novela picaresca.

Cuestiones técnicas

De la esencia misma de lo que es una *narración* se derivan una serie de cuestiones técnicas que tiene planteada la novela. El narrador, por ejemplo, puede ocultarse detrás de otro narrador. Recuérdese el caso de *Las mil y una noches.* Con esa misma técnica tenemos el *Decamerón,* de Bocaccio, los *Canterbury Tales,* de Chaucer. Es el principio llamado por algunos críticos *narración enmarcada (Rahmenerzählung)* que es un recurso que suele emplearse no ya en las novelas con *ciclos,* sino para narraciones sueltas. Es un recurso que sirve a las mil maravillas para satisfacer un deseo normal del lector: que se le confirme lo narrado.

Un caso especial de la narración enmarcada es el de la ficción, por parte del autor, de que ha hallado la historia en unos documentos que ahora publica, y que constituye la novela (cfr. Cervantes, al fingir qùe *D. Quijote* es una historia hallada entre los papeles de Sidi Hamete Benengeli. Lo mismo vale para el *Pickwick,* de Dickens, o el *Gato Murr,* de Hoffmann.

El narrador puede contar los hechos en primera persona (técnica llamada por los críticos alemanes *Ich-Erzählung)*. Es un procedimiento ampliamente usado: en la novela picaresca es lo normal, pero aparece en otros casos (novela humorística); en la novela epistolar, y muy especialmente en la novela romántica. Hay aquí ciertas variedades técnicas: el narrador puede identificarse con el personaje central de la novela, con lo que ésta se convierte en una falsa autobiografía o de diario; pero puede presentarse como un simple comparsa que ha asistido a los hechos narrados por él. Distinta es la técnica de narración en tercera persona *(Er-Erzählung):* en este caso, el narrador queda fuera de los acontecimientos. Por otra parte, normalmente en la narración en tercera persona el narrador es un omnisciente en relación con los acontecimientos o los personajes. Su presencia se manifiesta en los comentarios o juicios que va haciendo de todo lo que acontece. Por ello en este tipo de novelas la descripción, el comentario, la narración suelen abundar mucho, lo que trae como consecuencia que el diálogo directo de los personajes disminuye por lo general. Es el caso de la novela de Balzac, Victor Hugo, Dickens, Herculano.

> Los inconvenientes que en algunos casos presenta la exigencia del autor omnisciente (por ejemplo, en *Los miserables,* llega a perturbar el ritmo de la novela) trajeron una fuerte reacción por parte de los naturalistas, que intentaron mantener la narración en tercera persona, sin, empero, la presencia constante y omnisciente del narrador (Flaubert, Maupassant, Henry James, Zola). Ya Stendhal había ensayado un método que se acerca a éste. En la novela contemporánea esta técnica es la más corriente: se trata de un método *behavorista* en razón del cual el autor no describe al personaje, ni comenta sus intenciones: meramente le presenta (un poco con la técnica cinematográfica): así John Dos Passos, Steinbeck, Faulkner.

Si del narrador pasamos a la *composición* (la construcción metódica de la novela), nos encontraremos también con diversas cuestiones técnicas. El tipo tradicional de novela, exaltado por P. Bourget, se impone como modelo, con el discurso bien planificado, de acuerdo con los principios de la retórica tradicional: tiene que haber un exordio, una narración y un epílogo. El primer tipo de novela que se rebeló contra este tipo *cerrado* de novela fue la que recibe el nombre de *novela formativa,* en la que se describe el desarrollo interior de una persona (el *Wilhelm Meister,* de Goethe, y *La montaña mágica,* de Th. Mann, son ejemplos bien claros de este tipo de novela). También dentro del tipo tradicional y de acuerdo con la regla de *unidad* (de acción, en este caso), no se cuenta más que una historia. En cambio, puede existir el tipo de *novela polifónica,* muchas veces caótica *(Los*

Buddenbrock, de Th. Mann, es un ejemplo). En ocasiones, el tratamiento del *tiempo* no es el tradicional (el pasado). Hay novelas —pocas— escritas en *presente* (Knut Hamsum empleó, en ocasiones, el *presente histórico,* con interesantes resultados). Finalmente, puede producirse el hecho de que el tiempo que se tarda en narrar coincida con el tiempo real que han durado los hechos de la novela. Tal es el caso del *Ulysses* de James Joyce, aunque este procedimiento tiene sus precedentes. Esta obra, por lo demás, que es una muestra de la novela de tendencia *simbolista,* al aproximarse a la poesía, consigue romper los elementos de espacio y tiempo fijos, con lo que consigue la huida de la realidad cotidiana, pero, además, consigue una completa desvalorización de la trama.

Resta hablar de los *personajes:* E. M. Forster *(Aspetti del romanzo,* Milán, 1963) distingue entre el personaje monolítico (él lo llama *diseñado*) y el personaje de psicología compleja (modelado o redondo). El primero es un tipo de personaje cuyas reacciones no pueden sorprender, porque queda agotado en la descripción que de él nos hace el narrador. Pertenecen al primer tipo la mayor parte de los personajes de Dickens, Stendhal, Tolstoi; al segundo tipo los de Dostoievski, tan enigmáticos y contradictorios.

> El personaje plano es un *personaje-tipo,* que no evoluciona a lo largo de la obra; sus reacciones corresponden a lo que el lector sabe de ellos. En este sentido A. Maurois ha podido describir los personajes femeninos de Stendhal como mujeres enérgicas, decididas, que luchan siempre por el ser que aman *(Cinco aspectos del amor).*

Otro de los elementos que configuran la novela tradicional es el *retrato.* Normalmente al comienzo de la obra fija el narrador da los rasgos psicológicos, físicos y morales del protagonista. Ejemplo típico, el retrato de Goriot en la novela de Balzac. Sus rasgos ya no se nos olvidarán. En cambio, la tendencia psicologizante de la segunda mitad del siglo XIX se rebeló contra este tipo de retrato. Lo que se pretende, fundamentalmente, es el análisis empírico de la psicología complicada normalmente del protagonista. Esta disolución del retrato fijo del personaje tiene su punto culminante en algunos novelistas modernos que, en aras de esa disolución, llegan incluso a mantener en secreto el nombre del protagonista. (Kafka designa a sus protagonistas con una inicial.)

> Puede darse el caso de que el protagonista sea un ente colectivo (una familia, una ciudad —como en *Nuestra Señora de París,* de V. Hugo, o *Salambó,* de Flaubert—, *Los Buddenbrock,* de Mann, o la *Forsyte saga,* de Galsworthy).
>
> La novela consigue liberarse definitivamente y totalmente de los patrones tradicionales en el llamado *Nouveau roman* que surge

hacia los años cincuenta con autores como Alain Bobbe-Grillet, Michel Butor y otros, y que, sin formar una verdadera escuela y partiendo de principios ya presente en parte en algunos impresionistas (James Joyce, Virginia Woolf, y algunos americanos, como Faulkner) pretenden eliminar de la novela la trama, la motivación psicológica, y prestando por el contrario gran interés a los objetos.

ALGO DE BIBLIOGRAFÍA

Aparte los libros que hemos venido citando a lo largo de este apartado, hay que mencionar algunos estudios modernos por el enorme interés que en el campo de la crítica ha despertado la novela: en especial interesa todo lo que hace referencia a la novela actual, con estudios como los de Albères *(Histoire du roman moderne,* París, 1966), M. Goyanes *(Proceso de la novela actual,* Madrid, 1963), L. Rodríguez Alcalde *(La hora actual de la novela en el mundo,* Madrid, 1959); el *nouveau roman* ha sido estudiado por autores como L. Janvier *(Une parole éxigeante. Le nouveau roman,* París, 1964); y J. Ricardou *(Problèmes du nouveau roman,* París, 1967); algunos tipos especiales de novela han sido abordados por P. M. Axthelm *(The moderna confessional novel,* New Haven, 1967) o R. Freedman *(The lyric novel. Studies in Hermann Hesse, André Gide, and Virginia Woolf,* Princenton, 1963); la técnica de la novela ha sido abordada desde distintos puntos de vista por los críticos como C. H. Grabo *(The technique of the novel,* Nueva York, 1964), N. Cormeau *(Physiologie du roman,* París, 1967), A. Mendilow *(Time and novel,* Londres, 1952).

Sobre el cuento, cfr. especialmente, V. Propp, *Morfología del cuento* (Leningrado, 1928), versión inglesa, Bloomington, 1958. Está también traducido al francés, al italiano y al español, Madrid, 1974).

4

LA LÍRICA

Cuando H. Fränkel en su libro dedicado a la literatura arcaica griega aborda la cuestión del *origen* de la lírica, insiste en que

> *das Hervortreten der Lyrik hängt zusammen mit der Anerkennung der Labilität der menschlichen Natur* (pág. 652).

> (la aparición de la lírica coincide con el reconocimiento de la inestabilidad de la naturaleza humana).

Tendríamos, pues, de aceptar esta explicación *histórica* del origen de la lírica —y nada impide aceptarla—, que la poesía lírica brota de la emoción que surge ante la eventualidad de la existencia humana. El *yo* sufre una conmoción interna, una profunda *vivencia* (erlebnis) que hace que el poeta dé rienda suelta a su estado anímico interior.

La lírica podría, pues, definirse, como *intimidad,* como manifestación de la intimidad del yo. Staiger quiere que el rasgo fundamental de lo lírico sea el *recuerdo.* Pero, a su vez, insiste en que hay que distinguir entre *lírica como género,* y *lirismo.* Lírico puede ser un drama —como ya señalará Schiller; es una atmósfera concreta que revela un poema—. O, como dice el propio Staiger *(Das Deutsche-unterricht,* 1952, H, 2, 7), «la expresión ''lírico'' *(lyrisch)* designa un rasgo estilístico del que puede participar más o menos un poema». Los lírico es, pues, un tono; la lírica es un género.

Como rasgos específicos de lo lírico señala Staiger la interiorización, la brevedad, la fusión de música y palabra, su inaprensible lenguaje.

Para explicar lo que de esencial ofrece la lírica podemos acudir al siguiente procedimiento: sea la expresión *La vida es breve, la juventud pasa.* Así expresada, esta idea nada tiene de lírica: es una mera constatación. Para que devenga lírica es preciso dotarla de otros elementos; un ritmo, un sentimiento, algo que le dé vida. Sea ahora, el siguiente poema de Safo (frag., 65 a Diehl):

Ya está toda mi piel por la vejez maltrecha,
y mis negros cabellos canosos se han tornado;
débiles son mis manos, débiles mis rodillas,
que a duras penas se mantienen firmes.
Ya no puedo danzar con las doncellas,
como saltan las corzas en el soto.
¿Qué podría yo hacer?
El hombre no disfruta de juventud eterna...

La lírica, pues, se presenta como la expresión del yo. «Por consiguiente —escribe W. Kayser—, el autor tiene que decidir si quiere hacer de su discurso lírico la expresión de su propio yo, o de un yo indeterminado, o si quiere ponerlo en boca de determinado personaje.» Si el poeta quiere expresar simplemente la emoción de un personaje determinado tenemos lo que se llama *poema monologado.* El problema se plantea cuando nos preguntamos cómo conseguirá el lector identificar el papel representado. Suele acudir, entonces, a un *título.* Eso en la poesía moderna. Pero entre los antiguos los poemas no llevaban título. Pero aunque lleven título, persiste el problema de si en una composición lírica el yo que aparece es el del propio poeta o el de otro yo. Ocurre con frecuencia que un poema en el que el autor ha querido evocar otro yo que no sea el suyo es interpretado como un monólogo. Esto es lo que ha ocurrido en la interpretación de ciertos fragmentos, como algunos de Safo y de Arquíloco: y ello tiene funestas consecuencias para la cabal comprensión del poema. En todo caso, es cierto que, por lo general, el título evoca ya, de por sí, el ambiente concreto que el autor quiere evocar.

> Con su actitud irónica, tan característica suya, Papini, en *Gog,* presenta un poema con sólo el título *(La siesta del ruiseñor enamorado).* Para el autor, la indicación del personaje (el ruiseñor), su situación concreta (el amor) y la hora (la siesta), eximen de escribir el poema: el lector puede ponerlo todo de su parte sólo a partir de lo sugerido por el título.

En todo caso, la música de las palabras, las sugerencias de la expresión, la presencia de la metáfora, el ritmo y el metro pueden contribuir a crear la atmósfera propia de la poesía lírica. Puede contribuir a intensificar las asociaciones y las sugerencias, el empleo de la rima, o el uso determinado de material sonoro. Tenemos, por poner un ejemplo, la famosa *Canción nocturna del caminante,* de Goethe *(Wanderers Nachtlied):*

Ueber allen Gipfeln
ist Ruh,
in allen Wipfeln
spürest du
kaum einen Hauch.
Die Vögelein schweigen im Walde.
Warte nur, balde
ruhest du auch.

(Sobre todas las cimas
hay paz,
en todas las cumbres
sientes
apenas una brisa.
Las avecillas callan en el bosque.
Espero un poco: pronto
reposarás también.)

En el artículo antes citado de Staiger, cuando se trata de determinar si este poemita de Goethe es lírico *(lyrisch)* o no, contesta que «um zu bestimmen was lyrisch sei, muss ich mich auf den Sprachgebrauch besinnen» (para determinar lo que es lírico debo referirme al lenguaje). Y ¿qué nos dice ese lenguaje? Por lo pronto, que el poeta ha escogido unos sonidos concretos para evocar su vivencia: Y, en efecto, con frecuencia los críticos han insistido en el hecho de que en los dos primeros versos *(Ueber allen Gipfeln/ist Ruh)* la *u* final (que en alemán es larga), pero también en la pausa que acompaña a la palabra *Ruh,* contribuyen a hacer perceptible el silencio del crepúsculo; por otra parte, en el verso tercero y cuarto *(in allen Wipfeln/spürest du...)* al no terminar *du* la frase, sino que es necesario referirse al verso siguiente (encabalgamiento), todo produce la impresión de una espera, de una tensión. El verso *warte nur, balde* equivaldría a la espera misma, mientras en el verso final del poema *ruhest du auch* se produce un relajamiento, una sensación de descanso, un resolverse la tensión que se había insinuado en el verso anterior.

La rima *(Ruh/du,* etc.), el empleo de versos breves, íntimos, contribuyen asimismo a crear una atmósfera lírica. Pero lo curioso del poema lírico es que el empleo o no de la rima (en la antigüedad no existía), el uso de una métrica concreta no son definitivos; no hay una métrica específica para la lírica, y es la intuición del poeta la que le guía.

Lo mismo vale para la lírica antigua, en la que, aunque existían ciertos tipos de estrofas (alcaica, sáfica, etc.) el poeta podía combinar libremente los versos para formar sus estrofas (gliconios y aslepiádeos, ferecracios y gliconios, etc.) Por lo demás, hay que advertir que, en la antigüedad, era el criterio formal lo que defendía, en principio, a un poema como lírico: lírico era lo cantado. Así, la elegía, que es para la estética moderna poesía lírica, caía para los griegos en la categoría de lo no lírico (emparentado con lo épico, aunque el uso del pentámetro impedía la total identificación del dístico elegíaco con lo épico).

¿Existe más de una actitud lírica? Así lo creen algunos críticos, partiendo de la antes analizada tripartición de las funciones del lenguaje. De acuerdo con esta división, tendríamos: una *enunciación lírica* que se dará cuando en el poema tengamos fundido lo objetivo y lo subjetivo. En cambio, si predomina más lo *dramático* (el poeta se dirige a un *tú* ideal), tendremos el *apóstrofe lírico.* El lirismo puro se daría cuando hay un dominio absoluto de lo subjetivo: entonces, «cuando la manifestación lírica es la simple autoexpresión del estado anímico o de la interioridad anímica», tendremos lo que Kayser llama *lenguaje de la canción.*

Dentro del *apóstrofe lírico,* la forma más pura sea acaso el *himno.* Para los griegos era todo *canto* a los poderes superiores, a los dioses. (Cfr. el himno de Safo a Afrodita, frag. 1). Si la emoción llega a extremos de paroxismo tendríamos, de acuerdo con algunos críticos, el *ditirambo.*

De hecho, el ditirambo, para los griegos, era un himno dedicado a Dioniso. En tales himnos el movimiento poético era muy fuerte. De aquí el valor moderno del término.

En la *Oda,* el *tú* ya no se identifica con los poderes superiores; aquí el *tú* está mucho más cerca del poeta.

Los griegos distinguían entre lírica monódica (cantada por una sola persona) y lírica coral (interpretada por un coro). Ambas son siempre cantadas. La monódica representa la forma lírica más pura (es la de Alceo, Safo y Anacreonte). La lírical coral se reparte en himnos, ditirambos y odas (Píndaro, Baquílides, etc.). Si en la lírica monódica domina, ya desde su primer momento, una fuerte intimidad; tenemos, por ejemplo, el famoso poeta de Safo (traducido luego al latín por Catulo), en el que la poetisa expresa su profunda emoción ante la contemplación del ser amado. Una serie de trastornos físicos acompañan a la emoción, que es expresada en su forma más pura:

> En la garganta se me pone un nudo,
> tan pronto te contemplo;
> paralizada está mi lengua, fuego
> sutil, de pronto, entre mis venas corre,
> ciegos mis ojos miran, y me zumban
> ya mis oídos.
>
> Frío sudor baña mi cuerpo todo,
> tiemblan mis miembros, y cual heno tierno
> empalidezco...

Este poner en juego la esfera corporal para expresar un estado anímico es uno de los rasgos de lo lírico de acuerdo con Vischer *(Aesthetik als Wissenschaft des Schönen,* Munich, 1922-1923, págs. 197 y sigs.). Los podemos hallar en la moderna poesía.

Hemos hablado de *estado anímico* y conviene decir algo sobre este importante concepto de la poética, (los alemanes lo llaman *Stimmung).* El estado anímico es una actitud del poeta en virtud de la cual, no se sitúa ante las cosas, sino que se abre en ellas. En suma, *recuerda,* evoca. Por ello en un poema lírico podemos hallar tanto el pasado como el presente. Incluso puede evocarse el futuro, en una actitud expectante. Se contempla el *presente* en poemas como la *Canción de mayo (Mailied)* de Goethe:

> *Wie herrlich leuchtet*
> *mir die Natur!*
> *Wie glänzt die Sonne,*
> *Wir lacht dir Flur!*
>
> (¡Qué espléndida brilla
> naturaleza!
> ¡Cómo el sol resplandece!
> ¡Cómo ríe la tierra!)

El *pasado,* en cambio, es recordado líricamente en este poema de Klopstock:

Im Frühlingsschatten fand ich sie,
da band ich sie mit Rosenbändern:
sie fühlt es nicht, und schlummerte.

(Halléla en primavera, y entre sombras;
atéla con guirnaldas de rosas.
Ella nada sentía y dormitaba.)

En cambio, en el siguiente poema del neogriego Drossinis tenemos una evocación del tiempo futuro:

¡Oh mi vuelta al hojar, cómo la espero!
Este instante feliz, ¡cómo lo aguardo!
¡Y qué gozo saber que a mi regreso
no habré de encontrar nada transformado!
¡Oh, mi vuelta al hogar, cómo la espero!
¡Abrir la puerta con mi propia llave!
Tú vendrás a mi encuentro y «Buenos días»,
dirás, como al partir dijiste «Buen viaje».

El proceso histórico de la lírica ha conocido muchos avatares: Transplantada la lírica griega a Roma a través de Catulo y de Horacio, introducida la elegía, a la que se dio un nuevo contenido, con sus representantes máximos, Tibulo, Propercio, Ovidio, pervivió en parte en la literatura latina medieval, que, por lo demás, representa un nuevo comienzo, aunque enlace con formas de la baja antigüedad. La verdadera lírica medieval surge con los trovadores, cuya poesía puede derivar de aspectos determinados del canto litúrgico. Pero otros sostienen que ha recibido fuertes impulsos de la lírica arábigo-española (Menéndez Pidal, entre otros). Buena parte de los temas de la poesía trovadoresca, y la de la que representa su continuación (Cantigas, Santillana) recordemos las *Serranillas,* que tienen su réplica en ciertos poemas medievales. La *poesía goliardesca* es otra importante manifestación de esa lírica medieval. En Italia, surgió en el siglo XII el *dolce stil nuovo* (Dante, entre otros), que, continuado por Petrarca, da la tónica a la poesía del Renacimiento (Garcilaso, fray León). Al lado de esta orientación italiana, el influjo de Virgilio propicia la aparición de una *bucólica renacentista,* que hallaremos representada —con el precedente de Petrarca— en Garcilaso y en Chiabrera. La réplica alemana de los trovadores son los *Minnessinger,* entre los que destaca Walter von der Vogelweide.

Para un paralelismo entre las *jarchas mozárabes* y la poesía lírica griega, cfr. E. Gangutia, «Poesía griega de amigo y poesía arábigo española» *(Emerita,* 1972, págs. 329 y sigs.). Sobre el *amor cortés,* como una manifestación no nueva, cfr. P. Dronke, *Medieval Latin and the Rise if European Love Lyric,* Oxford, 1965. Sobre la relación trovadores-Minnessinger, véase Frings, «Minnessinger and Troubadours» (en *Deutsche Akad. der Wiss. Vorträge und Schriften,* 34, Berlín, 1949), y el trabajo de L. Spitzer, incluido en su libro *Lingüística e Historia literaria,* trad. cast., Madrid, Gredos, 1955.

Por lo que se refiere a la lírica moderna, la discusión se ha centrado en torno a las tesis encontradas de H. Friedrich *(Estructura de la lírica moderna,* trad. cast., Barcelona, 1959), que quiere ver en Baudelaire y el simbolismo la raíz que posibilitó su existencia, en tanto que E. Staiger *(Nociones fundamentales de poética)* prefiere hallarla en el Romanticismo alemán.

Sobre la *poesía absoluta* —que algunos no quieren que se identifique con *poesía pura*—, cfr. W. Günther, *Wetinnenraum. Die Dichtungen Rainer M. Rilkes,* Berlín, 1952. Para Günther pertenecen a este movimiento poetas como Valéry, Stefan George, Hoffmannsthal y Rilke. Algo más tarde aparece ya en Mallarmé.

5

EL DRAMA

Frente a los críticos que pretenden entender lo dramático a partir de la esencia de la escena, E. Staiger propone invertir los términos y considerar que, por el contrario, la escena ha surgido a partir de la *tensión* propia de lo dramático. De hecho, la estructura de una pieza dramática es siempre la misma, sea una alta tragedia o una obra de circunstancias. Tanto un drama de Shakespeare como un sainete de lo más vulgar contienen actos y escenas.

Es, por tanto, lógico que intentemos comprender la esencia de lo dramático a partir de la tensión interna que, frente a la épica, plantea la acción teatral. Mientras en la épica el poeta no tiene ninguna prisa por alcanzar el final, todo, absolutamente todo, en la pieza dramática está concebido en función de ese final al que tienden todas sus partes. *Drama* significa acción, y todo lo que retarda esa acción —y por ende rebaja la tensión a que hemos aludido— se considera antidramático por esencia. Esa cohesión interna entre los elementos que constituyen lo dramático es definido por G. Freytag *(Die Technik des Dramas,* Leipzig, 1876 [3]) como *proceso dramático:* en tanto que la sustancia que se desarrolla en el poema lírico puede llamarse «proceso lírico», dado que «la sustancia de un poema no se identifica con el estrato de los meros significados de las palabras» (Kayser), en el drama la división en actos y escenas no agota su esencia, sino que ésta viene definida por ese algo sin lo cual es absurdo hablar del drama. De acuerdo con Freytag, hay que preguntarse ante todo cómo ha realizado el ensamblaje de los elementos, es decir cómo coordinó el autor la exposición, lo que significa, sobre todo, analizar la forma en que da a conocer la situación inicial de los personajes y su circunstancia, como también los antecedentes de la situación concreta en que éstos se hallan. Vienen luego lo que el crítico alemán llama factor excitante *(Fragendes Moment)*, a los que se oponen los factores retardantes *(retardierendes Moment)* que parece —sólo que por un instante— desvían o detienen el desenlace.

Pero el artista dramático, si lo es de verdad, sabe que todo debe conducir al desenlace, y los elementos retardantes sólo deben colaborar en esa tensión que hacia él conduce. Cuando Sófocles hace entonar un canto de júbilo al coro de *Edipo Rey* precisamente en el instante en que el destino de Edipo está más amenazado, es precisamente la descarga que seguirá a ese infundado júbilo lo que contribuirá a la tensión dramática.

La descarga emocional que produce la tensión dramática (hablamos aquí fundamentalmente de la tragedia) al distenderse, al fin de la obra, es algo que Aristóteles ha definido como *kátharsis*. Su definición de la tragedia es, en este sentido, muy importante: «La tragedia es la imitación de una acción elevada y completa, de cierta amplitud, realizada por medio de un lenguaje enriquecido con todos los recursos ornamentales cada uno usado separadamente en las distintas partes de la obra; imitación que se efectúa con personajes que obran, y no narrativamente, y que, con el recurso a la piedad y el terror, logra la expurgación de tales pasiones» *(Poética,* VI, 1449*c)*. Tras muchos años —siglos incluso— de discusión sobre el sentido de la expresión «la purificación por medio de la piedad y el terror», se está hoy de acuerdo en que tal purificación (kátharsis) entraña un alivio, unido a satisfacción, de los mencionados efectos.

Si del clima espiritual del drama trágico *(la tensión)* pasamos a lo que constituye el soporte de la trama, comprobaremos que tanto Aristóteles como su discípulo Teofrasto ponen el acento en la figura del *héroe* que es el que da sentido a toda la obra. Aristóteles afirma que una tragedia es la representación de una acción en la que el héroe pasa de una situación de felicidad a una de desdicha. Y Teofrastro define la tragedia como «la representación de un destino heroico».

Hay que observar, empero, que este centrar la acción dramática en torno al destino de un personaje fue evolucionando en Grecia: en un principio, sobre todo en Esquilo, el coro es el gran personaje central. Pero ya en el propio Esquilo asistimos a un desarrollo desde los *Persas* a la *Orestía*. En Sófocles el héroe llega a ser verdaderamente el centro de la acción *(Edipo Rey, Electra),* y se comprende que Aristóteles haya tomado como base para sus análisis de la tragedia al *Edipo Rey,* de Sófocles.

A lo largo de la historia del drama, empero, no siempre una figura central ha ocupado el meollo de la pieza. Los críticos, al igual que en la novela, han distinguido tres tipos de dramas: el *drama de personaje,* el *de acción* y el *de espacio.* Es decir, de los tres elementos que constituyen el drama —personaje, acción, espacio—, puede predominar uno de ellos. Por ejemplo, en la Antigüedad, según hemos visto, suele predominar el personaje por encima de los demás factores. También en la época del *Sturm und Drang* y, antes, en el drama de Marlowe. El interés del autor está centrado, en este tipo de dramas, en la figura del personaje, en su psicología, en su destino personal. *Hamlet* puede ser otro ejemplo bien significativo. En tales tipos de drama, por otro lado, y precisamente porque el interés está centrado en la figura del héroe, la acción se resiente un tanto. Es el héroe el que da unidad a la obra, no la acción.

El *drama de espacio* suele tomar la forma histórica. En él abundan los personajes y los escenarios; hay un relajamiento de la acción, a consecuencia de ello hay también una distensión, que se disuelve en fragmentos independientes, en la delectación de los cuadros líricos, en el gusto por el discurso retórico.

Cuando un suceso es el portador de la estructura dramática, este crea una tensión temporal que domina por encima incluso de los personajes. Opina el Estagirita que en una obra dramática no importan tanto los caracteres *(êthê)* como las acciones que realizan los personajes *(práxeis).* La causa puede residir en el hecho de que, para los antiguos, lo que más importaba no era tanto la cohesión psicológica del personaje, como el efecto dramático.

T. von Wilamowitz *(Die dramatische Technik des Sophokles,* Berlín, 1917) intentó explicar, precisamente, la aparente falta de unidad psicológica de los personajes sofócleos acudiendo a la tesis de que lo que el dramaturgo buscaba era primariamente el efecto dramático; y aunque la tesis del malogrado crítico no ha conocido mucha fortuna, todavía hace pocos años Zürcher *(Die Darstellung des Menschen in den Dramen des Euripides,* Basilea, 1947) ha intentado aplicar este mismo principio al teatro euripídeo.

No podemos detenernos aquí sobre la esencia de lo trágico, de lo que hemos dicho lo fundamental en el primer capítulo. Sí queremos, en cambio, decir unas palabras sobre lo que los críticos entienden por *justicia poética.* Es una tendencia muy generalizada, cuando se habla de tragedia, hablar de *justicia poética,* como si las desgracias que le ocurren al héroe fueran la consecuencia de su *falta.* Pero —como ha señalado certeramente K. von Fritz (en su libro *Antike und moderne Tragödie,* Berlín, 1962, cap. I)— primero, si hay culpa y castigo, la tragedia deja de ser trágica para convertirse en una especie de ejemplo edificante. Y, en segundo lugar, el mismo crítico ha demostrado que esta tendencia procede de Séneca —que tanto iba a influir en los orígenes de la tragedia moderna—. Séneca, como estoico que era, quiso ejemplificar en su obra trágica la tesis de su escuela según la cual las pasiones conducen siempre a la infelicidad y a la desgracia. Pero para la auténtica tragedia no hay ni puede haber justicia poética: el héroe cae en virtud, como dirá Aristóteles, de una «cierta debilidad» *(hamartia)* que no puede traducirse por *pecado,* noción ausente del sentimiento religioso griego, al menos en el sentido cristiano. Precisamente la desproporción entre el destino del héroe y sus actos es lo que constituye el meollo de lo trágico. En más de una ocasión ni el mismo héroe sabía que estaba cometiendo algo nefando (como en el caso de Edipo, pero hay otros casos).

En realidad, el principio que quiere ver en el centro de la tragedia a un héroe es un legado del Renacimiento y del Neoclasicismo, *via* Séneca. Por otra parte, ya hemos visto cómo hay en esto una larga evolución en el teatro griego. Sólo en Sófocles llegamos a una clara delimitación del héroe, que ya da, normalmente, el título a la obra. Para el concepto de héroe trágico en general, cfr. F. R. Adrados, *El héroe trágico y el filósofo Platónico,* Cuadernos de la Fundación Pastor, Madrid, núm. 6). Para el héroe sofócleo, cfr. B. M. W. Knox, *The heroic temper,* Berkeley, Los Ángeles, 1966, que insiste en su intransigencia ante los valores inferiores.

Distinto es el caso de la Comedia, que, según Aristóteles, es la imitación de una acción realizada por personajes inferiores a los normales, y en la que lo esencial es el paso de una situación desgraciada a una feliz. También aquí tenemos un *héroe cómico* (bien estudiado por C. Whitman, *The comic héroe,* Cambridge, Massachusetts, 1964), y una justicia poética. En cambio, lo que suele dominar en la comedia griega es una disposición muy laxa de los elementos de modo que tenemos una serie de escenas yuxtapuestas en las que el único denominador común es la figura del héroe.

Los dos elementos básicos del drama moderno son el *acto* y la *escena.* No así en el drama antiguo, en el cual los elementos que lo constituyen son mucho más numerosos y complejos: por lo pronto, había un coro, que ha desaparecido en el teatro moderno (se conservan en la ópera, que es un intento por resucitar la tragedia griega); han desaparecido los cantos (tanto las arias como el diálogo lírico); y ha desaparecido la danza. Se ha producido, pues, un empobrecimiento material, que en algunos casos, pero no siempre, se compensa por una tensión más fuerte.

Normalmente el drama europeo se divide en cinco actos. En la comedia española del Siglo de Oro suele haber *tres jornadas,* división que se atribuye ora a Cervantes, ora a Cristóbal de Virués. Lope de Vega *(Arte nuevo de hacer comedias)* lo atribuye al segundo:

> El capitán Virués, insigne ingenio,
> puso en tres actos la comedia, que antes
> andaba en cuatro, con pies de niño,
> que eran entonces niñas las comedias.

Cervantes se autoatribuye el invento en el prólogo a sus Comedias. Fue la poética del Renacimiento (Vida, Escalígero) la que (creyendo en eso seguir la pauta griega) impuso la división en cinco actos: aceptada por la escena francesa, esta división pasó a Alemania e Inglaterra. Y afincó de forma tan profunda, que sobrevivió a la muerte de la preceptiva clasicista.

Se ha intentado descubrir en el drama griego una división en cinco actos, pero ello no siempre es posible. Hay una cierta tendencia a marcar cinco momentos (prólogo y párodos, tres estásimos y un éxodo) pero a veces falta el prólogo y en algunos casos *(Persas,* por ejemplo) no puede descubrirse más que una división tripartita.

Hasta tal punto arraigó la idea de la división en cinco actos, que algunos críticos han pretendido deducir su necesidad de la naturaleza misma del drama. Freytag, en efecto, en la obra antes citada, distingue en todo drama los siguientes elementos, condición *sine qua non* para que tengamos un drama: exposición, acción ascendente *(steigende Handlung),* culminación *(höhe Punkt),* acción descendente *(fallende Handlung)* y desenlace *(Katastrophe).* Por su parte, el italiano Castelvetro afirmaba: «La división mayor y perfecta no debe pasar de los cinco, pues se observa que la naturaleza nos ha proporcionado la mano, que tiene cinco dedos, y no más». En todo caso se ha ensayado, en tiempos modernos, la estructuración del drama no tectónicamente, sino musicalmente, es decir, con principios constructivos musicales. Se trata de un principio divergente, que puede encubrirse a veces en los románticos, los modernistas y los simbolistas.

Una buena selección de los más importantes trabajos sobre la esencia de lo trágico puede verse en el volumen, editado por V. Sander, *Tragik und Tragödie,* Darmstadt, 1971, con contribuciones, entre otros, de Jaspers, Spörri, Marcuse, Goldmann y Szondi. Son muy importantes los trabajos de Szondi sobre el concepto hegeliano de tragedia, y el de L. Muchel sobre la posibilidad de una *tragedia cristiana.*

Para la esencia de lo cómico véase sobre todo el libro de H. Bergson, *Le rire,* citado en el capítulo primero.

Si intentamos descubrir en el drama griego una división en cinco actos, percibimos que no siempre es posible. Las diversas tentativas de buscar cinco momentos (prólogo y párodos, tres estásimos y un éxodo) fallan a veces (así el *Filoctetes*) y en algunos casos (*Electra*, por ejemplo) no puede descubrirse más que una división tripartita.

VI

LA PERIODIZACIÓN LITERARIA

> Aprende el ritmo alterno de la vida humana.
>
> ARQUÍLOCO.

1

GENERALIDADES

El deseo de hallar un ritmo en el curso del desarrollo histórico de la Literatura ha llevado a los críticos a ensayar varios métodos por hallar un criterio que permita distinguir las diversas etapas que, indudablemente, pueden descubrirse a lo largo de la historia de la cultura.

1. La primera gran división periódica que se intentó fue la distinción de *Edades*. El criterio no tuvo un origen literario, aunque pronto se aplicó al estudio de la Literatura. De hecho, la división de Edades de la Historia no es, como el nombre de edad podría sugerir, un intento por hallar en la vida de la Humanidad un proceso semejante al de la vida del hombre; una infancia, una adolescencia, una edad madura y una vejez. Esta comparación la usará, mucho tiempo después, Herder. Quienes inventaron la denominación de Edad Antigua, Edad Media y Edad Moderna fueron los humanistas, aplicando los principios que Petrarca descubrió en el siglo XIV. De hecho, Petrarca adoptó una división de la Historia que en el cristianismo se utilizaba para diferenciar la Edad de la Tiniebla (el paganismo) de la Edad de la Luz (el mundo cristiano). Petrarca adoptó, genialmente, esta división, distinguiendo entre una Edad de Oro de las Letras (la antigüedad), una Edad de Tinieblas (lo que hoy llamamos Edad Media) y una Edad en la que se

torna a la luz primigenia, al mundo antiguo. Hablaremos con algo más de detención de este punto al ocuparnos del Renacimiento.

¿Qué ventajas tiene esta consideración histórica? De hecho, al dividir todo el proceso histórico en edades, hacemos más comprensible este mismo proceso. Es evidente que es más fácil de entender la historia si introducimos en ella una división periódica —por larga que sea— que si hemos de valorar la historia como si fuera una unidad monolítica e indiferenciada. Por otra parte, es evidente también que cada una de estas edades tiene unos rasgos típicos y característicos, pese a que los humanistas no se pararon a distinguir subperíodos dentro de esta división general. Y ahí radica la desventaja o el inconveniente de la división en Edades: sin negar su existencia, se trata de períodos demasiado largos que, sin duda, presentan momentos de iniciación, de madurez y de decadencia, que necesariamente hay que introducir en esta división. Y con ello se abandona la distinción de Edades.

Resulta claro, por otra parte, que la división humanista en Edades está determinada por un criterio que necesita una urgente revisión; es más, tal revisión se ha iniciado ya: Hoy nadie comparte la tesis de que la Edad Media es una época *oscura:* ésta, al ser estudiada con mayor profundidad, y al ser, por lo tanto, más conocida, deja de ser un período de tinieblas para emerger como una edad con alma propia, con una visión del mundo característica. Pero es que, al mismo tiempo, y debido a un mayor conocimiento de la Edad Media, es preciso introducir matices en ella, como en cada una de las tres edades que distinguimos (o cuatro, si contamos la Edad llamada Contemporánea). Por ejemplo, es evidente que el fin de la Edad Media no puede situarse ya en el momento culminante del Humanismo (mediados y finales del siglo XV), sino que hay una Baja Edad Media (que abarca los siglos XII-XIV), madura, ya que prepara la eclosión del Renacimiento (Petrarca, Lorenzo Valla). Pero es que junto a una Baja Edad Media distinguen los historiadores otros dos momentos dentro de la medievalidad: la Alta Edad Media, que culmina a finales del siglo XI o comienzos del XII (el siglo XII es un momento de innegable cambio en la vida de Europa). La Alta, a su vez, tiende ahora a distinguirse de un período de transición de lo antiguo a lo medieval y que se conoce con el nombre de Antigüedad tardía *(Spätantike)* que abarca los momentos de agonía del Imperio romano y de desbarajuste y confusión socio-económico-políticos que siguen a su caída. Hoy muy estudiada, la *antigüedad tardía* tiende a convertirse en un auténtico momento histórico del que se han ocupado y se ocupan eminentes investigadores (Pirenne, Momigliano, Marrou, Walbank).

Cabe aquí, simplemente, mencionar la polémica que se ha suscitado sobre el momento en que empieza realmente la Edad Media. Frente a la tesis tradicional (comienza con la caída del Imperio romano tras las invasiones germánicas). H. Pierenne ha sostenido con decisión la tesis que ve en la invasión árabe (que rompe la unidad del Mediterráneo antiguo, y obliga a la orientación del mundo carolingio hacia los mares septentrionales), el verdadero comienzo histórico del mundo medieval (cfr. su trabajo *Mahoma y Carlomagno,* trad. esp., Madrid, 1978).

De entre los estudios más notables sobre la Antigüedad tardía citaremos: H.-I. Marrou, *¿Decadencia romana o antigüedad tardía?* (trad. cast., Madrid, 1980); F. W. Walbank, *La pavorosa revolución* (trad. cast., Madrid, 1978); F. Altheim, *Le déclin du monde antique* (trad. franc., París, 1953); A. H. M. Jones, *The decline of The ancient World* (Londres, 1966).

Para este interesante tema, que no podemos abordar aquí, cfr. los volúmenes editados por P. E. Hübinger, *Zur Frage der Periodengrenze zwischen Altertum and Mittelalter,* Darmstadt, 1969; *Bedeutung und Rolle des Islams beim Uebergang von Altertum zum Mittelalter,* Darmstadt, 1968, y, *Kulturbruch oder Kulturkontinuität im Uebergang von der Antike zu Mittelalter,* Darmstadt, 1968.

Pero es que la misma Antigüedad plantea considerables problemas. Por lo pronto, hay que distinguir entre lo que llamamos Antigüedad clásica (el mundo griego y el romano) y la cultura del Próximo Oriente, que muestran una personalidad completamente distinta. Cierto que hoy no se cree ya en el llamado *milagro griego* en el sentido de que hay en las culturas orientales gérmenes que fecundarán al mundo clásico. Pero tampoco puede negarse que la ascensión de Grecia significa una nueva visión del mundo que marcará con su sello indeleble el curso de la Historia. Pero es que esa misma Antigüedad clásica es objeto de división en varios períodos: hoy se distingue una etapa *arcaica,* con personalidad propia, un momento clásico, con un período de transición llamado pre-clásico (cfr. Schchermayr, *Die frühe Klassik der Griechen*), y un momento, el *helenístico,* que, a su vez, se divide en alejandrino y romano. Hay, pues, una variedad mayor de la que podría imaginarse.

Una visión de conjunto sobre el sentido del *mundo helénico* puede verse en el volumen colectivo *El legado de Grecia* (ed. por R. Liwingstone, trad. cast., Madrid, Pegaso, 1944); sobre Roma, *El legado de Roma* (trad. cast., Madrid, 1944).

Sobre la época arcaica griega, cfr. el voluminoso estudio de H. Fränkel.

Uno de los mejores estudios sobre el siglo XIV —momento de transición hacia el Renacimiento— es el Huizinga, *El otoño de la Edad Media* (trad. cast., Madrid, Revista de Occidente, 1945).

2. Al revelarse como excesivamente simplista la división de Edades, se fue hacia el aislamiento de una unidad más pequeña: *el*

siglo. Aquí entran ya factores no exclusivamente culturales, sino, sobre todo, políticos. Tendióse, por lo general, a identificar un siglo con una figura política determinada, como si esta personalidad hubiera dado todo su sentido al siglo a través de sus realizaciones: distinguimos, así, un *Siglo de Pericles* (siglo V a. de C.), un *siglo de Augusto* (siglo I a. de C.-I d. de C.), un *siglo de Luis XIV* (siglo XVII), un *siglo Isabelino* o *Victoriano* (siglo XIX), etc.

La verdad es que, a veces, tal división en siglos, pese a su arbitrariedad, tiene un cierto sentido, sobre todo si no identificamos siglo histórico con siglo cronológico (el siglo XIX comienza, de hecho, hacia 1820, es decir, hay siempre un desequilibrio entre el comienzo real de un siglo y el sentido concreto del mismo). Así, podemos decir que el siglo IV a. de C. tiene una personalidad definida como *siglo de transición* (aunque Ortega pudo decir, con cierta razón, que transición, en Historia, lo es todo). Y el siglo XX comienza, de hecho, hacia 1913.

El hecho de que la personalidad política que da el nombre al siglo no haya ejercido su poder efectivo a veces más que un número muy escaso de años, quita, por lo demás, significación a esas divisiones seculares: Recuérdese que Pericles sólo detentó el poder efectivo en Atenas durante unos veinte años (de 460 a 428 todo lo más, con intervalos de pérdida del poder político).

Uno de los autores que más ha influido en la adopción del siglo como unidad histórico-cultural fue Voltaire con su obra *Le siècle de Louis XIV*. A partir de entonces menudearon los estudios de determinados *siglos* (P. Cloché, *El siglo de Pericles,* es un buen ejemplo.)

3. Desde hace algunos lustros se ha ido afianzando el criterio de la *generación literaria,* establecida como base, tanto histórica como cultural, por autores como Dilthey, Ortega, Pinder, Marías. Es un esfuerzo muy serio por captar el ritmo, en *oleadas,* del curso de la historia cultural. Hemos analizado este método en el capítulo dedicado a los métodos de estudio de la literatura, y a él nos remitimos.

Que hay un ritmo en la historia de la cultura es un hecho que hoy nadie, prácticamente, niega. Un ritmo cuya ley fundamental, incluso, cabe formular diciendo que, por lo general, se produce siempre un movimiento contrario al predominante, por cansancio o porque ha cumplido su misión histórica: Así, tras un Barroco surge una tendencia antibarroca (el Clasicismo) y, cuando el Clasicismo ha alcanzado su grado máximo de difusión, el deseo de cambio lleva a volver los ojos al período anterior al que está decayendo: así, tras el Romanticismo, viene un período de tendencias realistas y naturalistas; tras un Parnaso, viene un Simbolismo, tras una Edad Media, viene un movimiento anti-medieval (el Humanismo), que empalma con el mundo antiguo.

El gran peligro que amenaza la división periódica de la historia cultural es, de un lado, la *tentación nominalista* (actitud escéptica que considera meros nombres tal clasificación, puras etiquetas sin contenido real alguno), y, de otro, la *tentación metafísica,* que consiste en creer que los períodos son auténticas entidades trans-históricas con caracteres propios.

La actitud nominalista, que tiene ilustres representantes, podría definirse con las palabras de Valéry, que comparaba la actitud dogmática o metafísica con el intento de apagar la sed con los rótulos de unas botellas de vino, y no con el vino auténtico.

Ilustra la concepción metafísica la tendencia a ver en fenómenos de períodos distintos la encarnación de tales entidades supra- o trans-históricas: entonces puede hablarse del «clima romántico» de la *Odisea* o del espíritu romántico de los *gnósticos,* al afirmar que el Romanticismo es un nuevo Barroco. El defecto fundamental de esta actitud es no saber aislar, con criterios históricos, los rasgos de cada momento, creyendo que tales rasgos son intercambiables. La consideración generacional puede aportar mucha luz al curso fluctuante de la historia cultural, sobre todo si no se ve con demasiado simplismo. En efecto, en cada generación —como ha desarrollado J. Marías— coexisten, de hecho, tres generaciones: la que está en la cima, la que es ya esclerótica y la que pugna por imponer sus criterios. Hay, además, autores que se anticipan a su propia generación: así Eurípides, en ciertos aspectos, prepara las primeras generaciones del siglo IV a. de C. con sus tendencias realistas y, al tiempo, patéticas; Ganivet y, sobre todo, Joaquín Costa son heraldos de la generación del 98; hombres como Chateaubriand y B. de Saint Pierre anuncian ya el Romanticismo, etc. Hay, además, hombres que, cronológicamente, pertenecen a una generación concreta, pero que, de hecho, están desplazados, o son «marginales» (J. Marías).

Para terminar citaremos las palabras de A. Coutinho, que tomamos de la obra de V. M. de Aguiar *(Teoría de la Literatura,* trad. cast., Madrid, Gredos, 1979, pág. 250):

De acuerdo con esa visión del período, su descripción comprende diversos capítulos: el estudio de las características del estilo literario que lo ha dominado, y de la evolución estilística; los principios estéticos y críticos que han constituido su sistema de normas; la definición e historia del término que lo designa; las relaciones de la actividad literaria con las demás formas de actividad, de donde resalta la unidad del período como manifestación general de la vida humana; las relaciones dentro de un mismo período entre las diversas literaturas nacionales; las causas que dieron nacimiento y muerte al conjunto de normas propias del período...; el análisis de las obras individuales en relación con el sistema de normas comprobando hasta qué punto son representativas y típicas del sistema...; el análisis de las formas o géneros literarios dentro del cuadro periodológico, poniendo de relieve las adquisiciones que hicieron bajo el nuevo sistema de normas, o las discordancias por las que resultó impropio para el desarrollo de aquellos géneros. La descripción de los períodos en sus relaciones y fracasos, proporcionará un cuadro del continuo desarrollo del proceso de la literatura como literatura.

Se trata, como puede verse, de un auténtico programa de trabajo.

2

EL RENACIMIENTO

«En el sentido más amplio de la palabra, significa el Renacimiento el proceso completo de transición de la Edad Media a la Moderna realizado en Europa.» Esta definición, que tomamos de *Historia del Mundo en la Edad Moderna,* publicada por la Universidad de Cambridge, en su traducción castellana (Barcelona, Sopena, I, pág. 539) puede servirnos para situar esta importante etapa de la Historia de la humanidad, pero no resuelve los muchos problemas que plantea su estudio. En efecto, no son pocos los interrogantes que hay que contestar a la hora de abordar el análisis del sentido y aportaciones renacentistas. Más aún, ni siquiera resulta claro el concepto de Renacimiento, y mucho menos su comienzo y su final.

Una cosa, al menos, resulta clara: la cuna del Renacimiento es Italia y desde ella se expande a toda Europa la nueva manera de enfocar el mundo y el hombre que se alumbra en este país a partir del siglo XV. Quedan, empero, una serie de cuestiones por resolver, que ciframos en las siguientes:

1. ¿Cuándo comienza y cuándo termina este movimiento?
2. ¿Cuáles son sus rasgos específicos?
3. ¿Hay unidad dentro del concepto de Renacimiento?

Siempre es un problema discernir el comienzo de un nuevo período, aunque hay casos más claros que otros. En lo que se refiere al Renacimiento, la pregunta que hay que formularse es: ¿Qué hay de caprichoso y de arbitrario en la separación entre Baja Edad Media y Renacimiento? La pregunta puede formularse de otra manera: ¿Es el Renacimiento una manifestación repentina o viene preparada largamente por una serie de hechos? J. Burckhardt *(La cultura del Renacimiento en Italia,* trad. cast., Barcelona, 1946) ha atacado con dureza la tesis de una floración repentina, buscando incluso en épocas, algo remotas las raíces renacentistas. La reacción del historiador de Basilea es comprensible, pero, como tal reacción, acaso vaya demasiado lejos. Burckhardt considera que a lo largo de los siglos XIV y XV se produce, de un modo gradual, una nueva visión del *estado* (al que se considera como una *obra de arte),* del *hombre* —descubrimiento del individualismo— y *de la antigüedad.* El Renacimiento es, en suma, el momento de la aparición del hombre moderno.

Los ataques contra Burckhardt no han cesado a lo largo de los ciento y pico de años que han transcurrido desde su aparición: Unos, como F. Chabod *(Machiavelli and the Renaissance,* Londres, 1958), subrayan la continuidad entre Edad Media y Edad Moderna; otros, como L. Olschki *(The Genius of Italy,* Nueva York, 1949), se adhieren a la tesis de Haydn (cfr. infra) de que el Humanismo fue un movimiento reaccionario.

No faltan, por otra parte, quienes pretender asignar al siglo XII (el Renacimiento cristiano) los rasgos de «modernidad» que Burckhardt quiere aplicar a los siglos XIV-XV; pero un análisis detenido nos permitirá ver que Dante, Santo Tomás, San Francisco, Giotto son hombres típicamente medievales.

No así Petrarca, que sin duda es uno de los espíritus que se ha anticipado a su tiempo, alumbrando una buena parte de los rasgos que, en forma madura, hallaremos en los espíritus representativos del Renacimiento. Por un lado, tiene conciencia de asistir al alumbramiento de una nueva época; en segundo lugar, anticipa el amor por lo griego y por los grandes clásicos latinos que será el rasgo esencial del Humanismo renacentista; y, finalmente, su poesía, sus experiencias, su amor por la naturaleza, su melancolía, lo convierten en el preanuncio de lo que será el *uomo universale* tan característico de lo renacentista.

Comencemos por la creencia de que se está alumbrando una nueva época: Es uno de los rasgos típicos del Renacimiento la creencia de que los hombres se hallan ante un *renacer,* ante un nuevo período de la historia: Vesalio, en el Prefacio de su *De Humani corporis fabrica* dice que ha visto *renacer* la medicina *(medicinam prospere renasci vidimus);* Maquiavelo, en sus *Istorie fiorentine* habla de una *Roma rinacita* en ocasión de la entrada de Cola de Rienzi en Roma: en suma, los espíritus del Renacimiento ven la historia de la humanidad dividida entre grandes momentos, la Antigüedad, la Edad Media, y la Modernidad. Para ellos el momento radiante de la historia del mundo es la historia de Roma. La llamada «edad media» (esto es, edad puente) es una época de tinieblas, que sólo a partir del siglo XV conoce una nueva aurora.

Véase, sobre el tema, H. Bacon, «Das Erwachen des hist. Denkens im humanistischen Quattrocento» *(Hist. Zeitschfrift,* 1933, págs. 5 y sigs.). Señalaremos como complemento que algunos críticos (entre ellos nuestro Menéndez Pelayo) opinaban que el Renacimiento surge cuando Europa ha asimilado y digerido del todo la germanidad: lo gótico se opone aquí a lo renacentista.

Pues bien, en rigor, esta triple división de la historia en tres etapas es una creación de Petrarca, quien adapta ideas cristianas a la nueva mentalidad que va surgiendo. Los cristianos, en efecto, como hemos visto, dividían la historia del mundo en una época de tinieblas —la época del paganismo— y una época de luz —la aparición del cristianismo—, que ilumina al hombre y todo su destino. Petrarca, en este punto, supera la visión medieval-cristiana. En efecto, el pensamiento historiográfico medieval ofrecía una visión universal y continua: en todo caso, la Historia puede dividirse en los cuatro famosos imperios que, a la luz de la Biblia, habían esbozado San Jerónimo y San Agustín, y aceptados por Orosio y Beda. Por ello, la Roma que interesaba a los «historiadores» medievales era la Roma imperial, en cuyo seno nació Cristo, la nueva luz. Comparetti lo ha expresado exactamente. «La Historia se dividió en dos períodos: un largo período de tinieblas, errores y oscuridad y luego un período de pureza y verdad entre los cuales se levanta la Cruz del Calvario» *(Virgilio nel Medievo,* I, página 174.)

Pues bien, aunque Petrarca se refiere, en algún pasaje de su obra, a la época antigua como un período de oscuridad (desde luego no cultural, sino religiosa), en otras sostiene que la época clásica es un período culturalmente luminosa: Y así, si en *De sui ipsius et multorum ignorantia* puede lamentarse de que Cicerón hubiera muerto poco antes del nacimiento de Cristo, y si en alguna otra parte de su obra (como en la *Apologia)* hace referencia a la idea de que, en medio de la oscuridad, algunos espíritus habían entrevisto la *luz* cristiana aun antes de la encarnación (como hizo mucho antes Clemente de Alejandría o Eusebio de Cesárea, que hablaba de una *Praeparatio Christiana),* reconoce, sin embargo, que, en aquella época «elucebant tamen inter errores ingenia...». Más tarde va a modificar su punto de vista. En una carta fechada en 1349 cuenta que, en la soledad de su querida Vaucluse, ha ido madurando la idea de escribir una obra que contara la vida de los grandes hombres de todos los tiempos y países. Se cree que se trata del plan de lo que más tarde será *De viris illustribus.* Y aunque hay aquí divergencias entre los críticos sobre el plan originario y la obra que ha llegado hasta nosotros, una cosa resulta clara: Roma va apareciendo, a los ojos del escritor, como un mundo iluminado, una ciudad como no hubo ni habrá otra igual («de Civitate illa, cui nulla similis fuit, nulla futura est», *Fam.*, II, 9). Su problema es, ahora, otro: despertar en sus conciudadanos la conciencia de la grandeza de Roma, convencido de que esta conciencia literaria traerá el renacimiento de su grandeza. No se olvide que Petrarca fue coronado poeta en Roma y este hecho despertó en él grandes ilusiones: se sentía un auténtico romano.

Paulatinamente, pues, en Petrarca va germinando la idea de la grandeza prístina de Roma, grandeza que quedó oscurecida por la Edad Media. En su poema *África* ha sabido expresar bellamente el poeta italiano sus ideas. En el famoso pasaje II, vs. 74 y sigs. (inspirado en Virgilio), donde se revela a Escipión la grandeza futura de Roma, y su caída posterior, no deja de expresarse claramente la inmortalidad de la idea de Roma:

Vivet honos latius, semperque vocabitur uno
nomine romanus Imperium: sed rector habenas
non semper Romanus aget.

(Vivirá el honor del Lacio y para siempre
el Imperio Romano tendrá un sólo nombre,
más no siempre sostendrá sus riendas un romano.)

Petrarca sabe, pues, que está a punto de alborear una nueva época, una edad dorada, pero de la que él sólo puede ser el profeta, sin que le sea dado verla y gozarla: *Debí nacer antes, o morir más tarde,* exclama en sus *Epist. metr.,* III *(auto prius aut multo decuit post tempore nasci).*

Hay, pues, como afirma A. Weber *(Historia de la cultura,* trad. cast., México, 1945), un Pre-Renacimiento y un Proto-Renacimiento. Hay unos hombres, como Petrarca, que anticipan muchas de las ideas renacentistas y hay unos espríritus que, con sus rasgos, son los primeros hombres del Renacimiento italiano como L. Valla, Biondo, Jovio, que mueren en la mitad del siglo XV, o antes, y que son heraldos del nuevo espíritu.

El espíritu del Renacimiento se disuelve hacia los últimos decenios del siglo XVI en el período de «transición» que los críticos conocen con el nombre de *Manierismo.* Se discute si el arte de la Contrarreforma responde más al manierismo o al Barroco. Hauser *(Historia social de la Literatura y el Arte,* II, pág. 542) opina que el manierismo está más cerca, cronológicamente, que el Barroco. Por lo demás, en este momento, en la teoría del arte ocurre un cambio que se corresponde perfectamente con la crisis intelectual de mediados del siglo XVI. Y, sobre todo, por vez primera se plantea, con toda lucidez, el problema de la relación del arte con la naturaleza: El manierismo abandona la tesis renacentista de la *imitatio,* de acuerdo con los tratados de hombres como Lomazzo y Zuccari; éste último opinará que la idea artística —que él llama *disegno interno*— es la manifestación de lo divino en el alma del artista *(L'idea de Pittori, scultori e architetti,* 1607).

Sobre el tema, cfr. A. Hauser, *El manierismo. La crisis del Renacimiento y los orígenes del arte moderno,* trad. cast., Madrid, 1965. Son también importantes los estudios de E. Batisti (*L'Antirinascimento,* Milán, 1962, y *Rinascimento e Barocco,* Turín, 1960).

Si pasamos ahora al segundo punto, es decir, a *los rasgos culturales* que caracterizan al Renacimiento, señalaremos los siguientes aspectos, que nos parecen esenciales: Redescubrimiento de la Antigüedad, elaboración de una Literatura nacional y cultivo de la lengua vernácula, consideración del hombre como el centro del universo, y una paganización general de la vida. Vamos a estudiar someramente cada uno de estos puntos.

Renacimiento y Humanismo están íntimamente unidos. Si Petrarca nos ha parecido el precursor del Renacimiento, también es un espíritu que anticipa el amor por la Antigüedad como tal. No llegó a saber griego, aunque inició su estudio y logró contemplar con sus ojos un manuscrito griego de Homero, ante el cual lloró por no poder penetrar en sus secretos. Y en este amor por lo griego tenemos uno de los rasgos esenciales del Renacimiento. Se ha dicho, y con razón, que sin el notable interés por el griego y el consiguiente resurgir del conocimiento de esta lengua en el siglo XV no habría habido Renacimiento. El medioveo fue una época eminentemente latina, y aun esa Latinidad fue muy limitada. Y si bien es verdad que un poco de griego se cultivó en Sicilia durante la Edad Media, la verdad es que hasta finales del siglo XIV no se inicia un interés general por lo helénico.

El paulatino arrinconamiento del griego en la Antigüedad tardía ha sido muy bien estudiado por P. Courcelle (*Les lettres grecques en Occident, de Macrobe à Cassiodore,* París, 1948 [2]); los primeros esbozos del interés por lo griego están analizados en R. Weiss, *The Renaissance discover of Clasical Antiquity,* Oxford, Blackwell, 1973, págs. 131 y sigs.). En realidad y pese a las escasas excepciones que hemos señalado, sólo en el Imperio Bizantino fue cultivado el amor por los clásicos griegos antiguos: a finales del siglo XIII y comienzos del XIV tiene lugar un gran renacimiento (Thomas Magister, Triclinio, etc.), cuyos herederos emigrarán a Italia, iniciando el auténtico cultivo del griego en la Europa occidental.

Fue con ocasión del Concilio de Florencia, a finales del siglo XIV, cuando tiene lugar la llegada a Italia de un grupo de teólogos y filólogos bizantinos que habrá de ejercer un influjo decisivo sobre el destino del renacimiento y al humanismo italianos. Aparte Gemisto Plethon y Bessarion, fue Crisolaras quien más hizo por la difusión de la lengua helénica, al iniciar su enseñanza en Florencia desde 1395 hasta 1400. No va a ocurrir ahora como con Leoncio Pilato y Barlam, cuyas enseñanzas no tuvieron eco (los dos fueron, incidentalmente, maestros de griego de Petrarca). Ahora la penetración del griego está asegurada por dos razones: primero, porque se institucionaliza la enseñanza del griego con la creación de Academias donde, además de la filosofía platónica, se enseña la lengua de Platón. En segundo lugar, los primeros humanistas van personalmente o envían alguien a Bizancio a buscar manuscritos de los autores griegos, iniciándose así las primeras ediciones (se acababa de inventar la imprenta). A las ediciones siguen, o acompañan, las versiones, primero al latín, más tarde a las lenguas vernáculas.

La búsqueda de manuscritos griegos va a compañada de una serie de febriles campañas por hallar los textos de los autores latinos olvidados durante la Edad Media. Pero fueron los griegos los más buscados, aunque su búsqueda representaba gastos cuantiosos: pero las grandes casas comerciales de la época (sobre todo los Medici) no regatearon esfuerzos ni gastos. Surgen, también, las primeras casas editoriales (Aldo Manucio: sobre esta interesante figura, cfr. M. Lowry, *The world of Aldus Manutius,* Oxford, 1979). Manucio inicia en 1493 su considerable serie de ediciones griegas (Hero y Leandro, Hesíodo, Teócrito, Teognis, Aristóteles, Aristófanes, etc.). Pronto otras imprentas editarán clásicos en Florencia e incluso en Roma, donde el espíritu renacentista penetró paulatinamente, hasta dar Papas humanistas (León X, por ejemplo).

Junto al griego, la *imitatio latina.* Ya Petrarca se había apartado de los principios medievales, y buscó en los grandes autores (Horario, Virgilio sobre todo) un modelo para su latín (su poema *África* es virgiliano). Después del ejemplo de Petrarca, Lorenzo Valla había continuado los esfuerzos por renovar el interés por el latín puro, expurgado de elementos «góticos». En sus *Elegantiae* (Praef. al libro III) se lamenta de que el latín de su tiempo está plagado de barbarismos. El modelo que propone es Cicerón y, parcialmente, Quintiliano.

Se trata de llevar a cabo un esfuerzo purificador, porque la creencia general era que, con esa restauración de la pureza de la latinidad, vendría la tan deseada restauración de las ciencias. Esa misma idea sostendrá, más tarde, Rabelais *(Gargantúa,* II, 8) cuando escribe que «maintenant toutes les disciplines sont restituées, les langues instaurées, grecque (sans laquelle c'est honte qu'une persone se dise savant)...».

Pero la actitud de Valla al propugnar como modelo a Cicerón halló grandes objeciones. Escalígero, Bembo, Piero Valeriano se negaban a identificar el latín con Cicerón. A la cabeza de esta nueva escuela, llamada *neotérica* (innovadora) se puso Erasmo, que combatió en su *Dialogus Ciceronianus* la servil imitación que hacían algunos de la lengua de Cicerón. Como en otros muchos aspectos, Erasmo propugna una vuelta equilibrada a los antiguos, respetando la libertad del escritor. Por ello no es extraño que en muchas de sus obras hallemos giros terencianos e incluso plautismos.

Esta actitud no pudo vencer la fuerte resistencia de los ciceronianos, y el estilo del orador romano se convirtió en el latín renacentista. Vesalio escribió su *De humani corporis fabrica* en latín ciceroniano, pero —una muestra de que la escuela vencedora no lo fue tanto— este latín no era entendido por los médicos de la época, por lo cual pronto apareció una versión alemana de esta importante obra de la anatomia renacentista.

Sobre la pugna entre las dos escuelas, cfr. Ed. Norden, *Die antike Kunstpros,* Leipzig, 1918.

Sobre el descubrimiento «arqueológico» y «numismático» de la Antigüedad, cfr. R. Weiss, op. cit., págs. 145 y sigs.

Surge, así, el *Humanismo renacentista,* que significa una actitud muy concreta ante la Historia, la vida, el arte y la sociedad. Su rasgo esencial es el amor hacia todo lo antiguo (incluso a veces apunta una cierta visión pagana de la vida), a la *humanitas* (cultura espiritual) tal como la esbozarán Cicerón y Quintiliano. Iniciada primero en Italia (Filelfo, Angelo Poliziano, Marsilio Ficino, Pico della Mirandola, y sus grandes precursores: Bembo, Salutati, Bruni), se va extendiendo el movimiento a los Países Bajos, Alemania, Inglaterra, Francia y España.

El más grande humanista de los Países Bajos e incluso de todo el período es Desiderio Erasmo, que vivió en los últimos años del siglo XV y comienzos del siglo XVI cuando el Humanismo italiano empezaba ya a declinar. Como escribe L. Febvre *(Erasmo, la Contrarreforma y el espíritu moderno,* trad. cast., Barcelona, 1970, pág. 91) fue «el primero de los soberanos espirituales del mundo moderno». Monje exlaustrado, pequeño y débil, frágil, delgado, sin auténtica patria —su patria será el mundo—, enfermizo, su nombre llegó a imponerse sobre Europa entera. Relacionado con todos los grandes espíritus de su época —también con Lutero—, su palabra era escuchada y tenida en cuenta prácticamente sin discusión.

La obra de Erasmo se orienta hacia diversas direcciones: como crítico de los defectos seculares de la Iglesia, el *Elogio de la locura,* su obra maestra, es una sátira, entre bromas y veras, contra muchos aspectos de la humanidad, especialmente, según decíamos, de la Iglesia. Dedicada a su amigo Tómas Moro, inspirada en Luciano de Samósata —cuyo humorismo sabe utilizar magistralmente—, esta obra se convirtió desde el primer momento en lo que hoy llamaríamos un *best seller.* En esta misma orientación satírico-humorística hay que situar su *Ciceronianus,* donde se ataca la imitación servil del estilo ciceroniano; su

Iulius exclusus e coelis, que es un ataque no sólo al papa Julio II, sino, de hecho, contra la paganización de la vida eclesiástica; la *Querela pacis* es un documento pacifista contra el ambiente bélico de su tiempo.

Un segundo frente en el que se mueve Erasmo no podía ser otro que el de la pureza del latín: su *Antibarbarorum liber* es una muestra de su disgusto contra el latín medieval, la escolástica y sus medios de expresión; sus *Colloquia* son una colección de diálogos sobre los temas más variados, todos ellos, naturalmente, en el latín más puro. En un orden de cosas parecido, sus *Adagia* son una recapitulación de proverbios y frases antiguas, que se analizan y clasifican por parte de su autor. Pero quizá la obra más importante de Erasmo —no, empero, la más conocida— es la que se orienta hacia la exposición de su concepción del cristianismo, que él llama la *philosophia Christi:* el *Enchiridion militis christiani, y Ratio seu methodus perveniendi ad veram theologiam* desarrollan una visión de lo cristiano que, por desgracia, en su tiempo no pudo influir debido al apasionamiento de estos temas en este momento —¡estamos cerca de la Reforma!

Complementaria de esta actividad fue su edición y nueva traducción del Nuevo Testamento. Como editor, se ocupó también de los autores clásicos.

Una buena selección de la obra de Erasmo en W. Welzig, *Erasmus von Rotterdam, Ausgewählte Schriften,* en siete tomos (Darmstadt, 1975). Los textos «teológicos» pueden verse en H. Helborn, *Desiderius Erasmus, Ausgewählte Werke* (Munich, 1964 [2]), que contiene el *Enchiridion,* la *Ratio* y los prefacios a su edición del N. T. Una edición bilingüe —con traducción castellana por O. Nortes— en Erasmo, *Elogio de la locura,* Barcelona, Bosch, 1976. Interesante asimismo las *Selections from Erasmus,* por P. S. Allen, Oxford, 1923, que contiene especialmente fragmentos de su importante epistolografía.

Sobre su figura, J. Huizinga, *Erasmo* (trad. cast., Barcelona, 1957), R. Pfeiffer, *Humanitas Erasmiana* (Leipzig, 1931), y L. Bouyer, *Autour d'Erasme,* París, 1955, así como el libro antes citado de L. Febvre.

Sobre el destino del erasmismo español hay que acudir al libro fundamental de M. Bataillon, *Erasmo y España* (trad. cast., México, F. C. E., 1966 [3]).

La irradiación del humanismo italiano hacia el resto de Europa sigue un curso en cierto modo natural: el contacto de Francia con Italia durante los últimos años del siglo XV (guerras de Carlos VIII y Luis XII de Milán y Nápoles) dieron lugar a la expansión, en el reino galo, de las ideas renacentistas. De Francia —donde surgen importantes humanistas: Lefèvre d'Etaples, Etienne Dolet, Maurice Scève, Budé— pasan a Inglaterra, donde brillan humanistas de la categoría de Tomás

Moro, Colet, Linacre; fue en Inglaterra donde Erasmo aprendió el griego. También desde Italia, y como consecuencia del contacto bélico con este país, surge el humanismo español —especialmente el gran Nebrija—. En Alemania dará la importante figura de Melanchthon.

Una de las obras más conocidas del humanismo inglés es la *Utopia* de Tomás Moro (Moore), de la que nos ha dado una buena edición M. Delcourt (París, 1936). Sobre el humanismo hispano, cfr. el libro ya citado de Bataillon. Sobre Melanchthon, W. Dilthey, *Hombre y mundo en los siglos XVI y XVII* (trad. cast., México, F. C. E., 1947, págs. 174 y sigs.).

Junto al Humanismo, y en íntima relación con él, caracteriza el Renacimiento una fuerte *tendencia a situar al hombre en el centro del Universo,* y, al tiempo, a una preocupación profunda por descubrir el sentido de su existencia. Ya Burckhardt sostuvo que el rasgo típico del movimiento renacentista es el descubrimiento del mundo y del hombre. Asistimos ahora no sólo a un verdadero redescubrimiento de la naturaleza, sino a una nueva valoración del hombre como objeto de estudio. De un lado, la naturaleza: a la generación de Vesalio (que es el padre de la moderna anatomía humana) pertenecen hombres como Fuchs y G. Fernández de Oviedo, que realizan una labor inmensa de catalogación y colección de las plantas más variadas; Botton y Rondelet reúnen toda clase de ejemplares zoológicos. Si Copérnico vuelve sus ojos con mirada nueva hacia el firmamento, Paracelso echa las bases de la futura química. Junto a eso, la ampliación del horizonte geográfico con los grandes descubrimientos. Por otra parte, Leonardo, algo más viejo que Vesalio, realizó una profunda exploración del cuerpo humano, aunque sus observaciones no trasciendan del campo de la pintura. Andrés Laguna y Miguel Servet son pacientes estudiosos del cuerpo humano, también, en tanto que Luis Vives y Fox Morcillo iniciarán lo que puede llamarse la antropología renacentista. La introspección, la biografía, incluso la autobiografía serían una lógica consecuencia de esta actitud. Así Cardano publicará su libro *De propia Vita.*

El hombre, ahora, adquiere un papel especial; una nueva dimensión: esta nueva visión antropocéntrica del hombre renacentista se plasma en obras como la *Oratio de hominis dignitate,* de Pico della Mirandola —que suele considerarse como el *manifiesto* del humanismo renacentista— y el *Diálogo sobre la dignidad del hombre,* de Hernán Pérez de Oliva.

El *tipo humano* renacentista italiano, esbozado por Burckhardt, presenta los rasgos siguientes: alegre sensualismo, interés por la naturaleza, enraizamiento en lo terrenal, tendencia a la compenetración con el mundo de las formas, individualismo, paganismo, amoralismo.

Con un criterio *empirista,* E. Walzer («Studien zur weltanschauung der Renaissance», en *Gesammelte Studien zur Geistesgeschichte der Renaissance,* Basilea, 1932, págs. 102 y sigs.) ha señalado que espíritus tan representativos del Renacimiento como Coluccio Salutati, Poggio, Leonardo Bruni, Lorenzo Valla, etc., no caben en este cuadro. Pero cfr. E. Cassirer, *Las Ciencias de la cultura* (páginas 110 y sigs.), que habla del método de Burckhardt como de un *proceso de abstracción ideadora:* Cuando decimos —escribe— que Leonardo de Vinci, el Aretino, Marsilio Ficino o Maquiavelo son *hombres del Renacimiento* no queremos afirmar, ni mucho menos, que en todos ellos se dio una característica determinada. Nada de eso: sabemos que entre estos personajes existen diferencias e incluso contradicciones, pero todos ellos presentan una cierta trabazón ideal.

Otros libros sobre el tema: *De dignitate et excellentia hominis,* de G. Manetti (1532) y el *De anima,* de Melanchthon, 1543, que escribe: «es algo feo para el hombre ignorar el edificio de su cuerpo», palabras que recuerdan las de Vesalio en el prefacio a su *De humani corporis fabrica* que habla del «dignísimo conocimiento de la estructura del cuerpo humano». Estamos, pues, a muchas leguas de la visión de la Edad Media.

Importante será, sobre todo, la floración que tendrán ahora las literaturas nacionales (de hecho sólo ahora podremos empezar a hablar de *Literatura nacional,* como se podrá hablar de *Política nacional).* Es cierto que el conocimiento de la Literatura antigua enriquecerá el campo de visión de los escritores renacentistas. Pero también pesará sobre ellos la tradición medieval, aunque en menor medida. La épica virgiliana resucitará en obras como el *Orlando Furioso,* de Ariosto, o en la *Franciade,* de Ronsard. La imitación de las *Bucólicas* virgilianas —y de su modelo, Teócrito— dará lugar a toda una larga tradición pastoril y bucólica que tendremos en Garcilaso, en Chiabrera, en Spenser, en el propio Ronsard, y que tienen un precursor en la *Églogas* del Petrarca. El Platonismo renacentista dará también sus frutos literarios —no sólo eruditos— en obras como la de fray Luis de León. En fin, la sabiduría antigua está constantemente presente en obras como la de Rabelais, Montaigne, fray Antonio de Guevara, el mismo fray Huarte de San Juan y todo un larguísimo, etc. Es evidente que el estudio de la literatura antigua enriqueció a las literaturas modernas.

Pero había un peligro en esa actitud que consistía en volverse hacia los Antiguos imitándoles en todo, incluso en la lengua. La penetración del latín, sobre todo su sintaxis, pero también de su vocabulario, en las lenguas modernas, fue en muchos casos excesiva, y fue preciso que algunos espíritus protestaran por esa servidumbre, postulando la necesidad de una purificación de las lenguas vernáculas del excesivo influjo latino. Surgen así obras como *El diálogo de la lengua,* de Juan de Valdés, y la *Défense et illustration de la lengua française,* de Du Béllay.

Aunque no es éste el lugar apropiado para aludir a ello, hay que señalar, asimismo, el enorme auge que, junto a la literatura, tuvieron las artes plásticas —sobre todo pintura y escultura, pero también la arquitectura, fruto de un estudio de la obra de los antiguos— en el caso de la arquitectura de la obra de Vitrubio —pero también una nueva manera de ver el cuerpo humano—. El desnudo vuelve a imponerse tras el largo paréntesis medieval; la mitología vuelve a ser tema artístico —y no ya en la forma alegórica medieval—. Cfr. sobre las relaciones entre actitud ideológica renacentista y las artes el libro de P. O. Kristeller, *Renaissance Thought and the arts,* Princeton, 1965.

Y pasemos al punto tercero que nos proponíamos contestar: ¿Hay unidad dentro del concepto de Renacimiento?

Frente a la tesis en general compartida por los historiadores, según la cual el Renacimiento es un movimiento que, si bien vuelve la mirada hacia el mundo antiguo, representa la apertura de un camino que nos conducirá a la llamada «revolución científica» de los siglos XVII-XVIII, algunos tratadistas han intentado ofrecer una visión bifronte del movimiento Humanista: en 1950, en efecto, aparece en Nueva York un interesante libro de Hiram Haydn *(The Counter-Renaissance;* hay traducción italiana: *Il controrinascimento,* Bolonia, 1967) cuya tesis básica es que puede descubrirse una doble corriente renacentista: de un lado, una corriente progresista, representada por técnicos y artesanos, que, en última instancia, habría dado nacimiento a la ciencia moderna; de otro, una corriente *reaccionaria* que estaría representada por los humanistas. Pero, aparte la ingeniosidad de la tesis, hay que reconocer que los hechos no dan toda la razón a Haydn: su error es confundir, creemos, el aspecto literario que sin duda tiene el Humanismo renacentista, con un movimiento reaccionario. Que los Humanistas fueron, en gran medida, espíritus abiertos a la realidad, hombres dispuestos a hacer progresar los conocimientos humanos lo delata, de un lado, la actitud de muchos de ellos al rechazar todo pensamiento apriorístico: los primeros humanistas, como Coluccio Salutati (1331-1406) «buscan en diversos planos un modelo que contraponer a la abstracta filosofía escolástica que inútilmente se empeña en determinar la realidad con una doctrina metafísica del ser y de sus categorías» (E. Grassi, *Humanismo y Marxismo,* trad. cast., Madrid, 1977, pág. 75). Si espíritus como Valla estuvieron con los ojos puestos en el pasado, no era para adorar lo antiguo como antiguo, sino para producir sus afectos sobre el espíritu italiano de la época. Vesalio, que, como hemos visto, escribía un latín humanístico, y Copérnico se inspiraron para su descubrimiento en un estudio a fondo de Aristarco. En realidad, el hombre renacentista es un *uomo universale,* quien le interesa todo lo humano (Leonardo, Miguel Ángel, Maquiavelo, Cellini, Vesalio, y un larguísimo etcétera.

Cfr. además, J. Gadol, *The Unity of the Renaissance* (en el volumen de homenaje a O. Martingly, Nueva York, 1965, págs. 29 y sigs.).

Sobre Renacimiento y Humanismo, aparte el libro básico de A. Renaudet, *Humanisme et Renaissance,* Ginebra, 1958, cfr. los estudios de E. Garin —uno de los mejores conocedores de la época—, ofrecen una buena antología de los principales textos dedicados al tema, véase especialmente su libro *La cultura del Renacimiento,* Bari, 1967.

Es interesante como visión de conjunto, original aunque a veces superficial, W. Pater, *El Renacimiento* (trad. cast., Barcelona, 1945). Para el pensamiento, cfr. *La Filosofía del Renacimiento* dentro de la Historia de la Filosofía (dirigida por Y. Belaval, trad. cast., 1974). Aspectos concretos analiza E. Cassirer, *Individuo e cosmo nella filosofia del Rinascimento* (trad. ital., Florencia, 1967). Para las relaciones Humanismo-Renacimiento, aparte el libro antológico editado por H. Oppermann *(Humanismus,* Darmstadt, 1970, col. *Wege der Forschung),* véase S. Dresden, *Humanismo y Renacimiento,* trad. cast., Madrid, 1968. Interesante el volumen editado por A. Buck, *Zum Begriff und Problem der Renaissance,* Darmstadt, 1969, que recoge importantes contribuciones de los principales estudiosos del tema.

3

BARROCO Y CLASICISMO

Desde la aplicación de las teorías de Wölfflin a la literatura se observa una tendencia, prácticamente general, a ver en el Barroco un fenómeno unitario. Acudiendo ya a categorías artísticas (como Walzel) o a criterios psicológicos (como Wellek); presentando, en otros casos, el Barroco como el arte de un país concreto que se irá difundiendo por toda Europa; buscando en otras ocasiones el origen del movimiento Barroco en el Concilio de Trento (como Bataillon), el hecho es que hoy se tiende, como decíamos, a la aceptación de la tesis de una cierta uniformidad barroca, movimiento al que pertenecerán tanto los escritores españoles (Calderón, Góngora, Quevedo, Cervantes), como los italianos (Tasso), los ingleses (Shakespeare) e incluso los franceses (Boileau, Corneille, Racine).

Los críticos alemanes y anglosajones, aplicando las doctrinas del *espíritu de la época (Zeitgeist),* han pretendido especialmente ver en el Barroco la cultura europea «uniformada» durante el siglo XVII. Para algunos —la mayoría, ciertamente— se impone ahora en Europa una forma de vida que coincide, en general, con el Absolutismo en política. Así ha definido «el espíritu del Barroco» E. Simon: «Vemos... una forma de estado barroco: es la monarquía absoluta y cristiana; ... una política barroca, que es, para hablar como Bossuet, la política sacada de la Sagrada escritura; ... un orden religioso barroco, que es la consagración de los jesuitas...; una moral barroca, que es aquella contra la cual se indignaba Pascal; un estilo de vida barroco, el de los príncipes de la Iglesia y de los grandes señores cristianos... para hacer más visible, según decían, la magnificencia de Dios sobre la tierra...; una literatura barroca, cuyos mejores modelos son... Calderón, Lope, Tirso...; el Tasso, Shakespeare, Milton, e... incluso, Corneille y Bousset; ... unas costumbres barrocas, que son las que en lugar de buscar la valorización de las líneas de la arquitectura humana, las camufla bajo toda clase de adornos *(apud* H. Hatzfeld, *Estudios sobre el Barroco,* Madrid, 1966, pág. 164).

Una parte considerable de críticos franceses ha aceptado, según indicábamos antes, estas conclusiones. Es decir, se acepta la inclusión del siglo XVII francés —que hasta hace poco se le consideraba como una isla clasicista frente a una Europa barroquizante— dentro del movimiento general barroco. Entonces se considera el clasicismo francés como una construcción completamente arbitraria, a fuer de artificial, que sería el resultado de prejuicios chauvinistas. Tales críticos han intentado sostener que el llamado *clasicismo francés* no es sino un *barroco modificado;* así lo definió hace algunos años Leo Spitzer en su estudio sobre la *Phèdre* de Racine, que, según el crítico alemán, delataría claramente una *cosmovisión barroca,* aunque agrega que en Racine, al menos, podría hablarse de una cierta *sobriedad concentrada,* una atenuación clásica *(Klassische Dämpfung)* que es posible hallar en todo el siglo XVII francés («Die klassische Dämpfung in Racines Stil», en *Romanische Stil und Literaturstudien,* I, Marburgo, 1931, págs. 135, y sigs.), tesis a la que se unieron pronto críticos como Auerbach *(Mimesis,* Berna, 1946, págs. 329 y sigs.; hay traducciones italiana y española), G. Rohlfs y H. Hatzfeld (obra antes citada).

Estas ideas fueron ordenadas y analizadas, con buen criterio, por Lafuente-Ferrari (cfr. *El Barroco, arte de la Contrarreforma,* Madrid, 1942, págs. 16 y sigs.), gracias a cuyos estudios, según Hatzfeld, «resulta posible y fácil extender el concepto de Barroco a todas las literaturas de los países latinos, incluyendo Portugal». Para Francia, cfr. Jean Rousset, *La littérature de l'âge baroque en France,* París, 1954.

Frente a esta actitud, algunos críticos se han negado en redondo a aceptar que la literatura francesa del siglo XVII tenga que estar incluida dentro de la etiqueta de Barroco. H. Peyre *(¿Qué es el clasicismo?,* trad. cast., México, 1953) es uno de los más acérrimos defensores de la idea tradicional según la cual el siglo XVII es en Francia la época del Clasicismo y que fue en el resto de Europa donde triunfó el Barroco. V. M. de Aguiar *(Teoria de la Literatura,* Madrid, 1979, 302, nota), alineándose con los «tradicionalistas», escribe a su vez estas palabras:

> «Sería conveniente que los críticos que propugnan la existencia de un pan-barroco europeo en el siglo XVII, viendo en el clasicismo francés sólo una invención *chauvinista* de algunos historiadores galos, meditasen sobre el modo tan diverso en que los movimientos neoclásicos del siglo XVIII reaccionaron ante la Poética de Boileau y el arte de Racine, por un lado, y la poética de Gracián, de Tesauro, y el arte de Marino, de Góngora, de Calderón, etc., por otro. Cuando los neoclásicos italianos quieren criticar la literatura barroca, aducen los elementos fundamentales de la poética defendida por Boileau y por Racine. ¿Podrán los críticos modernos que incluyen a Boileau y a Racine en los esquemas del barroco explicar coherentemente esta actitud y esta confrontación de valores comprobables en las corrientes neoclásicas?»
>
> Para la actitud de la crítica hispana del XVIII respecto a Calderón, cfr. G. C. Rossi, *Estudios sobre las letras en el siglo XVIII* (trad. cast., Madrid, 1967, págs. 41 y sigs.), que analiza, entre otros, la actitud de Luzán, Erauso y Zavaleta, N. F. de Moratín, y Cadalso.

En estas condiciones resulta evidente que tiene su sentido estudiar en un mismo capítulo al Barroco y al llamado Clasicismo, sea cual sea la actitud que adoptemos ante el problema de sus relaciones. En todo caso, vamos a atenernos a los siguientes puntos: 1. *Sentido del término y del concepto de Barroco.* 2. *Origen y etapas del movimiento.* 3. *Caracteres generales,* y 4. *El Clasicismo francés y sus rasgos.*

Si nos preguntamos por el *sentido etimológico* del término barroco comprobaremos, al punto, que los lingüistas han buscado la solución a través de dos caminos: o bien se parte del término portugués *pérola barroca,* que en el siglo XVI y XVII se refiere a una perla de forma irregular, o bien se quiere ver en el origen del término barroco el nombre de una figura de silogismo (Baroco). Parece que Montaigne *(Essais,* I, cap. 25) habría sido uno de los primeros en emplear este término (junto al nombre de otro silogismo, Baralipton) para burlarse desdeñosamente de los razonamientos escolásticos. En todo caso, *Baroco* era un tipo de silogismo muy alambicado y rebuscado, lo que podría haber dado lugar a un traslado de significado, pasando a significar *barroco* (barrueco, a veces) todo lo absurdo, ridículo y rebuscado.

Croce ha sido uno de los que con más ahínco han sostenido la etimología que hace proceder *barroco* del silogismo *Baroco*. Pero para ser exactos hay que decir que fue Rousseau quien dio por vez primera esta etimología, al escribir en su *Dictionnaire de musique*, «il y a bien l'apparence que ce terme vient du baroco des logiciens».

También, si queremos ser exactos, hemos de decir que antes de Montaigne, nuestro Luis Vives había utilizado *baroco* en el sentido de algo extraño, raro.

Lo más probable es que los dos sentidos antes indicados llegaran a fundirse dando lugar al valor que adquiere posteriormente de *extraño, sorprendente*.

En el siglo XVIII *barroco* empieza a usarse en historia del arte: Rousseau hablará de música barroca, y Ch. de Brosses calificará la música italiana de Barroca. Trevoux, en el *Dictionnaire* (1743), dirá que «baroque se dit aussi au figuré pour irrégulier, bizarre», hecho en el que se manifiesta ya un avance frente a la primera edición del *Dictionnaire de l'Académie française* (1694), donde simplemente se continúa aceptando el valor de «perlas imperfectamente redondas».

El uso inicial de este término se va restringiendo a finales del siglo XVIII, aplicándose ya exclusivamente —o casi— a la arquitectura, y, dentro de su significado genérico de extraño, tiende a aplicarse a la arquitectura del XVII —Borromini y Guarini, por ejemplo—. Léase, en efecto, lo que dice Quatremère de Quincy en la *Encyclopédie mèthodique* (1788) en el apartado dedicado a la arquitectura:

> *Baroque,* adjectif. Le baroque en architecture est une nuance de bizarre. Il en est, si on veut, le rafibement, ou s'il était possible de le dire, de l'abus. Ce que la sévérité est à la sagesse du goût, le baroque l'est au bizarre, c'est à dir, qu'il en est le superlatif. L'idée du baroque entraîne avec soi celle de ridicule...

Paulatinamente, en el siglo XIX tiende a restringirse el uso del término, aplicándose a un período concreto de la historia de las artes plásticas: Burckhardt (en su *Cicerone)* entenderá por Barroco la última etapa del arte de Miguel Ángel. Nietzche ya no se limita a aplicarlo a las artes plásticas, recogiendo un uso más extenso propio de etapas anteriores, calificará la música de Palestrina de barroca, que, en este sentido, sería a la música lo que el Caravaggio a la pintura.

La aplicación del adjetivo *barroco* a la literatura se debe a Carducci (1860): refiriéndose a los escritores de finales del XVI y XVII habla de «lo amanerado de los quinientistas y al barroco de los seiscientistas».

Ya nos hemos referido, en la introducción de este capítulo, a la importante contribución de Wölfflin, quien intentó una diferenciación entre el arte renacentista y el barroco, y que fue aplicado por los críticos que le siguieron a la literatura primero, luego a la música, para referirse, hoy, a un período concreto de la historia de la cultura.

Sobre la etimología y la historia del término, cfr. J. Corominas, *Diccionario etimológico y crítico de la lengua castellana* (Madrid, 1954, s. v.), así como de los trabajos de F. Venturi (*Rivista storica italiana,* LXX, 1959, págs. 128 y sigs.) y P. Butler (*Classicisme et baroque dans l'oeuvre de Racine,* París, 1959, páginas 9 y sigs.)

- Hasta aquí hemos considerado la tendencia a ver en lo Barroco una referencia a una época histórica concreta, con sus rasgos propios, que analizaremos con más detalle más adelante. Pero hay, junto a esta actitud, una visión abstracta, metafísica, si se quiere. La que ve en lo barroco no un período determinado de la historia de la cultura, sino una *constante,* que reaparecerá bajo diversas formas a lo largo de la historia. Nos referimos a Eugenio D'Ors.

D'Ors ha abordado el tema del barroco, esencialmente en dos trabajos. En *Lo barroco* (Madrid, Aguilar, sin fecha) y en su libro *La ciencia de la cultura* (Madrid, Rialp, 1964), donde subsume sus conclusiones anteriores y las enmarca en una consideración total de su visión de la historia cultural.

Para D'Ors es un rasgo típico de la historia la existencia de una serie de constantes *(eones)* que bajo formas más o menos diversas se «repiten» a lo largo del tiempo: «Lo barroco es una constante histórica —escribe en *La ciencia de la cultura,* 152— que se produce en épocas tan recíprocamente alejadas como el alejandrismo lo ha estado de la Contra-Reforma, y ésta del fin de Siglo...» Ahora bien, pueden darse una serie considerable de *variedades:* del mismo modo que a cada género pueden corresponder varias especies (y no hacemos metáfora, pues son los términos empleados por el propio E. D'Ors), al género *Baroccus* le corresponden, *exactamente*, veintidós especies (de entre las que citaremos las más importantes: *pristinus, archaicus, macedonicus, alexandrinus, romanus, gothicus, nordicus, «Rococó», romanticus, finisecularis...).* Es digno de observarse que E. R. Curtius ha llevado a cabo una empresa parecida, sólo que en vez de barroco emplea el término *manierismo.* La contraposición básica que establece Curtius es la de *clasicismo-manierismo:* clásicos son los autores antiguos, manieristas todos los períodos que no han imitado a la antigüedad clásica.

En cierto modo, Curtius intenta reducir la eterna oposición clasicismo-romanticismo (léase barroquismo) a la eterna oposición entre *antiguos y modernos.* Cfr. su *Literatura europea y Edad Media Latina* (trad. cast., México, 1981 [3], págs. 354 y sigs).

> Para el crítico germánico son *clásicas* figuras como Jenofonte, Cicerón, Quintiliano, Boileau, Pope, Wieland; *manieristas* autores como Laso de Hermíone, Estacio, Sidonio, Apolinar, Calderón, Mallarmé y Joyce. Su discípulo R. Hocke (*Manierismus in der Literatur,* Hamburgo, 1962) ha seguido sus huellas.

Si nos preguntamos por el origen geográfico del movimiento, lo primero que se nos ocurre es citar unas palabras de H. Hatzfeld, que en parte resumen la opinión generalizada hoy (cap. «La misión europea de la España barroca», en su libro *Estudios sobre el barroco,* págs. 431 y sigs.) Dice el inminente crítico:

> Aunque el barroco no es un fenómeno exclusivamente hispánico, no cabe duda de que España fue la primera fomentadora y misionera de la literatura barroca. Sus obras del Siglo de Oro, postrenacentistas, y, por consiguiente, barrocas, junto con otros factores culturales crearon el predominio del espíritu español en la literatura europea del siglo XVII y hasta pusieron el sello barroco sobre la literatura mundial de los siglos posteriores.

De hecho, Hatzfeld quiere ver en toda la cultura hispánica ya desde los tiempos de Roma (*pace* Américo Castro) unos rasgos barrocos. «Desde la época de los españoles que escribieron latín, en los tiempos de Roma, hasta la dominación árabe, en la Edad Media, y aun hasta el Renacimiento italianizante, la literatura española muestra invariablemente los mismos rasgos.» Al llegar el siglo XVII, este *barroquismo* constante de lo hispano, fomentado por una serie de circunstancias concretas (Contra-Reforma, Concilio de Trento, en los que tanta influencia ejercieron los teólogos españoles, Inquisición, y lo que Castro llamará la *dimensión imperativa* de la persona, que desembocará en una *Edad conflictiva)* hace que España, si no la cuna, sea, al menos, la que más frío ha mostrado en su actitud barroca: no en vano España será, ahora también, la patria de grandes santos y de grandes teólogos (San Juan de la Cruz, Santa Teresa, San Ignacio, Suárez, etc.); no en vano tampoco, la riqueza de matices literarios de su barroco es evidente (corrientes contrapuestas como Conceptismo y Culteranismo, etc.) Ese barroco español, concreto, del siglo XVI-XVII influirá, pues, por razones históricas (su carácter de primerísima potencia europea) en la cultura y en la literatura de las demás sociedades europeas: En Italia, primero, dadas las intensas relaciones que existen entre los dos países. En Nápoles, vivirán Sannazaro —de ascendencia hispana— y León Hebreo, judío hispano exiliado. Juan de Valdés tiene que huir a Italia por razones bien conocidas. Todo ello influirá en la creación de una corriente barroquista que dará figuras como Tasso y Marino, del cual tomará nombre el movimiento italiano barroco (marinismo).

Los jesuitas serán el canal que permitirá, por otro lado, la influencia hispana sobre el barroco alemán. Las cortes católicas de Viena y Munich cumplirán su papel ordenador (el Catolicismo, se está hoy de acuerdo sobre ello, es una de las raíces del Barroco). Notaremos un innegable influjo hispano, ahora, sobre las letras germánicas:

Quirinus Kuhlmann traduce al alemán a San Juan de la Cruz (cfr. A. Quintana, *Poesía alemana del Barroco,* Barcelona, 1981, págs. 266 y sigs., con una serie de ejemplos); Calderón influye sobre Gryphius, y Santa Teresa sobre Angelus Silesius y Harsdörfer.

Respecto a Francia, se ha hablado de que «hay algo de Español en la exagerada tiesura del preciosismo, en los juegos y ceremonias oficiales de los salones del Hôtel de Rambouïllet, en las largas novelas pastoriles y de aventuras Mmlle. de Scudéry, Gomberville y la Calpraneède». Recordemos, por otra parte, que *Le Cid* se inspira en una pieza bien conocida española, y que España llevó todo su misticismo a Francia (San Francisco de Sales).

También Inglaterra ha experimentado el influjo hispánico durante el período barroco: en la dramaturgia, los sucesos más cruentos y apasionados de su tragedia solían ser típicamente españoles; Calderón ejerció su bien conocida influencia sobre ellos. El *Otelo* se comparó a *El Médico de su honra,* de Calderón...

Una vez establecidas la etimología, la evolución del significado del término barroco y su difusión por Europa, sería conveniente, antes de pasar adelante, hablar un poco de las distintas fases que creen distinguir hoy los críticos dentro de este vasto movimiento que abarca el final del siglo XVI y todo el siglo XVII. Se trata de una visión por etapas, en la que se tienen en cuenta las relaciones con el período anterior —el Renacimiento— y el siguiente —el Neoclasicismo—, y las divisiones que es posible establecer dentro de esta gran etapa de la historia de la Cultura y de la Literatura. En el estado general de los estudios sobre el Barroco, los críticos quieren establecer cuatro grandes etapas, que van desde el Renacimiento al llamado Barroquismo. De un lado, el *Renacimiento* que se extenderá de 1500 a mediados del siglo XVI. Sigue otra etapa llamada Manierismo que desembocará en el llamado Barroco por antonomasia (o *barroco perfecto,* o *alto barroco)* y el *barroquismo,* que podemos considerar como la etapa de paroxismo barroco. Lo que hay que decir, aquí, es que estas distintas etapas no aparecen simultáneamente en los diversos ámbitos geográficos, sino que su ritmo y su aparición dependen de las condiciones concretas de cada país. Para ilustrar esta idea, tomaremos de Hatzfeld el cuadro que, que encabeza la página siguiente, el gran tratadista del barroco ha esbozado en su libro *Estudios sobre el Barroco,* págs. 72-73).

	Italia	España	Francia
Renacimiento	1500-1530 (Ariosto)	1530-1580 (Fray Luis de León)	1550-1590 (Ronsard)
Manierismo	1530-1570 (Miguel Ángel en sus sonetos)	1570-1600 (Góngora)	1590-1640 (Malherbe)
Barroco	1570-1600 (Tasso)	1600-1630 (Cervantes)	1640-1680 (Racine)
Barroquismo	1600-1630 (Marino)	1630-1681 (Calderón	1651-1715 (Fénélon)

Y pasemos ya a ocuparnos de los rasgos específicos del Barroco, de su espíritu, de su esencia, sobre todo en el aspecto cultural y literario. Para ello podemos acudir a muchos procedimientos. Por un lado, podemos definir el Barroco a través de una comparación con el período inmediatamente anterior, el Renacimiento y el Humanismo, y su actitud ante el mundo antiguo. En este sentido podríamos definir la actitud barroca a base de cuatro adjetivos: *racional, estético, cerebral* y *crítico.* El Humanismo renacentista fue emocional e ingenuo, vitalista, de corte platónico. Recuérdese a Marsilio Finicio y a Pico della Mirandola. El humanista del Renacimiento pretende resucitar el mundo antiguo con una actitud antihistórica, para ofrecerlo al hombre como un ideal de perfección. Intenta, además, un paralelismo entre la revelación judaica y la *vaga revelación* del mundo pagano (lo que se ha llamado la *preparación evangélica):* En muchos casos, no llega ni siquiera, en su falta de perspectiva histórica, a establecer las obligadas fronteras entre lo antiguo pagano y lo cristiano: Erasmo rezará a Sócrates en estos términos: *Sancte Socrates, ora pro nobis,* y hablará de una *Paideia Christi,* en su intento por fusionar las dos grandes corrientes, la pagana y la cristiana.

Nada más opuesto a todo esto que la ideología del Barroco. Se produce, ahora, una profunda inversión de valores: la lucha contra Erasmo ha determinado, y no sólo en España, una nueva actitud ante la Antigüedad. Frente a la admiración ingenua que los humanistas del Renacimiento sentían por sus *clásicos* asistimos ahora a una actitud de crítica irónica, cuando no de mofa.

En Cervantes y en Gracián, por ejemplo, tenemos abundantes ejemplos, cfr. el prólogo de la primera parte del *Quijote* y el *Criticón,* I, 27.

Sobre la actitud del Barroco frente al mundo antiguo, y en especial sobre Aristóteles y la aplicación de sus *reglas* al arte y la literatura barroca cfr. nuestro trabajo «Aristóteles y la Poética del Barroco» (en mi libro en prensa, *De Homero a Elitis) = Anuario de Fi-*

lología, Universidad de Barcelona, 2, 1976, págs. 9-23). Allí estudio la deformación a que ha sido sometido Aristóteles y cómo esa deformación ha servido para la típica concepción de la tragedia que hallamos en Corneille, sobre todo, y contra la que reaccionó Lessing, en plena época de la Ilustración alemana (cfr. M. Kommerel, *Lessing und Aristoteles,* Francfort del Main 1940).

Si de esta consideración comparativa pasamos a esbozar los rasgos que caracterizan, intrínsicamente, la cultura barroca, hallaremos que presenta los siguientes rasgos: es una cultura dirigida, masiva, urbana y conservadora (cfr. J. A. Maravall, *La cultura del Barroco,* Barcelona, 1975).

El *dirigismo* del Barroco es resultado, en parte, del régimen absolutista típico del siglo XVII (Luis XIV, Felipe IV, etc.): se trata, pues, de un dirigismo político *(el Estado soy yo),* pero que no se agota en la política: puede tener un aspecto *ético,* por lo pronto. La preceptiva de la conducta es un rasgo muy característico y que hallaremos encarnado, en España, en Gracián *(Oráculo manual),* y en Quevedo *(Política de Dios).* Pero esa tendencia a la preceptiva aparece sobre todo en los campos literario y artístico: son las famosas reglas, los preceptos para practicar el conceptismo (cfr. Gracián, *Agudeza y Arte de ingenio),* pero también el llamado barroco francés (Boileau, *Poética).*

El carácter *masivo* de la cultura barroca la ve ejemplificada Maravall especialmente en el éxodo rural hacia la ciudad. Ello se corresponde, asimismo, con el carácter *urbano* del barroco: Maravall escribe (pág. 225):

> Empecemos por hacer unas comprobaciones iniciales que luego completaremos y desenvolveremos. Durante la etapa del Barroco sus gobernantes, y, en general, los individuos de las clases dominantes no son señores que vivan en el campo, y si se hacen esfuerzos para cortar la corriente de absentismo, ésta no hace más que aumentar: son ricos que habitan en las ciudades y burócratas que desde ella administran y se enriquecen.

Respecto al carácter conservador de la cultura barroca baste considerar que se rechaza toda novedad en la vida social. Y si es cierto que las transformaciones sociales de los siglos XV y XVI habían difundido el gusto por lo nuevo, la verdad es que en el siglo XVII el absolutismo monárquico cortará muy pronto esas tendencias innovadoras.

Es curioso observar que a ese conservadurismo social corresponde, empero, una tendencia innovadora en el campo de la ciencia (Galileo, Newton, Harvey, etc.) e incluso de la literatura (la profunda transformación que sufre, en España, por ejemplo, la lengua bajo el influjo del latín, lo mismo que en Francia y contra la que se manifestarán hombres como Quevedo).

¿Cuál es la visión del mundo y el hombre que sostiene el Barroco? Si intentamos agotar sus esquemas a base de unos cuantos adjetivos, podremos afirmar que los rasgos que lo caracterizan son los siguientes: 1. *Racionalismo e intelectualismo,* ilustrado por figuras como Descartes, en el campo de la filosofía, y Boileau en el de la preceptiva: «Aimez donc la raison», escribirá éste en su *Poética.* 2. Amor por lo paradójico: la contradicción y la paradoja aparecen en figuras como Don Quijote (loco-genio) o Hamlet; pero sobre todo esa tendencia a lo paradójico se manifiesta en lo que se ha venido en llamar la visión del *mundo al revés,* tópico bien estudiado por E. R. Curtius *(Literatura europea y Edad Media latina,* I, págs. 145 y sigs.) y en la que este crítico quiere ver un influjo medieval. Son ejemplo de esta actitud el empleo de los llamados *adynaton* (imposible) y que podemos hallar en el cuadro de Brueghel *(Proverbios holandeses),* en algunos poemas de Théophile de Viau y del alemán Grimmelshausen.

Otro rasgo importante, acaso uno de los más típicos, es la tendencia al pesimismo. Los pintores (Valdés Leal) representarán el hombre en su tumba convertido en polvo y ceniza; los poetas se esforzarán por cantar la nulidad de la vida, la brevedad de la misma, el dolor que la caracteriza. Este pesimismo se manifiesta, por un lado, en la creencia en una falta de equilibrio en la justicia mundana, pero, sobre todo, en la suprema vanidad de la existencia. Calderón dirá de la vida que no es más que un sueño. Harsdörfer, en un poema titulado *La vida es (Das leben ist),* dirá que la existencia humana es:

verde follaje que pronto amarillea,
polvo que el viento se lleva sin esfuerzo,
nieve que se funde en breve tiempo,
mares que nunca encuentran el sosiego...

Y Calderón, en el famoso soneto de las flores, insistirá en la caducidad de todo lo humano. Es frecuente, ahora, ver en la rosa y su breve existencia el símbolo de la vida humana, (Rioja). Esta actitud puede resumirse con la frase: *todo es vanidad.* Reigesfeld es autor de una serie de poemas que insisten en que el hombre debe huir de la vanidad, buscar lo constante:

Sobre la *vanidad* véase asimismo el poema de A. Gryphius, *Todo es vanidad (Es ist alles Eitell),* que termina con estos versos:

... bien poco vale, ay,
todo cuanto apreciamos. Es sombra, viento, polvo,
en esa flor de un prado...

Véase asimismo su poema *Miseria humana (Menschliche Elend),* donde leemos:

¿Qué somos los humanos? Albergues de dolor,
pelota del azar, errante juego fatuo...

La imagen del mundo como un *laberinto,* como *mesón,* como un *teatro* (Calderón, *El gran teatro del mundo)* es asimismo muy típico del Barroco. Todo es falso, y el hombre, «lobo para el hombre» (Hobbes). El *Criticón* de Gracián es una buena ilustración de esa idea. En nuestro autor, el hombre debe siempre estas *atento* (la *atentividad* es uno de los rasgos del hombre barroco) porque el mal acecha siempre. Y contra *malicia, milicia,* como escribirá Gracián. La lucha con los demás, empero, aparece también como lucha consigo mismo (Quevedo escribió: La vida del hombre, es guerra consigo mismo). Los grandes males de la época son «el egoísmo, la malignidad, la hipocresía, la depravación». Racine —el hombre del Barroco francés— escribirá:

Je ne trouve partout que lâche flatterie,
qu'injustice, entèrêt, trahison, fourberie.

Esta maldad explica el tremendismo, la violencia y la crueldad que se manifiestan en tantas obras barrocas. A los ejemplos que podemos hallar de la novela picaresca de la segunda época (pesimista, frente al *Lazarillo)* se pueden añadir los de la picaresca alemana de las obras de Grimmelshausen.

El pesimismo hispánico está bien analizado en V. Palacio Atard, *Derrota, agotamiento, decadencia en la España del siglo XVII,* Madrid, 1956. Una selección de textos en D. Franco, *España como preocupación,* Madrid, 1960.

Frente a esos rasgos que podríamos calificar de *negativos* (o al menos que evidencia la *negatividad* de lo humano), dos rasgos positivos: la famosa sensualidad barroca y su espiritualidad.

Díaz-Plaja *(El espíritu del barroco,* Barcelona, 1940, págs. 97 y sigs.) ha sabido estudiar con finura una serie de temas típicos de esa sensualidad: la mujer como espectáculo concreto, la realidad cercana, la tendencia al bodegón, lo que el crítico llama «el reverso de la belleza» (la obscenidad, la fealdad, todo lo que puede impresionar desagradablemente los sentidos: Valdés Leal, aspectos de Quevedo), la sensualidad amorosa. Son bien conocidos los ejemplos que la literatura española nos da de esa característica barroca. Pero no son, lógicamente, privativos de lo hispánico. El tema del *carpe diem* aparece en Opitz y en Fleming, típicos representantes del barroco alemán: gocemos ahora del amor, de la vida, que ésta no es duradera. Opitz escribirá:

Vámonos ya, mi niña,
es el momento.
Cualquier demora
es un tormento.

(Ach, liebste, lass uns eilen,
wir haben Zeit,
es schadet uns verweilen
uns beyderseit.)

Y Fleming:

Oh amables mejillas,
deseos me dais
de ver ese rojo
de ver ese blanco,
y no sólo eso,
es lo que yo quiero
ver y saludar
tocar y besar.

Esta coincidencia de dos elementos que pueden hacerse contradictorios es esencial para el Barroco, que es paradoja viva. Con razón se ha insistido en este aspecto de la cultura barroca: «El hecho espiritual —escribe L. Spitzer— aparece siempre encarnado, y la carne llama siempre lo espiritual» *(Bol. Inst. de Inv. Hist.,* 28-1944, págs. 17 y sigs.). Hay en el Barroco (al menos en el alemán) «una tensión entre vida y espíritu»; véase en Hankahmer *(Deutsche Gegenreformation und deutscher Barok in der Dichtung,* Stuttgart, 1955).

Finalmente, la espiritualidad, que hay que estudiar junto a la profunda religiosidad barroca. Una espiritualidad que se manifiesta de una forma muy característica, ya a través de la paradoja *(muero porque no muero),* ya de la mística (ya hemos dicho que los místicos españoles fueron traducidos en la Alemania barroca). Es notable ese enorme influjo que las traducciones de los místicos hispanos ejercieron sobre figuras como Angelus Silesius, que a veces nos parece estar hablando en el lenguaje de un San Juan de la Cruz que escribe en alemán. Un poema suyo habla del alma que pregunta a las criaturas por el amado:

¿Dónde está el amor de mi alma
hermoso galán a quien yo tanto quiero?

(Wo ist der schönste, den ich liebe,
wo ist mein Seelen Bräutigam?

En otra, el alma anhela que la hiera el amado. En fin, la profunda religiosidad, a veces rayando la heterodoxia, que tenemos en el teatro barroco hispánico *(El condenado por desconfiado,* de Tirso, *La devoción de la Cruz,* y los autos de Calderón y de Lope) es, junto a Santa Teresa, ejemplo bien ilustrativo de la religiosidad barroca.

> La correspondencia literaria de estos rasgos culturales del barroco es bien conocida: el uso y abuso del *hipérbaton* (de lo que se burló Quevedo en su poema:
>
> En una de fregar cayó caldera
>
> o en el que empieza:
>
> Quien quisiere ser Góngora en un día,
> la *jeri* aprenderá *gonza* siguiente);
>
> el uso y abuso de la metáfora (uno de los rasgos típicos de la poesía gongorina) y del *zeugma* y el *concetto* en la corriente conceptista.
>
> Sobre el estilo barroco, y no sólo al nivel meramente de la palabra, sino de la estructura, cfr. H. Hatzfeld, «El estilo barroco literario en las obras maestras» *(Estudios sobre el barroco,* págs. 126 y sigs.)

Desde el punto de vista ya estrictamente literario vale la pena señalar algunos rasgos específicos. El uso de lo mitológico —aceptado por Boileau en el libro III de su *Art Poétique* aunque sea en forma simbólica y alegórica— permite a los poetas barrocos utilizar este importante recurso. Boileau recomienda, en estos casos, dar a cada personaje mitológico un valor moral:

Chaque vertu devient une divinité:
Minerva est la prudence et Vénus la beauté

y tal será la práctica. En otros casos, el poeta insistirá diciendo que aunque alude a un personaje pagano, éste está a las órdenes del dios cristiano. Por ejemplo, en la ya típica invocación a las Musas, tenemos dos casos bien significativos. Tasso, al iniciar su *Gerusalemme liberata,* en vez de afirmar que unas fuerzas paganas se oponen al triunfo de Godofredo, dirá que son las fuerzas infernales. Y en vez de invocar a la Musa, es la Virgen a quien se dirige el poeta:

Canto los piadosos combates y al guerrero
que liberó el sepulcro de Cristo. En vano armóse
contra él el infierno...

Y más adelante:

Oh Musa, Tú que ciñes tu frente con el laurel
efímero recogido en la cima del Helicón;
tú que habitas en el Olimpo rodeada de coros celestes,
tú cuyas sienes están coronadas de estrellas inmortales.

con una no muy velada identificación entre la Musa y la Virgen.

Milton nos ofrece otro ejemplo: Al comienzo del canto VII de su *Paradis Lost,* el poeta sigue la tradición invocando a una Musa, pero dejando constancia de que esta Musa se halla en el cielo y ha sido creada por el padre:

Descend from Heav'n, Urania, by that name
if rightly thou art call'd, whose voice divine
following, above th'Olympian hill I soar,
above de flight of Pegasean wing.
The meaning, not the name I call; for thou
nor of the Muses nine, nor on the top
of old Olympus well'st, but heav'n y born...

(¡Baja del cielo, Urania, si te llamo
con tu nombre apropiado, pues que vuelo
más allá del Olimpo, y de las alas
con que voló Pegaso, mientras sigo
tu voz divina! Porque yo no invoco
sólo tu nombre, sino su sentido;
Tú no eres una de las nueve Musas,
ni en el antiguo Olimpo tú te sientas,
que es en el Cielo donde tú naciste...)

Además de la bibliografía citada a lo largo de estas páginas es muy útil el volumen colectivo, editado por W. Warner, *Der literarische Barokbegriff,* Darmstadt, 1975, en el que hay una serie de artículos (algunos ya publicados, otros inéditos): merecen especial mención los de Br: Migliorini (sobre etimología del término barroco), B. Croce (sobre el concepto *barroco)*, Cysarz (barroco alemán), W. F. Schrimer (barroco inglés), L. Spitzer (barroco español), J. Rousset (barroco francés), A. Angyal (barroco eslavo), Hatzfeld (el barroco en las literaturas románticas), Lützeler (historia del concepto del barroco), etc.

El Clasicismo francés

Hemos visto que, según la mayor parte de los críticos actuales, se está hoy de acuerdo en considerar que lo que se ha venido en llamar Clasicismo francés no es sino una variante del Barroco. Sin embargo, es evidente que, aun aceptando como base esta identificación, hay en la Literatura francesa del XVII unos rasgos que bien podemos considerar típicos y que, en cierto sentido, justifican que se estudie este pretendido o real barroquismo francés como un capítulo aparte. Nunca podrá olvidarse que cuando se produce la reacción contra el Barroco es hacia Boileau y los dramaturgos franceses hacia donde se dirigen las miradas.

El problema de la confrontación Clasicismo-Barroco ha solido enmarcarse en una perspectiva más general: la de la contraposición, como constantes históricas, de lo que podemos llamar «romanticismo» y lo que suele entenderse por «clasicismo». Renunciamos, aquí, a entrar en la discusión, para lo cual remitimos a las páginas bien informadas del libro de H. Peyre, *¿Qué es el clasicismo?* (trad. cast., México, 1953, págs. 56 y sigs.). Nos centraremos, pues, en el caso concreto, en la circunstancia histórica concreta de Francia, para dar una visión, lo más somera posible, de los rasgos que caracterizan la literatura «clasicista» del siglo XVII.

En un incisivo trabajo crítico *(Literarischer Sansculottismus)* publicado en época relativamente temprana de la actividad de Goethe (1795) plantea el poeta alemán aquellas condiciones que pueden permitir la aparición de un poeta clásico en un país concreto. Cinco son estas condiciones: 1. Vivir en un gran estado unificado y feliz tras un largo período de sucesos importantes; 2. Desarrollar su actividad en un país que posea un alto grado de civilización; 3. Saber abrazar y asumir tradición y presente; 4. Llegar a la literatura tras una serie de tentativas anteriores ya realizadas por esas generaciones precedentes; y 5. Comenzar desde la juventud, saber entrever las posibilidades de un gran tema y desarrollarlo con paciencia y tenacidad.

Como ocurre casi siempre en Goethe, el poeta está, en cierto modo, haciendo el retrato de sí mismo. De hecho, una buena parte de las condiciones que apunta el poeta para que pueda surgir un clásico son las que se daban en él. Aplicando parte de esos postulados, T. Haecker *(Virgilio, padre de Occidente,* trad. cast., Madrid, 1945, págs. 92 y sigs.) ha defendido el carácter *clásico* de Virgilio. Sobre el sentido del término *clásico* véase, además, el luminoso ensayo de T. S. Eliot «¿Qué es un clásico?» (en el libro *Sobre la poesía y los poetas,* trad. cast., Buenos Aires, 1957, págs. 50 y sigs.) que plantea el problema desde un ángulo intemporal (el rasgo del clásico sería la *madurez:* de la lengua y del espíritu). En un sentido semejante se definía Sainte-Beuve («Qu'est ce qu'un classique?»).

Si aplicamos a la Francia del XVII los postulados de Goethe, sin duda podremos llamar a una parte, al menos, de la literatura francesa de la época, una literatura clásica. Francia era un estado unificado, fuerte, civilizado, en donde se habían ya realizado importantes logros literarios. En todo caso, y para entender mejor la evolución que vive la cultura francesa desde mediados del XVI hasta finales del XVII, vale la pena hacer un rápido bosquejo de las principales generaciones que se fueron sucediendo en este período, señalando sus figuras más significativas:

Distinguiremos, pues, la generacioón de los nacidos hacia 1570: Malherbe, San Francisco de Sales, Régnier; sigue la de los nacidos entre 1581 y 1592 (Gassendi, Jansen, La Mothe); entre 1593 y 1600 nacen Descartes, Voiture, Poussin y Vogelas. La generación del cardenal Mazarino comprende a los nacidos entre 1600 y 1611 (Corneille, Claudio de Lorena, D'Aubingac, Rotrou); pertenecen a la generación de los nacidos entre 1612 y 1618 La Rochefoucauld y Perrault, en tanto que hombres como Colbert, Le Brun, La Fontaine, Molière, Pascal, Cyrano y Bossuet forman la generación de los nacidos entre 1619 y 1621.

La generación de Luis XIV (los nacidos hacia 1640) engloba a figuras como Mabillon, La Fayette, Boileau, Malebranche. La de los nacidos hacia 1650 será la de los representantes del nuevo movimiento que dará los primeros frutos de la Ilustración (La Bruyère, Bayle, Fénelon, Fontenelle, Saint-Pierre) que será ampliada y profundizada por las dos generaciones siguientes (la de Saint-Simon y Lesage —nacidos entre 1661 y 1680—) y la de los nacidos entre 1680-1690 (Marivaux, Montesquieu, Voltaire, Prévost, Watteau). Durante un siglo se ha pasado de un ideal específico, barroco en ciertos aspectos de la vida y del arte (racionalismo, absolutismo monárquico, intelectualismo, etcétera), a un mundo que anuncia ya el Romanticismo.

Señalemos ahora algunos de los rasgos de este clasicismo:

1. Por lo pronto —y eso lo reconocen incluso los que sostienen la existencia de un clasicismo francés distinto del movimiento barroco— la Literatura francesa está, en este momento, formada por un grupo social relativamente restringido. París y la corte ejercen un monopolio intelectual como jamás tuvieron. Este reducido grupo es, además, un grupo de personas *enteradas,* lo cual da un tono de cierto hermetismo a sus producciones. Hay una serie de temas proscritos de su temática (discusiones políticas, las especulaciones metafísicas y religiosas, por ejemplo).

2. Los autores del Clasicismo fueron, en gran parte, innovadores, a veces en profundidad. Peyre lo ha definido claramente al decir que «cada uno de ellos fue una especie de rebelde y de innovador».

> Es éste, efectivamente, un rasgo importante. Aunque se aceptaba la tradición, ésta se iba modificando paulatinamente: Corneille transformó la tragedia; Molière creó un nuevo tipo de comedia; Boileau revolucionó la crítica; Descartes y Pascal fueron grandes innovadores en el pensamiento, como Claudio de Lorena y Poussin en pintura; D'Aubignac intentó plantear sobre nuevas bases la visión tradicional de Homero, etc.

3. Los escritores franceses del clasicismo tienen una profunda conciencia de la importancia de sus aportaciones, y por ello, al medirse

con los que habían considerado sus modelos —los Clásicos antiguos— se proclaman superiores a ellos. Tal es el punto básico de la famosa *Querella de los Antiguos y los modernos.*

Una visión comprensiva, con buena bibliografía, puede verse en G. Highet, *La tradición clásica*, (trad. cast., México, 1978 [2], I, págs. 410 y sigs.

Los argumentos en los que se basa la «superioridad» francesa eran variados: el carácter cristiano de lo francés, frente al paganismo antiguo, aseguraba una poesía inspirada en emociones más nobles; el conocimiento humano progresa constantemente, y como entre la Antigüedad y la época del Clasicismo habían pasado muchos siglos, todo cuanto los franceses escribían era mejor que lo que escribieron los griegos y los romanos; las obras de los antiguos, desde el punto de vista del gusto, eran inferiores a las contemporáneas. Resulta evidente que muchos de esos argumentos son completamente capciosos, y, por otra parte, nadie deja de ver que por debajo de esa pretensión de superioridad se ocultaba el siempre presente *chauvinismo* francés.

En todo caso, la *Querella* tuvo una gran importancia para la evolución del sentido de la autovaloración de las bases de la cultura moderna. Se profundizaron los clásicos. Pero lo que no pudo superarse fue la visión puramente parcial, y a veces equivocada, de la cultura griega. Pronto surgieron las reacciones: Lessing será una de ellas.

Aspecto polémico e importante para valorar las aportaciones del Clasicismo francés es el tema de las famosas *reglas* que se pretendió abstraer de los grandes tratados de poética de la Antigüedad: Es ya tradicional la visión del clasicismo como una etapa en la que predominan la preceptiva: unidad de acción, de tema, de argumento en el drama sobre todo.

La verdad es, empero, que, a pesar de Boileau y de la práctica que pueda observarse en algunos escritores, hubo, en la propia Francia, las protestas más decididas contra el *rigor* de las reglas: textos de hombres tan significativos como La Fontaine, Molière, Racan, han dejado claros testimonios contra el intento de encorsetar el arte por medio de la rigidez académica: «potro de tormento» las llama Racan; y La Fontaine exhortaba a «elevarse por encima de las reglas, que tienen algo de sombrío y muerto». En todo caso, el Romanticismo se presentó como el adalid de la lucha contra unas reglas que, a veces, no eran tan absolutas y rígidas, arbitrarias y reaccionarias como quisieron algunos presentar: el arte siempre tendrá que someterse a unos límites específicos.

¿Cuáles son los rasgos del ideal artístico del clasicismo? Podemos enumerar varios, que, empero, a veces no serán exclusivos del clasicismo francés, sino que serán inherentes a todo *clasicismo:* simplicidad, claridad, sobriedad, gusto por lo terminado, por lo perfecto, equilibrio entre el fondo y la forma, presencia de los antiguos, aunque pasados por el tamiz de la propia conciencia estética del Clasicismo. El Clasicismo quiere, en este punto, mejorar a la Antigüedad. La Fontaine tiene conciencia de ello cuando escribe:

La sotte antiquité nous a laissé des fables
qu'un homme de bon sens no croit point recevables.

Sobre el tema del clasicismo, remitimos, aparte al claro libro antes mencionado de Peyre (con las virtudes y defectos que tiene), a R. Gray, *La formation de la doctrine classique en France,* París, 1927; P. Desjardins, *La méthode des classiques français,* París, 1904 (que no se limita a la literatura); J. Ott, *French, The Third classic,* Edimburgo, 1933 (el clasicismo griego, el romano y el francés). Una buena antología de páginas críticas puede verse en el libro editado por H. O. Bürger, *Begriffsbestimmung der Klassik und des klassischen,* Darmstadt, 1972 (aunque en buena parte se refiere a problemas del clasicismo alemán).

Sobre la difusión del ideal clásico francés en Europa, cfr. el libro de Peyre, págs. 190 y sigs.

4

PRERROMANTICISMO Y ROMANTICISMO

El Renacimiento fue una aportación de la Italia del siglo XV; el Barroco es esencialmente hispano; el Clasicismo es la gran aportación del genio francés. Pues bien, el Romanticismo es una creación alemana que se expandió por Europa a principios del siglo XIX.

¿Qué es el romanticismo? La bibliografía existente sobre esta pregunta es inmensa, aunque hay un acuerdo muy escaso a la hora de juzgar el movimiento y definir sus rasgos esenciales. Si analizamos los principales estudios que se le han dedicado en los últimos cincuenta años —y se trata de una aportación nada despreciable— tendremos que confesar que muy poca luz se ha hecho para la explicación de la esencia de este movimiento.

Si partimos de la historia del término tampoco aclararemos mucho las cosas: Una cosa parece asegurada: la palabra procede del término *romanice,* cuyo sentido era, en un principio, «a la manera de los romanos». De ahí se derivó, en francés, el término *romanz, roman,* que primero tuvo el sentido genérico de *lengua vulgar, vernácula,* en oposición al latín (cfr. Gonzalo de Berceo, *Quiero fer una prosa en roman paladino).* Más tarde, pasó a significar, sin más, *composición en lengua vulgar.* En Inglaterra términos como *romanesque, romantic,* tenían, en el siglo XVII, el sentido de «a la manera de las viejas novelas». La atmósfera racionalista del XVII hizo que pronto adquiriera el término el valor de «absurdo, quimérico»: así se designan las novelas del Boiardo y de Ariosto. A veces su sinónimo era el término *gótico,* con el que era conocido todo lo que es producto de la imaginación. Pero poco a poco pierde el sentido peyorativo para adquirir un valor más positivo: el de aquello que agrada a la imaginación y despierta (el ensueño): sobre la historia del término, cfr. F. Schultz («Romantik» und «romantisch» als literarhistorische Terminologien und Begriffsbildung» (reproducido en *Begriffsbestimmung der Romantik,* Darmstadt, 1968, págs. 93 y sigs., ed. por H. Prang). Véase, asimismo, el estudio de Ullmann (reproducido en el volumen citado, 145 y sigs.).

La ambigüedad del término romántico aumenta si intentamos fijarnos en los adjetivos que se han aplicado a este movimiento: Potterfield ha realizado este estudio y ha hallado los siguientes adjetivos: *estético, raro, católico, dinámico, emocional, defectuoso, gótico, hedonista, fantasioso, jacobino, medieval, nacional, secreto, progresista, reaccionario, subjetivo, teutónico, universal, vago, exótico, juvenil, fanático,* (podríamos añadir *enfermizo* a partir de la frase de Goethe: «lo enfermizo es lo romántico, lo sano lo clásico»). ¿Tendremos que aceptar las afirmaciones excépticas de algunos de los investigadores del Romanticismo, como la de O. Lovejoy: «lo romántico ha llegado a significar tantas cosas que, por sí sólo, no significa nada» (en el libro *English romantic Poets,* ed. por M. H. Abraham, Nueva York, 1960, págs. 6 y sigs.). Por lo pronto se ha de aclarar una cosa: aunque los adjetivos arriba enumerados son, en cierta medida, contradictorios, no quiere decir que tengamos que renunciar a aplicar al Romanticismo muchos de ellos, por la sencilla razón de que el movimiento conoció una historia, una evolución, y que, según el momento, se le adapta uno u otro adjetivo.

Por ejemplo: que se aplique al romanticismo de un lado el epíteto de *progresista,* y luego el de *reaccionario,* no es, históricamente hablando, una contradicción: el Pre-romanticismo y los primeros románticos fueron progresistas. Sólo más tarde, con los excesos de la Revolución francesa —que fue la que desencadenó el movimiento—, una buena parte de espíritus sobresalientes del movimiento se apartaron de él. También se ha dicho que el movimiento es católico, en tanto que otros afirman su carácter protestante. La catolicidad del Romanticismo está en relación con el aspecto reaccionario que adopta el romanticismo hacia 1800: ante el avance del

Liberalismo y ante Napoleón se produce una reacción en favor del «orden y la jerarquía y la estabilidad». Y eso se vio encarnado en la Edad Media y en el Catolicismo medieval. Con todo, cada vez se está más de acuerdo sobre el origen protestante del movimiento romántico (cfr. Potterfield, 1, c. págs. 35 y sigs.), donde se analiza la procedencia religiosa de los *románticos alemanes* y halla muy pocos católicos («de cincuenta románticos, cuarenta eran protestantes, siete eran católicos o se convirtieron al catolicismo, dos no tenían religión y uno era difícil de catalogar»).

Por otra parte, la oposición *germánico-universal* tiene también su explicación si no olvidamos, como intentaremos explicar, que el movimiento surgió en Alemania y que se difundió por toda Europa (cfr. F. Strich, «Die Romantik als europäische Bewegung», en *Festschrift f. H. Wölfflin,* Munich, 1924, págs. 47 y sigs.).

Por otro lado, mientras algunos investigadores, como Honecker, pretenden ver en la filosofía Idealista del Yo el fermento y uno de los elementos básicos del romanticismo alemán y europeo, otros (Porterfield entre ellos) consideran que una gran parte de los poetas románticos, a veces lectores de Fichte y de Schelling, fueron espíritus antifilosóficos o filosóficos. Volveremos sobre el tema.

En estas condiciones, nos parece que el método más fértil para intentar dar una imagen o una visión global del Romanticismo, es estudiar el proceso espiritual que se produce en Europa a partir de la mitad del siglo XVIII. En efecto, como ha señalado W. J. Bate *(From Classics to Romantics,* Londres, 1961) «los años finales del siglo XVIII se caracterizan por una convicción general radicalmente diferente de la que habían recibido como herencia: la convicción de que la naturaleza esencial del hombre no radica en la razón (pág. 160). Eso, en el fondo, no es sino una comprensible reacción contra el racionalismo y el intelectualismo del siglo XVII. Sociológicamente, esta reacción es el resultado del ascenso de la burguesía en la segunda mitad del siglo XVIII y que explotará con la Revolución francesa. Sobre este punto ha insistido especialmente Carl Schmitt, en su importante libro *Politische Romantik,* Munich, 1925. También H. Taine ha insistido en el carácter burgués del movimiento romántico. Así va surgiendo, poco a poco, un nuevo ambiente espiritual, preparado ya por hombres como Shafterbury, Dryden y Kant. Bodmer representa, en este sentido, la oposición a Descartes, cuya filosofía es la más genuina expresión del racionalismo clasicista. Peckham, por su parte, señalará que el giro radical que ahora se va a producir consiste en la nueva concepción de la vida como algo dinámico.

Nada más ilustrativo, en este sentido, que ir siguiendo, paso a paso, los movimientos que se producen en la segunda mitad del siglo XVIII, e incluso un poco antes: En Inglaterra, donde se producen los primeros movimientos, asistimos a la aparición de una serie de autores y de obras cuyo título, de por sí, indican el cambio de gusto literario: los *Night Thouhgts* de Young; la *Elegy written in a country churchyard,* de Gray, el *Fingal* de Percy. Se producen profundos cambios, como vimos en el primer capítulo, sobre la concepción del genio, y la visión de la creación artística. En esta dirección, acaso la obra más significativa sea las *Conjectures on the original composition,* de Young.

En Francia será el genio de Rousseau, el «gran rebelde», quien será el portavoz de una nueva visión «sentimental y subjetiva» del mundo y de la vida.

En Alemania, los primeros pasos los dará Lessing, al atacar la estética literaria francesa y su visión de la tragedia *(Dramaturgia hamburguesa),* y el movimiento representado por el *Sturm und Drang* y las figuras de Herder, Goethe, Schiller, Hölderlin.

Todos estos movimientos preparatorios se conocen con el nombre de *pre-romanticismo,* que comprende, según estamos viendo, movimientos de tendencia distinta pero que, en el fondo, coinciden en una serie de rasgos esenciales: la exaltación del sujeto, y su lucha por una libertad no sólo social y política, sino, asimismo, estética.

Sobre los movimientos prerrománticos, cfr. O. van Tieghem, *Le pré-romantisme,* París, 1924, y V. von Wiese, «Zur Wesensbestimmung der frühromantische Situation» *(Zeitsrfift f. Deutschkunde,* 42-1928, págs. 722 y sigs.).

Aparte las figuras inglesas que antes hemos mencionado y de Rousseau, siempre importantes, pero algo alejadas del movimiento en sí, tenemos una serie de pre-románticos importantes: en Francia, Bernardin de Saint-Pierre, Chateaubriand, Mme. de Staël; en Alemania, el movimiento de *grupo de Jena* se orienta esencialmente hacia la filosofía, en tanto que el *grupo de Heidelberg,* que dio los poetas más importantes (Hoffmann, Chamisso, Uhland, Heine, Brentano, Arnim), se aparta de la especulación filosófica.

Pese a que, según vemos, los estímulos iniciales del movimiento romántico se originaron en partes distintas de Europa, se está de acuerdo en el origen alemán del Romanticismo, aunque también aquí hay una cierta ambigüedad, y no pocos críticos han hablado, como en el caso del Romanticismo en general, de oscuridad y de falta de precisión: H. Heiss *(Die Romantik in der Roman. Literaturen,* Friburgo de Br., 1930,4) ha escrito:

«Unser Bild der Romantik war niemals scharf umrissen und umbestriten. Aber wenn man die reiche Forschungsarbeit der letzten Jahrhudert durchwandert, gewinnt man beinahe, den Eindruck, als hätte die ganze Anstregung nur dazu gedient, mehr Dunkelheit als Klärung zu shaffen».

(Nuestra imagen del Romanticismo nunca fue definido y defendido claramente. Pero si se repasa el rico trabajo de investigación de los últimos decenis se tiene casi la impresión de que todo ese esfuerzo sólo ha servido para hacer más oscuridad que claridad.) Cfr. asimismo F. Schults en el art. Romantik del *Reallexikon der deutschen Literaturgechichte,* II, 1928/1929, pág. 110.

¿Cuáles serán, empero, los rasgos que definen este romanticismo alemán en la medida en que pueden establecerse? Varios: el primero, ya lo hemos señalado, es que sus inicios son de *una clara orientación anti-francesa.* El segundo, y pese a que algunos críticos nieguen el hecho, *la filosofía idealista del Yo* va a determinarla de un modo decisivo. Y aunque se alegue que la filosofía ejerció un influjo muy limitado, o relativamente poco profundo, sobre los escritores, lo cierto es que, en el ambiente, se vivía un clima de clara orientación idealista. Roger Ayrault, sin embargo, ha vuelto a insistir, hace relativamente pocos años, sobre un innegable influjo de Fichte (*La génèse du romantisme allemand,* París, 1961). Ahora, a finales del XVIII y principios del XIX, la concepción del Yo que elaboró la filosofía idealista será de una importancia innegable. Kant había reconocido la existencia de la «cosa en sí» *(der Ding an sich,* lo que él llama el *noumeno,* y que es incognoscible). Pero si el *noumeno* no es conocible, lo mejor que podía hacerse con él era eliminarlo. Al hacerlo los idealistas alemanes, a cuya cabeza se halla Fichte, se prescinde de la realidad objetiva de lo exterior para proclamar que el Yo constituye la realidad primordial y absoluta. El mundo es una creación del Yo. Esta concepción de Fichte (para quien el Yo puro debe concebirse con abstracción total del yo individual) llevó a una identificación, por parte de los románticos, del Yo absoluto con el Yo individual, de modo que los rasgos esenciales de ese Yo absoluto se transfirieron al genio individual. Esta transferencia, unida a la nueva concepción del genio que se había estado preparando desde Kant, por lo menos, hizo que, para el romántico, la realidad esencial sea el Sujeto, el Genio, que, libre de toda traba, crea el universo. El Yo romántico busca lo Absoluto. Otro rasgo de ese Yo poético, que busca más allá de los sentidos y al que atrae el misterio y lo insondable, es su radial *insatisfacción,* su nostalgia *(Sehnsucht)* por alcanzar un Ideal por principio inalcanzable, al que, sin embargo, tiende su espíritu. Ése es el carácter común que hallaremos en una serie de figuras románticas y pre-románticas creadas por los poetas: René, Enrique de Oefterdinger, Don Juan, Fausto, Don Álvaro, Adolphe, etc.

Con la exaltación del yo y su anhelo infinito de libertad van unidas una serie de características ideales del Romanticismo: por un lado, se rompen las trabas que atenazaban, de acuerdo con los principios del clasicismo, al artista. El prólogo del *Hernani* de V. Hugo es bien significativo a este respecto: «No hay reglas ni modelos, sólo la plena libertad del artista.» La obra literaria no tiene por qué agotarse con la razón. Recordemos la frase de Goethe aducida en capítulos anteriores, de acuerdo con la cual «cuanto más incomprensible sea una obra poética, tanto mejor».

Pero eso no basta. Surge ahora una objetivización de ese anhelo de libertad absoluta y de búsqueda de un ideal siempre insatisfecho. *Prometeo* será, a partir de ahora, una figura que encarnará los grandes ideales de los románticos *(Prometeo liberado,* de Shelley). Pero hay otras figuras que encarnan los anhelos románticos: El Satán de Miltón (y con él la aparición de un *satanismo* que llegará hasta Baudelaire), que queda ilustrado con las obras de lord Byron, que es quien mejor encarna esa orientación *(Manfredo, Caín, Childe Harold).* O el deseo jamás insatisfecho de Don Juan y de Fausto *(Don Juan,* de lord Byron; *Fausto,* de Goethe, *Don Juan Tenorio,* de Zorrilla).

La actitud *irónica* será otro de los rasgos del romanticismo alemán, que pasará a otros países: W. Schlegel ha sido quien ha teorizado este aspecto de la estética romántica. El arte, de acuerdo con el crítico alemán, exige una *actitud irónica,* es decir, de distanciamiento, de superioridad frente a la obra poética. El concepto, por otra parte, fue elaborado por los románticos alemanes hasta convertirlo en la exigencia de romper la ilusión dramática: intervención del autor en la novela, aparición del poeta en el escenario, y otros casos semejantes.

Como consecuencia lógica de esa actitud de distanciamiento respecto de la realidad y del anhelo de hallar lo *distinto* tenemos la tendencia del Romanticismo hacia la *búsqueda de lo exótico* (España, Italia), de lo alejado en el tiempo (la Edad Media), o un mundo perdido para siempre, pero que conserva su encanto inmerescible: así, la idealización de la Grecia clásica, que hallamos en los precursores como Goethe, Schiller, Hölderlin, Kleist, Herder, Winckelmann, Lessing, Humboldt y un sinfín más de autores.

> Es un prejuicio hablar de oposición del Romanticismo a la Antigüedad clásica. Aparte lo que hemos dicho de la *Aufklärung* alemana, recuérdese que Canat ha escrito un libro entero sobre la atracción que lo clásico ha ejercido sobre todos los románticos, o en gran parte de ellos *(L'hélenisme des romantiques,* París, 1951/1955). La lucha de Grecia por su libertad frente al turco, si no explica el filohelenismo alemán sí explica el de los ingleses (lord Byron muere en Grecia luchando por la libertad de este país frente al turco), y franceses (Chateaubriand va en peregrinación a Grecia y escribe un diario de este viaje).

La génesis del Romanticismo en Alemania no debe hacer perder de vista que el movimiento no es exclusivamente germánico. Lo que ocurre es que en cada nación halló una expresión específica, de acuerdo con las circunstancias del momento. De Alemania pasó a Inglaterra, donde dio importantes escritores (Byron, Shelley, Keats, Worsworth, Coleridge, W. Scott); el libro de Mme. de Staël, *De l'Allemagne,* fue decisivo para su penetración en el país galo, aunque allí el romanticismo tardó más en penetrar que en Inglaterra, y donde dio también importantes escritores (Lamartine, Musset, Vingy, Hugo, aparte los pre-románticos). En Italia y en España el influjo fue algo más tardío. En el caso de Italia, las figuras más importantes fueron Monti, Leopardi y Manzoni, aunque el movimiento fue preparado por hombres que van a caballo de dos estéticas (como Alfieri).

El caso español es distinto, y ha dado lugar a muchas discusiones: su tardío alumbramiento se ha querido poner en relación con la llegada de los inmigrados (1833). El tema ha dado lugar a polémicas. Mientras A. Castro ha defendido el carácter foráneo del romanticismo hispano *(Les grands romantiques espagnols,* París, 1927), A. Peers *(Historia del movimiento romántico español,* Madrid, 1940) ha insistido en la *tradición romántica* española, como si el alma hispana fuera, por naturaleza, romántica. Sin embargo, creo que la doctrina de los «frutos tardíos» puede explicar muy bien la tardanza en afianzarse en nuestro país el movimiento, que dio figuras importantes, algunas de ellas las más populares de nuestra literatura. (Larra, Zorrilla, Espronceda). (Cfr. Alborg, *Historia de la literatura española,* IV, Madrid, 1980, páginas 11 y sigs., sobre el tema.)

Si intentamos, ahora, tras esa visión panorámica, un ensayo por dar una caracterización general del movimiento romántico, podríamos enfocar el problema desde la perspectiva en que lo ha realizado Remak en un trabajo muy sugestivo y que, a partir de un planteamiento empírico, procura superar la ambigüedad del término y del concepto de romanticismo. Remak, en efecto, presentó, en *Colloquia germanica,* 1968, un trabajo con el prometedor título de «A Key to West european Romanticism?» (reproducido en *Begriffsbestimmung der Romantik,* ya citado, págs. 427 y sigs.). El método de Remak consiste en realizar una lista de *rasgos* del romanticismo occidental (alemán, francés, inglés, italiano y español) indicando si cada uno de esos rasgos era un factor auténtico en cada una de las literaturas mencionadas. Sus resultados, en síntesis, son los siguientes: *Con respecto a los rasgos generales:*

1. En el Romanticismo alemán la Literatura está más íntimamente relacionada con las demás artes que en Francia, pero en ésta hay una relación más íntima que en Inglaterra; España e Italia ocupan, en esta clasificación, los dos últimos puestos.

2. Los románticos, por lo general, no se autollamaron románticos, pero, a pesar de sus antagonismos, tenían conciencia de formar un auténtico movimiento, y ello pese a ser entre sí tan distintos poetas como Worsworth y Byron, o como Goethe y Schiller.

3. En Alemania los románticos sintieron un *fuerte atractivo por la mitología nórdica,* no clásica (y ello a pesar de contar con hombres como Schiller, Goethe, Hölderlin o Humboldt). Hubo una fuerte reacción contra el Neoclasicismo también en el país germánico, más fuerte aquí que en Francia e Inglaterra. Tal reacción y tendencias apenas se notaron en Italia y España.

4. Hubo, en cambio, un *gran interés por el Helenismo* (cfr. Canat, *L'héllenisme des Romantiques,* París, 1955). La causa fueron, por un lado, los «elementos románticos de Grecia y Roma», la lucha de Grecia por su libertad frente al turco, y la de Italia por alcanzar su unidad.

5. Por lo que se refiere a la *actitud romántica ante la Edad Media* hay indicios de que las cinco culturas entudiadas hicieron progresos respecto al conocimiento de la llamada Edad Oscura. Pero, al tiempo, hallamos una cierta nostalgia por los *orígenes populares* de la cultura: esta nostalgia se traduce, en Alemania, Francia e Inglaterra, en un renacimiento del *primitivismo* (la niñez de la Humanidad, el hombre como animal o como salvaje), a veces *vía* medievalismo; en Italia, España se mantuvo poco cuidado este aspecto. El interés folklórico, derivado de éste, halló fuerte eco, y dio importantes frutos en Alemania (cfr. Herder, los hermanos Grimm), en Inglaterra y en España, pero menos en Italia y en Francia.

6. En Alemania y en Francia se observa un interés notable por el cultivo de la *pasión,* por el egocentrismo, la religiosidad, la vuelta al mito; en Inglaterra ese interés es más limitado; y más aún en España y en Italia.

7. El *patriotismo,* la búsqueda de la *identidad nacional* fue notablemente poderoso en Italia y en España; menos fuerte fue en Alemania (a pesar del deseo de unificación), y menos aún en Francia y en Inglaterra, a pesar de la existencia de Napoleón.

8. En cuanto a los *rasgos literarios* del romanticismo del Occidente de Europa, se nota un gran auge de ciertos géneros mayores, como la lírica, el epos nacional, el drama histórico *(Guillermo Tell, Götz, Hernani, Los amantes de Teruel),* así como un gran interés por lo exótico *(Las orientales, Le leyenda de los siglos, Diván,* de Goethe, etc.), así como el simbolismo que adquiere ahora notable interés.

A estos rasgos podemos añadir otros: se trata de los *efectos supranacionales del movimiento romántico:*

1. Los románticos contemporáneos tuvieron en su época una relativamente escasa influencia en el extranjero. Algunos, ciertamente, ejercieron un notable influjo (A. W. Schlegel, Jean Paul Richter, los hermanos Grimm, Schelling, V. Hugo, Lamartine, Dumas padre, W. Scott, que sin duda fue el más influyente), Manzoni, Leopardi. España no figura en esta lista.

2. En cambio autores más antiguos, a veces muchos, dejaron su huella entre los románticos: Böhme, Herder, Goethe, Schiller, Kant, Rousseau, Shakespeare, Milton, los pre-románticos ingleses (Richardson, Ossian-Macpherson, Percy, Young, Gray), Dante, Vico, Cervantes, Calderón.

3. Las naciones que más influencia ejercieron durante el movimiento romántico fueron Alemania, Inglaterra y Francia, por este orden.

4. En Alemania se observa un romanticismo más extremista que en otras naciones.

5. La literatura romántica inglesa fue la más equilibrada.

6. Francia desempeñó el papel de intermediaria entre los países germánicos y los nórdicos.

7. España e Italia forman un bloque romántico especial: sus rasgos suelen coincidir, pese a que en esta época sus relaciones no fueron intensas. Su romanticismo es, esencialmente, patriótico *(El Dos de Mayo, Oda a Italia),* político y práctico. Sin duda se dejó sentir en ellas la fuerza de la tradición. En ambos países se nota poco influjo filosófico.

8. Hay un par de países (España e Italia) que aparecen como países románticos por excelencia (Merimée, Bizet, *Viaje a Italia* de Goethe, etc.), a fuer de exóticos y «apasionados». Alemania representó, en este aspecto, un papel más reducido.

9. Es curioso que un mismo autor haya podido influir en forma distinta según los países: así Rousseau influyó en Alemania como pedagogo *(Emilio)* y literato, mientras en España y en Italia influyen sus obras de carácter político y social *(Contrato social).*

Las consecuencias que Remak obtiene de este detallado estudio son que, de un lado, hay que renunciar a una serie de *clichés* y de tópicos relativos al romanticismo, como que éste es un movimiento vago y ambiguo, anticlasicista y anti-siglo XVIII; de otro, que ha sido un movimiento liberal y reaccionario, o que es una construcción metafísica. Por el contrario según el crítico anglosajón debe afirmarse que el Romanticismo, visto como un todo, tiene consistencia, y que, con ciertas limitaciones, comparte algunas actitudes con el pasado, y que en sus tendencias domina una coincidencia en lo esencial.

A pesar de que a lo largo de este capítulo hemos mencionado obras concretas, ofrecemos una bibliografía general sobre tan importante tema:

Sobre los orígenes del Romanticismo puede verse el librito de F. Garrido, *Los orígenes del Romanticismo,* Barcelona, 1968, así como los estudios más detallados de Ch. Dedeyan, *J. J. Rousseau et le sens littéraire à la fin du XVIIIe siècle,* París, 1967, y J. Fabre, *Lumière et Romantisme,* París, 1963.

Para las relaciones cronológicas, R. Bray, *Chronologie du Romantisme (1804-1830),* París, 1963.

Sobre el movimiento prerromántico, M. Cavallo, *Il preromanticismo nel significato della storia e della poesia,* Milán, 1966, así como el amplísimo estudio de H. A. Korff, *Geist der Goethezeit,* Leipzig, 1923. Sobre los rasgos generales y su esencia, los trabajos de H. Honour, *El romanticismo* (trad. cast.) Madrid, 1979 (que se refiere fundamentalmente al arte plástico), a los trabajos citados de Lovejoy, R. Wellek, Peckham, y a L. R. Furst, *Romanticism in perspective,* Londres, 1972 [2].

Sobre la historia del movimiento romántico, F. L. Lucas, *The decline and fall of the romantic Ideal,* Cambridge, 1948; M. Praz, *The romantic agony,* Londres, 1915 [2], y P. van Tieghem, *Le romantisme dans la littérature européenne,* París, 1948.

Sobre la imaginación romántica son importantes los trabajos de C. M. Bowra, *The romantic imagination,* Nueva York, 1961, y A. Béguin, *El alma romántica y el sueño* (trad. cast., Madrid-Buenos Aires, 1978). Es importante abordar los rasgos especiales de cada nación: para Alemania, R. Aurault, *La génèse du romantisme allémand,* París, 1961; O. Walzel, *Deutsche Romantik,* Halle, 1918 [2]; R. Haym, *Die romantische Schule* (ed. por O. Walzel, 1928 [5]), y L. A. Willoughly, *The romantic movement in Germany,* Oxford, 1930.

Para Inglaterra: H. Abrams (ed.), *English romantic Poets,* Nueva York, 1960; W. W. Peper, *The active Univers,* Londres, 1962, y K. Murray, *H. Taine und die englische Romantik,* Munich, 1924.

Para Francia: R. Duhamel, *Aux sources du romantisme français,* Ottawa, 1964; algo más antiguo, W. Küchler, *Französische Romantik,* Heidelberg, 1908, y V. Klemperer, «Romantik und fr. Romantik» (en *Festscrift Vossler,* Heidelberg, 1922, págs. 10 y sigs.).

Para Italia: M. Fubini, *Romanticismo italiano,* Bari, 1953.

El *caso español* ha dado lugar, como hemos señalado, a ciertas polémicas: Cfr. el problema presentado sucintamente en Alborg, *Historia de la literatura española,* IV, Madrid, 1980, págs. 11 y sigs., donde se discute la principal bibliografía.

5

LOS MOVIMIENTOS POSTROMÁNTICOS

Durante el siglo XIX la poesía y la prosa no van a seguir la misma ruta. Mientras, a partir de 1830, en Francia surge un movimiento poético de reacción frente al Romanticismo, que se llamará Parnasianismo —al que sucederá la corriente simbolista, a su vez como reacción frente a los parnasianos—; la prosa va a hacer un esfuerzo considerable también, por romper las cadenas que la ataban al Romanticismo, pero va a tomar unos rumbos completamente distintos. Ahora aparece una corriente eminentemente realista (Realismo) que desembocará en el Naturalismo.

El movimiento *parnasianista* tomó el nombre de una revista de vanguardia que se titulaba *Le Parnasse contemporain*, y que tuvo una corta vida, entre 1866 y 1876. Pero sería un error considerar que con la aparición de la revista se iniciaba el movimiento que ha recibido precisamente el nombre de aquella publicación. De hecho, como señala P. Martino *(Parnasse et Symbolisme,* París, 1958 ², pág. 3), si se hace empezar la historia del Parnaso en 1866 se cae en el absurdo de excluir de este movimiento literario nada menos que a las figuras más importantes de la poesía francesa del momento (Gautier, Benville, Baudelaire, Leconte de Lisle, por ejemplo), cuyas obras más importantes habían aparecido antes de 1866. Pero ocurre que, precisamente, los nombres citados son los que hoy se consideran los más grandes parnasianos. Fueron ellos quienes definieron la estética que luego se llamaría parnasiana. Detrás de ellos, vendrán figuras como Sully Prudhomme, Coppée y Heredia, que, escribe el citado crítico francés, «ne font pas grande figure». Lo peor, empero, para Martino, es que hacer empezar el parnasianismo en 1866 —cuando la polémica literaria se había ya agudizado— significa presentar el Parnasianismo como una reacción contra el Romanticismo, cosa que, según el crítico galo, está lejos de ser cierto.

> Martino no está solo en esa afirmación. Highet *(La tradición clásica,* II, pág. 221) escribe: «Fue un movimiento bastante complejo y, a semejanza de casi todos los acontecimientos espirituales, es imposible de definirlo con la palabra ''reacción''.»

Acaso lo que cabría afirmar es que el Parnaso —y los poetas que lo prepararon ya a partir del triunfo del Romanticismo (1830)— reaccionó contra los excesos románticos, excesos que, por una especie de ley, se agrandan a medida que el movimiento adquiere importancia. De hecho, tras las luchas de 1830, en las que el espíritu revolucionario pretendía hacer del arte un instrumento de educación —algo *utilitario,* pues,— surge la teoría del *arte por el arte* que quería ser precisamente la negación de esta «degradación». El ideal parnasiano, que pretende resucitar el *equilibrio* clásico (no en vano el movimiento toma el nombre del monte donde las Musas y Apolo tenían su asiento), es el del *dominio de las pasiones.* La manifestación artística más vigorosa de este ideal se halla en la colección de sonetos (el soneto es una composición profundamente equilibrada y *clásica)* que constituye el libro de José M. Heredia (1842-1905) titulado *Los Trofeos (Les trophées),* donde el poeta pasa de la antigua Grecia hasta el Renacimiento, congelando toda la historia europea en una serie de cristales coloreados con vigor y enorme brillantez. Cada una de estas etapas representa un momento cumbre o una empresa culminante de belleza en su intensidad más depurada. Una especie de *momentos estelares de la Humanidad,* estéticamente evocados.

Para los parnasianos el mundo clásico podía ser un mundo digno de afirmación, pero no por ello creían tener que entresacar las reglas de la poesía a partir de sus producciones. En un hermoso poema *(L'art)* T. Gautier escribe:

> *Point de contraintes fausses!*
> *Mais que pour marcher droit*
> *tu chausses,*
> *Muse, un cothurne étroit.*

El *simbolismo* es el término que se aplicó a una serie de poetas franceses herederos en última instancia de Baudelaire, para los cuales los acontecimientos y las personas individuales no tienen una significación específica, y que sólo pueden convertirse en objeto de poesía si se los presenta como símbolo de unas verdades imperecederas. Sólo el artista es capaz de percibir ese secreto y profundo significado de lo perecedero. De hecho, la idea en sí la expresó, filosóficamente, Platón con su doctrina de las ideas. Dentro de la escuela simbolista hay que situar a Mallarmé y Valéry entre los franceses, y Ezra Pound, T. S. Eliot y James Joyce entre los anglosajones. Son asimismo simbolistas poetas como Rilke, y, ya en un sentido más lato, los griegos Seferis y Elitis.

> Aunque no suele mencionarse el influjo que los griegos ejercieron sobre esta escuela, hay que recordar que el mito griego, a veces profundamente camuflado, suele servirles de instrumento para simbolizar ciertas actividades espirituales: Narciso, la Parca (Valéry), faunos (Mallarmé), la tragedia griega (Eliot), Ulises (Joyce), el mito griego en general (Seferis)...
>
> C. M. Bowra, *The heritage of Symbolism,* Londres, 1943, es uno de los estudios básicos.
>
> En cierto sentido pertenecen al movimiento Rimbaud y Verlaine. El ideal de la *poesía pura* que dominará algo más tarde aparece ya en Mallarmé.

Al movimiento poético simbolista suceden una serie de estéticas que tienden a exaltar todo lo que de *destructor* de las ideas contemporáneas pueda concebirse. Aparecen así, de un lado, el *dadaísmo,* que propugna un lenguaje balbuciente, que destruya la realidad llamada lenguaje racional; el *surrealismo* —que va a coincidir con la aparición del freudismo— acepta el arte como vehículo de lo irracional, se sumerge en lo inconsciente, en lo caótico —y lo onírico—. Con ello creen haber descubierto el medio adecuado para el redescubrimiento del viejo tipo romántico de inspiración. A. Bretón (Manifeste surréaliste, 1924) es el gran representante de la escuela.

Cfr. D. Ades, *El Dadaísmo y el Surrealismo,* Barcelona, 1975. El *modernismo,* que representará una corriente estética importante en la poesía hispana (y la americana, cfr. Rubén Darío), representa el movimiento de superación de los moldes anteriores, sociales y estéticos, para estar «a la altura de los tiempos modernos». En Inglaterra ha tenido sus variantes (el dandysmo, con O. Wilde): se trata de una estética completamente antiburguesa, que quiere hacer literatura progresista.

Sobre el *ultraísmo* (que se muestra entusiasmado ante los progresos de la técnica), cfr. G. Videla, *El ultraísmo,* Madrid, Gredos, 1971 [2].

En general sobre los movimientos vanguardistas J. M. Martínez Cachero, *Historia general de la Literatura de vanguardia,* Barcelona, 1918; G. de Torre, *Literaturas europeas de vanguardia,* Madrid, 1974 [2], y J. Casals, *El expresionismo,* Barcelona, 1982.

Fundamentalmente en la *Novela,* pero asimismo en el teatro (Ibsen, por ejemplo), a partir del romanticismo asistimos a la aparición de una gran corriente realista, que va a desembocar en el *naturalismo.* El movimiento realista es un intento por crear una estética que se oponga a la romántica, con su exaltación del yo, el valor dado a la fantasía, la forma simbólica de expresión, y el intento por expresar la naturaleza como algo vivo, y su esfuerzo por lo mítico. La tendencia a describir el mundo como es se verá, en ocasiones, adulterada por el deseo de plasmar los aspectos más sólidos de esa realidad. El movimiento, que pretende introducir cánones «científicos» en la lliteratura, se presenta como una estética que esté a la altura de la sociedad industrial y democrática, de la segunda mitad del siglo XIX. Dará las más grandes figuras de la novelística moderna: Balzac, Flaubert, los hermanos Goncourt, Zola, Anatole France, Dickens, Thackeray, Tolstoi, Dostoievski (Ibsen y Hebbel en el teatro).

En el prefacio de *Germine Lacerteux,* novela de los hermanos Goncourt, que ellos mismos calificaron de «científica», leemos una palabra que es bien significativa: «Vivant au XIXe siècle, dans un temps de suffrage universel, de democratie, de libéralisme, nous sommes démandé si cequ'on apelle «des basses classes» n'avait pas drepit au roman.» Pretenden, pues, abocarse al estudio de este mundo olvidado de los pobres, los desamparados: en una palabra, los *proletarios.* Estamos en 1864.

El movimiento ha interesado vivamente a los críticos durante el siglo XX. En 1951 tuvo lugar un simposio sobre Realismo *(Comparative Litterature,* III, 1951); R. Brikmann ha recogido, en un grueso volumen, una buena antología de los trabajos más importantes publicados en el mundo sobre el tema *(Begriffbestimmung des literarischen Realismus,* Darsmstadt, 1969.)

VII

LITERATURA Y CIENCIAS HUMANAS

> El estudio aislado de una obra no nos da seguridad de hablar correctamente de su construcción, ni siquiera de hablar de la estructura misma de la obra.
>
> TYNJANOV.

1

GENERALIDADES

No es este el momento para esbozar una teoría sobre el sentido y el concepto de las llamadas *ciencias humanas* —o del espíritu o históricas—. Lo que pretendemos es establecer una conexión entre la Literatura y dichas ciencias. Vale la pena, por lo que ello pueda clarificar, decir alguna cosa sobre este aspecto concreto.

1. Lo que hoy tiende a conocerse con el nombre de *Ciencias humanas* aparece en algunos autores, como en E. Cassirer, con la denominación de *Ciencias de la cultura,* y Rickert las definió como *ciencia cultural;* Dilthey las había bautizado con el nombre de *ciencias del espíritu.* La evolución en el cambio de nombre no es ciertamente casual, sino que tiene una explicación profunda: Tales cambios se deben, en efecto, a la evolución que ha ido sufriendo lo que cabe llamar la caracterización del conocimiento humano, de los rasgos que definen el conocimiento. En un primer momento, en efecto, y con el terreno abonado por la especulación de la filosofía idealista, se tiende a una oposición entre Naturaleza y Espíritu. Es Hegel, especialmente, quien estableció, como base de su sistema, tal oposición, en su audaz tentativa

por abarcar y organizar, en torno a una idea central dominante, la totalidad del saber. El fracaso del empeño hegeliano se explica, en parte, porque intentó establecer un sistema de equilibrio inestable de fuerzas, que, a la postre, tenía que romperse necesariamente. Y, en efecto, de lo que se trataba era nada menos que de reconciliar la vieja oposición entre *naturaleza* e *idea*. Sin embargo, como apunta E. Cassirer (*Las ciencias de la cultura,* trad. esp., México, F. C. E., 1951, página 57), el pensamiento de Hegel «acaba preconizando la sumisión de la naturaleza a la idea, todo ser es feudatario de la idea». No en vano el sistema hegeliano ha sido definido como un *idealismo racionalista absoluto.* Un poco antes, Kant había establecido como base de crítica filosófica que la *ciencia natural* (la representada por Newton) era la suprema manifestación de toda ciencia, y por ello se esforzó por aplicar los principios del juicio sintético *a priori* (base de la Ciencia natural) a aquellas disciplinas que no eran ciencias de la naturaleza. Fue, empero, el Romanticismo el que llevó a su cumplimiento el sueño kantiano, aplicándolo, paulatinamente, a las distintas disciplinas (a la filología, al estudio de la Antigüedad clásica, al estudio del lenguaje, a la Literatura, a la ciencia del Arte), con lo que se abría un nuevo campo, el de las ciencias culturales, históricas o humanas.

Fue un neokantiano, Rickert, quien de la forma más clara y decidida estableció una oposición entre la ciencia natural y la ciencia cultural (*Ciencia Natural y ciencia cultural,* trad. esp., Madrid, 1943), aplicando precisamente la doctrina kantiana pura. Porque, en efecto, la Naturaleza, de acuerdo con Kant, se define como «el concepto de la existencia de las cosas en cuanto que es determinada según leyes universales». Pues bien, en oposición a esta ciencia, Rickert define la ciencia cultural como una disciplina eminentemente histórica, cuyo empeño es *la investigación y estudio del proceso singular, particular.*

Sobre la problemática particular de este punto, remitimos a W. Dilthey (*Introducción a las ciencias del espíritu,* trad. esp., de J. Ortega y Gasset, Madrid, 1956), que plantea con todo rigor la cuestión de la Historia de tales ciencias. Sobre algunas dificultades que ofrece el intento de Dilthey, cfr., E. Cassirer, op. cit., páginas 89 y sigs., así como su *Antropología filosófica* (trad. esp., México, F. C. E., 1945). En torno al problema de la *primacía* de un tipo de ciencia sobre otras, cfr. E. Grassi-Th. von Uexkull, *Las ciencias del espíritu y de la cultura* (trad. esp., Barcelona, 1952, págs. 32 y sigs.).

Una orientación completamente distinta a la que estamos ofreciendo, con planteamiento muy personal, puede verse en E. D'Ors, *La ciencia de la cultura,* Madrid, Rialp, 1964.

Aunque no se está completamente de acuerdo sobre la exacta posición de algunas de las ciencias humanas (cfr., por ejemplo, lo que dice

Rickert, pág. 53, sobre la Geografía y la Etnografía), sí hay un número determinado de ellas que todo el mundo coincide en establecer.

De un lado, tenemos la *Lingüística,* ciencia que hoy ha adquirido un auge excepcional, y que va en camino de convertirse, en ciertos aspectos, en una verdadera Semántica, cuando no en una Semiótica. De histórica, ha pasado sucesivamente a ser estructural, para devenir generativa. Ahora bien, siendo la Literatura un arte cuyo instrumento es el lenguaje humano, debemos establecer una clara conexión entre la lingüística y la Ciencia literaria. Por otro lado, la *Filología,* cuyo nacimiento hay que situar, de hecho, a finales del siglo XVIII (es obra de F. A. Wolf), se presenta como una indispensable disciplina auxiliar de la Literatura, y, en cierto modo, es la antesala de ésta. La *Psicología,* al establecer, entre otros, los lazos que existen entre el autor y su obra, o el mecanismo de la creación literaria, o al analizar todo lo que de inconsciente contribuye a la concepción y elaboración literaria, deviene asimismo una utílisima ciencia auxiliar de la Literatura. Por otra parte, la *Historia* debe asimismo considerarse como una materia auxiliar de la Literatura: por lo pronto, una obra literaria se elabora y difunde en un ambiente histórico concreto, que es preciso conocer para su cabal comprensión. Pero es que, además, una obra literaria puede ser un testimonio inapreciable para la comprensión de una época determinada, aparte el hecho de que una de las perspectivas bajo las que se considera la Literatura es su aspecto fluido, su carácter histórico, frente a la consideración puramente sistemática de la producción literaria. Hay que evitar, ciertamente, el historicismo que propugna exageradamente que toda obra está indefectiblemente unida al período histórico que la ha visto nacer y que sólo es comprensible en este contexto. Taine, por otra parte, en su visión positivista de la Literatura, estableció en su día que hay tres factores que explican la génesis de la obra artística —y por ende la literaria—: la raza, el medio y la época. Esta última no puede reconstruirse si no es por medio de la Historia (*Filosofía del Arte,* trad. esp., Buenos Aires, 1944).

La *Sociología* —una ciencia en formación para su fundador, Comte— está hoy plenamente desarrollada, y se ha convertido en una disciplina utilísima para los estudiosos literarios. Un autor, en efecto, está inmerso en un contexto sociológico concreto, se dirige a un público determinado, su obra puede ser objeto de aceptación o de rechazo, etc.

La *Mitología* y la *Religión* (o mejor la *Ciencia de la Religión)* son asimismo ciencias culturales que prestan al estudio de la Literatura un auxilio inapreciable. Hay algunas literaturas —como las clásicas— que ofrecen un anclaje profundo en el mito. Pero incluso buena parte de la literatura moderna —amén de determinados aspectos de la medieval— toca temas míticos, a veces profundamente elaborados y con un ropaje simbólico. Por otra parte, el sentimiento religioso explica la creación de muchas obras literarias. No se olvide, además, que una buena parte de los géneros literarios tienen una raíz claramente religiosa: el rito.

Lo mismo cabe decir del *Arte.* Aunque a veces se producen ciertas desconexiones, es evidente que las distintas artes de una época están en cierto modo relacionadas. No debemos tampoco olvidar que en muchas ocasiones —por ejemplo, en la terminología— la teoría del Arte ha influido notoriamente sobre los estudios literarios: términos como *arcaico* y *barroco,* por ejemplo, proceden de este campo. Pero es que incluso se puede hablar de influjos metodológicos: recuérdese que los críticos han aplicado al campo de la Literatura, con notable éxito, la oposición puramente estilística entre Renacimiento y Barroco establecida por Wölfflin en su libro *Conceptos fundamentales de la historia del Arte.*

Cabe, finalmente, hablar de los aspectos formales —o literarios— de la literatura eminentemente conceptuales. Hay unos géneros filosóficos cuya clasificación se establece con criterios claramente literarios, sin olvidar que hay un gran cantidad de filósofos cuya producción merece ser leída por sus valores literarios intrínsecos: recuérdese a Platón, a San Agustín, a Nietzsche, por citar nombres bien significativos.

Con ello hemos llegado al establecimiento de una serie de conexiones entre la Ciencia de la Literatura y las Ciencias Humanas. El análisis específico de las relaciones de cada una de ellas con nuestra materia, la Literatura, será el objeto de los próximos capítulos.

2

LITERATURA Y LINGÜÍSTICA

> La historia idiomática no tiene problemas propios en cuanto historia cultural.
>
> K. VOSSLER.

La lingüística es, en rigor, una creación moderna. Aunque podemos seguir los primeros balbuceos sobre la especulación y naturaleza del lenguaje en épocas muy remotas como la Antigüedad clásica, el hecho es que la lingüística científica nació a principios del siglo XIX para alcanzar, en nuestros días, un desarrollo inusitado. Las reflexiones de un Platón en el *Crátilo* —donde se plantea por primera vez la cuestión de si el lenguaje es un fenómeno natural o convencional— y los intentos de la Sofística, primero, y de Aristóteles, más tarde, por establecer una doctrina sobre las partes de la oración, así como las aportaciones del Estoicismo a lo que cabría llamar la lógica de la gramática, no son, para nuestro tema, más que mera prehistoria.

Una buena descripción de las aportaciones antiguas y medievales al estudio del lenguaje puede verse en G. Mounin, *Historia de la Lingüística* (trad. esp., Madrid, Gredos, 1968), así como en H. Ahrens, *La Lingüística* (trad. esp., Madrid, Gredos, I, 1976).

La lingüística científica surge, pues, a comienzos del siglo XIX, gracias a las geniales intuiciones de Bopp y de Rask, que les llevaron a la creación de una gramática comparada *(Vergleichende Grammatik)* de las lenguas indoeuropeas, y a la aparición paulatina de una serie de disciplinas independientes, aunque con un método común (la Germanística, la Eslavística, la Romanística, etc.). Fue aplicando a las lenguas modernas el método comparativo e histórico como fueron surgiendo las distintas lingüísticas especializadas, una de las cuales iba a ser la Romanística, creación del alemán Diez y continuada por hombres como Meyer-Lübke y W. von Wartburg, por citar nombres bien significativos.

El lingüista, desde un primer momento, se interesó esencialmente por los hechos meramente lingüísticos, por la comparación y por la reconstrucción. La preocupación por el texto escrito, por los fenómenos meramente gramaticales, por la forma concreta e individual en que cada autor utilizaba el lenguaje le interesaba mucho menos. De ahí que, pronto, filología y lingüística tendieron a separarse. Hoy, de hecho, constituyen disciplinas distintas, con métodos propios. «Cualquiera que sea la proximidad en que se hallan situadas entre sí por razones de su objeto, filología y lingüística son hoy dos disciplinas diferentes», ha escrito P. Kretschemer (*Introducción a la lingüística del griego y del latín,* trad. esp., Madrid, C. S. I. C., 1946, pág. 1). Y aunque este autor centra su interés en las relaciones entre lingüística y filología clásica, sus palabras pueden extenderse perfectamente a cualquier otro campo. La separación entre ambas disciplinas era, a finales del siglo pasado, un hecho, y este fenómeno sólo podía tener consecuencias negativas para ambas ciencias. Esa es la razón por la que, paulatinamente, se realizaron esfuerzos para acercarlas. En el campo de la filología clásica la revista *Glotta,* fundada por Kretschemer en 1907, intenta un acercamiento entre filología y lingüística. Simultáneamente se procura no separar la historia de la lengua de la historia de la cultura, propugnando un acercamiento cultural a la Lingüística. Cada palabra no es estudiada separadamente, sino en relación con el contexto cultural que la ha formado, de modo que la historia de la lengua no se enfrenta con un ente abstracto, sino con un contenido cultural que explica mejor el desarrollo. La creación de la revista *Wörter und Sachen* contribuyó notablemente a este contacto del lingüista con la realidad cultural de un país.

> Así, se observó que la desaparición de una palabra está en relación con lo significado por ella: *toga* desapareció del latín junto con la prenda; por otra parte el hecho de que *Wand* en alemán se relacione con *winden* («entrelazar») nos ayuda a comprender la forma primitiva de construir una pared entre los germanos. La penetración de términos de otras culturas es indicio de un contacto mayor o menor entre ellas: así, la palabra *paraíso* se tomó del latín *paradisus,* que a su vez lo tomo del griego, que lo tomó prestado del persa *pairi-daeza* (que significa *parque con una cerca*). Es evidente que los griegos lo tomaron en un momento de intensa relación con el mundo persa. Y lo mismo cabe decir de otros muchos préstamos. Cfr., en general, L. R. Palmer, *Introducción crítica a la lingüística descriptiva y comparada* (trad. esp., Madrid, Gredos, 1975, págs. 473 y sigs.)

De hecho, empero, estos fenómenos no tocan directamente el problema de las relaciones entre la Lingüística y la Literatura. Mucho más lo está la consideración moderna de la *Estilística como puente entre Lingüística y Literatura.* Aquí tocamos ya un punto esencial, que deberá ocuparnos al enfocar el tema de la Estilística, en el capítulo sobre el Análisis de la obra literaria. Si prescindimos, pues, de los aspectos hasta ahora considerados, podemos reducir las relaciones entre estas dos ciencias a los puntos siguientes:

1. *La lingüística como ciencia auxiliar de la Literatura.*
2. *Relaciones de la lengua y la concepción del mundo.*
3. *Reflejo de los estratos lingüísticos en la Literatura.*
4. *Los escritores como forjadores de la Lengua.*
5. *La lingüística como modelo metodológico para la Literatura.*
6. *Historia de la Lengua e Historia de la Cultura y la Literatura.*
7. *La traducción, su problemática.*

1. Que el dominio de una lengua es condición indispensable para un perfecto conocimiento de la Literatura es hoy un postulado compartido por todos lo que se ocupan del problema. Y no nos referimos al hecho banal de que las producciones literarias, para ser entendidas en toda su profunda integridad, deben ser leídas en su lengua original. Pero es que, además, las lenguas cambian, y por ello, al estudiar a un autor, es preciso acercarse a él armados de un buen bagaje filológico que nos permita *comprender,* en toda su integridad y realidad histórica, los términos en el valor concreto que tenían en la época en que escribió

el autor. No es buen método acercarse a un autor medieval y asignar a su léxico el valor semántico que las palabras tienen en la época moderna. O bien: no podemos acercarnos a un autor barroco español sin tener conciencia de que mucho términos por él empleados eran neologismos en su época, y que, por tanto, tenían un valor estilístico especial. Estamos, por ende, ante una cuestión filológica, y, en este sentido, la filología, combinada con el estudio de la lengua es imprescindible para una cabal comprensión de un autor. El lema de Aristarco «explicar a Homero a partir de Homero» puede perfectamente aplicarse a cualquier otro autor:

Recuérdese, por ejemplo, que *joven, arrojar, presiente,* términos hoy corrientes del castellano, eran criticados por Quevedo, en un conocido soneto, como latinismos. Por su parte, Br. Snell (*Las fuentes del pensamiento europeo,* trad. esp., Madrid, 1966) ha hecho ver cómo para entender a Homero no podemos partir del léxico ático del siglo V a. de C. Sólo un exacto conocimiento de la historia de las palabras y de su resonancia en la época en que ha sido escrita la obra que estudiamos nos puede arrojar luz sobre el sentido de tal obra.

2. Humboldt desarrolló en su época la tesis de que toda la lengua no es más que la expresión de una concepción concreta del mundo. Así lo afirma en un pasaje de su obra *Sobre la diversidad de estructura del lenguaje humano.* (*Ueber die Verschiedenheit,* etc., cap. 9):

«La naturaleza de la lengua consiste en hacer pasar la materia del mundo sensible por la muela de los pensamienos; o bien: las lenguas no son el medio de representar una realidad ya conocida, sino mucho más, el de descubrir una realidad desconocida antes. Su diversidad no es una diversidad de sonidos y de signos, sino una diversidad de ópticas del mundo...»

La lengua es, pues, para Humboldt, «el órgano que forma el pensamiento» *(die Sprache ist das bildende Organ des Gedankes):* de ello se derivan importantes consecuencias de orden metodológico, y explica la enorme influencia que ha ejercido sobre una serie de pensadores y lingüistas, en especial los idealistas, desde Croce a Whorf, pasando por Vossler, Spitzer y Cassirer.

Sobre el tema, cfr. J. M. Valverde, *Guillermo de Humboldt y la filosofía del lenguaje,* Madrid, Gredos, 1955.

Existe algún estudio aislado sobre esta interrelación entre una lengua y su concepción del mundo: Bomann, *Das hebräische Denen im Vergleich mit dem Grichischen,* Stuttgart, 1952, parte de este postulado. G. Mounin, en su libro *Problèmes theoriques de la traduction*

(París, Gallimard, 1963, págs. 41 y sigs.), ha partido de esta tesis para establecer los obstáculos lingüísticos que se oponen a toda traducción. Ha sido esta visión neo-humboldtiana la que ha traído como consecuencia la crisis del concepto de traducción: «La linguistique contemporaine a mis en cause, inderectement, la légitimité ou la possibilité de toute traduction en detruisant d'une autre manière la notion qu'on se faisait traditionnelement du sens». Partiendo de la tesis de Humboldt, Cassirer ha desarrollado sus ideas en el trabajo «Le langage et la construction du monde des objets» (*Journal de Psychologie,* XXX, 1933, págs. 84 y sigs.). Sobre el lenguaje como «forma simbólica», así como sobre las ideas humboldtianas, cfr. del mismo Cassirer, *Philosophie der symbolischen Formen,* I, págs. 98 y sigs.

3. *Pygmalion,* de B. Shaw, es un ejemplo típico de lo que cabe llamar estratificación lingüística: cada estrato social se caracteriza por una fonética, un léxico e incluso por una morfología y una sintaxis concretas. En Roma, el latín hablado por las clases cultas se diferenciaba esencialmente del llamado *sermo rusticus;* Tito Livio, según los críticos romanos, delataba su procedencia provincial, por su *patavinitas.* Durante el período republicano vige en Roma la moda de aspirar algunas vocales iniciales por influjo del griego, que era la lengua hablada por la aristocracia (se decía *hinsidias* en lugar de *insidias,* hecho que criticaban los satíricos). El latín clásico, tan arduamente estudiado por los autores del Renacimiento, influyó notoriamente en la creación de términos nuevos, y en los intentos por incorporar a las lenguas modernas aspectos sintácticos del latín. En Francia, J. du Bellay, en su *Defense et illustration de la langue française,* tuvo que salir al paso contra la latinización del francés, que atentaba contra su propio genio, mientras en España, Juan de Valdés en su *Diálogo de la lengua* planteaba cuestiones parecidas (suele polemizar contra Nebrija, autor de una *Gramática castellana* a la que intentaba poner el corsé del latín). En la Grecia de la época helenístico-romana los autores escriben en una lengua aprendida en la lectura de los clásicos, y que se diferenciaba profundamente de la hablada en aquel momento. Es el movimiento llamado *aticismo.*

En el siglo XV los escritores castellanos (un Enrique de Villena, un Santillana o un Juan de Mena, por ejemplo) se caracterizan por haberse forjado un estilo calcado del latín, lo que se delata en todas sus obras. En cambio en el XVI es el influjo de Italia el que modela la lengua de los escritores de la época: un Garcilaso, un fray Antonio de Guevara utilizan un lenguaje que, aunque puede parecer artificioso, «es sin duda el de la lengua hablada entonces» (Menéndez Pidal).

4. Por otra parte, es un hecho que *un gran escritor* contribuye en no pequeña parte a la creación del lenguaje literario nacional: Lutero, con su versión de la Biblia es, de hecho, el creador del alemán mo-

derno. Dante ha modelado de un modo definitivo el italiano como forma literaria de todo un pueblo; en Virgilio tenemos el representante de todo un largo proceso que conduce a la formación del latín clásico, proceso que va desde los balcuceos de Ennio, a las formas plautinas, pasando por Lucrecio. Hasta qué punto ha contribuido a esa creación el lenguaje religioso y jurídico, la imitación del griego ha sido estudiado por Marouzeau en su libro *Quelques aspects de la formatio du latin littéraire,* París, 1949.

Por lo que respecta a España, sobre todo Castilla, cfr. R. Menéndez Pidal, *La lengua de Cristóbal Colón* (Madrid, 1942), que contiene un esbozo de la evolución que va desde el siglo XV hasta los místicos.

En la Grecia moderna es Solomós el gran modelador de la nueva lengua popular que irá paulatinamente imponiéndose en la poesía primero y en la prosa más tarde. La importancia decisiva de Shakespeare en la creación de una lengua poética nacional inglesa no debe subvalorarse. Y por lo que atañe al movimiento catalán de la Renaixensa, hombres como Rubió, Verdaguer (y Maragall algo más tarde) han sido decisivos para la resurrección de la lengua literaria de Cataluña, zona que había perdido el catalán como lengua literaria.

5. Sin duda, el caso más evidente del influjo decisivo de la lingüística sobre la Literatura —entendida aquí ya como Ciencia de la Literatura— es la aplicación de la lingüística estructural y sus métodos al campo del análisis de la obra literaria.

En efecto, una de las conquistas más importantes en el campo del estudio del lenguaje es la aportación de F. de Saussure, ello gracias al influjo de su *Cours de Linguistique générale* (publicado póstumamente por sus discípulos). En esta obra —fruto de sus explicaciones de clase— el gran lingüista ginebrino reacciona de un modo decidido contra la concepción de la gramática histórica, sosteniendo que una lengua es un *sistema arbitrario de signos,* y que el signo lingüístico comprende dos caras: el del *significante* y el del *significado.* Partiendo de esas intuiciones geniales de Saussure, fueron surgiendo una serie de escuelas lingüísticas, llamadas con el nombre común de funcionales o estructurales y que presentan como rasgo común la consideración *sincrónica* del lenguaje, aunque más tarde se consideró que era posible una consideración *diacrónica,* que tiene en cuenta la evolución lingüística, pero no de los hechos aislados, sino de los sistemas.

Los principios básicos del estructuralismo pueden verse definidos y aplicados en muchas obras, por ejemplo en muchas de A. Martinet (uno de los grandesa lingüistas actuales): *Elementos de*

Lingüística general (trad. esp., Madrid, Gredos, 1968) y *La linguistique synchronique,* París, P.U.F., 1965, etc.

Descripciones del método estructural pueden verse asimismo en M. Bierwisch (*El estructuralismo,* trad. esp., Barcelona, 1971) y L. R. Palmer.

El estructuralismo literario significa, como el lingüístico, una reacción contra la tendencia a estudiar la obra literaria desde un punto de vista *externo.* Para el estructuralista no interesa de la obra literaria más que la obra en sí, independientemente de las intenciones del autor, de la biografía de éste, de las condiciones externas que han podido contribuir a su génesis. De lo que se trata es de descubrir los elementos que constituyen la obra, la cual, a su vez, se considera, al igual que el signo lingüístico, como la combinación de un significante (la forma) y un significado (el fondo). De acuerdo con estos principios, toda modificación de la forma comportará, esencialmente, una transformación del fondo.

Este principio ha sido ilustrado por H. D. E. Kitto (*Form and meaning in Drama,* Londres, 1956, y *Poiesis. Structure and thought,* Berkeley, 1966). El autor pone un ejemplo concreto intentando una narración distinta de la que ofrece el literato, hecho que evidencia que tal modificación de la forma comporta un cambio sustancial en el valor literario de la obra.

De entre los críticos que con más éxito han aplicado los métodos estructuralistas al estudio de la obra literaria está Roland Barthes. Su estudio *Sur Racine* (París, Sueil, 1963) ha sido un muy serio intento por estudiar las estructuras del lenguaje de este autor. Barthes piensa que el gran reto de la crítica literaria actual es el de las relaciones entre una obra y su lenguaje. Cabe señalar que en algunos momentos su estructuralismo se combina con el psicoanálisis.

En el campo de la literatura clásica griega se han publicado algunos interesantes ensayos por aplicar los métodos estructuralistas, intento que contrasta con el poco eco del estructuralismo lingüístico en este campo de la Filología clásica. Cfr. Adrados, *Fiesta, Comedia y Tragedia* (Barcelona, Planeta), y J. de Hoz, *On Aeschylean Composition* (Salamanca, 1979).

6. En 1911, Karl Vossler desarrollaba una serie de ideas que pretendían esbozar una historia «idealista» de los orígenes del francés. Tales reflexiones cristalizaron en su libro *Cultura y lengua de Francia* (trad. esp., Buenos Aires, 1955, del original alemán: *Frankreichs Kultur im Spiegel seiner Sprachentwicklung,* Heidelberg, 1913). Este libro es, por un lado, el resultado de sus relaciones frente a la lingüística positivista que dominaba por aquel entonces los estudios de la lengua, y, por otro, un intento por aplicar en la práctica sus teorías sobre las rela-

ciones entre la historia de la lengua y la historia de la cultura (y de la Literatura). Resultado del primer intento citado es su libro *Positivismus und Idealismus in de Sprachwissenchaft,* 1904 (hay traducción española) *Sprache als Schöpfung und Entwicklung (La lengua como creación y evolución),* aparecida en 1906. Resultado de sus reflexiones sobre el segundo aspecto es el artículo «Historia de la lengua e Historia de la Literatura», que constituye un capítulo de su *Filosofía del lenguaje* (trad. esp., Madrid, 1940).

Ahora bien, su neta posición «idealista», que contrasta con los métodos empleados entonces por sus maestros (como Meyer-Lübke), conlleva un cambio decisivo en el tratamiento del lenguaje. Igual hará, en el mismo sentido, L. Spitzer (*Lingüística e Historia literaria,* trad. esp., Madrid, Gredos, 1972).

Por lo pronto, Vossler comienza por establecer que la historia de un idioma es la historia de sus hablantes, o más exactamente aún, es trazar la historia de su pensamiento idomático. Pero para ello no puede el investigador quedarse en la mera exposición externa de los fenómenos lingüísticos, sin penetrar en la entraña de la lengua, en su «espíritu». Por ejemplo, en su artículo «Neue Denkformen in der Vurgärlatein» (recogido luego en su libro *Geist und Kultur in der Sprache,* Heidelberg, 1925, y resumido en el volumen *Formas poéticas de los pueblos románicos,* trad. esp., Buenos Aires, 1960) sostiene la tesis general de que el latín vulgar no puede en modo alguno considerarse como una «mera corrupción del latín clásico», sino una modalidad lingüística presente en la latinidad más antigua, un «espíritu» distinto de la modalidad clásica. Cuando la visión del mundo de los hablantes en latín vulgar llegó a dominar sobre los representantes de la lengua *clásica* nace, de hecho, un nueva lengua, la *románica.* Eso —y no razones puramente mecánicas— explica las profundas transformaciones del latín al pasar a las lenguas románicas (pérdida del futuro y del perfecto sintéticos *amabo, amavi,* para hacerse analíticos: amare<amare habeo; he amado<habeo amatum).

Pero si la historia interna de una lengua es la historia de su gusto idiomático, también lo es que se puede trazar su historia externa; entonces la *historia de una lengua coincidirá con la historia de su correspondiente cultura.* En este caso lo que se intentará hallar será no el ver mismo del hablante, sino, esencialmente, lo intuido y lo visto y expresado en palabras. Ciertamente, el tema estaba ya en parte anticipado en alguno de los investigadores del siglo XVIII (como Humboldt, que tanto ha influido en él e incluso en los del XIX y parte del XX, como Croce, el maestro de Vossler). Se había elaborado, paulatinamente, el concepto de *genio de una lengua.* En este campo, las aportaciones de Vossler son altamente importantes, y contribuyen, sobre todo, a la profundización del concepto de estilo de una lengua. Partiendo de Croce, que define el lenguaje como *expresión y poesía,* Vossler hará de la historia estilística el coronamiento de la historia lingüística. La historia del idioma será, esencialmente, el estudio de los estilos individuales. Ello, empero, no pone en peligro la unidad de la lengua, porque el admitir *la unidad de la historia idiomática y de la historia literaria* no significa negar la legitimidad de que el investigador se particularice en uno u otro aspecto. Y así Vossler subraya de un modo radical la necesidad de que el historiador de la Literatura atienda muy principalmente al estudio de la lengua. «Recordemos que la potencia artística —escribe— de todo poeta y de todo escritor recibe de la lengua materna su alimento y educación inicial y más directo, y que esa lengua es la atmósfera espiritual en que por fuerza ha de respirar y crecer y formarse el genio artístico individual». Y prosigue: «El cuadro histórico-literario de una época determinada lo puede lograr un análisis del ambiente idiomático con tanta eficacia, por lo menos, como la que han demostrado hasta ahora los análisis de las corrientes políticas, sociales, religiosas, etc.

Esta misma orientación que ve en la lengua un elemento básico de la historia de la cultura hallaremos en L. Spitzer. En su obra *Lingüística e historia literaria* (que es una colección de artículos) describe su experiencia ante las clases de su profesor de historia del francés, en las que sólo se daban meros cambios externos, sin ahondar en las raíces espirituales del cambio y sin preguntarse si debajo de ese cambio no hay toda una vida cultural latente.

Para el pensamiento de Vossler, cfr. el prólogo de M. R. Lida a la traducción española de *Cultura y Lengua de Francia,* así como el prólogo de J. L. Varela al libro de Vossler *Romania y Germania,* Madrid, Rialp, 1956.

Como Vossler, Spitzer proclama «la unidad esencial de la lingüística y de la historia literaria» (ob. cit., pág. 7)

Sobre las ideas de Spitzer, cfr. K. D. Uitti, *Teoría literaria y lingüística* (trad. esp., Madrid, Cátedra, 1977, 118 y sigs.). Para este autor la diferencia que, en todo caso, se puede distinguir entre Vossler y Spitzer es que mientras aquél subordinaba el análisis literario a la especulación lingüística, éste abordaba la obra literaria en términos de estructura y significado.

7. Una traducción es una *obra literaria* que, en algunos casos, puede competir con el mismo original, cuando lo es auténticamente. En todo caso, hay traducciones clásicas que han vigido y vigen como verdaderas joyas de una literatura concreta. Sin embargo, cuando se aborda la traducción con criterios científicos y lingüísticos, al punto se plantea el problema de su posibilidad, estrictamente hablando. Este aspecto ha sido abordado en varias ocasiones, pero sobre todo y de un modo global por G. Mounin en su libro *Problèmes théoriques de la tradution* (hay versión española, Madrid, Gredos). Leemos en este autor

(pág. 8): «si l'on accepte les thèses courantes sur la structure des lexiques, des morphologies et des syntases, on aboutit à professer que la traduction devrait être impossible». Y ello por muchas razones: por un lado, si aplicamos las teorías humboldtianas sobre las lenguas como concepciones irreductibles del mundo; si tenemos en cuenta los progresos y las conclusiones actuales sobre la Semántica estructural con las teorías sobre el *campo semántico,* etc., la conclusión de Mounin (ciertamente provisional) debería imponerse. Y, de hecho, asistimos, hoy por hoy, a un renovado estudio sobre las técnicas de la traducción que, hasta ahora, no se habían echado de menos. Por un lado, Snell ha insistido en la imposibilidad de verter a nuestro lenguaje conceptual muchos aspectos de las lenguas primitivas, en las que se tiende a lo concreto. Ya hemos hablado antes de este punto. Por otro, las cuestiones relativas a los procedimientos de traducción especialmente de libros religiosos —o científicos— donde la escrupulosidad suele ser la norma, ocupan hoy un lugar especial dentro del tema: por ejemplo los trabajos sobre la traducción de la Biblia del hebreo al griego (teniendo en cuenta la profunda diferencia entre ambas lenguas), o sobre los textos científicos griegos por parte de los árabes.

No se ha escrito aún una historia general de la traducción, aunque sí existen algunos trabajos que abordan aspectos básicos de esa historia. Así el de A. García Calvo «Apuntes para una historia de la traducción» en su libro *Lalia. Ensayos de estudios lingüísticos de la Sociedad,* Madrid, 1973, 39 y sigs.

De hecho, los primeros ensayos auténticos de traducción se producen cuando Roma intenta adoptar la cultura griega. Livio Andrónico es, en este sentido, el primer autor de la literatura latina, cronológicamente hablando: tradujo la *Odisea* al latín, en el verso latino tradicional, el Saturnio. Los procedimientos de su traducción pueden fácilmente detectarse, aunque apenas conservamos fragmentos de su obra. Y, en efecto, el primer verso de su *Odisea* comienza así:

Virum, mihi, Camena, insece versutum

que se corresponde casi exclusivamente al original griego:

Ἄνδρα μοι ἔννεπε, Μοῦσα, πολύτροπον.

Sólo que, dato interesante, en vez de utilizar, latinizada, la palabra *musa,* la traduce con un término típicamente romano: *Camena.*

Estamos aquí ante un procedimiento que, a lo largo de la historia, será normal, sobre todo en Roma: no se trata de una traducción estrictamente literal, sino que se sustituye un término del original, generalmente un término de instituciones, con el correspondiente término romano. Así actuó normalmente Plauto, uno de los grandes genios de Roma y traductor, a su manera, de muchas comedias griegas al latín. El procedimiento concreto de Plauto en la traducción nos es poco conocido, porque en muy escasos casos podemos contar con el original griego y la versión paulatina. Sin embargo, un papiro, descubierto no hace mucho, nos proporcionaba una parte del texto menandreo del *Dis exapatôn* que se corresponde con la comedia Plautino *Bacchides:* de esta comparación deducimos que Plauto actúa con mucha libertad a la hora de adaptar un texto como modelo.

Sobre estos textos, cfr. ahora E. W. Handley, *Menander and Plautus. A Study in Comporation,* Londres, 1968.

Plauto habla, cuando alude a su modelo, de una *traducción bárbara (vortit barbare),* expresión en la que hay que ver una cierta ironía (cfr. el prólogo de su *Asinaria,* v. 11). Por poner un ejemplo de adaptación de las instituciones griegas a las romanas recordemos que suele verter el término *epiklera* (una curiosa institución ateniense que no existía en Roma) por «rica heredera».

Sobre Livio Andrónico y sus técnicas de traducción, cfr. S. Mariotti, *Livio Andronico e la traduzione artistica,* Milán, 1952.

Este sistema *plautino* de traducción será, por lo general, el método adoptado por los escritores romanos: así actuará Ennio en sus «versiones» de la tragedia griega; Catulo traduce un poema de Safo (frag. 31 L-P) modificando profundamente el sentido último de la obra; Horacio, que se gloría de haber introducido la poesía lírica a Roma, lo que hace es adaptar el espíritu de Alceo a la mentalidad latina. Y lo mismo cabe decir de Salustio con respecto a Tucídides y de Virgilio cuando adapta a Teócrito a las posibilidades del espíritu romano. Cicerón tradujo a Arato y el *Timeo* platónico.

Sobre Ennio, cfr. S. Mariotti, *Lezioni su Ennio,* Turín, 1963 [2]. Sobre Horacio, cfr. Pasquali, *Orazio lirico,* Florencia, 1928. Sobre el poema 51 de Catulo, cfr. G. Williams, *Tradition and Originality in Roman Poetry,* Oxford, 1968, págs. 251 y sigs. Sobre Virgilio, G. Perrotta, «Virgilio e i Greci» (*Marzocco,* 1927, 2-3).

Más antiguo aún, pero con problemas específicos, es el intento de la versión de la Biblia del griego en la época helenística. Existe, como se sabe, una auténtica leyenda sobre el hecho. Lo que importa, aquí, es abordar los procedimientos que se adoptaron. Se chocaba ya aquí con obstáculos casi insuperables: por un lado, la distinta estructura de las dos lenguas; por otro, la profunda diferenciación en las concepciones religiosas y teológicas. Pero ahora, tras los detallados estudios realizados últimamente, se conocen con mayor detalle estos procedimientos: por ejemplo, se ha observado que para traducir términos de instituciones religiosas suele acudirse a la terminología religiosa helenística: así, para verter el término *zdk* se emplea la palabra griega *dikaios,* aunque los dos conceptos no se cubren del todo: pero tiene el innegable interés que, fonéticamente, las dos palabras se parecen algo. Lo mismo podemos decir de términos como *bamoth* (altar) que suele verterse por *bômos* (aunque aquí hay que establecer una distinción: cuando el traductor (o traductores) deben verter *bamoth* (que se refiere a altares idolátricos) emplea la palabra antes citada, fonéticamente cercana al medio hebreo; pero si se trata del altar donde se realizan sacrificios al dios Verdadero, el término griego usado es *thysiastêrion* (θυσιαστήριον), neologismo formado sobre la palabra *thysía* (θυσία) = *sacrificio.*

Es curioso observar que el prurito por la literalidad de la traducción alcanzó, en el siglo II, extremos exagerados: ello puede comprobarse con los fragmentos que conocemos de la versión de Aquila, partidario de una literalidad estricta del texto sagrado, que llega incluso a destruir el genio de la sintaxis griega para mantenerse fiel a la del original.

Sobre estos problemas, cfr. J. Barr, *The Semantics of Bible,* Oxford, 1963, y D. Hill, *Greek Words and hebrew meaning,* Cambridge, 1967.

Aunque no podemos detenernos en excesivos detalles, señalaremos los esfuerzos por verter los textos filosóficos al latín en los momentos finales de la Antigüedad (Boecio, Calcidio) que plantean problemas muy parecidos.

Un caso especial lo presentan las versiones árabes de los textos científicos y médicos griegos. Que ser *traduttore* es ser *traditore,* sobre todo en el campo de la poesía, lo sabían muy bien los árabes. He aquí lo que escribe Yahiz a este respecto:

El verdadero sentido de la poesía sólo lo poseen los árabes y las gentes que hablan árabe. Las poesías no se dejan traducir ni pueden ser traducidas. Si se las traduce, la estructura poética se destroza, el metro ya no es auténtico, la belleza de la poesía desaparece...

El texto procede de J. Vernet, *La cultura hispánico-árabe en Oriente y Occidente,* Barcelona, 1978, pág. 83.

Respecto a las versiones científicas, he aquí las doctrinas que expone Mose B. Ezra: fijarse en el sentido y no traducir literalmente, ya que las lenguas no tienen una única sintaxis. Los malos traductores, sigue el autor,

«miran cada palabra griega lo que significa. Buscan un término equivalente, en cuanto al sentido, al árabe y lo escriben. Toman luego la palabra siguiente y proceden así sucesivamente...».

También en la versión gótica que de la Biblia hizo Wulfilas plantea problemas parecidos. No siempre el gótico posee el término religioso o institucional equivalente al griego (no parece que Wulfilas siguiera una versión original). Y así, unas veces acude a términos institucionales góticos para verter palabras que se refieren a elementos típicos de la cultura griega (o hebrea pasada a través de lo griego). Términos de la vida cotidiana gótica han pasado así a la versión de Wulfilas, como *hilm (yelmo),* o se adaptan al gótico términos cristianos *(ahma, sunja).* Lo curioso es que aquí, como en el caso de los LXX, suele escogerse el término que más se acerca fonéticamente al original griego.

Por ejemplo: el gótico tiene dos términos para traducir *robar: stilan* y *hlifan:* Wulfilas adopta este último por su semejanza con el griego *klépto* (de la misma raíz, por otra parte).

Pasaremos como sobre ascuas por los problemas de la traducción en la Edad Media, en la que se traducen textos médicos hipocráticos o galénicos (incluso árabes) y, sobre todo, filosóficos (Guillermo de Moerbeke, Grosseteste y H. Aristipo vertieron muchos tratados filosóficos del griego para Santo Tomás).

Es importante explicar que el califa Harum-ar-Raschid fundó en Bagdad una institución para traductores llamada la casa de la ciencia *(baitu al-hakam),* lejano precedente de la escuela de traductores de Toledo que, en la Edad Media, realizó una importante labor durante el reinado de Alfonso X el Sabio. En ella trabajó, entre otros, Domingo Gundisalvo.

Sobre las versiones renacentistas y modernas (la Biblia al alemán, por Lutero, Platón por Marsilio Ficino), nos vamos a ocupar brevemente.

Hasta Voss, que vertió todo Homero al alemán, la doctrina sobre la versión del clasicismo era que lo que debía traducirse no era sino el sentido; el ritmo del original era, para esos críticos racionalistas, como Gotsched, indiferente. Ello explica las dificultades que encontró Voss para que fuera aceptado su método de acercamiento al ritmo original, adaptando al alemán el hexámetro. G. Häntsche ha escrito hace pocos años un interesante libro que sigue los avatares de esa hazaña lingüística que representa el esfuerzo del traductor alemán (*J. H. Voss: seine homerische Uebersetzung als sprachschöpferische Leistung,* Munich, 1977). Pero al fin se impuso su criterio y Goethe, Schiller y Hölderlin adoptaron los ritmos griegos para muchos de sus poemas: El dístico elegiaco (*Las Elegías romanas,* de Goethe; las *Elegías,* de Hölderlin). Este último, por otra parte, realizó una extrañísima versión de Píndaro (estrictamente literal) que ha hecho correr mucha tinta a la hora de interpretar su sentido último y su finalidad.

Sobre esta versión cfr. ahora M. B. Benn, *Hölderlin and Pindar,* Gravenhave, 1962, como un análisis de las diversas teorías que se han emitido sobre el tema concreto: suele aceptarse como buena la tesis de que su versión pindárica tenía como finalidad asimilar el estilo pindárico para utilizarlo después en sus *Himnos.* El intento vossiano de adaptar el ritmo original ha tenido sus continuadores en España: al castellano, Pabón lo ha empleado en su versión de la *Odisea* (Madrid, Gredos, 1982) y C. Riba en su *Odissea* catalana y el padre Peix en su *Ilíada.* Dolç ha vertido asimismo *La Eneida* en hexámetros catalanes (las tres últimas versiones publicadas en Barcelona, Alpha).

Sobre el tema de las traducciones en general, especialmente en la literatura alemana, cfr. *Das Problem des Uebersetzens* (ed. P. J. Hong) (*Wege der Forschung,* Darmstadt, 1973).

3

LITERATURA Y FILOLOGÍA

> Conjetura es otro nombre para decir hipótesis, y la formulación, la verificación de una hipótesis es un procedimiento estrictamente científico.
>
> E. J. Kenney.

1

Si entendemos por Filología *la técnica de la edición de una obra literaria tal como el autor la compuso, o, al menos, en una forma lo más aproximada posible al original,* nos daremos cuenta de la importancia que tiene esta disciplina dentro de la Ciencia literaria. Importancia relativa, por otra parte, que varía considerablemente según se trate de editar una obra moderna, medieval o antigua.

Diferencia relativa, y decimos bien. Cierto que el problema es mucho menos complicado cuando el editor se ve en la obligación de editar un texto de un autor a partir del momento en que se inventó la imprenta, y, por tanto, apareció la letra impresa. Pero aun así, no deja de plantear sus cuestiones básicas. Veamos, a este respecto, lo que dice W. Kayser (*Interpretación y análisis de la obra literaria,* Madrid, Gredos, 1952, pág. 40):

El que va a la librería y compra una edición barata del *Quijote* cree tener en las manos el texto verdadero. Pero si reflexiona un instante, sacará invariablemente la conclusión de que entre el lector y el autor se interponen varias personas: primero, hay que contar con el que ha modernizado la ortografía. Cierto que para la verdadera comprensión de la obra, así como para la investigación teórica, la ortografía es, en general, de poca importancia. La puntuación es más importante. Una coma substituida por un punto y otras modificaciones análogas introducidas por el último editor para facilitar la lectura, pueden alterar el significado de una frase. Puede ir aún más lejos el deseo comprensible del editor, al intentar aligerar la lectura de una obra y conservarla viva, y quizá este deseo le lleve a sustituir por formas y palabras corrientes otras anticuadas, que el público de hoy ya no entiende.

Manuales de crítica textual: P. Maas, *Textual Criticism* (trad. ingl., Oxford, 1938); H. L. West, *Textual Criticism and editorial technique applied to Greek and Latin text,* Stuttgart, 1973; E. J. Kenney, *The classical Text,* Berkeley, Los Ángeles, 1974, y A. Blecua, *Manual de Crítica textual,* Madrid, 1983.

Sirva este ejemplo para llamar la atención del lector ingenuo con respecto a la ardua tarea que puede ser, en determinados casos, la edición de un texto. Pero imaginemos que la obra que el editor tiene que cuidar es medieval o, peor aún, antigua. Aquí ya no contamos con ediciones impresas, donde, aunque existen, aparecen en menor frecuencia las erratas. Copiar a mano un texto es un camino mucho más fácil para que aparezcan erratas, malas copias, palabras que el escriba no entiende o entiende mal, sin contar con los casos en que se introduce en el texto una palabra o una frase que en el modelo es arcaica y se ha modernizado, o, simplemente, se ha explicado. Errores que el editor tiene que subsanar, procurando llegar lo más cerca posible del texto original. Porque cuando se trata de textos medievales no siempre podemos contar con el original —que se ha perdido y sólo se conserva en copias—. Y si se trata de textos antiguos, tenemos que decir que prácticamente nunca contamos con el texto tal como el autor lo escribió, y que sólo a través de una apurada técnica es posible remontarse al *arquetipo,* es decir, el texto que ha servido de base a toda una parte de la tradición, y que no suele ser anterior al siglo VI.

Esta labor filológica tiene su origen en la época helenística, cuando los grandes eruditos de la corte de los Ptolomeos, principalmente, se vieron en la necesidad de editar las obras de la literatura clásica griega. Pero imagínese lo que representaba ocuparse de Homero, de los trágicos, de Píndaro cuando no se disponía de léxicos ni de gramáticas adecuadas, cuando los testimonios eran enormemente variados o se tenía la impresión de que había mucho de interpolado. Surgió así hacia finales del siglo IV y sobre todo a partir del III a. de C. una serie de figuras que se ocuparon de esa ingrata pero importante labor. De hecho, las primeras *ediciones* de los autores se hicieron entonces, y la distribución de las obras, tal como la tradición nos las ha conservado, remonta exclusivamente a ellos. Los venticuatro cantos de *La Ilíada* y la *Odisea,* la disposición en distintos libros de las obras pindáricas, de Alceo y Safo, de las *Historias* de Heródoto y de Tucídides, etc. A esta labor en los comienzos del Helenismo hay que añadir la de los eruditos y humanistas bizantinos desde Focio a Máximo Planudes. Y ya en pleno Renacimiento las ediciones *princeps* de los autores antiguos. De todo ello hablaremos más adelante. Cfr. para esta labor erudita R. Pfeiffer, *Historia de la filología clásica,* trad. esp., Madrid, Gredos, 1968, en dos tomos.

La recensio

Dentro de la técnica filológica se han practicado una serie de métodos distintos para la catalogación y recogida de todos los materiales que son necesarios para la edición de un texto. El más conocido es el llamado método de Lachmann, germanista y helenista que en el siglo pasado estableció un criterio de clasificación de los manuscritos en grupos y familias a partir de la coincidencia en los errores.

La recogida del material que representa la tradición puede y debe hacerse con sumo cuidado. En el caso de obras modernas, se trata de hacer acopio de las ediciones, en especial de la última que suele recoger todo el material utilizable. «Las ediciones —han escrito Warren-Wellek (*Teoría literaria,* pág. 93)— han desempeñado un papel muy importante en la historia de los estudios literarios.» Pueden llegar a representar la recopilación de todo el material ecdótico, un auténtico manual de todos los conocimientos de un autor. Pero cuando se trata de libros impresos, hay que tener en cuenta que, por lo general, solo una o dos ediciones tienen por lo común autoridad independiente, por lo que es preciso acudir al estudio de una edición que sirva de base: suele emplearse o bien la primera edición, o bien la última si ésta ha sido revisada por el autor. Puede darse el caso de que hayan aparecido varias ediciones, a veces con enormes variantes, por lo que no hay más remedio, en una edición crítica, que señalar todas las variantes. Si se trata de la edición de las obras completas se plantean a veces cuestiones de inclusión o de exclusión, de introducción de notas, etc. Para algunos críticos la edición más útil para el investigador es la que contiene toda la obra ordenada por orden cronológico, cosa que ya plantea, de entrada, un problema. No siempre se está de acuerdo en la cronología. En el caso de Shakespeare suele considerarse como criterio cronológico el gradual descenso en el uso de la rima desde *Trabajos de amor perdido* hasta *Cuentos de invierno,* aunque otros críticos —como James Hurdis (*Cursory remarks upon the Arrangement of the Plays of Shakespeare,* Londres, 1792)—, viendo desde otra perspectiva el tema, hayan sostenido que el *Cuento de invierno* es la obra más antigua donde se utiliza el verso irregular, mientras que en la *Comedia de los errores* tenemos ya el uso del verso regular.

La recopilación de materiales es importante, sobre todo porque puede darse el caso de nuevos descubrimientos que amplian considerablemente las posibilidades del crítico. Así, durante el siglo XX los relativos a la localización de los papeles de Boswell, o la aparición de papiros que nos transmiten obras perdidas de la literatura griega. En este sentido, la Papirología es de una importancia grande para el filólogo clásico: obras completas o parciales de la comedia de Menandro (*Díscolo,* parte de la *Samia,* el *Escudo,* etc.), de fragmentos importantes de tragedias o de dramas satíricos (*Los sabuesos,* de Sófocles), o de la poesía lírica (*Ditirambos,* de Píndaro, *Odas,* de Baquílides; Alceo y Safo, Aquíloco, etc.)

Edición de los fragmentos papiráceos de Sófocles en R. Carden, *The Papyrus Fragments of Sophocles,* Berlín, 1974. Para Eurípides, C. Austin, *Nova Fragmenta Eur. in papyris reperta,* Berlín, 1968. Una selección en D. Page, *Selected papyri,* Londres, 1970, III. Para los hallazgos en literatura española medieval, cfr. M. C. Pescador «Tres nuevos poemas medievales» (*Nueva Revista de Fil. Hisp.,* XIV, 1960, págs. 242 y sig.: contiene fragmentos del *Poema de Roncesvalles,* del Amadís medieval y textos de los *Proverbios morales*).

Las ediciones impresas del Renacimiento pueden ser útiles porque a veces reproducen un manuscrito perdido. De entre los grandes impresores renacentistas destacamos a A. Manucio, de Venecia (sobre él cfr. M. Lowry, *The world of Aldus Manutius,* Oxford, 1979).

El caso más frecuente, en las ediciones de obras antiguas, es el de una tradición que conste de varios manuscritos. En tales casos, es preciso realizar una labor previa de los diversos testimonios, para establecer un árbol genealógico *(stemma codicum)* cuyos principios estableció, como hemos dicho, Lachmann, y que consiste en tener en cuenta la agrupación de estos manuscritos en familias. El criterio, en tales casos, es el de la *coincidencia* en los errores.

El método se basa en una transposición de la reconstrucción de la lengua indoeuropea a partir de los fenómenos comunes que permiten establecer «comunidad lingüística» (en filología, en cambio, lo decisivo es el error particular, no la coincidencia en los arcaísmos), cfr. Timpanaro, *La genesi del método di Lachmann,* 1963 [2].

El primer paso es la *eliminato codicum descriptorum:* un testimonio no nos sirve cuando depende *exclusivamente* de un ejemplar que se nos ha transmitido o que puede reconstruirse sin su auxilio.

Imagenemos, para explicar el procedimiento del *stemma,* el siguiente diagrama (tomado de P. Maas, *Textual criticism,* trad. ingl., Oxford, 1958).

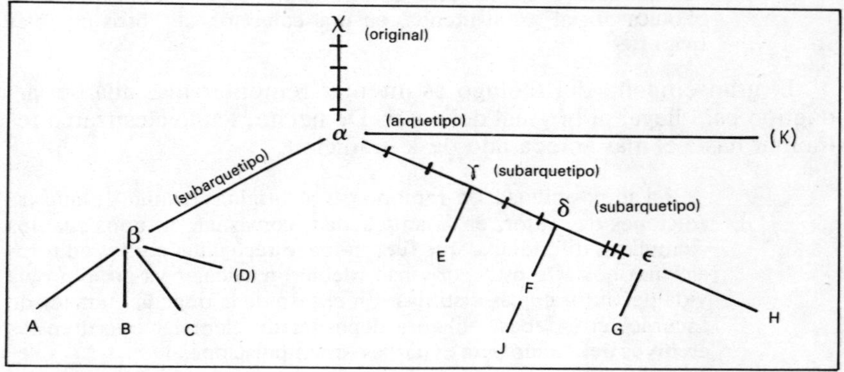

Los testimonios de A a J (no K que forma una rama aparte), todos pertenecientes a distinta cronología.

1. Si un testimonio (J, por ejemplo) muestra todos los errores de otro testimonio transmitidos (en este caso F), y, además, al menos un error propio de J *(error particular)* J deriva de F.

2. Si dos testimonios (G y H) muestran errores particulares comunes, frente al resto de la tradición, y, además, cada uno de ellos tiene por lo menos un error particular, ambos derivan de un ejemplar común E, del cual no deriva el resto de la tradición. El texto de G puede, entonces, reconstruirse, *a)* cuando G y H coinciden; cuando G o H coinciden con uno de los demás testimonios.

3. Si tres o más testimonios (ABD (D)) muestran errores particulares en común frente al resto, y, además, cada uno de los tres o más contienen errores propios, pero no hallamos nunca dos o tres (o más) que tengan errores particulares frente al tercero (o los demás), entonces ABC (D) derivan, independientemente de los otros, de una fuente común, *β*. Entonces el texto de *β* se puede reconstruir *a)* cuando dos de los testimonios ABC (D) coinciden; *b)* cuando uno de los testimonios coinciden con E.

La reconstrucción de *α* puede hacerse del modo siguiente: si su tradición tiene sólo dos ramas (*β* y *γ*) y *β* y *γ* coinciden, tenemos el texto de *α*. Si no coinciden, uno de los dos debe ser el texto de a: tenemos, aquí, entonces, *variantes,* entre las cuales no es posible decidir mediante el procedimiento que hemos seguido hasta aquí. Los portadores de variantes reconstruidos se llaman *hyparchetipus, (subarquetipo)*.

A. Dain (*Les manuscrits,* París, 1949) ha adoptado otra terminología, llamando *le plus-proche-comun-encêtre-de-la-tradition,* a una copia, directa o indirecta, del arquetipo, a veces muy próxima, otras muy alejada, de él. *Arquetipo* es, en cambio, para este autor un manuscrito de carácter determinado, depositado en una biblioteca oficial, o, al menos, en una colección de libros notables (pág. 109).

El gran empeño del filólogo es intentar remontar más allá del arquetipo para llegar al original del autor. De hecho, «sólo alcanzan a remontar hasta el más antepasado-de-la-tradición.

La imposibilidad de remontarse al original resulta de que las ediciones de Autor, en la antigüedad, consistían en unos cuantos ejemplares difundidos, que fueron luego recogidos por los editores alejandrinos. De este «original» debieron circular ya en la propia vida del autor copias distintas. En el caso de la tragedia, una ley de Licurgo, en Atenas, obligó a depositar un ejemplar oficial en los archivos del estado para evitar las «manipulaciones».

La fuentes de error, para los textos antiguos, son varias:

a) El hecho de que una cita haya sido realizada de memoria. Esto, sobre todo en la tradición indirecta, es decir, cuando un texto es citado por otro autor: como Homero en Platón, citado con frecuencia.

b) Debido a las transcripciones: En el siglo IX Focio inició un gran movimiento en Bizancio. Se transliteraron los autores desde la letra uncial a la minúscula. Pero como hay una gran semejanza entre algunas letras (A puede confundirse con Δ y Λ; Γ con T; E con θ y con O; H con EI; H con N; Δ con IC; ΛΛ con M; AI con N) ello puede ser una fuente de errores. En latín, pueden darse también confusiones: B con R; C con G; H con N; M con NI, etc.

c) Dado que los copistas medievales (tanto bizantinos como occidentales) son cristianos, puede darse el caso de que un excesivo celo cristiano haya introducido modificaciones, por pequeñas que sean: así es frecuente que en vez de divi o dei tengamos deus (la forma cristiana en vez del plural politeísta).

d) Modernización de la escritura, lo que comporta cambios en la ortografía.

e) Asociaciones mentales: así algunas veces en vez de δύραι tendremos πῦλαι (los dos significan *puerta)*.

f) Falsos cortes: los manuscritos unciales no comportaban signos ortográficos, ni separación de palabras, ni las consonantes dobles. Y ello, al pasarlo a minúscula, puede comportar errores.

El enfrentamiento con los manuscritos comporta la labor previa de su lectura. La Paleografía es la disciplina auxiliar que proporciona el instrumental necesario y que informa sobre la evolución de la escritura en las distintas épocas. Para el griego, cfr. W. Schubart, *Griechische Palaeographie,* Munich, Beck, 1966 [2], y B. A. van Groningen, *Greek Palaegraphy,* Leiden, 1963. Para el latín, Chatelain, *Paléographie des Classiques Latins,* París, 1884; para el español, Z. García Villada, *Paleografía española,* Madrid, 1922.

Para los textos papirológicos, cfr. E. G. Turner, *Greek Papyri,* Princenton, 1968.

Sobre la escritura renacentista, H. Carter, *A view of early typography to about 1600,* Londres, 1965; L. Tebire-H. J. Martin, *L'apparition du livre,* París, 1958.

La examinatio y la emendatio

La recopilación de todos los testimonios de la tradición nos puede conducir a dos resultados: que toda esa tradición dependa de un códice único o que derive de varios, o de un arquetipo que puede reconstruirse con certeza. En todo caso, lo que hay que hacer es definir lo que es tradición auténtica o tradición corrupta. Cuando hay corruptela, es decir, cuando la tradición original se ha modificado, es preciso ir a la búsqueda de la posible *conjetura.* Existen varios criterios para corregir esta corrupción, entre los cuales destacaremos los siguientes: *a*) cuando la tradición muestra, en todos sus testimonios, una lectura que claramente es falsa y esa corrupción tiene causas psicológicas (sobre todo, el escaso conocimiento que normalmente tienen los escribas de la lengua a la que están copiando) debe preferirse la lección más difícil a la más fácil (criterio de la *Lectio difficilior); b*) frente a una tradición ampliada, es preferible la versión más breve. Los escribas tienden en ocasiones a ampliar el texto que tienen ante sí, introduciendo glosas o haciendo *más comprensible* el texto con la introducción de textos más largos, menos concisos, y *c*) hay que tener gran cuidado con las *interpolaciones,* es decir, a las palabras o frases que no proceden del autor, y que es normalmente fácil detectar porque rompen la sintaxis o el curso del pensamiento.

Durante el siglo XX dominó una gran tendencia a la conjetura, tendencia que hoy se ha reducido considerablemente. Cfr. A. Marín Olete, «El estado actual de la crítica de texto» (*Rev. Univ. Granada,* IV, 1932, págs. 149 y sigs.)

Una historia de la crítica a la teoría de Lachmann en Kenney, *The Class. text* (ya citado), págs. 130 y sigs.

El concepto lachmanniano según el cual siempre hubo un arquetipo fue atacado por Pasquali así como su principio según el cual los códices tardíos (a partir del siglo X) son de valor inferior (recentiores, deteriores); cfr. R. Brownins, «Recentiores non deteriores» (*Bull. Inst. Class. Stud.*, 7-1960, págs. 11 y sigs.).

La historia del texto

Una de las fases más importantes del estudio filológico de la obra de un autor es el establecimiento de los avatares por los que ha pasado a lo largo del tiempo, desde que salió de las manos de su autor hasta llegar hasta nosotros. En general, todas las obras antiguas han conocido una serie de etapas concretas, que podemos reducir a las siguientes: *El rollo de papiro:* en los primeros tiempos de la Antigüedad el material en que solía escribirse un libro era un rollo de papiro *(volumen)*. Cada rollo podía contener un libro o una parte de un libro (un canto, por ejemplo). Hacia el siglo II se produce una de las más importantes revoluciones en la historia del libro: en vez del papiro, se emplea el pergamino (piel de animal curtida); cada una de las hojas de pergamino (o de papiro) se encuadernan formando el *códice*. Finalmente, al inventarse la imprenta, se tomaba un manuscrito concreto (el que estaba en mejores condiciones, o el más estético, no siempre idéntico al mejor) y se copiaba tipográficamente. Los libros impresos antes de 1500 se llaman *incunables*.

Pues bien, la historia del texto de un autor consiste en seguir todos los pasos que conducen a la *editio princeps* (primera edición). Tarea importante es la de señalar las diversas *recensiones* que ha conocido la obra; las antologías que de la obra de un autor se han hecho— y que a veces determina que lo que no figura en esas antologías se pierda por completo —como es el caso de parte de la tragedia griega o de la comedia, o de la lírica. Entonces sólo la tradición indirecta (citas de otros autores, descubrimientos papirológicos) nos permite tener noticias de las obras perdidas.

Sobre la Historia del texto en general, cfr. Hunger *(et alii), Geschichte der Textüberlieferung,* Zurich (Atlantis, 1961, 2 vols.). Sobre la conservación y pérdida de obras clásicas, cfr. L. Canfora, *Conservazione e perdita dei classici,* Padua, 1974.

Capítulo aparte merecen aquí las grandes bibliotecas que suelen guardar manuscritos y papiros: aparte las que pudieron existir en época prealejandrina, la primera y más importante fue la de Alejandría, estudiada por Parsons (*The alexandrian Librery,* Amsterdam, 1962). Luego se fueron fundando la de Cesárea, Constantinopla. En Occidente fueron importantes, como centros de copia y conservación de manuscritos, los monasterios (Ripoll San Gallen, Bobbio, Monte Casino, Escorial, etc.). Y las universidades (Bod-

Una página de la edición crítica de Plauto, por W. M. Lindsay

CVRCVLIO IV. i

in medio propter canalem, ibi ostentatores meri ;
confidentes garrulique et maliuoli supra lacum,
qui alteri de nihilo audacter dicunt contumeliam
et qui ipsi sat habent quod in se possit uere dicier.
sub ueteribus, ibi sunt qui dant quique accipiunt faenore.
pone aedem Castoris, ibi sunt subito quibu' credas male.
in Tusco uico, ibi sunt homines qui ipsi sese uenditant.
in Velabro uel pistorem uel lanium uel haruspicem
uel qui ipsi uortant uel qui aliis ubi uorsentur praebeant.
[dites, damnosos maritos apud Leucadiam | Oppiam.]
sed interim fores crepuere : linguae moderandum est mihi.—

CVRCVLIO CAPPADOX LYCO ii

CV. I tu prod', uirgo : non queo quod pone me est seruare.
et aurum et uestem omnem suam esse aiebat quam haec haberet.
CA. nemo it infitias. CV. at tamen meliusculum est monere.
LY. memento promisisse te, si quisquam hanc liberali
caussa manu adsereret, mihi omne argentum redditum eiri,
minas triginta. CA. meminero, de istoc quietus esto.
et nunc idem dico. CV. †et† commeminisse ego haec uolam te.
CA. memini, et mancupio tibi dabó. CV. egon ab lenone quicquam
mancupio accipiam, quibu' sui nihil est nisi una lingua
qui abiurant si quid creditum est ? alienos mancupatis,
alienos manu emíttitis alienisque imperatis,

477 supera *Leo, metro consulens, quae forma vix ferenda est si est haec scaena Plautina* 483 *post hunc versum intercidisse aliquid* (*ab* inven- *incipiens*?) *videtur* 484 uorsant *Lipsius* aliis ubi uorsentur *Ussing* (ut *Lipsius*) : alii subuersentur *cod.* 485 (*cf.* 472) *secl. Camerarius* (ii. 6) 487 Ei *cod.* (*antiqua forma*) proae (a *pro* d) *P*BD (prae *J*) 488 quam *Taubmann* : cuiquam *cod.* 491 eiri *Ussing* : firi *cod.* (F *pro* E) 493 et quidem mem. *Leo* : ⟨tibi⟩. Cv. et comm. *Bosscher* : et ibi quom mem. *Abraham* 495 accipiam *Pius* : occipiam *cod.* 496 siqui *cod.* (siquid *J*) 497 emittitis *Kampmann* : mittitis *cod.*

leyana de Oxford, París). En Italia fueron famosas la Vaticana, la Marciana (San Marcos de Venecia), etc.

Sobre la historia de la Biblioteca, cfr. C. Wendel, *Kleine Schriften zur antiken Buch-und Bibliothekwese,* Colonia, 1974, pág. 165.

Sobre lo español véase el capítulo sobre archivos, bibliotecas y museos del *Manuel de l'Hispanisant,* de Faulche Delbosch, Nueva York, 1920.

J. W. Thompson, *The Medieval library,* Chicago, 1939. Véase, además, C. F. Bühler, *The fifteenth century book,* 1961. Sobre el libro en la Antigüedad, cfr. F. G. Kenyon, *Books and readers in Ancient Greece and Rome,* Oxford, 1951 ².

La transmisión de la literatura griega a Occidente se ha realizado por dos vías: de un lado, los árabes tradujeron buena parte de la literatura científica, que pasó a Europa a través de España y de Italia. Por otro, los sabios bizantinos y los humanistas, en los inicios del Renacimiento, fueron a Bizancio en busca de obras griegas. También se hicieron en esta época importantes descubrimientos en las bibliotecas occidentales. Un caso interesante es el del códice del *De républica* de Cicerón, hecho por A. Mai a principios del siglo XIX. Lo mismo cabe decir de los manuscritos del *Poema de Mio Cid,* o de la *Chanson de Roland.*

Sobre la tradición del texto, cfr. G. Pasquali, *Storia della tradizione e della critica del texto,* Florencia, 1934.

Sobre la Historia del texto de la tragedia griega, cfr. Wilamowitz, *Enleintung in dei gr. Tragodie,* Berlín, 1898.

Para Goethe, M. Bernays, *Der Kritik und Geschichte des Goethescher textos,* Munich, 1861.

En general, para los clásicos ingleses, R. W. Chapmann, *The Portrait of a Scholar,* Oxford, 1922, pág. 65 (capítulo titulado «The textual cristicism of English Classics»).

La edición crítica de una obra suele ir precedida de una introducción (en latín si se trata de una obra clásica antigua) en la que el editor establece los testimonios que ha tenido a su disposición y los criterios que ha seguido para el establecimiento del texto. Determinación de las familias de manuscritos, el *stemma* que es posible establecer, las ediciones anteriores, las siglas empleadas (símbolos que sirven para identificar los testimonios o manuscritos). En el texto, van indicados una serie de signos críticos que sirven para indicar vicisitudes concretas que ha sugerido el texto. He aquí los más importantes:

< > : adiciones conjeturales.
[ ] : seclusión de un texto que se cree interpolado.
† : texto corrompido.

Al pie de página va un *aparato crítico* con la indicación de las variantes de las distintas ramas de la tradición. Puede ser positivo, cuando se indica la procedencia concreta de la variante, y negativo si sólo se indica la variante, sin hacer constar la sigla de donde procede el texto adoptado. También pueden incluirse algunas conjeturas que se consideren importantes, y, en algunos casos, las propuestas dudosas que el editor puede hacer, pero sin introducirlas en el texto. Entonces suele expresarse con frases de duda, como *fortasse* (acaso). En los textos de los clásicos latinos el aparato se redacta en latín.

Sobre la técnica de la edición, cfr. en general, O. Staehlin, *Editionstechnik,* Leipzig-Berlín, 1914. Para los autores clásicos.

Para los autores modernos, R. Backmann, «Die Gestaltung des Apparats in der Kritischen Ausgaben neuren deutscen Dichter» (*Euphorion,* 25, 1924); M. Barbi, *La nuova filologia e l'edizione dei nostri scrittori di Dante al Manzoni,* Florencia, 1938; W. W. Greg, *The Editorial Problem of Shakespeare,* Oxford, 1942.

2

Ocurre, empero, que con la labor de establecer un texto no termina, en rigor, la tarea del filólogo. Otros problemas se plantean para cuya resolución se exige que el filólogo y el erudito colaboren estrechamente: En realidad, en estos casos filólogo y erudito deben ser, en principio, la misma persona. Me refiero a tres tipos de problemas: *determinar la cronología de la obra, su autenticidad* y resolver la cuestión de *si está atribuida al autor real* o nos hallamos ante una falsificación.

En la literatura moderna no existen demasiados problemas de cronología. Esta puede ser, por otra parte, absoluta y relativa. Tendremos la cronología absoluta cuando podamos fechar una obra en una fecha dada: El *Quijote* apareció en 1605; o la *Elegía de Marienbad* fue escrita en 1824.

Más problemas plantean las literaturas antiguas clásicas: aquí la falta de datos aumenta las dificultades. Enumerando muy por encima podemos decir que plantean problemas: la relación cronológica entre Homero y Hesíodo; la fecha en que vivió Arquíloco; la cronología relativa de algunas Odas de Píndaro; la fecha de la primera tragedia conservada de Esquilo (hasta 1935 se creyó que eran *Las Suplicantes,* pero tras el descubrimiento de un papiro la fecha de esta pieza se ha rebajado mucho); la cronología de las tragedias de Sófocles y de Eurípides, la de los diálogos platónicos, etc.

El problema de la autenticidad y atribución de autor plantea otras dificultades. Por lo pronto es evidente que hay una serie de obras cuya autoría es discutida: ¿Es la *Chansón de Roldán* obra de Turoldo o es éste un mero copista? ¿Podemos atribuir la *Celestina* a Fernando de Rojas? La obra de Shakespeare, ¿es realmente de él, o detrás de este nombre se oculta un alto personaje?

Sobre el problema de Turoldo, cfr., ahora, M. de Riquer, *Les chansons de Geste françaises,* París, 1957, págs 105 y sigs. (escéptico), y R. Menéndez Pidal, *La épica francesa y el Neotradicionalismo,* Barcelona, Univ. de Barcelona, 1958, 55 y sigs. (que niega que Turoldo sea el autor de la *Chanson de Roland* («ese Turoldo de las plumas ajenas nunca existió más que en la mente antitradicionalista»).

Sobre la cuestión shakespeariana, cfr. el curioso trabajo de John Franco, *The Bacon-Shakespeare Identities,* Nueva York, 1947, que identifica los dos personajes sobre la base de la caligrafía.

Otras veces el problema es algo más complicado. Una obra puede aparecer bajo el pseudónimo, y entonces las dificultades residen en llegar a detectar quién se oculta detrás: ¿Quién es el célebre Avellaneda que firma la falsa segunda parte del *Quijote?*

Para resolver éste y otros problemas, existen, naturalmente, ciertos métodos aplicados con mayor o peor fortuna por parte de filólogos y eruditos. Para resolver las cuestiones cronológicas se puede, en efecto, acudir a ciertos indicios: al anacronismo, a los datos externos, a los internos. Cuando una obra hace referencia a instituciones o hechos posteriores a la fecha en que sabemos que ha vivido el autor, es evidente que estamos ante un *anacronismo* y que, por ende, la obra debe resultar, cuando menos, sospechosa.

El método ha sido sobre todo aplicado a la resolución de cuestiones de fecha relativas a las literaturas antiguas: la falsedad de las llamadas cartas de Fálaris (descubierta por Bentley), atribución a Hiponacte de los llamados Epodos de Estrasburgo, etc.

Para el tema, cfr. mi *Literatura griega. Contenido, problemas y métodos,* Barcelona, 1967, págs. 104 y sigs.

Más importante es la cuestión de la autenticidad y atribución del autor. Por lo pronto conviene distinguir entre falsificación, falsa atribución y pseudonimia. Una obra puede haber sido escrita por un autor que ha querido ocultar su nombre detrás de un pseudónimo: ello ha ocurrido con extraordinaria frecuencia en la época moderna. Unas veces, tomando un nombre que es completamente distinto al propio: Fernán Caballero (Cecilia Böhl de Faber), Tirso de Molina (fray Gabriel Téllez), Molière (Jean Baptiste Poquelin), George Eliot, George Sand, Novalis, Voltaire...

En otras ocasiones se emplea un anagrama: Natonio, que aparece en el *Crisfal* portugués, parece que es un anagrama de Antonio, referido a Sá de Miranda, que usaba este nombre.

Finalmente podemos estar en presencia de un criptograma: Crisfal, formado sobre Cristovâo Falcâo.

Existe material auxiliar que puede ser útil para resolver algunos casos de duda: M. Holzmann-Bohatta, *Deutsches Anonym-Lexikon,* Viena, 1906; E. Ponce de León-F. Zamora, *Mil Seudónimos modernos de la literatura española,* Madrid, 1942; S. Halkett-J. Lains, *A. Dictionary of anonym and pseudonym English Literature,* Londres, 1926-1934; A. A. Barbier, *Dictionnaire des ouvrages anonymes,* París, 1872-1879.

Los filólogos han aplicado una serie de criterios más o menos válidos para determinar a los autores cuya identidad es dudosa. W. Kayser (*Interpretación y análisis de la obra literaria,* 63) establece los siguientes: 1. *Indicios relativos al contenido:* los motivos y materias tocadas por el autor; los acontecimientos históricos o los objetivos técnicos aludidos (puede haber anacronismos históricos que, inmediatamente, delatan una posible falsificación). 2. *Indicios formales:* la elección de determinadas formas de verso o de estrofa, algún procedimiento narrativo especial, o indicios negativos (como la ausencia de algún rasgo típico de la técnica de un autor) pueden ayudar a determinar si una obra está atribuida bien a un autor o no. 3. *Indicios lingüísticos y estilísticos* como formas o elementos lexicales específicos pueden ayudar a determinar la fecha o el estilo de un autor. 4. *Indicios ideológicos:* cuando la ideología de una obra se contradice con la que es típica de un autor es posible que estemos ante una falsificación o que la atribución no es cierta.

Cfr. para criterios aplicados a obras de la Antigüedad, *Pseudoepigrapha* (*Entretiens sur l'Antiquité,* Fondation Hardt, Ginebra-Vandoeuvres, 1972).

En el mundo antiguo —y no sólo clásico—, se plantean una serie de cuestiones de pseudoepigrafía: la tenemos, por lo pronto, en algunos libros del *Antiguo Testamento,* y la tenemos en los libros no canónicos tanto del Antiguo como del Nuevo (*Evangelios apócrifos,* por ejemplo); puede detectarse en la literatura judeo-helenística; el problema de la real atribución de la *Epístola a los hebreos* es bien conocido (cfr. últimamente, R. Williamson, *Philo, and the Epistle to the Hebrews,* Leyden, 1970); existen una serie de escritores «fantasmas» en la literatura hebrea posterior (Ezequiel, Artapano, Aristóbulo, Cleodemo Maldo, etc.); problemas de atribución plantean muchos libros Gnósticos; y ya en la Antigüedad clásica aduciremos la cuestión de la autenticidad de muchas cartas (las de Platón, Hipócrates, etc.), la Apendix Virgiliana, el corpus Tibulianum, muchas obras hipocráticas tienen autor desconocido, etc.

Sobre la pseudo-epigrafía antigua, cfr. W. Speyer, *Die literarische Fälschung im Altertum,* Munich, 1971. Para la Edad Media (Beda, cartas papales, etc.), H. Fuhrmann, *Die Fälschungen im Mittelalter* (*Hist. Zeitschrift,* 197-1963, págs. 529 y sigs.).

Para la cuestión en general, W. Peter, *Wahrheit un Kunst,* 1915 [2], y E. K. Chambers, *The History and Motives of Literary Forgeries,* Oxford, 1991; A. Farrer, *Literary Forgeries,* Londres, 1907.

Un tercer punto es el estudio de las fuentes, o *tematología.* Los alemanes han creado el término *Quellenforschung* (investigación de fuentes) para la parte de la filología que aborda aquellas obras que haya podido seguir el autor en cuestión. Pero aquí conviene no perder de vista un principio fundamental: que no debe confundirse lo que es inspiración con lo que es fuente literaria. Mientras ésta consiste en una elección del tema o asunto que el autor utilizará en su obra. «La influencia, en cambio —y citamos palabras de G. Lanson—, consiste menos en la elección de asuntos que en la manifestación de un espíritu: se revela menos por la materialidad de los préstamos que por la penetración de los genios» (*Essai de méthode de critique et d'histoire littéraire,* 96).

Shakespeare ha utilizado muchas crónicas medievales para crear algunas de sus obras, aparte el material plutarquiano que ha utilizado. Lope se ha nutrido de tradiciones y leyendas castellanas, como Calderón.

El positivismo llevó demasiado lejos el principio según el cual, una vez se han determinado las *fuentes* de una obra, culminaba la labor de análisis de la misma. Como en otros muchos casos, se quedaban en lo puramente externo. Lo que importa, una vez se han detectado estas fuentes, es ver en qué medida el autor depende de ellas servilmente, y en qué ha sabido expresar su propia originalidad.

Capítulo importante de la *Quellenforschung* es lo que podríamos denominar el estudio de los *grandes tópicos* que pasan de un autor a otro y de una literatura a otra. Tenemos aquí un campo importante, propio en principio de la Literatura comparada y que puede aportar mucha luz a la comprensión de la originalidad de un escritor.

Para determinados tópicos de la literatura occidental heredados del mundo latino y griego, cfr. E. R. Curtius, *Literatura europea y Edad Media latina* (Mêxico, 1955), así como, para la presencia del mundo clásico en la literatura occidental, el importante trabajo de G. Highet, *La tradición clásica* (México, 1978 [3]).

4

LITERATURA Y SOCIOLOGÍA

> El escritor no sólo experimenta la influencia de la sociedad, sino que, además, influye en ella.
>
> R. WELLEK.

> A lo largo del tiempo la Literatura ha cumplido las funciones sociales más diversas.
>
> F. AYALA.

Todavía en 1962 A. Memmi se lamentaba de que la «sociología de la literatura apenas tuviera tradición». Hoy, más de veinte años después de esa visión pesimista, probablemente podríamos decir lo mismo, pese al auge que los enfoques sociológicos han tenido en los últimos tiempos. En todos los campos de investigación literaria han aparecido trabajos y estudios notables orientados a ver la producción literaria a través del prisma de lo social. Y sin embargo, es cierto que aún carece la sociología de la literatura de un firme cimiento en que asentarse.

Véase el tratamiento que hace Memmi del problema en su contribución al *Traité de Sociologie,* dirigido por G. Gurvitch (París, P.U.F., 1962, II, págs. 299 y sigs.). Memmi atribuye este relativo atasco del enfoque sociológico de la Literatura a lo que él llama «le refus de la sociologie», en el sentido de la resistencia que puede observarse a aceptar, por parte del cuerpo social como de los propios escritores, a que tal sociología se elabore.

Citaremos algunos de los trabajos que, a partir de 1960, han ofrecido una visión sociológica de aspectos del hecho literario. La selección es ciertamente arbitraria y podría hacerse otra completamente distinta: M. Detienne, *Crise agraire et attitude religieuse chez Hésiode,* París, 1963; Br. Gentili, «Aspetti del rapporto poeta, committente, auditorio nella lirica corale greca» (*Sutid Urbinati,* 39-1965, pág. 70); V. di Benedetto, *Euripide: teatro e società,* Turín, 1971 [2]; E. Ruiz, *La mujer y el amor en Menandro,* Madrid, 1981 (sobre aspectos del papel social de la mujer); F. R. Adrados, *Los orígenes de la lírica griega,* Madrid, 1976; P. Riche, *Education et culture dans l'Occident barbare,* París, 1962; E. Auerbach, *Lenguaje literario y pueblo en la Baja Edad Media* (trad. cast., Barcelona, 1969); J. A. Maravall, *El mundo social de la Celestina,* Madrid, 1968; M. Bataillon, *Pícaros y Picaresca,* Madrid, 1969 (trad. cast.); R. Escarpit, *La revolución del libro* (trad. cast., Madrid, 1968), etc.

Un panorama de los trabajos actuales, cfr. R. Hoggent en «Los estudios culturales contemporáneos: Lit. y Soc.», en *Crítica contemporánea* (ed. por M. Bradlung y D. Palmer, Madrid, 1974, páginas 187 y sigs.).

Esbozo histórico

Pese a las palabras de Memmi es evidente que existe, empero, una cierta historia de lo que podemos llamar sociología de la literatura. Probablemente la primera obra consagrada al tema sea el librito de madama de Staël, *De la littérature considerée dans ses rapports avec les institutions,* que aparecía en el momento de iniciarse el siglo XIX (1800). Fue éste, en verdad, un libro pionero que, sin entrar naturalmente en el meollo de la cuestión —todavía no se había inventado la Sociología—, sí que al menos representó un considerable esfuerzo por abordar la Literatura en un aspecto algo más amplio que el mero ángulo estético.

Poco es lo que sobre el tema escribieron los creadores de la Sociología (Comte, y, más adelante, Durkheim o Mauss). Comte, ocupado en dar a la luz a la ciencia sociológica, a la que llamó la ciencia del futuro, pudo ocuparse poco de aspectos concretos, aunque en alguna parte de su *Discurso sobre el espíritu positivo* (cap. II), habla de la «armonía entre la ciencia y el arte, entre la teoría positiva y la práctica». Durkheim, por su parte, se ocupó fundamentalmente de analizar la mentalidad primitiva; en cambio Mauss ha trabajado sobre sociología del arte, mientras ha olvidado los aspectos sociológicos de la producción literaria. Las páginas que Marx y Engels han dedicado al tema estuvieron mucho tiempo dispersas y no fueron publicadas hasta 1937 (*Sur la littérature et l'art,* trad. franc., París, 1937). La aportación marxiana de la sociología del arte y de la literatura presenta aspectos un tanto contradictorios. Cierto que admite que la cultura es una especie de superestructura de las luchas sociales, pero en alguna ocasión, y como de pasada, parece admitir que la cultura tiene un desarrollo independiente de las condiciones económicas y sociales. En un pasaje de su *Crítica de la economía política,* llega a escribir que «ciertos períodos del máximo esplendor del arte no guardan relación directa con el desenvolvimiento general de la sociedad ni con la base material y la estructura ósea de su organización». Y el propio Marx aduce como ejemplo el desarrollo literario de Grecia frente al de las naciones modernas. Como señala R. Wellek (*Teoría literaria,* 180, nota), «en este pasaje parece que se abandona por completo la posición marxista».

Importante fue la contribución de H. Taine (sobre todo en su *Histoire de la Littérature anglaise,* aparecida en 1863), quien, como hemos visto en varias ocasiones, quiso basar el estudio de la Literatura (y del arte), en su *Filosofía del arte,* en tres *hechos:* raza, medio y ambiente.

Dentro ya del siglo XX hay que señalar algunas importantes contribuciones. Ante todo; debe mencionarse el nombre de G. Lukács, cuya obra sobre este campo se inició en la primera década del siglo, con su libro *Die Seele und die Formen* (Berlín, 1910), y su *Theorie des Romans* (Berlín, 1920). A su lado hay que mencionar a E. Auerbach (*Mimesis. La realidad en la Literatura,* México, 1950), o algunos de los trabajos de Adorno (por ejemplo, *Notas de Literatura,* trad. cast., Barcelona, 1962). Un poco antes, ya B. Croce había centrado su atención sobre las cuestiones sociológicas de la Literatura (en el capítulo «La letteratura come espressione della società», en su libro *Problemi di Estetica,* Barik, 1920). Últimamente se han destacado investigadores como L. Goldmann, P. Benichou, H. Lefebvre. Importantes son las contribuciones de L. Schücking, *Soziologie des literarischen Geschmacksbildung,* Leipzig, 1931 (traducción parcial al castellano con el título de *El gusto literario,* México, 1944), de W. White, *The sociological Approach to Literature* (*Modern lang. Rev.,* 1941), y A. Hauser (*Historia social de la literatura y el arte,* (trad. cast., Madrid, 1957) y Escarpit (*Sociologie de la Littérature,* París, 1960).

A guisa de recordatorio, cabe citar los trabajos marxistizantes de G. Thomson (*Aeschylus and Athens,* Londres, 1946) o los estudios sobre las *generaciones literarias,* como los de H. Peyre (*Les générations littéraires,* París, 1948) o J. Marías (*El método histórico de las generaciones,* Madrid, 1949).

Un aspecto relacionado con el que nos interesa es lo que se llama sociología del saber o del conocimiento, en el que destacan figuras como Max Scheler (*Sociología del saber,* trad. cast., Madrid, 1935), K. Manheim (*Ensayos de sociología de la cultura,* trad. cast., Madrid, 1957, e *Ideología y Utopía,* trad. cast., Madrid, 1958).

Perspectivas de estudio

Toda producción literaria, vista desde una perspectiva sociológica, presenta, claramente, tres aspectos: el *autor,* la *obra* y el *público* al que va dirigida la obra. Estudiemos cada uno de estos puntos en concreto. *Por lo que al autor se refiere,* muchos son los temas de estudio que plantea. Un escritor es, ante todo, un hombre que vive en un medio, que pertenece a un grupo socio-económico dado, con sus ideas y sus prejuicios, que tiene un status económico concreto, que tiene sus ideas y sus creencias, y que se comunica con otros autores que opinan como él o tienen opiniones opuestas.

Vive, ante todo, en un medio concreto. Este medio está constituido por una serie de condiciones: carácter agrícola o industrial de este medio, democrático o totalitario, de un tipo u otro de religión, y un sinfín más de condiciones socio-económico-políticas, que, indudablemente, han de influir —no necesariamente mediatizar— en su producción literaria. Si examinamos las diversas condiciones que se han dado a lo largo de la historia, podremos darnos cuenta de cómo ese medio social condiciona en parte su actividad profesional. Si es que, en este medio en que vive, existe la profesión de escribir. Porque, en efecto, hay etapas de la historia social en que el literato como tal no tiene un puesto específico en la sociedad; no existe el escritor como persona que vive de su actividad literaria. En la antigua Grecia, sobre todo en la época arcaica, los primeros poetas líricos no escribían para ganarse el sustento, pues pertenecían a un estrato social aristocrático y no necesitaban de los honorarios. Píndaro —un aristócrata que escribe para aristócratas— se indigna contra la «musa venal» que en su tiempo empezaba a aparecer. Pero muy pronto hubo autores que «vendían» su producción a los grandes príncipes y señores de la época. En la época arcaica griega una de las manifestaciones literarias más características era el canto triunfal en honor de los aristócratas que participaban en los Juegos panhelénicos. Simónides, Baquílides y el propio Píndaro trabajaron para algunos de estos monarcas y tiranos que solían convertirse en verdaderos mecenas: Polícrates, tirano de Samos, reunió en su corte a los grandes artistas de la época; Hierón de Siracusa hizo otro tanto. Los monarcas de Cirene también fueron cantados por Píndaro.

La cosa cambia cuando aparece la democracia en Atenas: ahora el poeta se convierte en un «educador del pueblo» a través, especialmente, de los dos géneros específicos de la democracia: la tragedia y la comedia. El dramaturgo continúa, por lo general, perteneciendo a las grandes familias áticas, pero sus producciones son sufragadas por el estado, quien, a través de imposiciones, encarga a un particular que carge con los gastos (las llamadas *liturgias)*. Cuando, con la desaparición de la democracia y la aparicion de las monarquías helenísticas el estado deja de ayudar al escritor, vuelven a aparecer los grandes mecenas: los Ptolomeos, los Atálidas, los reyes macedónicos o los reyezuelos helenísticos protegen ahora a sus artistas, y la Literatura que se escribe es, por consiguiente, una literatura de *homenaje* y de adulación.

Lo mismo cabe decir de la Literatura en Roma. En la Edad Media las condiciones también cambian con los tiempos: los *juglares* recorren los caminos de la Europa occidental recitando aquellos pasajes de los cantares de gesta más en boga. Los *trovadores,* por lo general, recitan sus propios poemas, y suelen ser personas de una situación social más bien elevada (Guillermo de Poitiers fue duque de Aquitania), pero también puede darse el trovador que vive de su profesión. De los tres ambientes que caracterizan la Edad Media —el castillo, la iglesia y la calle— procederán producciones orientadas distintamente: en el castillo será el juglar o el trovador quien tendrá la palabra: en la Iglesia son los religiosos quienes, con una gran independencia económica, pueden escribir las obras religiosas que caracterizan a este estamento (piénsese en Berceo o en el Arcipreste de Hita); en la calle es el juglar. En la época renacentista se volverá necesariamente al sistema del mecenazgo, que perdurará hasta bien entrado el siglo XVIII. Cierto que la invención de la imprenta permitirá una mayor difusión de la Literatura, y, por ello, una cierta independencia del autor. Pero no nos engañemos: el escritor continuará en gran medida dependiendo de su «protector» a quien dedica, naturalmente, sus producciones. En el siglo XVIII será la posibilidad de tratarse con la nobleza y la asistencia a las sesiones de los célebres *salones* lo que permitirá el progreso social y literario del autor. Es a partir del siglo XIX cuando, de hecho, el escritor conquista su libertad económica, y cuando, por ende, puede practicar su profesión para vivir.

Schücking (*El gusto literario,* 32) ha descrito muy bien este radical cambio: «Antes —escribe— el *humus* sociológico era casi siempre notorio: se distinguía claramente la influencia de determinadas personas de alta posición social, la existencia de unos cuantos núcleos bien definidos, de los cuales partía la vida del arte. Ahora, en cambio, hay abundancia de fuentes: hay numerosos teatros, editoriales, asociaciones, y un público de gustos muy variados; en una palabra, hay, teóricamente, un sinfín de posibilidades de desarrollo.» Ello traerá como consecuencia la aparición de otra fuerza social —el público— que comportará, a su vez, un desplazamiento de la posición sociológica del artista.

Sobre los *juglares,* cfr. R. Menéndez Pidal, *Poesía juglaresca y juglares* (Buenos Aires, 1941, págs. 14 y sigs.).

Sobre la posición social de los trovadores, cfr. lo que dice M. de Riquer (*Los Trovadores,* Barcelona, 1975, II, 23):

«Pero es preciso hacer una distinción muy importante. Hay trovadores profesionales y trovadores para quienes el cultivo de la poesía es un complemento de la personalidad o un instrumento de sus actitudes, lo que puede concretarse afirmando que los primeros viven de su arte y los segundos tienen el arte como un adorno o un arma.

El *trovador profesional,* que vive de lo que recibe del público (que puede estar formado por una corte muy selecta o por un auditorio muy mezclado y popular), constituye el primer caso conocido de escritor en ejercicio de la Europa moderna. *Ello parece ya configurarse en Marcabrú y en Bernart de Ventadorn, pero aparecerá con características bien determinadas en Giraut de Bornelh y Peire Vidal;* y más tarde, en los casos concretos de un Pere Salvatge o de un *Cerverí de Girona,* el trovador tendrá un carácter áulico estable, al estar vinculado a una corte en cuya nómina constará como una especie de funcionario.»

Pero hay otros trovadores que, por su situación feudal, su jerarquía eclesiástica o sus bienes de fortuna, no tan sólo no compondrán versos para que éstos les sean retribuidos, sino que lo harán por mero placer o por necesidades inherentes a su postura en la vida. No en vano *la literatura trovadoresca se inicia con los nombres de tres grandes señores: Guilhem de Poitieu, duque de Aquitania; Ebles II, vizconde de Ventadorn, y Jaufre Rudel, príncipe de Blaia.* Sobre la valoración (y su autovaloración) del poeta cfr. W. Musshg («El perfil del poeta en la Historia literaria», en Ermatinger, *Filosofía de la ciencia literaria,* págs. 213 y sigs.).

Sobre el nuevo público que surge en el siglo XVIII, cfr. A. Hauser, *Historia social de la Literatura y el Arte,* II, págs. 717 y sigs.

Vale la pena recordar aquí unas palabras de A. Hauser (*Historia social de la Literatura y el Arte,* I, 324), quien señala que, de hecho, el *maestro cantor* de la Edad Media no hace sino continuar una larga tradición de cantores-recitadores, cuyo árbol genealógico, siguiendo el mencionado crítico, esbozamos aquí:

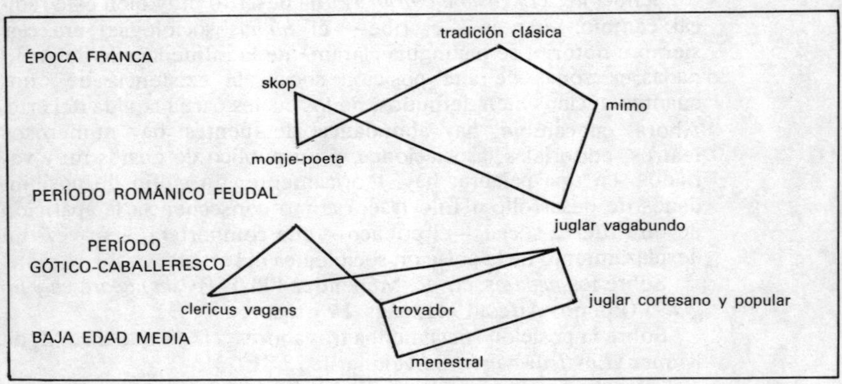

Relación autor-sociedad

La evolución que, en la Edad Moderna, ha sufrido el artista, y su visión por parte de la sociedad son un fenómeno digno de ser notado: si en un primer momento tendió a verse en él a un hijo «descastado» de buena familia, con una reputación —como en el caso del artista y del actor— muy mala, poco a poco fue transformándose esta visión negativa. Hay ejemplos de esta clarísima transformación: Thomas Gray —el gran novelista inglés del siglo XVIII— se avergonzaba —como aristócrata que era— de ganar dinero, con producciones que «estaban por debajo de la dignidad de un caballero». El propio Walter Scott prefería que lo considerasen más un hidalgo de provincias que un escritor. En la época contemporánea, naturalmente, tal concepción peyorativa ha desaparecido del todo, pero aún es posible observar diferencias de grado según los distintos ámbitos: así parece que en Alemania —por lo menos hasta hace poco— el artista solía gozar de una mayor estima social que en los países anglosajones. Y aun aquí las cosas no estaban del todo resueltas: ciertos críticos han observado como un mal síntoma el que en la Alemania de principios de siglo fuera normal que los literatos aristócratas adoptaran un seudónimo.

Otro punto a tener en cuenta es lo que podríamos llamar la filiación social e ideológica del escritor. Un postulado sociológico propone que a cada status socio-económico corresponde una ideología concreta. En este sentido, la posición social del escritor determinaría, ya, sus ideas. Pero no es infrecuente que haya lo que podemos llamar «traición a la clase»: durante mucho tiempo se ha visto como *déclassés* a personajes como Shelley, Carlyle, Tolstoy. En Grecia, Esquilo era un demócrata convencido —a pesar de que pertenecía a una clase elevada—, en tanto que Aristófanes —que era también un aristócrata— se mantuvo siempre en la posición antidemocrática. Tucídides, un historiador de origen noble, es uno de los grandes admiradores del *caudillo del pueblo,* Pericles.

Cabe, pues, abordar, desde un punto de vista sociológico, el comportamiento político e ideológico del escritor. Como señala Wellek, «la filiación, actitud ideológica y gustos de un escritor pueden estudiarse no sólo en sus escritos, sino a veces también en sus documentos biográficos extraliterarios». Es éste un campo en el que se ha trabajado bastante, poniendo especial énfasis en las derivaciones económicas de tales conceptos. Se ha querido interpretar la obra con ciertas tendencias ideológicas y socio-económicas: así ha querido verse en obras como *Los viajes de Gulliver,* de J. Swift, una referencia explícita a la situación política de la época.

En este sentido es importante referirse a las luchas ideológicas que, en ciertos momentos, llevan a cabo algunos escritores. Especialmente podemos referirnos a la llamada *literatura pacifista,* que suele aparecer siempre que hay una guerra o que ésta amenaza. Eurípides escribió una serie de *piezas negras (Hécuba, Troyanas)* para atacar el belicismo de la época, y Aristófanes ha defendido las campañas de paz en la misma época en piezas como *La paz,* o *Lisístrata.* Giraudoux nos ha dejado con su *No habrá guerra de Troya (Le guerre de Troie n'aura pas lieu)* un alegato contra la amenaza de guerra en 1935. Erasmo hizo hablar personalmente a la Paz, personificada, durante las guerras religiosas de su época *(Querela pacis).* Los ejemplos podrían multiplicarse.

Los escritores, como ocurre con otras profesiones, por lo demás, han tendido, en determinadas épocas, a unirse para defender, de alguna manera, sus intereses. Ya en la época romana existía un *collegium poetarum* o asociación de poetas (cfr. el luminoso estudio de M. Dolç en *Retorno a la Roma clásica,* Madrid, 1972, págs. 17 y sigs.) que nos informa sobre las tensiones y luchas —no sólo de carácter artístico en ocasiones— que dominaban en la poesía latina. Este ejemplo, que es curioso porque parece impensable una asociación así en época tan remota, es bien ilustrativo.

Ya en época remotísima, en Grecia hallamos determinados grupos profesionales (por ejemplo, los *Homéridas,* asociaciones de *aedos* que recitaban los poemas épicos). Reuniones donde se forman los escritores, y se comunican mutuamente sus ideas —cosa que contribuye a aumentar la idea de pertenencia a una misma *generación*— hallaremos por lo menos desde el Romanticismo (las famosas *tertulias).*

También la Universidad ha podido servir de lazo de unión (Oxford, Heildelberg, Tubinga, etc.). (Sobre el papel de la Universidad en la Edad Media, cfr. A. B. Cobban, *The medieval Universities,* Londres, 1975. Sobre el papel de la universidad alemana durante el siglo XVII, cfr. H. Schöffler, *Deutscher Osten im deutschen Geist von M. Opitz su Ch. Wolff,* Francfort, 1940.)

Sobre cenáculos, cfr. J. Sánchez, *Academias literarias del Siglo de Oro español,* Madrid, 1961. La cuestión de esta generación ha sido muy bien tratada por J. Marías, *El método histórico de las generaciones,* Madrid, 1961. (Sobre movimientos literarios, cfr. F. C. Sainz de Robles, *Los movimientos literarios,* Madrid, 1948, y C. M. Bonet, *Escuelas literarias,* Buenos Aires, 1953.)

Un caso específico, acaso propio de nuestra cultura hispana, es la situación especial en que se encontraba el *converso* durante los siglos de Oro español. Es sabido que —sobre todo a través de la obra de Américo Castro—, durante los siglos XVI y XVII sobre todo, hay en España una distribución de la sociedad en estructura más o menos cerrada, dos grandes grupos separados de «españoles»: los cristianos viejos y los judíos y descendientes de judíos (los llamados conversos). Éstos, acosados constantemente por la Inquisición, vieron su refugio en el cultivo —entre otras profesiones— de la ciencia y el arte en general. Ello explicaría aspectos concretos de la cultura española de la época, y, desde luego, explica la actitud espiritual «un vivir desviviéndose» (en frase de A. Castro) muy concreta y específica. La pertenencia de un escritor al grupo de los «marcados» aclararía múltiples aspectos de su producción. Lo mismo cabe decir de los escritores que pertenecen al grupo de los «dominadores», en los que la problemática (el honor, sobre todo) es específica y concreta.

Sobre el tema, cfr. A. Castro, *De la edad conflictiva,* Madrid, 1961, y sobre todo *España en su Historia* (que desde su segunda edición se titula *La realidad histórica de España)*. Véase también, sobre aspectos concretos, M. Bataillon, *Erasmo y España* (trad. cast., México, 1950).

Un buen estudio sobre las ideas de A. Castro en J. L. Gómez Martínez, *Américo Castro y el origen de los españoles: historia de una polémica,* Madrid, Gredos, 1980.

La obra literaria

Viene, luego, la *obra literaria* considerada como expresión de la sociedad. Es verdad que toda producción artística, aun no proponiéndoselo —y ése es el caso más frecuente—, puede servir de testimonio para comprender las condiciones de esa sociedad en cuyo seno se ha formado. Quizá quede a un lado, en este aspecto, la poesía lírica, y aun no siempre. Pero es evidente que la epopeya, la dramática y, especialmente en la época moderna, la novela, suelen ser un espejo —real, aunque en parte deformado por la óptica y las intenciones del escritor— del medio en el que se ha elaborado.

Es claro que las grandes epopeyas de la Antigüedad y de la Edad Media pueden servir, tomadas con cautela, de instrumeno con el que conocer, parte al menos, de la estructura de la sociedad. En el caso de Homero, donde hay una amalgama de civilizaciones (del bronce y del hierro), pueden a veces plantearse dudas, pero es claro que, con un sabio criterio ordenador, hay, en la *Odisea* sobre todo, un cierto reflejo de las monarquías de lo que se ha llamado la Edad Media griega, de la sociedad de los siglos X-VIII a. de C. La vida de Atenas, sus anhelos, sus problemas, su estratificación social, el papel de la mujer, etc., pueden perfectamente abordarse sobre todo a través de la comedia, aun sabiendo que el espejo de la comedia es un espejo deformador, que lo ve todo a través de la parodia y la sátira. Pero es un documento precioso.

Homero como documento social puede verse estudiado en Finley, *El mundo de Odiseo* (trad. cast., México, 1961), y especialmente en H. Strassburger, «Der soziologische Aspekt der hom. Epen» (*Gymnasium,* LX, 1953, págs. 97 y sigs.). Para la comedia ateniense, cfr. V. Ehrenberg, *L'Atene di Aristofane* (trad. ital., Florencia, 1957).

Por lo que se refiere a la Edad Media, es evidente que la estratificación de la vida genera varios tipos de literatura, cada uno de ellos con unos ideales propios, y, de hecho, con unos intérpretes propios. Las distintas obras de cada una de las tendencias indicadas permiten, en gran medida, penetrar en la compleja estructura del mundo medieval:

En efecto, el señor, que se dedica a la guerra, se nutre, inicialmente al menos, de cantos épicos. El pasaje del *Beowulf,* versos 86 y sigs., en el que el autor nos describe una fiesta animada por un *skope* (bardo) es bien significativo a este respecto: El monstruo Grendel se irrita ante los cantos que escuchan los señores en la sala de fiestas:

El monstruo maligno, con rabia terrible,
allá se irritaba en las torvas tinieblas
día tras día oyendo en la sala
el gozoso alboroto, los sones del arpa
y el canto del bardo, que bien exponía
el origen primero de toda la raza.

(Trad., L. Lerate.)

El pasaje puede compararse con otros de la epopeya antigua y medieval. La aristocracia «feudal» es la que se goza con estas narraciones heroicas: Homero es más explícito (*Odisea,* I, 325 y sigs.; VIII, 62 y sigs.). En los poemas homéricos —que reflejan una sociedad heroica, guerrera y en cierto modo caballeresca y feudal— las escenas en que un *aedo* canta hechos gloriosos del pasado en el banquete (como en la Edad Media) son más explícitas, pero en el fondo repiten el mismo esquema. En *Odisea,* I, 325 y sigs., Femio, para alegrar el banquete de los pretendientes y de Telémaco, entona un canto con estas palabras:

Y el aedo famoso cantaba ante ellos sentados,
silenciosos; cantaba el aciago regreso que Palas
Atenea inflingió a los Aqueos de vuelta de Troya...

En *Odisea,* VIII, 63 y sigs., el tema cantado por el aedo es más amplio, y Homero hace un buen resumen de lo cantado, aunque no lo transcribe literalmente.

Entre los germanos, según el conocido testimonio de Tácito, todas sus estirpes usaban canciones que servían de memoria y de anales. Jordanes refiere un hecho importante de armas de los godos (*Gothica,* IV, 26 y sigs.) de acuerdo con lo que «conmemoran en común sus cantos primitivos, que son a modo de historia».

Sobre los caracteres del arte juglaresco, cfr. E. de Chasca, *El arte juglaresco en el «Cantar de Mio Cid»* (Madrid, 1967), aparte el libro ya citado de Menéndez Pidal. Del mismo modo, para aspectos de la epopeya goda perdida, *Los godos y la epopeya española* (Madrid, 1969).

Si la vida caballeresca, las costumbres, las creencias, el mundo feudal en una palabra, quedan claramente esbozados en esta epopeya (aspectos concretos podrían ofrecer el *Poema del Cid, Los Nibelungos* o la *Chanson de Roland),* el mundo eclesiástico, tan importante en el medievo, la religiosidad popular y la fe sencilla del pueblo están contenidos maravillosamente en esa rica literatura lírico-épica religiosa, representada, entre otros autores, por Gonzalo de Berceo, y, ya más adelante, por el arcipreste de Hita. En los *Milagros de nuestra Señora* tenemos indudablemente una mina de datos para conocer esta parte integrante de la sociedad medieval. Y no sólo puede conocerse el funcionamiento de la iglesia local, sino asimismo aspectos muy importantes de la vida del pueblo. En esta obra aparecen obispos y clérigos, pero también juglares, ladrones, mujerucas, y todo un mundo abigarrado de personajes típicos.

Para completar el cuadro de la vida medieval reflejada en la literatura, hay que acudir, naturalmente, a otros géneros. Los *libros de caballerías* aportarán nuevos datos sobre este fascinante aspecto de la sociedad medieval; los *trovadores* nos permitirán entrar más íntimamente en la vida de los castillos, y sus habitantes, y analizar aspectos de la vida aristocrática que complementarán la de los cantares de gesta o la de los libros de caballerías. Finalmente, obras como *El conde Lucanor* o *El rimado de Palacio* pueden, perfectamente, completar el cuadro.

La *Chanson de Roland* nos ofrece el tipo medieval tan curioso del obispo-guerrero (Turpín); el *Poema del Mio Cid* nos da importantes noticias sobre aspectos muy concretos de la vida de Burgos y de Castilla en general en el siglo XI (existencia de judíos prestamistas, por ejemplo). En *Los milagros,* además de los tipos ya citados aparece el peregrino —figura básica de ciertos momentos de la vida medieval—, el labrador, priores, obispos, etc.

Sobre el *clérigo,* cfr. F. López Estrada (*Introducción a la literatura medieval española,* págs. 206 y sigs.). La vida italiana del XIV puede muy bien ilustrarse con el *Decamerone* de Bocaccio. Sobre los libros de caballerías, cfr. H. Thomas, *Las novelas de caballerías española y portuguesa* (trad. cast., Madrid, 1952). El talante moral de la sociedad hispana del bajo medievo halla una buena descripción y análisis en *El conde Lucanor,* de D. Juan Manuel.

La sociedad del mundo pre-renacentista, con su aspecto bifronte, con unos ojos que miran de un lado hacia la Edad Media y de otro hacia lo que será la exaltación de la vida de los sentidos —paganismo— del Renacimiento, se refleja, indudablemente, en la producción literaria del siglo XV. La profunda crisis de este siglo, las transformaciones que trajo consigo, los ideales de la clase elevada frente a los del hombre del pueblo hallan una transparente plasmación en el mundo de *La Celestina.* De esta obra ha escrito J. A. Maravall, en un trabajo dedicado, precisamente, a profundizar en los aspectos sociológicos de esta importante obra (*El mundo social de la Celestina,* Madrid, 1969, pág. 177):

> Tenemos en *La Celestina...* el modo de comportarse y, por detrás de ello, el modo de ser, histórica y socialmente, condicionado, de los señores y de los criados, de los distinguidos y de los no distinguidos, de la clase ociosa dominante y de la subordinada, eso es, de la sociedad urbana en sus aspectos más característicos...
>
> Los aspectos renacentistas, la manifestación del cambio que se produce en esta época, visto desde una perspectiva aristocrática exclusivamente, aparecen en la obra de Jorge Manrique (cfr. A. Serrano de Haro, *Personalidad y destino de Jorge Manrique,* Madrid, 1966), quien en páginas 238 y siguientes nos introduce, muy curiosamente, en lo que él llama «una tertulia literaria».

Son enormes la riqueza y variedad del mundo renacentista y por ello el cuadro que de ellas puedan ofrecernos las obras literarias suele ser muy parcial. No cabe duda de que el teatro puede ser un buen instrumento para tomar el pulso a la sociedad de los siglos XV y XVI. La enorme obra de Shakespeare es un auténtico depósito de materiales donde el sociólogo hallará segura información sobre la vida inglesa del XVI. Lo mismo cabe decir del teatro español, que, aparte la ilustración que pueda hacernos de la vida material y social de la época (comedias de costumbres, de capa y espada, de enredo), es un venero de información sobre el talante espiritual del hispano renacentista y barroco. Américo Castro ha trazado, desde la perspectiva que le es habitual (el sentido de la vida hispana), los rasgos del *drama de honor,* que tan específicamente caracterizan a la vida española del momento. Su vertiente sociológica profunda (la que permite penetrar en la misma entraña de la sociedad) fue abordada en varias ocasiones por A. Castro, en especial en su libro *De la edad conflictiva* en el que desarrolla aspectos de su conocida tesis, centrándola, ahora, en el tema del honor y de la limpieza de sangre (los grandes principios de la *casta dominante* castellana. Los dramas de Calderón y de Lope, de Tirso y de Ruiz de Alarcón, son un buen modo de penetrar en aspectos concretos de los ideales de la sociedad hispana. Los *autos sacramentales* complementan la visión que puedan ofrecernos las comedias.

En cambio, las capas sociales más bajas son las protagonistas de la novela picaresca, tan típicamente hispana. M. Bataillon ha abordado en su libro *Pícaros y picaresca* (Madrid, 1969) los aspectos literarios y sociológicos de este curioso género, que nos permite penetrar en las ideas que los españoles se hicieron de la pobreza. Pero, al tiempo, la novela picaresca quiere ser la réplica a las novelas sentimentales y caballerescas, que centraban su atención en las capas altas de la sociedad.

Bataillon modifica profundamente la idea tradicional que verá en la novela picaresca centrada alrededor del hombre, proponiendo que se mueve alrededor «de la *honra,* es decir, alrededor de la responsabilidad externa, que se funda en el traje y la calidad social heredada, ya que el pícaro es la negación viva de esa honra externa, o porque desprecia tales vanidades, ... o porque la usurpa con audacia...».

El retrato de la paulatina decadencia y aparición de un profundo pesimismo, en España, a través de la picaresca, puede seguirse en A. Francis, *Picaresca, decadencia, historia* (Madrid, Gredos, 1978), y, desde el punto de vista de los escritores *elevados,* puede verse en V. Palacio, *Derrota, agotamiento, decadencia en la España del siglo XVII* (Madrid, Rialp, 1956 [2]).

El *iberismo* de Lope de Vega —es decir, su actitud contra los teóricos y defensores del europeísmo imperial— es abordado en un curioso libro de Fernando Boedo, *Iberismo de Lope de Vega (Dos Españas),* Madrid, 1935. Boedo presenta a Segismundo como el Contraquijote. Sobre la visión de la realidad histórica española en Cervantes, tal como lo ha abordado A. Castro, puede estudiarse en A. Peña, *A. Castro y su visión de España y de Cervantes* (Madrid, 1975).

Respecto a la vida tal como es reflejada por la literatura del siglo XVIII y XIX, unos cuantos datos podrán ilustrarnos: la novelística de Fielding o de Goldsmith pintan muy bien la sociedad inglesa del XVIII, del mismo modo que obras como la autobiografía de Torres y Villarroel ilustrará la situación de la España de esta misma época, su desorganización, su falta de tradición cultural viva, que hace que un hombre como Torres pueda llegar a catedrático de Salamanca. Dickens, Zola, Flaubert, Dostoievski, Thackeray, Jean Austin, Pedro Antonio de Alarcón son un reflejo —bastante fiel—, a veces con ciertos rasgos caricaturescos de la sociedad europea del XIX. Wellek ha escrito unas páginas interesantes destinadas a explicar que, aunque ciertamente la literatura de cada época permite retratar la sociedad correspondiente, no es eso lo que verdaderamente interesa al estudioso de la Literatura:

Se puede montar y exponer —escribe en *Teoría literaria,* 17— el *mundo* de cada uno, el papel que cada uno asigna al amor y al matrimonio, a los negocios, a las profesiones, su retrato de los clérigos...

Y añade más adelante:

Pero estos estudios parecen de escaso valor en tanto dan por sentado que la literatura es simplemente espejo de la vida, una reproducción, y, por lo mismo, evidentemente, un documento social. Tales estudios sólo tienen sentido si conocemos el método artístico del novelista estudiado, si podemos decir —no ya en términos generales, sino concretamente— qué relación guarda el cuadro o la pintura con la realidad social. ¿Es realista por intención? ¿O es, en ciertos momentos, sátira, caricatura o idealización romántica?

Indicamos algunos trabajos orientados en el sentido antes apuntado: W. H. Brudford, *Germany in the 18 Century. The Social Background in the literary revival,* Cambridge, 1934; y, del mismo, *Die gesellschaftlichen Grundlagen der Goethezeit* (en el libro *Literatur und Leben,* ed. por Keferstein, Weimar, 1936).

En otro orden de cosas, cabe formularse otras preguntas. Por ejemplo, la *moral matrimonial,* tal como se refleja en los comediógrafos ingleses de la restauración ¿es tan laxa que podemos decir que en esa época en Inglaterra todo eran adulterios y matrimonios de apariencia? O bien podemos plantearnos la cuestión sobre si algunos tipos que aparecen en determinadas obras literarias responden realmente a tipos existentes en la sociedad. Por ejemplo, si el *pícaro* es una realidad auténtica, y si lo son el avaro de algunas de las piezas de Shakespeare, el *traidor* de la Edad Media. Un tercer caso lo tenemos cuando intentamos aislar determinadas actitudes espirituales e ideológicas, ciertos fenómenos sociales tales como el odio entre las clases, el *nuevo rico,* la *mujer sabia* (tipos bien analizados por Molière) o el antisemitismo. Cabe, en suma, aducir las atinadas palabras, metodológicamente bien orientadas, de E. Kohn-Bradstedt, cuando escribe:

> Sólo quien tenga conocimiento de las estructuras de la sociedad a base de fuentes distintas de las puramente literarias será capaz de averiguar si ciertos tipos sociales y su comportamiento se reproducen en la novela y hasta qué punto se reproducen.

Estas palabras pueden leerse en su libro *Aristocracy and the Middle classes in Germany,* Londres, 1937, págs. 4 y sigs.

Sobre los *héroes y villanos* en la literatura inglesa, cfr. E. E. Stoll, «Heros and Villains: Shakespeare, Middleton, Byron, Dickens» (en el libro *From Shakespeare to Joyce,* Garden City, 1944).

Sobre la comedia inglesa de la restauración, cfr. K. M. Lynch, *The social mode of Restauration,* Nueva York, 1926.

AUTOR Y PÚBLICO

Queda finalmente hablar de la dinámica de las relaciones entre el autor y el público. Por lo pronto, puede afirmarse que el autor necesita, a toda costa, un público lector, aunque éste sea un público imaginario. En realidad, siempre se escribe para alguien. Como señalaba Goethe:

> ¿Qué sería yo sin ti,
> público amigo?
> Monólogo mi sentir
> y mudas mis alegrías.

Pero la relación público-autor no se realiza sólo en una dirección. «El escritor —afirma R. Wellek— no sólo experimenta la influencia de la sociedad, sino que, además, influye en ella.» Pero la verdad es que esta interrelación no ha tenido siempre la misma intensidad. Hay una historia de este tema. A cada transformación de la sociedad sigue, indefectiblemente, un desplazamiento en la visión del artista, y, por ende, de sus relaciones con el público. En la Grecia arcaica, el poeta —especialmente el poeta coral— depende de los grandes aristócratas que le encargan la celebración de sus victorias en los Juegos panhelénicos. Depende, pues, de sus mecenas. Los grandes tiranos fomentaron el arte y la Literatura, convirtiéndose en verdaderos protectores, aunque fuera pensando en su propia gloria y en su propio prestigio. Periandrio, Pisístrato, Polícrates, Hierón de Siracusa, son los primeros mecenas de la historia, y gracias a ellos pudieron dar a conocer su obra poetas como Anacreonte, Píndaro, Simónides, Baquílides, Íbico Arión, y Tespis realizan sus primeras representaciones dramáticas. Con el advenimiento de la democracia surge un nuevo arte en Atenas (la tragedia y la comedia) que se dirige al pueblo, del que será, especialmente la tragedia, el gran *pedagogo*. El estado es quien sufragará ahora los gastos de las representaciones, en las que el poeta, con su obra, se dirigirá a todo el pueblo concentrado en las gradas.

En la Edad Media se repiten, en cierto modo, estas mismas condiciones. De un lado los grandes señores protegen el arte; el pueblo y la Iglesia colaboran también. Ante el pueblo recita el juglar los poemas de los trovadores; y la Iglesia fomentará el desarrollo del teatro. Poco a poco surge de nuevo el tipo de Mecenas: En el siglo XIV Petrarca deberá su propio sustento a la familia Colonna. En el siglo XVI, en pleno Renacimiento, prosigue la labor protectora de los mecenas: Los Médicis, los Este, los duques de Milán permitirán el gran florecimiento de la nueva literatura italiana. Por otra parte, con la invención de la imprenta se posibilita la difusión de la Literatura en una proporción mayor que el códice medieval. Con la decadencia de la aristocracia, a partir del siglo XVI, cambia de nuevo la posición del artista. El escritor, seguro de su superioridad, siente desprecio por el público, por lo menos por el gran público, si bien todavía aceptará los consejos de sus protectores concretos. Shakespeare hablará con desprecio de lo inútil de servir «caviar a la plebe». Ruiz de Alarcón adoptó una altiva independencia frente a su público, al que se dirige así en el prólogo de la edición de sus comedias:

> Al público: Contigo hablo, bestia fiera, que con la nobleza no es menester, que ella se dicta más que yo sabría. Ahí van esas comedias; trátalas como sueles, no como es justo, sino como es gusto... Si te desagradaren me holgaré de saber que son buenas; y si no, me vengaré de saber que no lo son el dinero que te han de costar.

Esta actitud del atrabiliario comediógrafo se debe, en parte, a esa tendencia general a que hemos apuntado, aunque no debe descartarse el influjo de su propio complejo de inferioridad, nacida de su defecto físico. Como señala Max Scheler (*El resentimiento en la moral,* pág. 74 de la traducción castellana):

> Los enanos y jorobados que se sienten humillados por la mera presencia de los demás hombres, revelan por eso tan fácilmente este odio peculiar, esta ferocidad de hiena pronta al asalto.

Como hemos dicho, el desprecio por el gran público se compagina muy bien, en estos autores, con el respeto que, por lo general, muestran ante su protector: Pope aceptará las observaciones que le hará lord Halifax a propósito de su versión, en pareados, de Homero; Shakespeare llega más lejos aún: dedica un soneto a su protector, llamándole nada menos que su musa. El texto es tan curioso que no resistimos la tentación de transcribirlo:

So oft have I invoked thee for my Muse
and found such fair assistance in my verse
as every alien pen hath got my use
and under thee their poesy disperse
....
Bur thou art all my art, and dost advance
as high as learning my rude ignorance.

(Tantas veces te invoqué como mi Musa,
y tantas diste ayuda a mis poemas,
que toda pluma ajena ya me imita,
y con tu protección difunde su obra
....
Pues mi arte eres tú, tú quien eleva
mis ignorancias al saber más alto.)

Voltaire admite que los componentes del círculo de la Duquesa de Maine hagan observaciones a su *Oedipe;* más aún, toma en cuenta sus consejos.

Poco a poco, empero, el artista irá desprendiéndose, incluso, de esa protección, digamos, paternalista. Se emancipa de ese ambiente, sobre todo a partir del *movimiento estético* (en pleno siglo XIX). Uno de sus más importantes promotores fue el anglosajón Leigh Hunt. En Francia tal movimiento toma la forma de lo que se llama el *arte por el arte,* para cuyos adeptos la poesía es una verdadera religión y los poetas sus sacerdotes. Y nadie puede atreverse a enseñar al sacerdote a ejercer su sagrado ministerio. En Inglaterra el *movimiento estético* está representado por figuras como Dante Gabriel Rossetti y Oscar Wilde, entre otros, en tanto que la escuela de Stefan George lo representará en Alemania.

Con el naturalismo se ensancha aún más el abismo que va separando a autor y público. Con sus ataques a la sociedad constituida, aunque fueran ataques meramente literarios, esta sociedad vuelve la espalda a esos escritores que tienen la osadía de describir el mundo *como es,* con lo cual ponen al descubierto las lacras sociales de la burguesía de finales del siglo XIX. Como escribe L. L. Schücking (*El gusto literario,* 55):

> El abismo entre el público y el artista se fue abriendo más y más. La fama literaria de un poeta o de un escritor, tal como se manifestaba en los periódicos y revistas, no solía corresponder a la difusión entre el público, porque los ideales artísticos eran demasiado diferentes.

La cosa llegó a veces a una auténtica tensión: sociedad y literatura se escindían. Recuérdese el proceso contra Flaubert, por su *Madame Bovary,* que fue atacada porque la *pudorosa* sociedad se creyó insultada en lo más íntimo. Pero el escritor no podía permanecer de espaldas al público. Lo que ahora se intenta es una lucha feroz por ganarse al público. Surge la necesidad de la *propaganda* —ya genialmente intuida por Cervantes con su manifiesto temor a que la Primera parte del *Quijote* no tuviera la aceptación esperada y deseada. Esa propaganda, esa lucha por la difusión del libro, tendrá algunos aliados naturales: Unos, los *editores,* que, naturalmente, tendrán mucho interés en que la obra sea conocida y aceptada (el éxito del *Tristan Shandy* de Sterne se debe a los esfuerzos propagandísticos de su editor); pero también los críticos contribuirán notablemente. El crítico de periódico, por ejemplo, fue el que decidió la fama de los poemas de Rossetti.

Otras veces se acude a verdaderas filigranas para mover al público: en el caso del teatro, la invención de la *claque,* que surge en pleno siglo XVIII: se utilizó en la representación del *Orestes* de Voltaire; y con ocasión de la representación de una pieza teatral de O. Goldsmith se emplearon procedimientos semejantes.

Sobre el tema, véase G. Raget, *Le succès: auteurs et public,* París, 1882, y, para aspectos particulares, W. Fechter, *Das Publikum der mittelhochdeutschen Dichtung* (en *Deutsche Forschungen,* XXVIII, Francfort del Main, 1945.

A. A. Harlage, *Shakespear's Audience,* Nueva York, 1941.

Véanse también W. B. Thomas, *The story of spectator,* Nueva York, 1928, y E. Auerbach, *Das französische Publikum de 17 Jahrhunderts,* Munich, 1933.

CAMBIOS DE MODA Y DE GUSTO

Ortega ha dicho cosas muy jugosas a propósito de la *moda* y su papel en la historia de la cultura. En el caso del éxito o el fracaso de un escritor —sobre todo del que introduce profundas innovaciones, y, por tanto, ataca la *moda* reinante—, la moda jugará un papel evidentemente decisivo. Richardson exclamaba, a propósito del éxito que tuvo en *Tristan Shandy* —cuyo triunfo se debe, en parte, a la propaganda, según hemos visto—, las siguientes y significativas palabras:

> Estamos obligados a leer cualquier libro estúpido que la moda convierta en tema favorito de las conversaciones.

Se trata, pues, de que se produce un cambio de gusto en una sociedad. El cambio se debe, naturalmente, a causas muy diversas. Por un lado, a que ha triunfado una nueva generación y los árbitros del nuevo gusto son otros. Pero pueden jugar otras circunstancias. Por ejemplo, el autor puede haber *captado* la onda espiritual, y anticiparse a los hechos, o, simplemente, recoger lo que él considera los *deseos* del público. Pero siempre hay que constatar una cierta lucha para imponer el propio arte. Ya en Homero (*Odisea,* I, pág. 345), Telémaco dice a su madre, a propósito del poema que acaba de recitar el aedo Femio:

> No censures a Femio que cuente el aciago destino
> de los Dánaos: los hombres prefieren brindar sus elogios
> a los más nuevos cantos que puedan llegar a su oído.

Hay, empero, casos dramáticos: algunos poetas han tardado años y años hasta que su nuevo arte es aceptado por el público. Tal es el caso de Eurípides. Mientras Sófocles consiguió imponer sin esfuerzo el suyo (en el primero concurso dramático en el que tomó parte consiguió ya el primer premio), Eurípides obtuvo pocas veces la victoria y aun ésa le fue otorgada bastante tarde. El caso es que Eurípides fue un gran innovador de la tragedia, tanto en sus aspectos formales, como en su contenido. Sus ataques contra la mujer le valieron —según los biógrafos antiguos— un furioso ataque por parte de éstas en las fiestas Tesmoforias. Pero los postulados básicos de su arte —arcaísmo unido a un gran realismo— le valieron los ataques de los críticos conservadores (Aristófanes, sobre todo). Lo curioso es que, poco tiempo después de su muerte, su arte comenzó a ser aceptado sin discusión, convirtiéndose en un autor de moda. Los esfuerzos de un Catulo por introducir en Roma el arte helenístico —la escuela llamada de los *neotéricos*— levantaron grandes enconos. Cicerón llegó a llamar a los poetas de esta escuela, despectivamente, *cantores Euphorionis,* con el nombre de un poetastro de la época helenística.

Lope de Vega fue otro escritor cuya poética fue aceptada pronto, triunfando en su empeño por desviar la orientación del arte dramático de su tiempo. Él es, con su genio, el creador de la *comedia* típicamente hispana, que se aparta abiertamente del teatro de su tiempo, y cuyo ejemplo típico es la *Numancia,* de Cervantes. Lope renuncia a seguir la línea del teatro *culto* renacentista, muy influido por Séneca, y, aceptando los escarceos de algunos autores que habían iniciado tímidamente un movimiento popularista, logra un éxito descomunal. Sus ideas sobre el tema la expone, como es sabido, en su *Arte nuevo de hacer comedias.* Reconoce haber seguido, en ocasiones, el arte tradicional:

> Verdad es que yo he escrito algunas veces
> siguiendo el arte que conocen pocos;
> mas luego que salir por otra parte
> veo los monstruos de apariencias llenos,
> adonde acude el vulgo y las mujeres,
> que este triste ejercicio canonizan,
> a aquel hábito me vuelvo;
> y cuando he de escribir una comedia
> encierro los preceptos con seis llaves...
> Y escribo por el arte que inventaron
> los que el vulgar aplauso pretendieron;
> porque, como las paga el vulgo, es justo
> hablarle en necio para darle gusto.

Durante el siglo XVIII asistimos en varias ocasiones a los esfuerzos —y triunfos— de algunos escritores por cambiar los gustos de su tiempo. Sabido es que Rousseau fue el gran artífice del cambio de la orientación literaria de lo neoclásico a lo romántico. Su *Nueva Heloísa* representará un brusco viraje de la novela, que, a partir de ahora, intentará hablar al sentimiento. Pronto le siguieron otros novelistas, como Bernardin de Saint Pierre. Otro caso es el de Lessing, empeñado en superar los moldes del clasicismo francés en su visión de los griegos y de la tragedia griega. Con él triunfa, de hecho, el movimiento alemán que llevará el nombre de Neohumanismo. Los principios teóricos que defendió en su *Dramaturgia hamburguesa* los aplicará el escritor en *Sara Samson, Emilia Galotti,* o *Natán el Sabio.*

Más espectacular fue el éxito conseguido por Goethe a los veinticinco años con su *Werther.* Los jóvenes de su época vestían como el protagonista, en tanto que las muchachas intentaban parecerse a Lota.

Algo parecido podemos decir de la lucha que tuvieron que sostener los paladines del naturalismo para imponer sus criterios estéticos. Enormes dificultades hallaron los naturalistas franceses, y aún más los alemanes, aparte la polémica que desató en España y que indujo a la Pardo Bazán a escribir su *Cuestión palpitante*. Keller llegó a insultar a Zola llamándolo «infame individuo».

Hay, por supuesto, otros elementos que pueden contribuir a la difusión, al conocimiento, de los autores, a su aceptación y a su rechazo, a su formación y a tomar conciencia de grupo: los premios literarios, los Salones, las escuelas (*Sturm un Dramg,* naturalismo, modernismo, surrealismo), la escuela del *arte por el arte,* el Parnasianismo, etc.).

El Estado en ocasiones, de forma directa o indirecta, practica una censura que puede llegar a ser decisiva (para esta práctica en el mundo clásico, cfr. L. Gil, *Censura en el mundo antiguo,* Madrid, 1961; para el mundo marxista —su *realismo socialista*—, que es una especie de censura indirecta, juega un importante papel). También la Universidad puede influir en el contacto entre autores, contribuyendo a crear un clima espiritual (Hörderlin se formó en Gottinga, donde entró en contacto con Hegel).

5

LITERATURA E HISTORIA

> El gran misterio de las Letras nos da facultad de hablar con los ausentes, de escuchar, ahora, a los sabios antepasados las cosas que dijeron.
>
> H. PÉREZ DE OLIVA.

1. LA HISTORIA COMO LITERATURA

LOS ORÍGENES

La Historia como intento por comprender el pasado es una creación de los griegos, y no sólo en cuanto al nombre (historia deriva de la palabra griega ἱστορίη = *historiê,* que significa *investigación),* sino en cuanto el concepto mismo. Pero si la Historia, como actividad humana, o como género literario, es una creación griega, no siempre entre los Helenos ha significado lo mismo. De hecho, asistimos a una relativamente larga evolución en la propia Grecia.

La actividad de lo que, con el tiempo, iba a ser lo que hoy llamamos Historia comenzó, por paradójico que pueda parecer, siendo cualquier cosa menos Historia. Y, en efecto, fue en la Jonia, en el siglo VI a. de C., un siglo trascendental en la historia cultural de la Humanidad, cuando comienzan a aparecer unos hombres, llamado *logógrafos* (λογόγραφοι), es decir, *«escritores en prosa»,* cuya tarea consistía en describir la tierra entonces conocida, así como las costumbres y tradiciones de los pueblos descritos. Una clara y decidida voluntad racionalista de rechazar las tradiciones *«absurdas»* de los griegos relaciona claramente a los logógrafos con los primeros filósofos, que, aparte haber aparecido en la misma región (en Mileto, en la misma Jonia), se proponían, también, explicar la formación del mundo sin necesidad de acudir a la noción de *dios.*

El logógrafo más importante fue Hecateo de Mileto, cuya obra se nos ha perdido en gran parte. Pero fue su discípulo Heródoto de Halicarnaso quien, habiendo comenzado por seguir las huellas de su maestro, hizo dar un paso a esta evolución, creando lo que verdaderamente conocemos hoy por Historia. Es ya sintomático que Heródoto comience su obra con la palabra *historíê:* «Ésta es la exposición de las investigaciones de Heródoto de Halicarnaso» y que algunos de sus libros (especialmente el II, dedicado a Egipto) no sea sino una especie de continuación de la obra de su maestro. De hecho, el objetivo de nuestro historiador parece que, en un principio, fue describir las costumbres y tradiciones de los distintos pueblos que formaban el abigarrado imperio Persa. Pero cuando le tocó el turno a Grecia, por una serie de razones el panorama del logógrafo cambió por entero. El primer contacto entre Persia y Grecia —al menos el menos significativo— fue la llamada «guerra médica» (o en plural, guerras médicas, porque hubo dos). Para castigar la ayuda prestada a la Jonia, que se había rebelado contra el rey Persa y había recibido ayuda de Atenas, Darío realizó una expedición de castigo contra esta ciudad. El resultado (Maratón) fue una derrota persa. Su sucesor, Jerjes, años más tarde quiso borrar aquel baldón, y proyectó la conquista total de Grecia. El resultado fue, asimismo, una derrota (batallas de Artemisión, Salamina, Platea, Micale). Esta oposición entre Grecia (en especial Atenas, que hizo la mayor contribución a la empresa) y Persia fue considerada por los griegos como una victoria debida, más que nada, a los dioses. Heródoto, que vivió en Atenas en el círculo de Pericles, halló el terreno abonado para que los libros dedicados a Grecia (del V al IX) se convirtieran en una auténtica historia de las guerras médicas. Heródoto, con su obra, pues, se convirtió, quizá sin tener plena conciencia de ello, en el padre de la Historia (así le llaman los críticos posteriores).

Pese a la negativa de Aristóteles a considerarla como una obra poética, podemos, con cierta razón, llamar poesía a la Historia herodotea. Su lengua, calcada en muchos aspectos sobre la homérica, pero sobre todo su decidida vocación épica, convierten la obra histórica de Heródoto en un verdadero monumento literario. Él mismo afirma, en el prólogo de su obra, que su propósito era narrar la oposición entre griegos y bárbaros *para que no se perdiera la memoria de las gestas realizadas.* Y tal era la misión primordial de la epopeya: cantar las «glorias», las gestas heroicas *(kléa)* de los hombres.

La historia herodotea, empero, estaba profundamente anclada en la mentalidad religiosa de su tiempo. Por ello, los rasgos que la caracterizan son:

1. Una visión religioso-teológica del acontecer humano. Los hechos, como en la epopeya, están determinados por la voluntad divina, que castiga los actos de soberbia *(hybris)* tanto de los hombres como de los pueblos. El intento de Jerjes fue, para Heródoto, un acto de *hybris.*

2. Una concepción que pretende ser racionalista, aunque el racionalismo de Heródoto (crítica de fuentes, etc.) es muy incipiente y, a veces, muy ingenuo.

3. Un intento por reconstruir el pasado, aunque éste fuera un pasado relativamente reciente.

Los grandes historiadores antiguos

A una generación posterior a la de Heródoto pertenece el hombre que iba a marcar la investigación histórica con una profunda huella. Tucídides, en efecto, que historió la guerra del Peloponeso entre Atenas y Esparta y sus aliados respectivos, ha pasado por ser el tipo de historiador puro, con un criterio muy riguroso sobre la objetividad y sobre la crítica de las fuentes. El prólogo de su *Historia* es, a este respecto, muy significativo. Militar él mismo, tomó parte activa en la guerra, pero por un hecho desgraciado —una misión bélica que fracasó— lo tuvo alejado de la guerra activa, por lo que él mismo cuenta que tuvo la idea de narrar los acontecimientos de su tiempo.

La Historia de Tucídides, empero, se diferencia profundamente de la de su antecesor. Sus rasgos podríamos resumirlos de la manera siguiente:

1. *Decidida orientación contemporánea.* Tucídides, como hemos visto, se ocupa de hechos vividos por él mismo.

2. *Una concepción racionalista,* mucho más madura, de la misión del historiador: Tucídides no acepta ningún testimonio que no haya sido pasado por el tamiz de su crítica.

3. *Una orientación decididamente política:* puede decirse que es él el primero que ha descubierto el *hecho político* y las leyes eternas que determinan el fenómeno del poder y del imperialismo.

4. Mientras Heródoto concede a la divinidad un papel muy importante, para Tucídides la divinidad sólo interviene en la historia en la

medida en que los hombres tienen creencias religiosas que determinan o influyen en sus actos.

5. Un convencimiento de que el estudio de la historia puede ser de gran utilidad para el estadista. Los ejemplos del pasado —y dada la esencia permanente de la *naturaleza humana*— son una lección constante para el estadista.

Su estilo es difícil, su lenguaje plagado de términos y construcciones tomados de la poesía. Todo ello convierte la obra de Tucídides en una verdadera obra literaria, que se resiste al lector pero que es un reto constante a su inteligencia.

Sobre Tucídides y su concepción de la historia y de la política, cfr. J. Alsina, *Tucídides. Historia, ética política,* Madrid, Rialp, 1981, con bibliografía sobre los grandes temas tocados por el historiador.

Sobre los orígenes de la historiografía en Grecia, cfr. Br. Snell, *Las fuentes del pensamiento europeo* (trad. esp., Madrid, 1966, páginas 215 y sigs.), y W. Schadewalt, *La actualidad de la antigua Grecia* (trad. esp., Barcelona, Alfa, 1981, págs. 79 y sigs.).

Mientras Tucídides era un fiel servidor de la verdad —su objetividad ha sido siempre elogiada—, hay un momento, a partir del siglo IV a. de C., en el que los historiadores lo que pretenden es menos narrar el pasado auténtico que conmover al lector con relatos llenos de interés.

Isócrates inició una escuela en la que la Historia se orienta hacia lo retórico. La escuela está representada por Éforo y Teopompo. Éforo puede considerarse como el primer historiador que intente una visión histórica del mundo helénico antiguo, en su totalidad. Teopompo en cambio se ocupó de la época contemporánea suya (continuó la *Historia* de Tucídides). Timeo siguió las huellas de sus antecesores ocupándose de historia universal.

La llamada «historia trágica» buscó más los efectos y el patetismo que la verdad histórica (Polibio atacó esos extremos). Era más literatura (en su sentido peyorativo) que auténtica Historia.

El último gran historiador de Grecia es Polibio, cuyas *Historias* ofrecen, en cuanto a los propósitos y métodos, gran parecido con la de Tucídides. Enviado a Roma como rehén tras las guerras contra esta ciudad, se propuso explicar las causas por las cuales, de una insignificante ciudad, pasó a ser Roma dueña del mundo. Por otro lado, Polibio tiene el mérito de haber creado, en cierta manera, la historia universal: él la llama sinóptica, porque no se refiere a una sola ciudad o estado, sino que tiene en cuenta todo lo que ocurre en el mundo civilizado de entonces (Roma, Cartago, Grecia, Macedonia, Egipto, etc.). Como Tucídides, cree que la historia es de gran utilidad estadista, y reacciona fuertemente contra la historia trágica o la que se muestra partidista.

No es el literario el principal mérito de su obra. Continuará su labor de historiador como Posidonio y Estrabón, Diodoro de Sicilia y Dionisio de Halicarnaso, trabaja ya en plena época de dominio romano en Grecia.

La Historia, como creación griega, pasó a Roma. Durante el siglo III a. de C. hace su primera aparición con Fabio Pictor, quien redacta, sintomáticamente, su obra en griego. De hecho, era una justificación ante el público cultivado de entonces —el griego— de la política romana a lo largo de las guerras que tuvo que sostener.

Pero la verdadera historia romana surge en el siglo I a. de C. Ahora, figuras como César pretenden dejar constancia de sus hechos de armas, y publican obras como la *Guerra de las Galias* o la *Guerra civil.* En la misma época, Salustio —profundamente influido por Tucídides— escribe un par de monografías sobre los hechos de su tiempo o de una época anterior *(Conjuración de Catilina, Guerra de Yugurta).* Sus *Historias* sólo han llegado fragmentariamente hasta nosotros.

Con Augusto y su victoria contra sus adversarios se abre una nueva época en Roma. Augusto se propone no sólo devolver a Roma su austeridad y religiosidad antiguas, sino que favorece todo aquello que pueda enaltecer el papel de Roma como pacificadora. Con esta intención, Tito Livio escribe su gran obra *Ab urbe condita.* No ha llegado entera hasta nosotros, pero la intención del autor es narrar la gesta romana desde su fundación hasta la creación del principado de Augusto. En cierto modo, es el hermano griego de Heródoto: su obra tiene una clara orientación poética, y quiere ser la epopeya en prosa que narra la grandeza romana. Tomó mucho de la obra de Polibio.

Si Livio puede compararse a Polibio, en cierto modo Tácito es la réplica romana de Tucídides, si bien el latino es también, en gran parte, deudor de la «historia trágica». Marcado por un profundo pesimismo sobre la naturaleza humana, sus *Annales* y sus *Historias* son un magnífico ejemplo de penetración en el alma retorcida de los hombres por él historiados. Y aunque su método quiere ser, con sus propias palabras, reconstruir el pasado *sin ira y sin apasionamiento (sine ira et studio),* lo cierto es que este propósito no siempre se vio cumplido en la obra del gran historiador.

De entre los historiadores posteriores citaremos a Floro, a Plutarco (que escribe en griego sus *Vidas paralelas,* de las que diremos algo más adelante), a Suetonio (más bien un biógrafo, como Plutarco) y Justino. La llamada *Historia Augusta,* que si bien informa sobre los aspectos de algunos emperadores de época postaugusta, de ella ha dicho J. Bayet: «Una multitud de detalles curiosos o eruditos subordinados al mismo plan, excitan la curiosidad del lector: eso es todo.» El carácter literario de la Historia se había perdido.

Aunque más que historia es filosofía de la Historia, merece especial mención la *Ciudad de Dios (De civitate Dei)* de San Agustín, que aparte el valor literario que tiene, está escrita bajo la impresión del saqueo de Roma por Alarico. Es, además, una obra apologética del cristianismo. Las obras de los restantes historiadores, tanto griegos como romanos, sólo merecen una breve mención: Apiano, Arriano, Herodiano, Dionisio de Halicarnaso, Flavio Josefo, Procopio, Zonaras, Zósimo, Sócrates y Amiano Marcelino. Dentro de la historiografía cristiana hay que destacar a Eusebio (siglo IV), autor de una importante *Historia eclesiástica.*

Jenofonte, que vivió a principios del siglo IV a. de C., más que historiador (continuó la obra de Tucídides) es un polígrafo. Para la historia antigua, cfr. J. T. Shotwell, *Historia de la historia de la Antigüedad,* México, F. C. E., 1982.

La edad media

La alta consideración que los antiguos tuvieron por la crítica histórica, y, sobre todo, su clara vocación literaria, no es lo que caracteriza a los *cronistas* medievales. Por muy importantes que sean para el historiador como fuente, no pueden tener cabida en un estudio de los aspectos literarios de la historia, y sólo algunas figuras distinguidas pueden mencionarse: Así, aparte los continuadores de la obra de San Agustín (Orosio, Braulio, etc.), todavía en el paso de la Antigüedad a la Edad Media, los cronistas franceses como Froissart, Joinville, Villehardouin, Commines, algunos de la corona de Aragón (Ramón Muntaner, entre otros), Ana Comnena en el mundo bizantino, Ibn Haldún entre los musulmanes, y, en Italia, Gino Compagni y Giovanni Villani. No debe olvidarse tampoco a Alfonso X el Sabio.

Quizá lo importante de la obra histórica del Rey Sabio sea, en este contexto, que incorporase en sus obras antiguos cantares de gesta.

La edad moderna

El Renacimiento se caracteriza por una vuelta de los historiadores a los modelos clásicos. La historiografía vuelve a ser un género en el que, junto a la verdad, se busca la belleza literaria. Livio y Tácito, sobre todo, son los grandes modelos. Machiavelli *(Istorie Fiorentine, Discurso sobre la primera Década de Tito Livio)* adelanta un gran espíritu crítico. En muchos aspectos se le puede considerar un discípulo lejano de Tucídides (Reinhardt), sobre todo por su creencia en el carácter inmutable de la naturaleza humana y su reflexión sobre los profundos secretos del poder. *La Historia de Italia* de Guicciardini aspira a ser una obra literaria en mayor medida aún que su *Historia Florentina.*

En España, la obra de Diego Hurtado de Mendoza alcanza, con su *Guerra de Granada,* el carácter de obra literaria, al par que histórica, por la viveza de la narración y el dramatismo. Ha sentido el influjo de los historiadores latinos. Completan el cuadro de los historiadores hispanos del Siglo de Oro Zurita (caracterizado por la negligencia y descuido de su estilo) y el padre Mariana *(Historia de España),* que sabe dar a su narración mucho mayor dramatismo y vivacidad que Zurita.

Durante el siglo XVIII se producen profundos cambios tanto en la concepción de la historia como en la forma de la narración. De un lado, aparece la historia especializada *(Historia del arte en la Antigüedad,* de Winckelmann) y un esbozo de historia política (Voltaire, *El siglo de Luis XIV)* y cultural. Vico se ocupará de ofrecer una visión del curso histórico a base de ciclos en sus *Principios de una Ciencia Nueva;* Montesquieu y Gibbon se ocuparán, en un estilo agradable y elegante, de la decadencia de Roma; Condorcet de la evolución de la conciencia y progreso en la Humanidad; y Herder de seguir los pasos de lo que él llamará Humanidad *(También una Filosofía de la Historia de la Humanidad Auch eine Philosophie der Geschichte der Menschheit).*

Pronto surgirá la orientación positivista en la Historia, y ésta irá cada vez olvidando su secular vocación literaria. Con Niebuhr y Ranke esta orientación se hará cada vez más sensible. Pero todavía Mommsen, podrá recibir el premio Nobel por su *Historia de Roma.*

Sobre la historiografía moderna, cfr. A. de Gubernatis, *Historia de la historiografía universal,* trad. esp., Buenos Aires, 1941, y G. P. Gooch, *Historia e Historiadores en el siglo XIX,* F. C. E., México, 1942.

Una buena antología en M. Artola, *Textos fundamentales para la Historia,* Madrid, R. O., 1969.

Mientras la Historia contemporánea tiende, cada vez más, a constituirse en una ciencia positiva, atenta especialmente a la cuantificación, o, desde otro ángulo, se va convirtiendo en un campo en el que los aspectos socioeconómicos ocupan un lugar importante, y, por tanto, la expresión literaria queda reducida al máximo, la filosofía de la Historia, o, para denominarla con un término menos rimbombante, la *historiología* busca aún un medio de expresión que se acerca mucho a la historia tradicional, de corte ensayista y con ciertas pretensiones literarias. Ya Tucídides, que busca las causas reales de los conflictos bélicos e intenta un análisis a fondo del fenómeno del poder, escribe una historia en la que el cuidado del estilo —sobre todo en sus famosos discursos—

ocupa un lugar de honor. La Historia de Tucídides, en este aspecto un barrunto de lo que más tarde será una filosofía de la Historia. Sus continuadores, por el contrario, si descontamos a Polibio —cuya obra está lejos de buscar una forma de expresión literaria—, no intentan la búsqueda de leyes generales del acontecer histórico.

Dentro de la historiografía cristiana, el libro de San Agustín, *De Civitate Dei,* es, por derecho propio, no sólo una filosofía de la historia (quizá mejor sería llamarla una *teología* del acontecer histórico) sino una obra literaria que ha ejercido fuertes influjos en algunos autores posteriores.

Lo mismo cabe decir de autores como Bossuet, en su *Discurso sobre la Historia universal,* de la obra de Vico *(Principios de una ciencia nueva)* y, por hablar de una obra medieval, el *Evangelio Eterno* de Joaquín de Fiore, con toques escatológicos. En pleno siglo XVIII el estudio de Condorcet *(Esbozo de un cuadro histórico de los progresos del espíritu humano)* y Voltaire representan esta tendencia.

En los albores de nuestro mundo contemporáneo, obras como la de J. Burckhardt *(Reflexiones sobre la Historia Universal),* y, ya más cerca, el *profético* libro de Spengler *(La decadencia de Occidente)* son obras que merecen ser leídas también por su forma de expresión, por su carácter literario. Pero, sobre todo, son auténticas obras literarias los trabajos de Ortega consagrados a temas de historiología (el término es una creación de este autor), en especial su *Historia como sistema,* y su libro polémico (polemiza contra Toynbee) *Una interpretación de la Historia Universal,* caen de lleno dentro de la historia literaria.

También escritos en un tono polémico y con gran atención a la forma son libros como el de N. Berdiaeff, *El sentido de la Historia,* y algunos de los estudios del historiador holandés Huizinga *(Entre las sombras del manaña, En los albores de la paz).* E incluimos también en este apartado obras como la de K. Jaspers *(Origen y meta de la historia)* o de K. R. Popper *(La miseria del historicismo).*

Cfr., en general, K. Löwith, *El sentido de la Historia,* Madrid, Aguilar, 1958, y, para aspectos muy concretos, L. Dujovne, *Teoría de los valores y filosofía de la Historia,* Buenos Aires, 1959.

El concepto de *intra-historia,* elaborado por Unamuno en su libro *En torno al casticismo,* viene a ser lo permanente del curso de la Humanidad si prescindimos de lo que es puramente aparencial (héroes, combates, grandes acciones que pronto son olvidadas), la historia silenciosa de millones y millones de personas que viven, sufren, trabajan y padecen en silencio. La diferencia entre la *historia teórica,* la Historia en mayúscula, y la *intrahistoria* es que mientras aquélla es consciente, esa es inconsciente. Pues bien, esta intrahistoria, antiheroica, ha sido objeto también de atención por parte de algunos literatos. Antes aún que Unamuno, figuras como Galdós aludieron a este tipo de literatura, y el contemporáneo de Unamuno, Azorín «en su obra, en palabras de Laín Entralgo, hace de ella un recurso literario nuevo».

Sobre el tema, cfr. el librito de Juan M. Rozas, *Intrahistoria y Literatura,* Salamanca, 1980.

La historia a través del texto literario

Para terminar, unas palabras sobre lo que cabría llamar *la interpretación literaria de la historia de un pueblo concreto.* Nos limitaremos al caso de España, donde el tema ha sido enormemente tocado, pero de un modo especial Américo Castro, que, en una serie de libros suyos, toca un punto reiterativo: el de la constitución efectiva de la noción de España. A partir de sus profundos contactos con la Literatura española, esencialmente con los textos, se eleva a una visión que pretende ser renovadora —y muchas veces lo es— de ese enigma que se llama España. Uno de sus primeros libros, en efecto, titulado *España en su Historia,* plantea con toda nitidez sus tesis principales: sólo puede hablarse de España a partir del encuentro, en la península, de tres razas y civilizaciones distintas: la cristiana, la judía y la musulmana. Si durante largo tiempo pudieron convivir, a partir del siglo XV se produce un predominio de lo cristiano, que se yergue como árbitro y señor en la lucha por la primacía. El estilo de vida del cristiano viejo, unido a la impronta que en nuestra civilización ha dejado todo lo moro, explicarían en gran parte el sesgo que tomará la historia de España a partir de ahora: la Inquisición, instrumento de la casta dominante de los cristianos viejos, realizará una política antisemita. Y buena parte de la cultura española, sobre todo la literatura, estará marcada por ese «vivir desviviéndose» que marcará a toda la producción cultural, en gran parte en manos de judíos y judaizantes. Castro llamará «edad conflictiva», precisamente, a todo el largo período a partir de los reyes Católicos hasta el siglo XVIII, en el que se vive en constante choque de ideologías. El erasmismo será perseguido con la misma saña que el cristianismo nuevo con sospechas de judaizante.

Su gran adversario ideológico, Claudio Sánchez-Albornoz, criticó, precisamente a Américo Castro, entre otros muchos errores metodológicos, el servirse casi exclusivamente del texto literario, sin acudir normalmente a otra documentación. La polémica ha durado largos años. Sánchez-Albornoz escribe un largo libro *(España, un enigma histórico,* Buenos Aires, 1962) para refutar prácticamente todas las tesis de Castro, quien, no obstante, creemos que ha abierto un camino nuevo e insospechado para entender íntegramente el sentido de nuestra Historia. Cabe decir que ambos autores se complementan.

De entre los demás libros de Castro citaremos *De la Edad conflictiva* (Madrid, Taurus, 1961, que se ocupa del drama de la honra y sus implicaciones) y *Sobre el nombre y el ser de los Españoles* (Madrid, Taurus, 1973). Sobre el sentido de su obra y de sus ideas, cfr. A. Peña, *Américo Castro y su visión de España y de Cervantes* (Madrid, Gredos, 1975).

2. LITERATURA Y BIOGRAFÍA

GENERALIDADES

Capítulo importante de las relaciones entre la Historia y la Literatura es el estudio de la biografía, con su hermana menor, la autobiografía. Su importancia es diversa según el criterio con que se la enfoque. Por un lado, la biografía puede ser un auxilio inapreciable para explicar el sentido último de la obra literaria, porque ¿quién puede entender mejor una obra que aquél que la ha concebido y escrito? En segundo término, la biografía puede enfocarse como un estudio en sí, por el interés intrínseco que puede tener como género; finalmente, es posible entender la biografía como una aportación de materiales que nos permitan entender a un autor desde el punto de vista psicológico.

1. Es cierto que, en determinada perspectiva, el interés de la biografía puede radicar en que nos permite penetrar en la intimidad del autor de una obra. Y, como afirma un crítico, la causa más evidente de una obra de arte es su autor. Pero ¿es eso siempre cierto? O, en otras palabras, ¿es posible sostener que, al menos en determinada perspectiva, sólo el autor ha captado una parte del sentido trascendente de una obra literaria? Unamuno sostenía que si Cervantes resucitara, militaría en las filas de quienes no han entendido el *Quijote* (claro que ello significa que no entendería al *Quijote* tal como Unamuno lo veía). Goethe, en un pasaje memorable de las *Conversaciones con Eckermann* (6 de mayo de 1827), responde, a quienes le preguntan por el sentido de su *Fausto,* estas palabras: «Vienen y me preguntan qué idea he querido plasmar en mi *Fausto.* ¡Como si yo mismo lo supiera y pudiera explicarlo!» Y acaba diciendo: «Cuanto más inconmensurable e incomprensible para la razón una obra literaria, tanto mejor» (Je inkommesurabler und für den Verstand unfasslicher eine poetische Produktion, desto besser).

2. El estudio de la Biografía como un objeto en sí puede ser secundario para entender las relaciones entre obra y autor, pero no deja de

ser un capítulo importante a la hora de iniciar un abordaje del sentido y contenido de esta parcela de los estudios literarios. Merece, pues, atención, y no poca.

3. En cuanto a la función de la biografía como datos para un estudio psicológico del autor, será un aspecto que abordaremos en el capítulo reservado a las relaciones entre Psicología y Literatura.

Vamos a ocuparnos, pues, fundamentalmente, en este capítulo, de los dos primeros puntos. Y, siguiendo un orden metodológico comprensible, comenzaremos por abordar el sentido, historia, desarrollo y leyes que presiden la biografía como género literario, como auxiliar de las relaciones entre Historia y Literatura.

Aparte algún trabajo de carácter general sobre la Historia de la biografía (citaremos por su importancia W. L. Cross, *An Outline of Biography from Plutarch to Strachey,* Nueva York, 1924), los principales trabajos que se ocupan de los principios y leyes de la biografía son, entre los más importantes: S. Lee, *Principles of Biography,* Cambridge, 1911; Fr. Gundolf, *Introducción a su biografía de Goethe,* Berlín, 1916; A. Maurois, *Aspects de la biographie,* París, 1928, y E. Ludwig, *Die Kunst der Biographie,* París, 1936. Stefan George, aun no ocupándose esencialmente de biografía externa de los artistas, cree que la *forma interior (innere Form)* de la personalidad de un artista puede captarse por una especie de intuición; siguiendo sus principios, Vossler ha hablado de *Einfühlung (endopatía).* K. Reinhardt ha aplicado este método a su interpretación de Posidonio *(Poseidonios,* 1921) y Simmel a Goethe.

Han contribuido mucho a esclarecer el sentido de la biografía las páginas escritas por Ortega sobre lo que él llama «el proyecto vital» (cfr. su *Goethe desde dentro).*

Vale la pena asimismo leer las páginas introductorias de la biografía de Menéndez Pelayo, de Laín —tituladas «Geometría de la intimidad»—, que dan una visión muy clarificadora de la auténtica tarea del biógrafo.

La biografía como subgénero autónomo

La palabra *biografía* no fue la primera empleada para indicar la narración de la vida de un hombre desde su nacimiento a su muerte. En realidad, primero, el término empleado para este tipo de literatura fue el de *bios* (*βίος*), que en griego significa *vida.* El primero en usar la palabra *biografía* en este sentido fue Damascio, en su *Vida de Isidoro* (filósofo neoplatónico del siglo VI a. de C.).

Desde la época helenístico-romana hay una clara distinción entre la Historia y la biografía. Quizá por el hecho mismo de que lo que hoy llamamos biografía comenzó siendo el *panegírico* (exposición elogiosa, no pocas veces exageradamente, de los méritos de una persona, normalmente ya fallecida), donde la exactitud histórica no era lo primero que su autor buscaba.

El Panegírico fue una creación griega, relativamente tardía, aunque ya en el siglo IV autores como Jenofonte escriban un *Agesilao* que no pretende ser sino una defensa de este rey. En época romana el *Panegírico de Trajano* por Plinio tuvo gran renombre.

El término deriva de la palabra griega πανήγυρις (= *panegyris),* que indica *fiesta,* acumulación de una multitud en una fiesta, con lo que se indica ya el carácter propagandístico de la palabra.

Sobre esta diferenciación radical entre *Biografía* e *Historia* tenemos claras referencias en importantes autores: Polibio *(Historias,* XXI), al abordar la figura de Filopemen, de quien había escrito una especie de biografía, establece una clara distinción entre lo que había dicho de este estadista en su biografía y lo que en una historia hay que decir de él.

Sin embargo, la más clara distinción entre historia y biografía, en la época romana, es la establecida por Plutarco en un pasaje de la *Vida de Alejandro* (I, 2) cuando se excusa de no reportar todas sus gestas y dice que «no escribimos historias, sino vidas», y aclarando que «no siempre en las acciones más señaladas se contiene una manifestación de virtud o de vicio...» y que «a veces una frase o un gesto revelan mejor un carácter que unas batallas donde mueren diez mil hombres...». Con ello se establece, pues, una clara diferencia: la biografía busca penetrar en el interior del hombre estudiado (su *êthos),* mientras que la historia pretende reconstruir unos hechos externos de amplio alcance.

En la época Moderna, historiadores de la categoría de un Ed. Mayer *(Der Papyrusfund von Elephantine,* Leipzig, 1912 [2], páginas 98 y sigs.) han aceptado con decisión esta diferencia, en tanto que biógrafos modernos como E. Ludwig *(Die Kunst der Biographie,* París, 1936), André Maurois *(Aspects de la biographie,* París, 1928) o W. Dilthey *(Das Erlebris und die Dichtung,* Berlín, 1924) se han negado a aceptar tal distinción, sosteniendo que la Historia puede entenderse como una suma de Biografías, y que toda vida influye en la historia y es una parte de ella. Volveremos más adelante sobre el problema.

En la Antigüedad, con todo, siempre hubo en la biografía propiamente dicha un cierto margen para la fantasía y la exageración. Si aceptamos que obras como la *Ciropedia* de Jenofonte o el *Evágoras* de Isócrates, o incluso los *Diálogos* de Platón, pueden ser, *in nuce,* una de las bases de la futura Biografía, comprenderemos lo que de subjetivo y parcial puede haber en el concepto antiguo de la biografía. Eso sin necesidad de aceptar la tesis bien conocida según la cual la *historia trágica* (cfr. *supra)* fue convirtiéndose paulatinamente en *novela*.

Ed. Meyer decía textualmente: «Eine eigentliche historische Tätigkeit ist sie (e. d. Biographie) nicht» = ella (la biografía) no es propiamente una actividad histórica *(Kleine Schriften,* 1910, página 66).

En una época tan lejana como el Renacimiento, un Bodino defiende la distinción *(Methodus ad facilem historiarum cognitionem,* 1566) entre la historia de un hombre y la de una nación.

Una curiosa distinción es la que establecía G. Droysen (el descubridor del Helenismo como época histórica y biógrafo de Alejandro Magno) al afirmar que la biografía sólo vale para aventureros, marginados, fracasados. Es decir, para aquellos que no han influido decisivamente en el curso de la Historia (su *Alejandro* quiere ser otra cosa que una mera biografía: es el estudio de la inserción de una figura genial en la Historia). Sin embargo, tal punto de vista no es compartido por los críticos, en general.

Creo que puede sostenerse que el estudio de una figura histórica puede abordarse desde dos ángulos distintos: si se aborda como un fragmento de la historia, hay que enfocarlo muy decididamente en relación con los hechos concretos de su tiempo, en los que pudo haber influido; si se aborda esta misma figura como vida, como biografía, hay que intentar penetrar en el interior del biografiado procurando descubrir el secreto íntimo de su personalidad. Así, la biografía de *César* de Mirko Jelusich (que se subtitula *Una biografía novelada,* trad. cast., Barcelona, Miracle, 1941) nada tiene que ver con el *Augusto* (trad. cast., Barcelona, Destino, 1949) o el *Pericles* (trad. cast., Buenos Aires, Gandesa, 1959) de L. Homo.

Algo parecido cabe decir de otras obras: El *Alejandro Magno* de M. Bertelotti (trad. cast., Madrid, Espasa-Calpe, 1940) no es sino un estudio médico de la personalidad física y espiritual del gran militar, mientras que el estudio de M. Maffii, *Cicerón y drama político* (trad. cast., Barcelona, Iberia, 1942), es, como su título indica, un intento por penetrar en la existencia del estadista y sus relaciones con los hechos de su tiempo.

El intento por penetrar «médicamente» en el interior de los personajes es el método básicamente empleado por Gregorio Marañón en sus estudios históricos. Se trata de lo que llamaríamos una aplicación del paleodiagnóstico: utilizando los datos de los contemporáneos, penetrar en el secreto último del alma del biografiado. Así, en su *Ensayo biológico sobre Enrique IV y su tiempo* (Madrid, Espasa-Calpe, 1943 [3])

—que su autor titula como puede verse humildemente, *ensayo*— se ve un intento por penetrar en una figura histórica desde el ángulo fisiológico. Importa aquí resaltar cómo el descubrimiento de la enfermedad de un rey pudo influir en la comprensión de una época turbulenta de la historia de Castilla. Como dice el autor al final de su trabajo: «He aquí cómo la enfermedad de un Rey sirvió de fermento a la descomposición de toda una sociedad, y originó el cuadro tenebroso de la España de los Trastámara...» (pág. 130).

Algo parecido intentó el mismo Marañón en su estudio sobre *Tiberio,* trabajo que lleva como subtítulo «Historia de un resentimiento». Se ve claro: el método combinado de Marañón es un intento por utilizar los datos que resaltan, de una vida, a los ojos de un médico, para trazar un diagnóstico que explique no sólo su íntimo yo, sino las consecuencias que ello tuvo en los círculos o la sociedad que le rodeaban.

En cierto modo, los métodos de Freud no se alejan mucho de esta orientación, aunque normalmente están abordados con finalidades distintas, y siempre enfocados desde la psicología profunda (psicoanálisis) y con ánimo de hallar no el diagnóstico psicosomático, sino el anímico.

Historia de la biografía

La trayectoria espiritual de la Biografía como género es muy clara: puede afirmarse, con W. Roscoe Thayer *(The Art of Biography,* Londres, 1920), que «la tendencia constante en la evolución de la biografía ha sido desde fuera adentro», aunque ciertamente, cabe matizar un tanto su afirmación. Es un hecho que si comparamos la aportación biográfica moderna (sobre todo la del siglo XX) con los inicios de la misma hallamos una tendencia hacia la interiorización. Pero ello no es válido si planteamos la cuestión comparando diversos estadios culturales. Así, frente a la biografía puramente externa de un Suetonio, la tendencia interiorizante de obras biógrafas como las de Zweig, Ludwig, Gundolf, Papini, Texeira de Pascoes —por poner ejemplos de obras bien diversas— es algo evidente. Pero en cambio hay un verdadero retroceso entre las biografías de finales de la Antigüedad frente a las vidas de Santos tan típicas de la Edad Media. Para nuestra finalidad, distinguiremos varios estadios en la evolución histórica de la biografía: la greco-romana, la cristiana antigua, la medieval, la moderna y la contemporánea. Y no porque con ello seguimos el esquema clásico de las épocas históricas, sino porque cada etapa representa claramente una actitud distinta frente al problema.

Comencemos por la *biografía antigua.* Disponemos de una buena cantidad de documentación biográfica, desde los primeros intentos como los de Jenofonte, hasta las biografías neoplatónicas de finales del mundo clásico (sobre todo Porfirio y Damascio) pasando por las *Vidas Anónimas* (compiladas por Westermann), las obras de Plutarco y Suetonio, Diógenes Laercio, Eunapio y Filóstrato. Pero este material es muy diverso, y, por otro lado, plantea una serie de cuestiones que, siguiendo a A. Momigliano *(The Development of Greek Biography,* Cambridge, Massachusetts, 1971), estableceremos a continuación (dejando de lado, para abordarla más tarde, la cuestión de la autobiografía). Para Momigliano, en efecto, los grandes problemas que plantea el estudio de la biografía griega son: 1) la fecha de aparición de las primeras biografías; 2) la relación existente, en la época clásica, entre Historia y Biografía; 3) qué papel jugó la época helenística en la constitución del *bios* como algo formal; 4) qué relación existió entre el *bios* (= *vida)* colectivo y el *bios* individual; 5) dentro de qué límites la biografía perteneció, en la época antigua, a la erudición más bien que a la historiografía.

Por lo que atañe al primer punto, A. Dihle *(Studien zur gr. Biographie,* Gottinga, 1956) sostuvo, siguiendo la tesis de Burckhardt *(La cultura del Renacimiento en Italia,* trad. cast., Barcelona, 1946, págs. 119, 133 y sigs.), que sólo la existencia de una gran personalidad posibilitó el nacimiento de la biografía (Burckhardt creía que sólo en el Renacimiento pudo nacer la auténtica biografía porque fue entonces cuando se descubrió la «personalidad» como tal. Lo mismo opinaba I. Bruns en su *Das Lit. Porträt der Griechen,* Berlín, 1896). Para Dihle esa gran personalidad sólo pudo ser Sócrates, que dio lugar a una importante literatura biográfica, entre la que destacan las *Memorables* de Jenofonte y los *Diálogos* platónicos, así como las *Defensas* o *Apologías* socráticas escritas por ambos autores. Más tarde, según la tesis de Dihle, los Peripatéticos recogieron el material de los socráticos elaborando las primeras biografías auténticas de Sócrates. A partir de aquí se habría desarrollado la biografía.

Tal punto de vista está expuesto a graves objeciones: Puede sostenerse que antes de la muerte de Sócrates existió ya una cierta biografía: así, sabemos que Jon de Quíos trazó los rasgos de las personalidades más importantes de su tiempo (Plutarco nos ha conservado un eco de su «interview» con Sófocles); tampoco tenemos noticias de que Aristóteles o sus discípulos escribieran ninguna biografía de Sócrates; finalmente conviene recordar dos cosas: *a)* que ya Heráclito, en uno de sus fragmentos, ha dicho: «me he investigado a mí mismo» (lo que lleva a la raíz de la autobiografía), y *b)* que las obras antes mencionadas de Platón y de Jenofonte, antes que nada, son apologías, defensas, no biografías en el sentido propio.

Respecto al *segundo punto,* ya hemos dicho que, en la Antigüedad clásica, historia y biografía se consideraron creaciones distintas, con leyes propias. Por lo que se refiere a la posible relación entre la descripción de la Vida de una colectividad y la de un individuo, convendrá recordar que el peripatético Dicearco compuso un *Bíos Helládos (Vida de Grecia),* lo mismo que en la época romana hubo escritos con el título de *Vita populi romani,* que (y ello nos lleva al punto quinto) tenían un alto carácter erudito y anticuario.

En todo caso, sí tenemos que afirmar que en el siglo III a. de C. existió un tipo de biografía literaria, representada por la *Vida de Eurípides* del aristotélico Sátiro, descubierto en un papiro, y que arroja mucha luz a la hora de estudiar los orígenes de la antigua biografía.

Por lo que respecta a los tipos de biografía existente en la Antigüedad cabe referirse a la tesis de Fr. Leo *(Die gr.-röm. Biographie nach ihre lit. Form,* Leipzig, 1901), según el cual en la Antigüedad pueden descubrirse dos tipos de biografía claramente diferenciados: el tipo representado por Suetonio *(Vida de los doce Césares),* que se basa en la combinación de una narración en orden cronológico con la caracterización sistemática de un individuo y de sus hazañas; el tipo *plutarquiano (Vidas Paralelas),* que es una narración enteramente en orden cronológico de los grandes hechos de la persona biografiada. Leo concluía que este segundo tipo era apto para narrar las vidas de generales o políticos, mientras que el primero era más apropiado para artistas y literatos.

> Ampliando sus consideraciones, Leo creía que el tipo plutarquiano fue creado por los peripatéticos para trazar la historia de un político, mientras que el tipo suetoniano fue una elaboración de los gramáticos alejandrinos para contar la vida de un escritor. La novedad de Suetonio es que aplicó el tipo helenístico para narrar la vida de unos emperadores.

En conjunto cabe citar, entre los más significativos, los trabajos de la Antigüedad greco-romana siguientes (naturalmente, de entre lo conservado): *a)* los grandes biógrafos de la época helenística: Sátiro *(Vida de Eurípides,* hallada en un papiro de Oxirinco-Pap. Ox. IX, 1912, páginas 124 y sigs., y editado entre otros por A. Tovar al frente de su edición de Eurípides, Barcelona, 1950); las *Vidas anónimas* de algunos escritores, conservados en los códices medievales y que suelen publicarse al frente de las correspondientes ediciones. En el caso de Tucídides, conservamos una vida no anónima, obra de Marcelino. De entre estas vidas anónimas, que muchas veces utilizan, para establecer los datos, pasajes de las obras del autor biografiado, citaremos las de Hesiodo, Esquilo, Sófocles, Eurípides, Demóstenes, Hipócrates, Píndaro, etc.

Tenemos, luego, las grandes colecciones de biografías, como las *Vidas de los filósofos más ilustres* de Diógenes Laercio (de hecho, la primera historia de la filosofía de Occidente); Eunapio, con su *Vida de los Sofistas;* las biografías de Nepote, Suetonio, Plutarco, Tácito *(Vida de Agricola);* la famosa *Vida de Apolonio de Tiana,* de Filóstrato, y las biografías neoplatónicas (Porfirio, *Vida de Plotino, Vida de Pitágoras;* Damascio: *Vida de Isidoro,* etc.). Dentro de la cultura latina tuvo una gran importancia y ejerció una fuerte influencia la *Vita Vergilii* del gramático Donato. Existe, además, una colección de *Vitae virgilianae* anónimas.

La mayor parte de las biografías anónimas griegas han sido editadas por A. Westermann, *Vitarum Scriptores Graeci Minores,* Brunsvigae, 1845.

De entre los principales estudios sobre la Biografía clásica, aparte los citados anteriormente, cabe destacar: W. Unkuell-Gylleband, *Plutarch und die gr. Biographie,* Stuttgart, 1927 (que pretende que el tipo plutarquiano de biografía procede no de Aristóteles, sino del estoicismo medio, Panecio y Posidonio: pero no hay base documental para sostener esta tesis).

D. R. Stuart, *Epochs of Greek and Roman Biography,* Berkeley, 1928, se ciñe sólo al siglo V para el mundo griego.

Lo más característico de la biografía medieval, en especial durante la Alta Edad Media, fue el género de las *Vidas de Santos.* Ya a finales de la Antigüedad se había observado el interés por las vidas de beatos y santos. Así durante el reinado de Valentiniano III el obispo africano Posidio escribe una *Vida de San Agustín,* en la que se recoge la lista de las obras del Santo. Pero cronológicamente hablando la primera biografía cristiana de santos es la *Vita Cypriani (Vida de San Cipriano),* cuyo interés puso de relieve Harnack. Aunque la obra carece de interés psicológico y omite hechos históricos importantes, debe tenerse en cuenta porque abre el camino a un género que iba a tener una gran floración.

¿Cuáles son los rasgos que caracterizan a estas *Vidas?* Ante todo conviene advertir que, en su constitución, han ejercido su influjo tanto determinados elementos cristianos anteriores, como algún género pagano. En especial cabe establecer como elemento intermedio las llamadas narraciones de los grandes «milagreros» paganos, tal como han sido estudiadas por Weinreich *(Antike Heilungswunder,* Giessen, 1909): Weinreich ha estudiado las grandes narraciones paganas dedicadas a recordar los milagros y las curaciones milagrosas de algunos paganos: los hombres milagreros (Apolonio de Tiana, Pitágoras, Jámblico). Así, Apolonio llega a resucitar a una muchacha muerta (Filóstrato, *Vita,* IV, pág. 45). A veces se descubren las curaciones mediante un sueño, o los efectos provocados por una estatua o una imagen. Este tipo de narraciones semibiográficas en las que lo que más importa señalar es el elemento sobrenatural lo hallaremos ya en la literatura cristiana: así en las *Acta Pauli et Theclae,* que es la contrapartida cristiana de una novela griega. Sólo que en lugar de una doncella perdidamente enamorada que desde los primeros momentos de su matrimonio se ve separada del amante esposo (tema normal en la novela griega), tenemos aquí a una doncella que debido a la predicación cristiana rehúsa entregarse. Se ha observado, además, que el culto a Santa Tecla en Seleucia puede coincidir con el culto a algún héroe pagano.

Los *Milagros de Cosme y Damián* han sido interpretados como la réplica de un culto a Cástor y Pólux en Constantinopla (cfr. L. Deubner, *Kosmas und Damian,* Leipzig, 1907). La narración de los milagros de San Ciro y San Juan parece que viene a ser la cristianización de un culto a la diosa curandera egipcia Isis.

Como otra posible fuente de esas vidas cristianas hay que considerar las llamadas *Actas de los Mártires,* siempre de valor muy desigual. Se trata de concisas disposiciones de los juicios y martirios de algunos de los santos cristianos. Citaremos las *Actas de Santa Perpetua y Felicitas* (conservada en latín), el *Martirio del Obispo Fructuoso y sus diáconos* (también en latín) y el *Martirio de los Santos Mariano y Jaime* (también en latín). En griego cabe mencionar el *Martirio de San Conón.*

Una parte muy importante de las Actas de Santa Tecla, Cosme y Damián, San Ciro y S. Juan han sido traducidas y comentadas por el padre A. J. Festugiere (París, 1971). Las actas de los mártires han sido bien editadas, en el texto original y versión inglesa, por H. Musurillo (Oxford, 1972).

Con estos elementos constitutivos, y a veces con datos ya no inventados, sino que reflejan el clima de la ciudad donde estas vidas han sido redactadas, surge la gran floración de vidas, entre las que hemos de destacar las siguientes:

La *Vida de San Antonio Abad,* escrita por el gran Atanasio, y que, según Quasten *(Patrología,* II, pág. 41) es «el documento más importante del monaquismo antiguo». Su intención es ejemplarizadora, y fue escrita como modelo para los monjes de su tiempo. Es importante señalar que el autor insiste en que no son los milagros lo que deben imitar los monjes, sino su santidad. Los demonios juegan aquí un papel importante (las *tentaciones).* Algún crítico ha querido ver en la obra el influjo del *Agesilao* de Jenofonte, en tanto que Reitzenstein opina que el modelo era una vida de Pitágoras (fundador del primer monaquismo pagano griego); hay quien opina que el modelo es una vida de Apolonio de Tiana:

Evagrio tradujo esta vida al latín. Que las biografías de Suetonio hayan podido ser el modelo de esta y otras vidas es la tesis de G. Luck, *Mullus, Festschrift Th. Klauser,* Münster, 1964, págs. 230

y sigs.). Citaremos finalmente, en forma muy concisa, algunas otras vidas de santos de finales de la edad antigua: *Paladio: Vida de San Juan Crisóstomo, Sulpicio Severo: Vida de San Millán de la Cogolla,* y *Geroncio: Vida de la joven Melania* (hacia 440).

San Jerónimo escribió varias: El *De viris illustribus* es una colección de vidas de grandes cristianos; además *Vida de Pablo, Vida de Hilarión.*

San Hilario de Arlés es el autor de una *Vida de San Honorato Braulio* y una *Vida de San Millán.* La *Vida de San Anselmo* aparece en plena Edad Media.

El interés general por los escritores cristianos cristalizó en el *De Viris illustribus* de San Jerónimo, y el ejemplo de vida de los grandes anacoretas dio lugar a algunas obras como la *Historia de los monjes,* de Teodoreto de Ciro.

Sobre la vida de San Cipriano, cfr. Harnack, *Das Leben Cyprians von Pontius, die erste christliche Biographie,* Leipzig, 1913.

La forma literaria de las obras hagiográficas puede estudiarse en trabajos como los de H. Merter, *Die biographische Form der gr. Heiligenlegende,* Munich, 1909, o R. Aigrain, *L'Hagiographie: ses sources, ses méthodes, son histoire,* París, 1953. Sobre la pasión de los mártires y las actas correspondientes remitimos a H. Delehaye, *Les passions des Martyrs et les generes litteraires,* Bruselas, 1921.

En el momento final de la Edad Media hay que citar la famosa *Vida de Dante,* de Bocaccio.

Durante el Renacimiento se producen hechos importantes en la valoración de la vida humana que explican, aunque no justifican, la tesis de Burckhardt sobre el origen renacentista de la biografía. «El hombre se convierte en individuo espiritual», escribe el citado historiador *(La cultura del Renacimiento en Italia,* trad. cast., Barcelona, 1946, página 119). Y aunque la tesis de Burckhardt es un tanto exagerada, explica que la biografía adquiera ahora una nueva orientación. Ya Petrarca, antesala del Humanismo renacentista, había escrito un *De viris illustribus:* no se trata ahora ya de autores cristianos, sino las grandes figuras de todos los países y tiempos, al menos en su esbozo original. Luego cambió de idea.

Dentro de la literatura española a partir del siglo XV se inicia una orientación decidida hacia el esbozo literario de las más importantes figuras de la historia patria. Merece mención Fernán Pérez de Guzmán quien, en sus *Generaciones y semblanzas,* ofrece, en breve esbozo, casi en escorzo, una serie de perfiles biográficos. Algo más joven que él, Hernando del Pulgar publica sus *Claros varones de Castilla,* donde ofrece una galería de algunos de los grandes espíritus de la época de Enrique IV. En Italia, el Vasari (1516-1574) escribe sus *Vidas de grandes artistas* (trad. esp., Madrid, 1966). No se limita a figuras de la literatura (Cellini), sino que traza también, en breves escorzos, lo más sobresaliente de la vida de los grandes pintores o escultores (Leonardo, Rafael, Tintoretto, etc.).

En nuestro mundo contemporáneo la biografía ha alcanzado un enorme desarrollo. En unos casos, de lo que se trata es de ofrecer una especie de perfil espiritual de algunos espíritus señeros: así, P. Laín *(La empresa de ser hombre,* Madrid, 1956) nos ofrece una visión muy certera de lo que han representado figuras como Ortega, Américo Castro, Eugenio D'Ors, Ed. Spranger *(Cultura y educación,* trad. esp., Madrid, 1948); se ocupa de S. Zweig, Lutero, Rousseau, Goethe, Pestalozzi. Zweig *(Legado de Europa,* Barcelona, 1968) ha recogido en un libro una serie de visiones impresionistas de hombres como Wassermann, Chateaubriand, Rilke.

Dentro ya de la auténtica biografía, tenemos que distinguir varios aspectos:

1. De un lado, lo que cabe llamar *biografía científica* incluso erudita. No se trata aquí de esbozar una mera impresión, sino de intentar un estudio a fondo, a través de las fuentes más importantes, del biografiado. El *Paulus* de M. Dibelius (Berlín, 1956 [2]), el *Goethe* de Bielschowsky (Barcelona, 1944) o el *Metternich* de Z. Hermann son ejemplos concretos. Cabría añadir el *Erasmo* de Allen.

2. Capítulo aparte merecen las biografías escritas por hombres que se han preocupado por cuestiones metodológicas del género biográfico. Caben aquí el *Menéndez y Pelayo,* de Laín; el *Dickens* de Maurois, el *Goethe* de E. Ludwig (Barcelona, 1944), o la biografía de *Schliemann,* del mismo Ludwig (Barcelona, 1934), que ofrece la curiosidad de haber sido escrita por encargo.

3. El tipo que podemos calificar de *expresionista* comprende biografías en las que normalmente el autor lo que hace es verter su propio yo en la figura del biografiado. La *Historia de Cristo,* de Papini, por ejemplo, fue escrita a raíz de su conversión al catolicismo. En cuanto a su *Dante vivo* (Barcelona, 1941) hallamos la curiosa manifestación de que para entender a Dante hay que ser católico, florentino y poeta: es decir, hay que ser un Papini.

Orientación parecida, pero mucho menos apasionada, es la biografía escrita por una íntima simpatía con el biografiado, lo que hace que, en cierta medida, también hallemos algo del autor dentro de la obra: pueden clasificarse en este grupo el *San Francisco de Asís* (Barcelona, 1944) o el *Santo Tomás de Aquino* (Madrid, 1942) de Chesterton. En el prólogo de esta última leemos, en efecto: «El objeto de este libro no es más que presentar un bosquejo *popular* de una gran figura histórica.»

Mucho más cerca del tipo expresionista son las biografías de *San Pablo* (Barcelona, 1966) y de *Napoleón* (Barcelona, 1941) del escritor y pensador portugués Teixieira de Pascoaes. La figura de este hombre —evocada en más de una ocasión por Unamuno— es la de un poeta que busca en sus biografiados la encarnación de los dos grandes acontecimientos de la Historia. Como él mismo escribe: «Hay Grecia y Judea; y dos acontecimientos, el cristianismo y la Revolución francesa. Después de la *normalidad* cristiana (San Pablo) se nos aparece la libertad revolucionaria (Napoleón).»

El intento por reunir varias biografías en una trilogía en la que un solo título responda a las tres figuras abordadas es uno de los métodos empleados por Stefan Zweig (aunque no el único): así sus *Tres maestros* aborda las figuras de Balzac, Dickens y Dostoyevski; hace lo mismo en su *Lucha contra el demonio* con Hölderlin, Kleist y Nietzsche. Pero ha escrito biografías aisladas, como las de Erasmo, Magallanes, Fouché, María Estuardo, etc.

W. Dilthey ha reunido asimismo, bajo un epígrafe común, el estudio de una serie de figuras de una época determinada: en su *Hombre y mundo en el siglo XVI y XVII* (México, F. C. E., 1947) una serie de hombres característicos de esa turbulenta época (Maquiavelo, Melanchthon, Calvino, Hugo Grocio, Bruno, Hobbes y Leibniz), mientras que *Vida y Poesía* se ha ocupado de Lessing, Goethe, Schiller, Novalis y Hölderlin (México, 1953).

Para mayor información, cfr. W. R. Thayer, *Principles of Biography,* Cambridge, 1911, y H. Cherniss, *The biographical fashion in Literray criticism* (Univ. of California Publ. in class. Phil., 1943). Para lo antiguo A. Momigliano, *The development of Greek Biography,* Cambridge, Massachusetts, 1971 (con discusión de los trabajos anteriores).

3. LA AUTOBIOGRAFÍA

Si la biografía sólo adquirió plena madurez en época relativamente moderna, algo parecido podemos decir de la Autobiografía, aunque aquí podemos hallar posiblemente unos precedentes más remotos. Por otra parte, la autobiografía presenta otro tipo de problemas. Siempre es difícil penetrar en el propio yo con plena objetividad. Lo normal es que al escribirse la autobiografía, el autor esté ya en un estadio muy desarrollado de su evolución. Ello da un matiz enormemente subjetivo a lo que el autor escribe. Siempre será todo un símbolo que Goethe haya titulado su autobiografía, *Poesía y Verdad (Dichtung und Wahrheit).* En otros casos, sobre todo si se trata de escribir una especie de vida propia para autojustificarse, se puede caer en el egotismo, como si todo girara en torno a la propia persona, o en la distorsión. Así se ha intentado probar que la obra de César *(Comentarios a la guerra Civil, Comentarios a la guerra de las Galias)* no es sino una manera de atribuir a sus subordinados los fracasos y a él mismo los éxitos. Léase, a este respecto, el libro de M. Rambaud, *L'art de la déformation historique dans les Commentaires de César* (Lyón, 1953).

Hay que remontarse bastante arriba en la historia occidental para encontrar los primeros esbozos de lo que cabe llamar autobiografía: Dejando aparte los rasgos, sólo posiblemente autobiografías de *Hesiodo,* que en sus poemas *(Teogonia* y *Trabajos y Días)* nos ofrece una evocación de su consagración como poeta, y del conflicto con su hermaño. Heráclito, en pleno siglo VI a. de C. nos dice, en uno de sus fragmentos, que se ha investigado a sí mismo. Pero ignoramos el alcance concreto de esta afirmación. Posiblemente el primer esbozo de autobiografía espiritual sea el pasaje de *Fedón* platónico en el que Sócrates habla de su evolución que le llevó a abandonar los estudios cosmológicos para ocuparse del hombre. En la *Apología* el mismo Platón pone en boca de su maestro algunos aspectos de su propia vida.

Sin embargo, acaso sea más seguro considerar que el primer texto autobiográfico en concreto sea la *Carta VII* de Platón, donde este autor nos informa de aspectos importantes de su vida. En ella el gran filósofo cuenta a sus amigos y parientes cómo su deseo de dedicarse a la política se vio frustrado porque se desengañó tanto de la política de los aristócratas, como de la de los demócratas. Y acaba afirmando que, en su confusión, no vio otra alternativa que una de esas dos: o que los filósofos alcanzaran el poder o que los políticos filosofaran. Toda su vida posterior está marcada por esta actitud.

> Dentro del mundo griego cabe citar aún el discurso *Sobre la corona,* de Demóstenes, pronunciado en defensa de Ctesifonte y que, de hecho, es toda una autobiografía política del gran orador para responder a las gravísimas acusaciones que, contra su actuación política en Atenas, hízole Esquines. Entre otras, cabe citar la *Autobiografía* de Libanio, un pretor del siglo IV. Los *Pensamientos,* de Marco Aurelio, son una reflexión del autor, y no una auténtica biografía.

Dentro aún en la Antigüedad, pero anticipando en cierto modo ya la Edad Media, están las *Confesiones* del gran obispo de Hipona, Aurelio Agustín. El autor, una de las figuras más señeras del cristianismo no sólo antiguo, sino de toda la Historia, pasa revista, en un tono lírico y apasionado, a toda su vida anterior. La trayectoria espiritual de San Agustín es todo un prototipo de lo que cabría llamar el «itinerario del alma hacia Dios». De hecho, podría incluso interpretarse alegóricamente como la dramática ascensión del Alma humana hacia su creador. Y las palabras del propio Agustín «et inquietum est cor meum donec requiescat in te», podrían resumir todo el clima de la obra. Su estilo está lleno de antítesis, de paradojas, de juegos de palabras, pero no por ello deja de sentirse a través de toda la obra una profunda sinceridad.

De *libro de la existencia iluminada* califica el padre Capánaga a las *Confesiones* (San Agustín, Barcelona, Bosch, 1951, pág. 48).

Dentro ya de la Edad Media, uno de los libros más curiosos que podemos citar es la *Vita Nuova,* de Dante. De hecho, se trata de una colección de poemas cuyo tema central es el amor por Beatriz. En ella el Poeta intenta plasmar un momento esencial de su vida juvenil *(nuova,* en el siglo XIII significaba precisamente esto). Una buena parte de críticos consideran que «la base autobiográfica del relato es segura» (C. Consiglio) y que «las poesías, que preceden cronológicamente a la prosa, son pura expresión lírica de auténticos estados de ánimo provocados por circunstancias reales».

También pueden hallarse importantes pasajes autobiográficos en Petrarca, uno de los hombres del Pre-Renacimiento que con su introspección anuncia ya el mundo moderno.

La *Autobiografía* de Cellini (trad. esp., Barcelona, Hispano-Americana de Ed. s. a.) es un ejemplo típico de la literatura renacentista. El autor, que además de gran artista fue un gran aventurero, escribe sus memorias a los cincuenta y ocho años, porque él cree que «todos los hombres... deberían, procurando ser verídicos y honrados, describir por su propia mano su vida; pero no debería comenzarse tan noble empresa antes que pasaran la edad de cuarenta años».

Dentro de la literatura española del Siglo de Oro hay dos joyas autobiográficas de muy distinto tono: por un lado, *La Vida,* de Santa Teresa, escrita por indicación de sus superiores, y que es una maravilla de sinceridad, sencillez y profunda introspección. *El Peregrino en su patria,* de Lope de Vega, tiene asimismo un fondo autobiográfico.

Dentro del siglo XVIII destacan, entre otras, tres autobiografías: la de Vico, escrita en tercera persona (trad. esp., Buenos Aires, 1948); la de Gibbon, y la del famoso aventurero, que llegó a catedrático de la Universidad de Salamanca, Torres y Villarroel.

Pero, sin duda, la obra autobiográfica más impresionante del siglo XVIII son las *Confesiones* de Rousseau. Escrita teniendo en la mente la obra de título igual de San Agustín, está también escrita en el tono lírico de la obra del santo. En sus *Confesiones,* el pensador ginebrino analiza, en líricas y bellas pinceladas, las pasiones humanas, de las cuales se presenta como una especie de paradigma el autor. Su obra es un largo relato de sus «pecados» (cfr. P. Courcelle, *Les Confessions de S. Augustin,* París, 1963).

Goethe, cuya conciencia de espíritu que trabaja para el futuro ha expuesto en casi cada obra suya aspectos de su propia vida personal. No en vano definió su propia obra como «fragmentos de una gran confesión». Sin embargo, dejando aparte los elementos autobiográficos que pueda haber en el *Werther* o en *W. Meister,* la obra autobiográfica por excelencia del poeta de Weimar es su *Poesía y Verdad (Dichtung und Wahrheit),* cuyo títullo indica bien a las claras que en la obra hay «recreaciones» a posteriori de su propia vida.

También contienen importantes elementos autobiográficos las *Memorias de la casa muerta* de Dostoievski, donde el autor relata su estancia en el penal siberiano.

Sobre la historia de este género, cfr. G. Misch, *Geschichte der Autobiographie,* Leipzig-Berlín, 1907.

Para la época moderna, H. Glau, *Die moderne Selbstbiographie als geschichtliche Quelle,* Hamburgo, 1903.

También A. M. Clarck, *Autobiography: its Genesis and phases,* Londres, 1935.

6

LITERATURA Y ARTE

> *Ut pictura poësis.*
>
> HORACIO.

> El primero que comparó la pintura a la poesía era un hombre de depurado gusto en cuyo espíritu producen estas dos artes un efecto análogo.
>
> LESSING.

1

En sus *Problemi di Estetica* (Bari, 1910), y consecuente con su idealismo filosófico, B. Croce se niega a aceptar que pueda hablarse, en puridad, de artes distintas. Para él es postulado inconmovible el de la «unidad del arte». Para Croce, la intuitiva estética no puede pertenecer a ningún arte en concreto: esta fuerza intuitiva —escribe en sus *Nuovi saggi di Estetica,* Bari, 1920, pág. 249— «no es ni pictórica ni poética, ni es tampoco musical o arquitectónica, ni algo puramente aislado, sino que es todos estos conjutamente, formando una unidad indisoluble».

Siguiendo los pasos de su maestro, Fr. Flora sostenía que la división que suele establecerse entre las distintas artes obedece pura y llanamente a fines prácticos y pedagógicos. «El hombre como tal mira con todo el espíritu.» Y añade que una combinación de colores es perfectamente igual que una combinación de sonidos. No hay diferencia entre las «distintas artes» *(Dal Romanticismo al Futurismo,* Milán, 1925, págs. 110 y sigs.).

Al sostener esta actitud tan radical, los dos críticos italianos se situaban en el extremo opuesto de lo que siglo y medio antes había defendido Lessing en su famoso libro *Laokoon* (edición Reclam, Stuttgart, 1964), que lleva, programáticamente, como diría un alemán, el subtítulo de *Oder die Grenzen der Malerei und Poesie (O sobre los límites de la Pintura y la Poesía).* Partiendo de una comparación entre la estatua de Laocoonte, y la descripción que hace Virgilio (*Eneida,* II, 200 y sigs.) de la muerte de ese sacerdote troyano y de sus hijos, se eleva el eminente crítico a una serie de leyes sobre lo *que puede y no puede hacer* cada una de las dos mencionadas artes. Al comparar la Pintura y la Poesía, señala Lessing, salta a la vista que ambas provienen de una única y común fuente, la Belleza, pero, tras una reflexión más profunda, se descubre que, al establecer las reglas por las que se rigen Poesía y Pintura, «unas predominan en la pintura, otras en la poesía, y que, por consiguiente, mediante las unas, la poesía puede venir en ayuda de la pintura, y, mediante las otras, la pintura puede venir en ayuda de la poesía» *(Prefacio).*

Acepta, pues, Lessing, un cierto paralelismo, una fuente común (la Belleza) de las distintas artes: pero por otra parte, existen unos límites, más allá de los cuales les es imposible avanzar. Y sin embargo, acepta que pueden influirse mutuamente:

> Wenn man sagt, der Künstler ahme dem Dichter, oder der Dichter ahme dem Künstler, so kann diese zweierlei bedeuten. Entweder der eine macht das Werk des anderen zu dem wirklichen Gegenstand seiner Nachwirkung, oder sie haben beide einerlei Gegenstände der Nachahmung und der eine entlehnte von dem anderen die Art und Weise es nachzuahmen *(Laokoon,* VII).

> (Cuando se dice que el artista imita al poeta, o que el poeta imita al artista, se puede querer significar dos cosas: o que uno hace la obra del otro el objeto real de su imitación, o bien que ambos tienen los mismos objetos de imigación y el uno toma del otro su manera y sus procedimientos.)

Entre los críticos modernos suele reinar en este punto un cierto consenso. En su trabajo sobre «El problema de una historia comparada de las artes» (en Ermatinger, *Filosofía de la ciencia literaria,* trad. cast.,

México, 1946, págs. 195 y sigs.), Fritz Medicus ha intentado poner un cierto orden en el caos que sobre el tema suele reinar. Aceptando, con el sentido común, que «no existen fronteras rígidas entre las distintas artes», concluye que «la tesis de la unidad de las artes es una exageración de la verdad de que entre las distintas artes no existen murallas divisorias». Es cierto, reconoce Medicus, que, por ejemplo, en la *escena* se combinan tiempo y espacio, que en ella no hablan sólo las palabras, sino también los gestos. Pero no por ello quedan abolidos los factores correspondientes a tiempo y espacio. Cuando Fr. Flora insiste en que puede hablarse de *ritmo* en la pintura, dice una verdad a medias, porque el sentido del ritmo no es igual en las artes del espacio (plásticas) y las del tiempo (música, poesía): en las artes del espacio el ritmo no tiene un determinado comienzo ni un determinado final, mientras que en lo musical comienzo y término son siempre de un tipo concreto. Y mientras en las artes plásticas, en un *ritmo de colores,* no hallamos nunca un límite claro, sí lo tiene lo musical. En fin: en las artes plásticas no podremos descubrir nunca algo análogo al comienzo y al final de una obra de arte temporal.

2

Pero ya hemos citado las palabras de Lessing en el sentido de que es posible la imitación de un pintor por un poeta, y viceversa. Y, efectivamente, a lo largo de la Historia de las artes, incluyendo en ella a la Literatura, podremos descubrir que entre unas y otras han existido siempre unas ciertas relaciones, ya de paralelismo, ya de influencia mutua. Unos cuantos ejemplos van a aclarar este punto.

Por lo pronto, en el dominio de la Historia del Arte se puede observar que distintas categorías, aplicadas originariamente a un arte concreto, pueden aplicarse asimismo a la Literatura y viceversa. El término *arcaico, arcaísmo,* procede de la Historia del Arte, fundamentalmente de la escultura. Con respecto a Grecia, se aplicó muy pronto a la estatuaria anterior al siglo V a. de C., que presenta unos rasgos característicos. Pero lo adecuado de la denominación hizo que el término se aplicara también a la literatura anterior al siglo V, representado por poetas como Píndaro, Simónides, Baquílides. El término *clasicismo,* que tiene un origen claramente literario (ya Aulo Gelio, en el siglo II a. de. C. habla de *autores clásicos),* indicaba aquellos autores que, por la perfección de su forma, y por el equilibrio que reina entre su manifestación externa y su sentido interno, eran dignos de ser leídos en clase: es decir, dignos de ser la base de la educación de la juventud. Pronto el término adquirió el sentido genérico de *culminación* y se pudo hablar de pintura clásica o de música clásica. *Barroco* empezó, ya desde el siglo XVIII, a aplicarse a las distintas artes plásticas y musicales: Rousseau, el primero, habla de música barroca; Pernets, en 1757, lo aplica a la música; y sólo más tarde, en 1860, Carducci hablará de literatura barroca. La denominación de *rococó* comienza por referirse a las artes plásticas: es sólo a partir del siglo XIX cuando los críticos lo aplicarán a la Literatura. En fin, el término *romanticismo,* que comenzó siendo una forma de designar ciertos aspectos de la Literatura, no tardo en extenderse a las artes plásticas, y, sobre todo, a la música.

Pero no se trata sólo de una cuestión de terminología. Es posible señalar casos concretos de un influjo mutuo entre las diversas artes, y éste es el punto en que nos gustaría detenernos unos instantes.

Resulta, pues, que, aceptando la posibilidad de que las artes se influyan recíprocamente, lo que hay que hacer es determinar en qué grado ello ocurre, y en qué condiciones. En una consideración histórica del problema, dos hechos saltan a la vista inmediatamente: por un lado, que no todas las artes evolucionan al mismo ritmo; y, en segundo término, que en cada época hay un cierto predominio de una de las artes.

Las artes no evolucionan al mismo ritmo: ello, por las razones que sea, nos obliga a actuar con mucha cautela cuando se intenta, a base de la doctrina del *Zeitgeist (espíritu de la época),* postular que cada época tiene unos rasgos específicos que se manifiestan, entre otros fenómenos, en las artes. Se ha observado, en efecto, que la poesía griega arcaica va mucho más avanzada que la escultura: mientras los escultores griegos apenas han dotado de movimiento a sus figuras, Homero y Píndaro pueden pintar a sus dioses con una movilidad que la plástica tardará mucho en conseguir. El propio poeta Píndaro es consciente del hecho, y así, en el comienzo de su oda *Nemea,* V, proclama, orgulloso de su arte:

> *οὐκ ἀνδριαντοποιός εἰμι, ὥστ᾿ ἐλινύσοντά ἐργά-*
> *ζεσθαι ἀγάλματ᾿ ἐπ᾿ αὐτᾶς βαθμίδος*
> *ἑσταότ᾿ ἀλλ᾿ ἐπὶ πάσας*
> *ὁλκάδος ἔν τ᾿ ἀκάτῳ, γλυκεῖ᾿ ἀοιδά,*
> *στεῖχ᾿ ἀπ᾿ Αἰγίνας...*
>
> (Yo no soy escultor: yo no moldeo
> estatuas que firmes permanecen
> inmóviles, de pie; No, navío o transporte,
> que el primero que zarpe te conduzca,
> oh dulce canción mía, a la isla de Egina...)

¿Convendrá recordar que en el siglo VI y comienzos del V a. de C. estamos todavía en un momento preclásico, en el que la estatuaria no ha alcanzado aún la vida que le infundirán los Fidias o los Policletos?

Y con más razón podemos hablar de Homero: la fuerza plástica, la movilidad, la elegancia de los dioses homéricos contrastan con la pobre estatuaria del siglo VIII, en la que tan sólo hallaremos un comienzo leve, casi imperceptible, de movimiento (la estatuaria dedálica).

En algunos momentos, parecen, es cierto, coincidir poeta y escultor: cuando Safo alude a la «sonrisa» de Afrodita, en su célebre himno a esta diosa, ¿no tendrá presente la llamada *sonrisa arcaica* de la plástica griega? Pero aquí se trata de puros rasgos secundarios, no de hechos fundamentales y distintivos.

Por otra parte, que hay —como señalara antes Lessing— casos de imitación mutua de poetas y artistas, es un hecho normal: En el canto XVIII de *La Ilíada,* Homero describe *el escudo de Aquiles,* que pretende ser una visión plástica del universo. También Hesíodo, imitador en este caso de Homero, ha descrito el *escudo de Heracles.* Virgilio, en época romana y siguiendo el ejemplo homérico, describirá el escudo de Eneas (la *Eneida,* VIII, 612 y sigs.), en tanto que Apolonio de Rodas (*Argonáutica,* I, 721 y sigs.) nos ha dejado una notable descripción del manto de Jasón. Es más: en la época helenística la tendencia a describir e imitar objetos artísticos por medio de la palabra se hará costumbre (Teócrito, entre los ejemplos más notables, en su *Idilio,* I).

Pero hay otros fenómenos que conviene señalar. Los cuadros de Claudio de Lorena han influido, según los críticos, en la descripción del paisaje en los escritores ingleses del siglo XVIII. Y no sólo entre los ingleses: el paisaje griego del *Fausto* de Goethe se ha inspirado en los cuadros de este autor (cfr. H. Möbius, «Die gr. Landschaften in Goethes *Faust*», en *Antike und Abendland,* IV, 1954, págs. 204 y sigs.). Y ¿qué diremos del fuerte influjo que los mármoles griegos instalados en el British Museum han ejercido sobre los poetas prerrománicos y románticos ingleses? Véase, si no, el notable estudio de Larrabee (*English Bards and Greek Marbles,* Nueva York, 1941) o léase la maravillosa *Oda a una urna griega,* de Keats, para captar el fuerte influjo emocional que los mármoles de Lord Elgin ejercieron sobre la fantasía de los poetas de su tiempo. De acuerdo con Thibaudet (*La poésie de Stephan Mallarmé,* París, 1926), el poema del francés *L'après midi d'un faune* se habría inspirado en un cuadro de Bouché.

Uno de los intentos más sistemáticos por trazar un estricto paralelismo entre Arte y Literatura, en el campo del mundo helénico, lo debemos a T. B. L. Webster. En una serie de libros (*Greek Art and Literature,* Oxford, 1939; *Art in Literature in Fourth century Athens,* Londres, 1956; *Hellenistic art and Literature,* Londres, 1966) ha seguido, paso a paso, el desarrollo de las artes plásticas y literarias en el mundo helénico, insistiendo, quizá con excesiva meticulosidad, en que ambos son paralelos en su desarrollo y que, en cada período, son una muestra de la situación espiritual del momento. «Central es para mí, escribe en el prólogo del segundo libro citado, la interrelación entre pensadores, escritores y artistas.»

Otros autores (Whitman) han señalado que el arte geométrico del siglo VIII puede detectarse en Homero. Véase, asimismo, D. Robert, *Bild un Lied,* Berlín, 1881, que señala las coincidencias estilísticas entre lo plástico y lo épico-lírico.

De acuerdo con las noticias de los antiguos, parece que Polignoto, el célebre pintor ateniense, representó en la *Stoa Poikilê* las escenas del mundo de los muertos que Homero, en el canto XI de la *Odisea,* evoca maravillosamente. En fin, no falta quien ha querido sostener que el Zeus Olímpico de Fidias se elaboró a partir de los datos que pudo tomar de Homero cuando describe la majestad y el poder del padre de los hombres y de los dioses.

Hemos dicho que en cada época puede descubrirse el predominio de algún arte concreto. En la Edad Media predomina la Arquitectura: «En este arte —escribe Fr. Medicus— cobra su expresión simbólica más adecuada la gran aportación espiritual de la época, la obra de los padres de la Iglesia.» Joël, en sus *Wandlungen der Weltanschaung* (Tubinga, 1928), habla de una lógica de la jerarquía. Por otro lado, es un hecho conocido que, en los tiempos medievales, pintura y escultura estaban subordinadas a la arquitectura. Y por lo que se refiere a la obra cumbre de la literatura medieval, la *Divina Comedia* de Dante, su estructura arquitectónica se impone inmediatamente al espíritu. Con frase certera ha escrito K. Vossler: «Aunque no lo supiéramos, bastaría conocer la *Divina Comedia* para convencernos de que el arte que seguía marchando en cabeza al final de la Edad Media era la arquitectura.»

El texto citado de Vossler procede de su estudio *Die göttliche Komödie* (Heidelberg, 1908, II, 1, 775). Curiosamente coincide con esta afirmación, casi de una forma literal, H. F. Duar (*Symbolism in medieval thought and its consummation in the Divine Comedy,* New Haven, 1929).

La música, en cambio, es el arte específico de la Ilustración: en fórmula adecuada, creemos, podríamos decir que en este período lo representable ha caído bajo el predominio de lo intelectual (el siglo XVIII es el período de la razón). Es ahora, en el XVIII —y a finales del XVII—, cuando la Literatura quiere ponerse al servicio de la razón, que le dictará sus normas. Y, sin embargo, frente a este movimiento de tipo intelectualista (Gottsched y Lessing, Voltaire, Wieland, por citar nombres bien conocidos), la música intenta —y lo consigue— liberarse del dominio de lo intelectual: los nombres de los grandes músicos del momento (Bach, Händel, Mozart, Gluck, Haydn) «van a refugiarse en la órbita de lo no objetivo, de lo irrepresentable»...

* * *

El ejemplo más notable del influjo que la historia del arte ha ejercido sobre los estudios literarios lo tenemos en la aplicación que los críticos hicieron de las famosas tesis de Wölfflin. Y, en efecto: cuando en 1915 dicho crítico remataba su libro *Kunstgeschischtliche Grundbegriffe (Conceptos fundamentales en la historia del Arte,* trad. cast., Madrid, Espasa-Calpe, 1952), escribía en los últimos renglones de su prólogo: «Ya con el título se da a entender que no se tratan todos los conceptos histórico-artísticos; mas el libro no pertenece ante todo al número de los definitivos, sino de los que apuntan e inician y han de ser superados lo más pronto posible por estudios especiales más profundos.» El autor, que desde 1888 se había ocupado del problema de la definición *estructural* del Barroco desde un punto de vista estrictamente artístico, ofrecía, en su obra, una clara delimitación de los rasgos esenciales del Barroco. Con ello prestaba un valioso servicio no sólo a la historia del arte, sino incluso a la ciencia de la Literatura. Cierto que el autor sometió su libro a ciertas revisiones, procurando corregir aquello que sus críticos habían señalado como discutible o erróneo. Pero ello no fue óbice para que su doctrina fuera aceptada amplia y mayoritariamente. Más aún, para que los críticos intentaran aplicar sus fórmulas a otros campos. Por ello H. Hatzfeld ha podido escribir:

> «Con los *Principios de la historia del arte,* de Wölfflin, el Barroco queda definitivamente establecido como fenómeno estilístico, con una riqueza de ejemplos convincentes, para todas las artes del dibujo en la mayor parte de los países de Europa en el siglo XVII» (*Estudios sobre el Barroco,* trad. cast., Madrid, Gredos, 1966, página 15).

¿Cuál es el método aplicado por Wölfflin en su libro? En el fondo, muy sencillo: en vez de acudir a una explicación *externa* (condiciones y circunstancias socio-político-raciales) se aplica a una observación de la forma que adopta la obra de arte barroca frente a la renacentista. No quiere hacer historia del arte a base del estudio de las figuras individuales de los artistas (su ideal es una historia del arte sin nombre), sino a partir de un estudio de los diversos «modos de enfocar la realidad». En efecto, el crítico alemán establece cinco pares de conceptos, cada uno de los cuales contrapone a un rasgo del arte renacentista. Estas cinco famosas contraposiciones son:

1. Lineal frente a pictórico.
2. Superficie frente a profundidad.
3. Forma cerrada frente a forma abierta.
4. Claridad frente a obscuridad.
5. Unidad frenta a variedad.

En esta serie de contraposiciones, el primer elemento caracteriza a lo renacentista, y el segundo a lo barroco. La evolución que conduce del primero al segundo de los pares contrapuestos explica, sin más, el paso del Renacimiento al Barroco. El resultado final es la transformación del ser personalmente rígido y objetivo en un elemento *in fieri* en una función, un intercambio entre sujeto y objeto. La fórmula que mejor cuadra a esta visión del Barroco, tal como lo establece Wölfflin, es la de A. Hauser (*Historia social de la Literatura y el Arte,* trad. cast., Madrid, 1957, pág. 608):

> La voluntad artística del Barroco... es cinematográfica.

Es natural que pronto los historiadores de la Literatura intentaran aplicar tales principios al fenómeno de la obra escrita. El primero en intentar la trasposición fue Oskar Walzel (*Das Wortkunstwerk. Mittel seiner Erforschung,* Leipzig, 1926). Analizó, primero, el teatro de Shakespeare llegando a la conclusión de que, por su técnica, la dramaturgia del inglés debe definirse como barroca (falta de simetría en sus dramas, distribución de sus personajes secundarios, y su agrupación asimétrica, etc.), en tanto que la obra de un Corneille y de un Racine siguen la técnica renacentista (tragedias organizadas a base de una figura central).

> Weisbach, en 1921, aplica los criterios wölfflinianos a las artes plásticas. Y, paulatinamente, una serie de críticos, siguiendo el ejemplo de Walzel, ensayan distintos procedimientos. Entre otros, Sitwell, Viëtor, Cysarz, Pfandl, y, en el campo de la literatura griega, H. Fraenkel (al aplicar el concepto de «forma abierta» a la técnica de la literatura arcaica griega).

Pero no fue sólo en la Literatura el campo donde las aportaciones de Wölfflin se aplicaron. También, lo hemos señalado, en la iconografía, y, de un modo más sorprendente, en la música. En efecto, A. Salazar publica, con ciertos años de distancia respecto a los mencionados intentos, un libro de título y de contenido wölfflinianos: *Conceptos fundamentales de la Historia de la música* (Madrid, Revista de Occidente, 1965; la primera edición es de 1954). En el prólogo escribe estas palabras, en las que intenta justificar su intento:

> Las ideas sobre los estilos en las artes son las más susceptibles de revisión. Los estilos son conceptos fluctuantes en los que no caben definiciones apodícticas, ni es posible trazarles límites de tiempo, de lugar, ni aun de sustancia. Una manera ligeramente distinta de la habitual en el enfoque de un estilo puede cambiar la iluminación de todo un conjunto. La habitual división en la periocidad de la historia puede alterarse, en consecuencia, con esta revisión de conceptos y, de rechazo, las valoraciones.

Y, una vez ha aclarado ideas, prosigue:

> ¿Hay en la música un estilo gótico, barroco, romántico que corresponde a los estilos así denominados en pintura y arquitectura, o dentro del estilo general de vida propia al siglo XIX, que es lo que generalmente se entiende por romántico? Lo romántico ¿es un estilo en la misma medida en que lo son el gótico y el barroco? ¿Hay un estilo en la Música que pueda llamarse propiamente renacentista?

No nos interesa, aquí y ahora, desarrollar las tesis del eminente musicólogo de habla hispana, porque no es esencial para nuestro tema. Quede simplemente constancia de que *también* en música, como antes en iconografía y sobre todo en Literatura, los conceptos fundamentales de Wölfflin han hecho su decidida aportación para aclarar aspectos de la historia de la música.

Y ya que hablamos de iconografía, bueno será hacer una breve referencia a Panofsky y su escuela. Se trata, en rigor, aquí, de un influjo directo de la Literatura sobre las artes figuradas, y entra en consideración la posibilidad de establecer comparaciones entre las dos artes. Por ejemplo, en su estudio «The neoplatonic movement and Michelangelo» —un capítulo de su libro *Studies in Iconology,* Nueva York, 1939, págs. 161 y sigs.— ensaya una visión comparativa entre los cuadros y las esculturas de Miguel Ángel y sus sonetos, hallando, como elemento común, las ideas neoplatónicas del momento. En otros casos, como en *La caja de Pandora* (trad. cast., Barcelona, 1975), se enfrenta con un mito (el subtítulo de libro es *Aspectos cambiantes de un símbolo mítico)* bien conocido, pero este mito es ilustrado a base de los textos literarios que lo desarrollan (especialmente Hesíodo, pero también la *Pandora* de Goethe) para analizar su proyección sobre la iconografía.

> Para una visión crítica de la obra de Wölfflin, cfr. H. Lévy, *Henry Wölfflin. Sa thèorie. Ses prédécesseurs,* que fue en su día tesis de la Sorbona, y publicado posteriormente en Rottwell, 1936.
>
> Cfr., asimismo, las palabras de E. Cassirer (*Las ciencias de la cultura,* ya citado, pág. 93): «Este autor se esfuerza en dejar a un lado todo lo especulativo: enjuicia los problemas y se expresa

como un buen empírico... Viene a ser algo así como los *Prolegómenos a toda futura historia del arte»,* frase con que el crítico hermana el intento de Wölfflin con Kant, que escribió unos *Prolegómenos a toda metafísica futura.*

Toca aspectos relativos al problema en general Worringer, *Problemas formales del arte gótico (Formprobleme der Gothik,* Munich, 1921).

Vale la pena también ver el libro de B. Berenson, *Aesthetik und Geschichte in der bildenden Kunst,* Zurich, 1950, que sostiene que el lenguaje del arte es más fácil de aprender que el de la Literatura.

3

El arte de nuestro tiempo es, en realidad, el cine. Más aún: a creer a André Bazin *(Regards neufs sur le cinéma),* hay una estricta relación entre las condiciones de vida del siglo XX y el nacimiento del cine:

> L'auto, le télephone, la machine à ecrire son une sorte de langage concret parlé par des centaines de milliers d'hommes. A cette universalisation des modes de vie devait sans doute correspondre un moyen d'expréssion plus inmédiat dont le vocabulaire fût lui aussi concret et universel: le langage de l'objet.

Cuando nos enfrentamos con la *estética del cine,* dos preguntas asoman inmediatamente a nuestro espíritu: ¿Estamos en presencia de un auténtico arte, o más bien hay que decir que hay en él un modo de expresión que desborda las perspectivas artísticas? Y, en segundo término: ¿Es el cine un arte autónomo, o más bien el punto de confluencia de las demás artes?

Las preguntas han sido planteadas y, naturalmente, contestadas en un sentido negativo y afirmativo por unos u otros. Para Guido Aristarco la obra cinematográfica debe rehusar toda estética extraña a él e ir en busca de sus propios medios de expresión. El gran enemigo del cine, como arte, es para este autor, precisamente, su hermano mayor, el teatro. Es cierto que, en un primer momento, el cine se vio como algo nuevo, capaz de expresar lo más íntimo del ser, lo onírico, lo imaginativo. Pero también es cierto que una serie de tratadistas de cine han tenido que elevar su voz contra la anexión de los elementos teatrales por parte del cine (así, por ejemplo, Elie Faure, en cierto modo Epstein, y, sobre todo, Charles Ford, que escribió, en su *Brévier du ciné,* un capítulo titulado «Théatre et cinéma. Frères ennemis»).

Un problema dentro de este problema es el de las relaciones entre cine mudo y cine hablado. En un artículo de Arnheim *(El nuevo Laocoonte)* se toman posiciones (estamos en 1938) ante

> estas dos manifestaciones del arte fílmico. Pero ya desde los años iniciales del cine se intenta definir lo que los diferencia. Marcel Pagnol escribía en 1953: «El film mudo era el arte de imprimir, de fijar y de difundir la pantomima», con lo que demostraba su desconocimiento del cine anterior al 1918. Y, en otra parte, afirmaba el mismo autor que la técnica del cine mudo no sirve para nada en el cine hablado. Malraux ha dicho en este punto la palabra exacta: «El problema principal de un film hablado es saber cuándo los personajes han de hablar». En el teatro, por definición, hablan siempre.

En este mismo orden de ideas, señalaremos que la cuestión de si el cine debe contener una *historia,* las contestaciones han sido en muchas ocasiones negativas. Germaine Delac se ha declarado en contra, y no es ciertamente la única autoridad en declararse enemiga del «tema». La verdad es más bien lo contrario. Cierto que hay una serie de filmes inspirados en obras teatrales —los hubo y quizá los haya siempre—, pero hoy se está de acuerdo en que las películas como *Hamlet* de Lawrence, *La loba* de W. Wyler, *Macbeth* de Orson Welles y *Un tranvía llamado deseo* de E. Kazan son «teatro filmado» y, por lo tanto, se rechazan como auténticos exponentes del séptimo arte, por bien hechos que técnicamente estén.

En todo caso, del hecho de que el cine sea un arte se derivan una serie de circunstancias que lo emparientan con las demás artes, aunque sin perder, como no pierden las otras, su específica personalidad. *Tiene un ritmo:* puede hablarse de un ritmo del film, del mismo modo que antes hablábamos de un ritmo de colores y de sonidos. Pero, y eso es más importante, en cierto modo ha estado sometido a los mismos «corsi e ricorsi» que la Literatura, la Pintura o la Música. Hay que hablar de un cine surrealista, de un cine expresionista, de un cine neo-realista. Pero también hay que reconocer que, en muchos momentos, la tentación realista lo ha dominado casi por completo. Por otra parte, la importancia del *tema:* pese a las protestas de algunos teóricos, suele resaltarse y afirmar que los grandes temas del cine (el hombre, tanto en su aspecto individual como social; el amor; y, de un modo especial en el neo-realismo, los temas de la denuncia y la acusación) son los temas de una buena parte de la Literatura.

Por lo demás, como les ha ocurrido a las demás artes, también el cine ha conocido una tendencia dirigista, del mismo modo que se ha querido encauzar la Literatura en unas directrices ideológicas concretas (realismo socialista). En la Alemania nazi, en la Italia fascista, en la Rusia marxista ha habido un movimiento hacia la tentación de fijar no sólo los temas, sino, asimismo, la *forma,* el estilo.

En un intento por sintetizar algunos de esos grandes temas —o, si se quiere, motivos— que han dominado en la cinematografía, podríamos ensayar algunas listas. Por ejemplo, el *tema de la justicia*, con sus fallos y sus equivocaciones: *Falso culpable, Quiero vivir, No se compra el silencio;* el tema de la *soledad* podría estar representado por *Mi querida señorita,* o *El Nido;* los *problemas psicológicos* —que tanto han predominado en la Literatura— podrían estar representados por filmes como *El quimérico inquilino* o, si se quiere, por *Psicosis;* el tema *oposición civilización/barbarie* podría ilustrarse con *Los dioses deben estar locos;* el *amor* —que tanto ha sido tocado en todas las artes— podría hallarse en obras como *La dama de las camelias, Manon,* o *Intermezzo,* aparte *Romeo y Julieta.* Finalmente, el tema *denuncia,* con todos sus matices, bien puede evidenciarse en una pieza tan significativa como *El ladrón de bicicletas.* Lo *social,* al lado de lo individual, es otra importante vertiente del cine: en este caso, el cine —lo mismo que la obra literaria— adopta el papel de testigo o de denunciante de una lacra. Será testigo, empero, tanto de acusación como de defensa: Unas veces se atacará la *guerra (El gran desfile,* de King Vidor; *Sin novedad en el frente,* de Mileston; *Roma ciudad abierta). Los niños* son el tema de *Juegos prohibidos, Muchachas de uniforme, El limpiabotas,* en tanto que se tocan problemas como el *paro obrero* (*El ladrón de bicicletas,* de De Sica; *La multitud,* de King Vidor); la *política (El gran dictador).* Dentro de los aspectos *literarios* del cine, podemos decir que hay *epopeyas (El nacimiento de una nación,* de Griffith; *El acorazado Potemkin,* de Einstein, por no decir nada de los grandes *westerns);* pero también *dramas, tragedias,* como *La jauría humana.* Incluso podemos decir que existe también una *lírica,* que podría estar representada por ciertas obras de Charles Chaplin, como *Candilejas.*

¿Cuál ha sido la fuente de inspiración del cine? Dejando de lado aquellas cintas en las que se pretende un *cine puro* —valga la expresión—, es evidente que las grandes obras de la literatura universal están prácticamente representadas en la producción cinematográfica. Por un lado, las piezas teatrales. Ya hemos hablado de la relación cine-teatro. Añadamos ahora algunos ejemplos más. Se inspiran —o siguen muy de cerca, según los casos— en la *dramaturgia* filmes como *Pigmalión* (B. Shaw), *Hamlet, Macbeth, Romeo y Julieta* (Shakespeare); *Nuestra ciudad* (Thornton Wilder), *La malquerida* (Benavente), *Fuenteovejuna* (Lope de Vega), *La tía Tula* (Unamuno); en muchos de estos casos la persistencia en el mismo escenario a lo largo de la pieza es una clara muestra de una sumisión servil a la fuente literaria.

La *novela,* en cambio, permite más movilidad e independencia. Se inspiran en este género filmes como *El retrato de Dorian Grey* (O. Wilde); *Un mundo feliz* (A. Huxley); *Rebeca* (Dafne du Maurier); *Crimen y castigo, Los hemanos Karamazov, El idiota* (Dostoievski); *Ana Karenina, Guerra y paz* (Tolstoi); *El Doctor Jivago* (Pasternak); *Eugenia Grandet* (Balzac); *Orgullo y Prejuicio* (Jane Austen); *Cumbres Borras-*

cosas, Jane Eyre (The Brontës); *Intermezzo, La loca de Chaillot* (Giraudoux); *Por quién doblan las campanas* (Hemingway) y un larguísimo etcétera.

También las obras de la Antigüedad clásica han sido con cierta asiduidad llevadas a la pantalla: El *Satiricón,* de Petronio; la *Odisea* homérica; *Fedra,* de Eurípides; *Edipo,* de Sófocles; *Golfus de Roma* (adaptación muy libre del *Miles gloriosus* de Plauto). Hay una tesis doctoral inédita, del profesor Cano, sobre el tema.

Existe un interesante estudio de Etienne Fuzeller («De l'emploi du Cinéma dans l'enseignement littéraire», en *Bulletin de la Société française de Pédagogie,* octubre 1953), donde el autor plantea el tema de lo que él llama el *arte fílmico* y que define como el don particular del poeta para pintar cuadros y de darles todo el vigor de la visión, situándolos según los planos diferentes que corresponden a la naturaleza plástica de cada escena. En pocas palabras, que, aun antes de la invención del cine, algunos espíritus poseían una especie de don fílmico que les permitía contar una historia de tal modo, que tiene todo el aspecto de un guión cinematográfico. El propio Fuzeller ensaya una *traducción* fílmica del pasaje de la *Odisea* donde Ulises y Nausica se encuentran, en el canto VI. Añadamos que una de las ventajas del cine es que puede, mediante sus técnicas propias, contar dos sucesos contemporáneos, mientras que, por su propia naturaleza, la literatura narrativa queda sometida a lo que se ha venido en llamar la ley de la sucesión (Zielinski, Page, Delebecque), según la cual la forma de la narración épica se conduce de tal manera que los sucesos que son contemporáneos, al narrarlos, dan la impresión de ser sucesivos.

Se ha venido en llamar *pre-cinema* a esta técnica. Hace algunos años Paul Leglise (*Un oeuvre de pre-cinema,* París, 1958) analizaba, desde este punto de vista, el canto primero de *La Eneida* virgiliana. Mediante lo que él llama la *traducción fílmica* se procede a convertir en guión la parte narrada por el poeta *(découpage tecnique),* con lo que en una disposición a dos columnas tenemos, en una, el texto, y en la otra, la traducción al lenguaje cinematográfico *(Guión).*

Sobre los problemas con que se enfrenta el cine como obra de arte, cfr. Henri Agel (*Esthétique du cinéma,* París, 1957), que no es sino un breviario de historia de las doctrinas sobre el cine. Más importante A. Berthomieu, *Essai de grammaire cinématographique,* París, 1946. Unas observaciones importantes sobre el cine mudo pueden hallarse en el libro de G. Díaz-Plaja, *El engaño a los ojos,* Barcelona, 1943, págs. 81 y sigs. (Díaz-Plaja fue uno de los primeros que, en España, salieron en defensa del cine como arte y como posible materia universitaria).

Algunos problemas concretos pueden verse en el libro de M. Villegas López, *Arte, cine y sociedad.* El cine como arte es abordado por E. Lindgren, *El arte del cine,* trad. esp., Madrid, 1954.

Capítulo aparte merecerían las relaciones entre Literatura y Música: nos limitaremos a constatar la gran cantidad de obras literarias, sobre todo de teatro, que han pasado a la escena en forma de ópera; pero también se han musicalizado pasajes y poemas líricos. La lista podría ser muy larga y nos limitaremos a ofrecer un breve cuadro:

El tema de *Los Nibelungos* ha sido puesto en la escena en la famosa ópera de Wagner; una serie de tragedias shakespearianas también han sido convertidas en óperas: *Otello* (Rossini y Verdi); *Macbeth* (Verdi), *Falstaff* es un personaje shakespeariano, tema de la ópera del mismo de Verdi; la figura de *Fausto* ha sido vertida musicalmente por una serie de compositores (Walter, Mendelssohn, Berlioz, Gounod, Mahler); *Don Juan* es el tema de obras musicales de Mozart y Strauss; el *Egmont* de Goethe dio materia a la ópera del mismo nombre de Beethoven. Una buena parte de la obra lírica goethiana ha sido convertida en Lieder por Schubert, Brahms, Strauss, Mozart; Schiller ha ofrecido temas como *Don Carlos,* al tiempo que su letra fue incorporada por Beethoven a la parte coral de la *Novena Sinfonía;* el *Werther* de Sasanet es el tema de la novela del mismo nombre de Goethe; *Las bodas de Fígaro* de Beaumarchais fue puesta en escena por Mozart; *Don Álvaro o la fuerza del sino* pasó a la ópera por obra de Verdi *(La forza del destino); Los bandidos* y el *Guillermo Tell* de Schiller dieron materia para sendas óperas de Verdi *(I mesnadieri)* y Rossini *(Guillermo Tell);* en fin, poemas de Schiller y Hölderlin han pasado a *Lieder* por obra de Brahms...

7

LITERATURA Y RELIGIÓN

> Pues ha complacido a tu infinita misericordia ordenarnos que te invoquemos y que recurramos a tu bondad infinita, nos atrevemos a dirigirnos a tu majestad y a invocar tu santo nombre.
>
> CALVINO.

1

Las relaciones entre Literatura y Religión se manifiestan en dos hechos fundamentales: de un lado, el *ritual religioso* ha dejado una impronta muy notable en la literatura de los pueblos, de modo que muchos géneros, según veremos, no son sino la *literaturización* de formas rituales; en segundo lugar el *sentimiento religioso* aspira a expresar, a manifestar los más íntimos anhelos del hombre, lo que se traduce ya en poesía, ya en forma de otras de orientación religiosa, ya en libros apologéticos o de ataque contra otras creencias; no es infrecuente tampoco que la exégesis de libros sagrados e incluso esos mismos libros caigan de lleno dentro del terreno religioso.

Comencemos por los orígenes rituales de algunos géneros literarios. Es un hecho que en muchas culturas, especialmente las arcaicas, existan una serie de ritos, algunos de origen mágico, que, con el tiempo, se liberan de sus aspectos estereotipados y de sus esquemas fijos para evolucionar por su cuenta convirtiéndose en auténtica literatura. El fenómeno se ha producido, en parte ya, en el próximo oriente, donde poemas como *Enuma Elish* o la epopeya de *Gilgamesch,* en sus distintas variantes, no sólo conservan acusados rasgos rituales, sino que se mantienen aún en el nivel puramente ritual. El carácter eminentemente sacerdotal de las culturas orientales —Egipto, Babilonia, mundo hitita, hebreos, persas— ha influido notoriamente sobre esta conservación ritual impidiendo que el rito se liberara enteramente de la esfera religiosa. En cambio, en Grecia no parece que la epopeya tenga que relacionarse directamente con círculos religiosos concretos, si bien en Hesíodo puede hallarse un auténtico sentimiento religioso. Pero éste es otro problema. Por lo que respecta a la *epopeya* israelita, es evidente que hay un fuerte influjo ritual en algunos de los libros del Antiguo Testamento, como el *Génesis,* y *El Cantar de los cantares,* en su origen posiblemente un epitalamio. También la llamada *Biblia cananea* (cfr. H. E. Del Médico, *La Bible canannée,* París, 1950) contiene, como suele ocurrir en el próximo oriente, elementos rituales.

El poema de *Gilgamesch* ha sido traducido últimamente al castellano (Madrid, Editora Nacional, 1981).

Del *Enuma Elish,* o poema de la creación, existe también una versión (*Enuma Elish,* trad. Luis Astey, México, 1961).

Otros poemas de carácter épico, relacionado con el rito, tenemos en la cultura hitita (*El canto de Illuyanka,* entre otros).

Autran defendió en su día los posibles orígenes sacerdotales de la poesía homérica (*Les Origenes sacerdotales d'Homére),* pero el libro ha tenido poca aceptación entre los críticos.

El *Enuma Elish* o *Poema de la Creación,* es, junto al *Gilgamesh,* el más importante poema acadio. El primero, cuyo título se ha tomado de las primeras palabras de la epopeya *(Cuando en lo alto)*, describe la victoria de Marduk sobre el monstruo Tiamat, con las partes de cuyo cuerpo el dios crea los cielos y la tierra. El poema era recitado el día de la fiesta del nuevo año, sobre todo la parte que cuenta el episodio que hemos mencionado, como su ceremonia central, aunque otros críticos opinen que éste era uno de entre los muchos himnos que se interpretaban en esta ocasión. El poema de *Gilgamesh* ha tenido una larga composición: su versión más completa es la asiria, procedente de la biblioteca de Asurbanipal (siglo VII a. de C.), pero sin duda existieron versiones más antiguas como lo demuestran una serie de fragmentos de tablillas con textos hurritas, hititas y acadios. El héroe central es Gilgamesh, originariamente una figura histórica, un rey de la Uruk sumeria. El pasaje que hace referencia al diluvio es uno de los más famosos, pero el poema contiene otros elementos como la amistad entre Gilgamesh y Enkidu.

G. del Olmo (*Mitos y leyendas de Canaán,* Madrid, 1981) ha estudiado una serie de poemas procedentes de Ugarit (*La lucha entre Bahlu y Môtu* es uno de los más importantes) que muestran asimismo cierta relación con el rito cananeo. Sobre el Gilgamesh véase ahora el estudio de G. S. Kirk (*Mithh. Its meaning and functions in Ancient and other cultures,* Berkeley, 1970, págs. 132 y sigs.), quien polemiza con Cornford sobre diversos aspectos del poema y su influjo sobre el mito griego, sobre todo la *Teogonía* hesiódica. Sobre los elementos mítico-épicos de Egipto, cfr. J. Vandier, *La religion égyptienne,* París, 1944, págs. 81 y sigs. El libro religioso más importante de Egipto hace referencia a un aspecto básico de esta cultura: *El libro de los muertos,* que contiene toda clase de preceptos e invocaciones que el alma debe recitar para conseguir la inmortalidad.

Sobre Gilgamesh, cfr. Jensen, *Das Gilgamesh Epos* (1906) y el volumen *Das Gilgamesh Epos* (Darmstadt, 1977, ed. Oberhuber, col. *Wege der Forschung.)* Importante documentación en *Ancient Near Eastern Texts Relating the Old Testament,* editado por J. B. Pritchard (Princeton, 1955 [2]); aquí el pensamiento hebreo ha modificado el sentido originario de las «fuentes» dotándolas de un profundo sentido moral y religioso.

En las dos grandes epopeyas indias, *Mahabharata* y *Ramayana,* ven también los críticos un notable influjo, de la religión hindú, e incluso ciertas relaciones con el rito, al menos en algunos de los elementos que forman estos dos poemas, que son el resultado de la amalgama de tradiciones y poemas anteriores. Cfr. J. Canedo, *Resumen de literatura sánscrita,* Madrid, 1942, págs. 61 y sigs.

Pero es sobre todo en la *lírica* y en el *drama* donde la íntima relación entre rito y literatura halla su más cabal expresión.

Dentro de la cultura hindú, los *Himnos Védicos* son el ejemplo más evidente de textos rituales que han cristalizado en cierto tipo de literatura. «Los himnos están compuestos —ha escrito F. Villar— en honor de las distintas divinidades de la religión védica... siendo recitados o cantados durante las ceremonias religiosas correspondientes. A su vez, los distintos rituales iban acompañados de ciertas fórmulas y versos sagrados.» El más importante de estos libros sagrados es el llamado *Rig-*

veda, sin duda el libro más antiguo de la literatura hindú, y, a la vez, el punto de partida de toda la literatura de la antigua India. Pero si el *Rigveda* y el *Atharvaveda* pueden ser considerados como una colección *histórica,* los dos restantes, el *Yajurveda* y el *Samaveda* son colecciones hechas con vistas al ritual. Los himnos védicos son, fundamentalmente, invocaciones a los dioses, y se interpretan en ocasiones concretas de la religión, en el ritual de *Soma* y, sobre todo, en ocasión del ofrecimiento del fuego (Agni), rito que permite la relación con la divinidad.

> Los himnos están ordenados, en las ediciones, de acuerdo con los dioses a quienes van dirigidos: Agni, Indra, Soma, etc. Una buena traducción debemos a F. Villar, *Himnos Védicos,* Madrid, Editora Nacional, 1975.

Dentro de la poesía hebrea posiblemente el ejemplo más claro de la relación entre religión y literatura sea, de un lado, el *Cantar de los cantares (Shir ha-shirim,)* que, como señala C. Kuhn, «ocupa un lugar fijo en el culto de la comunidad judía». El poema es, en realidad, un canto de amor, de bodas, profano, que paulatinamente recibió una interpretación alegórica, de carácter religioso. Es muy posible que, en un principio, existieran cantos independientes y que luego se reunieran formando un libro único. El hecho de que asistamos a expresiones de un varón, de una mujer, y, en ocasiones, de un grupo, ha hecho avanzar la hipótesis de un origen dramático.

También los *Salmos* tenían una ejecución ritual. Junto al nombre del autor se indica, en ocasiones, a quién va dirigido y hay referencias sobre el uso cultural del salmo en concreto. Pero ese uso cultural es distinto del impulso personal que le ha dado origen.

> Algunas referencias útiles se hallarán en C. Kuhn, *Die Entstehung des Alten Testaments,* Berna, 1953, con datos sobre los *Salmos* y el *Cantar de los cantares* (págs. 45 y sigs., y 246 y sigs.).

Pero donde más claramente puede verse el proceso que conduce del canto ritual a la literatura es en la lírica griega. En Homero y en otros poetas posteriores tenemos noticias sobre la existencia de cantos rituales interpretados en determinadas ceremonias que luego, en el transcurso del tiempo, recibieron una forma literaria, aunque, casi siempre, conservando algún resto de su origen religioso. A base de estos testimonios es posible formarse una idea sobre la existencia de una serie de formas rituales antiquísimas: el *treno* (canto fúnebre), el *peán* (canto de victoria), el *himno* o canto dedicado a los dioses, el *ditirambo,* dedicado a Dioniso, el *lino* o marcha de los segadores, etc. La lírica posterior los adoptó, adornándolos y dotándolos de otros elementos poéticos (mito, por ejemplo). Paulatinamente, en la época arcaica va surgiendo una lírica profana, o, al menos, desligada del puro ritual; así conservamos *partenios* (sobre todo los fragmentos de Alemán), o cantos de *doncellas, ditirambos* (en especial los de Píndaro y Baquílides), *himnos* (Píndaro, Alceo, Safo), *epitalamios* o cantos de boda (fueron muy famosos los de Safo); también cantos de guerra o *embateria* (Alemán ha conservado algún fragmento), *peanes* (Píndaro). Sobre el proemio, cfr. R. Böhme, *Das Prooimion. Eine Form sakraler Dichtung der Griechen,* Baden, 1937.

Adrados ha estudiado en detalle el proceso que conduce de una lírica popular, religiosa y ritual, al nacimiento de la gran poesía lírica arcaica (*Orígenes de la lírica griega,* Madrid, Revista de Occidente, 1976). La Tragedia y la Comedia griegas también conservan, en sus cantos corales, restos de antiguas manifestaciones religiosas. En Esquilo, por ejemplo, tenemos pasajes que contienen himnos (el famoso himno a Zeus, en *Agam.*, págs. 160 y sigs.), pero también *trenos* (el lamento por la pérdida del ejército en *Persas,* etc.). En Sófocles hallaremos hiporquemas (cantos de alegría), peanes (en *Edipo Rey,* págs. 151 y sigs.) y en Eurípides hay restos de una antiquísima elegía trenódica que el poeta intenta resucitar en la *Andrómaca* (vs. 103 y sigs.).

En cambio, en la literatura latina no se ha producido este proceso de literaturización. Se perdieron los primitivos cantos rituales y se adoptó la literatura griega como base para su manifestación literaria. De entre los cantos rituales conservados, al menos en parte, tenemos sobre todo el famoso canto de los hermanos *Arvales,* en el que los elementos de esta cofradía entonaban en honor de Marte, pidiéndole protección. Se trata —ha escrito A. Grenier (*El genio romano,* trad. cast., Barcelona, 1927, pág. 139)— de una letanía «cada uno de cuyos versos era repetido tres veces». El texto, muy corrompido, ha sido objeto de varias interpretaciones, y reza así:

Enos Lases iuvate.
Neve lue rue Marmar, sins incurrere in pleoris
satur fu fere Mars, limem sali sta berber
semunis alternei advocapit cunctos.
Enos Marmor iuvato.
Triumpe, triumpe, triumpe, triumpe, triumpe.

Lindsay lo ha interpretado así: *Nos Lares iuvate* (Lares, dadnos vuestro auxilio). *Neve luem ruem sinas imcurrere in plures* (no permitas que caiga sobre más la peste y la ruina); *Satur esto fere Mars, limen sali, siste berber* (sea suficiente, fiero Marte... detén tu azote...).

También en la Edad Media tenemos claros ejemplos de relación entre el rito, la liturgia y la poesía. Sabido es hasta qué punto la vida medieval estuvo dominada por una visión religiosa, tanto en sus aspectos populares como filosóficos. Por una parte, la devoción a la Virgen es uno de los rasgos típicos de este sentimiento; por otro, se ha avanzado la tesis —hoy dominante— del origen litúrgico de la poesía trovadoresca a partir del *tropus* interpretado en las iglesias provenzales, en latín. Al pasar al campo profano, este tipo de manifestaciones habría ido desarrollándose dando origen a la poesía trovadoresca. Ese intercambio de manifestaciones entre la literatura latina medieval, muchas veces de carácter litúrgico, y la literatura en lengua vernácula, profana, es típico de la Edad Media.

Sobre los *tropos,* cfr. M. Hélin, *Le litt. latine au Moyen Age,* París, P. U. F., 1972, págs. 46 y sigs. (como una somera visión del tema).

Pero también en el *drama* asistimos a un claro ejemplo de literaturización de manifestaciones religiosas. Ello es sobre todo cierto en Grecia —sobre el próximo oriente carecemos de material suficiente—, donde tanto la tragedia como la comedia han tenido un claro origen dionisíaco. Todavía en la época clásica las representaciones dramáticas formaban parte del culto a Dioniso.

Mientras por lo que respecta a la tragedia, a pesar de sus elementos, se ha discutido el origen dionisíaco, en la comedia hay acuerdo general: la comedia deriva del *kômo* o fiesta llena de regocijo en la que se recibe la llegada del dios. Sobre el tema, cfr. Adrados, *Fiesta, Comedia y Tragedia,* Barcelona, 1972. Ya hemos aludido antes a la conservación, en la tragedia, de restos de primitivos cantos religiosos.

En la Edad Media el teatro tiene también un origen religioso. Tanto en Francia como en Castilla, Aragón y Cataluña tenemos restos de testimonios —más bien escasos— de un origen cultural del teatro. En determinados días de fiesta, se añadían a los servicios religiosos representaciones dialogadas que ponían ante los ojos de los fieles los principales sucesos de la conmemoración concreta. Así, en Navidad, se representaban escenas de la anunciación, del nacimiento, de la adoración de los reyes, etc. Es lo que se conoce como *drama litúrgico,* un ejemplo del cual tenemos, en germen, en el *Auto de los Reyes Magos,* obra de arte muy elemental, pobre en recursos escénicos pero hermoso en su ingenuo estilo.

En realidad, las «representaciones» teatrales de la Edad Media se dividen en dos grandes grupos: en España, los llamados *autos* o *miste-*

rios que tratan de temas de la vida y la pasión de Cristo, y las *moralidades* cuyos personajes eran fundamentalmente alegóricos. Paulatinamente los temas fueron ampliándose, y de la etapa primitiva en la que el personaje era Cristo y sus contemporáneos, se paso a escenificar temas del Antiguo Testamento, y de las vidas de los santos.

La evolución condujo, finalmente, a una pérdida prácticamente total de sus temáticas religiosas. En Francia, tenemos, en el *Jeu de saint Nicolas,* al lado de escenas de la vida del santo, otras en las que el tema es la vida profana (tabernas, por ejemplo). En España, los *juegos de escarnio* son otros ejemplos de la evolución teatral hacia los temas profanos.

La pervivencia de una tradición religiosa, alegórica, a lo largo de los tiempos, puede explicar que, en un momento determinado, surja el *auto sacrametal,* seguramente el ejemplo más claro de una relación entre creencia religiosa y literatura de la Edad Moderna. Sus orígenes no están claros: Wardropper (*Introducción al teatro religioso del Siglo de Oro: Evolución del Auto sacramental 1500-1548,* Madrid, 1953) ha intentado una explicación partiendo de la obra religiosa de Juan de la Encina, en la que descubre un influjo decisivo de los llamados *Officia Pastorum.* «En los pastores de los coloquios de Juan de la Encina —dice Alborg— (*Historia de la literatura española,* II, pág. 723), Wardropper encuentra ya el mismo deseo de superar el mundo cotidiano que ha de preocupar a los dramaturgos sacramentales».

> K. Vossler (*Formas poéticas de los pueblos románicos,* trad. cast., Buenos Aires, 1960, págs. 283 y sigs.) define el auto sacramental como «una especialización genuinamente española del drama religioso, a cuya esencia pertenece la relación con la Eucaristía, y que está representada, en ocasión de su fiesta, el día de Corpus Christi». Analiza en este estudio el ilustre hispanista los elementos básicos de Auto no a partir de Calderón, sino a partir de Lope, cuyos Autos son «más característicos, a pesar de que son menos puros y refinados».

2

Pero donde realmente estamos en presencia del influjo de la Religión sobre la Literatura es en la manifestación de la *piedad personal,* es decir, de una específica devoción que lleva al hombre a establecer un cierto lazo entre su intimidad y su dios. No es absolutamente necesario que la manifestación de esa piedad lleve al hombre a enfrentarse con la piedad tradicional o pública, aunque en algunas ocasiones ello sea así.

Bergson (*Las dos fuentes de la moral y de la religión,* aparecido en 1931) ha hablado de religión y moral «estáticas», opuesta a la «dinámica»: mientras la primera se nutre de tradición y tiende, en cierto modo, a la fosilización, en la religión creadora asistimos al triunfo del sentimiento; el acento deja de ponerse en lo exterior (rito, liturgia, etcétera) para colocarse sobre lo interior. Es en este sentido como tomaremos aquí el término «religión personal». El «homo religiosus» es, pues, «el que siente, más allá de las cosas terrenas, una Presencia, y que necesita sentir esa Presencia» (A.-J. Festugière, *Personal Religion among the Greeks,* Berkeley, 1954, 1), y, en ese sentido, incluso en una religión politeísta, la relación es con un dios concreto, que funciona como si fuera único.

Uno de los casos más concretos de religión personal es el de los profetas israelitas. Su misión es conocida: conducir a su pueblo por la senda de la religión de Jahwê cuando la fe del pueblo parece adormecida, si no claramente paganizada. Se ha observado que el término hebreo que significa profeta *(nabí,* plural *nebihim)* significa, etimológicamente, «fuera de sí», persona que desvaría. Por ello, no falta quien los haya relacionado con el *chamanismo,* al menos desde un punto de vista psicológico. El *chamán* es una persona que tiene el *don* de estar en varios lugares a la vez; un hombre cuyo espíritu abandona momentáneamente el cuerpo y, en este viaje de su alma, consigue ver cosas vedadas a los demás mortales. El profeta se diferencia, en todo caso, del chamán porque está unido a una revelación que le hace Dios, y no porque tenga facultades sobrenaturales. Pero sus propiedades de «ver» lo que los demás no ven le acercan un poco a las prácticas chamanísticas. De entre esos *profetas* (el término es griego, y tomado de la esfera de la mántica apolínea, es decir, de la esfera de una religión oracular) destaca, en el mundo judío, Jeremías. Sus *Lamentaciones* son el tipo «manifiesto» profético.

> A veces el profeta puede ser llamado por Jahwê, y entonces abandona su casa y su familia y se entrega a su misión, como Oseas. Sobre el Chamanismo y su problemática cfr. M. Elíada, *El Chamanismo* (trad. esp., México, F. C. E., 1960). Sobre el sentido del profetismo, en general y no sólo entre los israelitas (cfr. Naber, *L'Essence du prophetisme,* París, 1946).

Aunque el profeta es un tipo religioso muy concreto, y, en cierto modo, típico de la religión judía, no es exclusivo de ella. Hesíodo, en el mundo griego, presenta rasgos muy semejantes. Se ha observado que la época en que vivió —aproximadamente hacia el 760 a. de C.— coincide con la aparición del fenómeno profético, como si se tratara de que por esas fechas surgiera en la cultura mediterránea oriental un movimiento orientado hacia la predicación de una religión más purificada. Sea como sea, el hecho es que Hesíodo ha recibido una llamada de las Musas para cantar el mundo divino, sobre todo el mundo de Zeus, que, para el poeta-profeta, lo llena todo. Es, por otra parte, significativo que Hesíodo oponga su propia poesía a la homérica como si ésta fuera «falsa». Al menos eso es lo que se desprende del comienzo de su poema *Los trabajos y los días,* que, aparte de contener un sentido himno a Zeus, incita a su hermano Perses —que simboliza la Humanidad entera— a aceptar la ley de Zeus, que es la ley del trabajo y del esfuerzo:

> Musas de Pieria, que la gloria prodigáis con el canto, venid e invocad a Zeus y celebrad con vuestros himnos a vuestro Padre. Él hace que los mortales sean obscuros o gloriosos, famosos o desconocidos, por el querer de Zeus: pues confiere el poder fácilmente, y fácilmente también arruina al poderoso, fácilmente rebaja al soberbio y engrandece al ignorado, Zeus que truena en la altura.

Es en la *Teogonia* donde el poeta explica su consagración como poeta por las Musas, que se le aparecieron cuando estaba apacentando sus rebaños al pie del Helicón.

Aunque en Grecia no existía propiamente un dogma, ni un *libro,* y por tanto no es necesario que el poeta-profeta se ponga en contra de un credo tradicional, sí que, al menos, es posible hallar en los grandes poetas helénicos la manifestación de una piedad personal, concreta, que se eleva por encima de la piedad popular. Solón, en su *Elegía a las Musas,* sabe dar expresión poética a sus más íntimas convicciones ético-religiosas; Píndaro se presenta como un profeta de las Musas (Horacio le imitará presentándose como *Musarum sacerdos*); Esquilo en sus tragedias ha ofrecido, como afirma Maddalena, no dramas de contenido religioso, sino obras profundamente dominadas por un sentimiento religioso —sobre todo el de la teología de Zeus, señor supremo—; Sófocles, en su tragedia, resalta la nulidad del hombre frente al poder de la Divinidad; Eurípides ha sabido dar expresión plástica, en su *Hipólito,* al sentimiento de la mística amistad entre un hombre y un dios, en tanto que en las *Bacantes* sabe llevar a escena la fuerza irresistible de la religión dionisiaca.

> Dentro de la *literatura hindú,* es famoso el pasaje del *Mahabharata* conocido por *Bhagavad-Ghita (Canto del Bienaventurado),* calificado por A. Schweitzer como «el más idealizado libro de la Literatura Universal», donde se expresa la liberación mediante la unión del hombre con la divinidad a través del amor.
>
> Dentro de la *poesía cristiana antigua,* cabe destacar a Aurelio Prudencio. Su *Cathemerinon* es de corte, digamos, oficial, se ofrecen toda clase de plegarias en verso para cada momento de la vida. En cambio, en *Combate espiritual* contiene concepciones más personales.

De la poesía de contenido religioso medieval cabe citar el *Lauda Sion* y el *Pange Lingua* de Santo Tomás de Aquino.

De la poesía hebraica, mencionaremos *Ibn Gabiral* y *Jehuda ha-Levi.*

Es frecuente, por otra parte, que el lenguaje de los místicos esté forjado con el lenguaje erótico. El alma *se une* a Dios; Alma y Dios son como dos desposados (recuérdese la alegoría del *Cantar de los Cantares).* Recuérdese el apasionado lenguaje de San Juan de la Cruz:

En una noche oscura,
con ansias en amores inflamada.
¡oh dichosa ventura!
salí sin ser notada,
estando ya mi casa sosegada.
....
¡oh noche que juntaste
Amado con Amada,
Amada en el Amado transformada!

O bien:

¿Adónde te escondiste,
amado, y me dejaste con gemido?
....
mira que la dolencia
de amor, que no se cura
sino con la presencia y la figura.
....
Gocémonos, amado...

Algo parecido podemos hallar en otros místicos, como Santa Teresa. Sobre la mística de esta Santa, cfr. R. Fülöp Miller, *Teresa de Ávila, la Santa del éxtasis,* Buenos Aires, 1946.

Sobre la mística de Echkhardt, cfr. *M. E. y la mística medieval alemana* (trad. cast., 1953) y, en general, sobre el misticismo, cfr. N. Micklem, *La religión,* trad. cast., México, 1953, págs. 153 y sigs.

Sobre el misticismo, cfr. también H. Serouya, *Le Mysticisme,* París, 1961.

Hay que situar aquí con ciertas reservas parte de la producción de Ramón Llull, sobre todo el *Llibre de contemplacio* y *Llibre de l'amic i l'Amant.* Su mística ha influido a través de Ruysbroeck sobre los místicos españoles (cfr. H. Hatzfeld, «The influence of R. L. and Jan van Ruysbroeck in the Language of spanish mystics», en *Traditio,* IV, 1946, págs. 337 y sigs.).

De religión personal, debe calificarse la actitud «creadora» de un San Francisco de Asís (a él puede aplicarse el concepto de «religión creadora»), quien, por otra parte, ha sabido dar expresión literaria a su idea de la unión de todas las criaturas en su *Cantico del Sole,* por ejemplo, en el que, por decirlo con palabras de Vossler *(Italieniche Literaturgechischte,* Leipzig, 1900, pág. 21), «sol, luna y estrellas, aire y agua, tierra y fuego todos son hijos de Dios alabado, y hermanas y hermanos para el amoroso corazón del santo». Este Cántico en un principio le trajo problemas, pues se interpretó como un manifiesto panteísta. Por ello el poeta, a las estrofas del poema dedicado a los «lamentos», añadió otra estrofa:

> Alabado seáis, Señor mío, a causa de los que
> perdonan por amor a Vos, y que se mantienen
> pacientemente en la enfermedad y en la tribulación.
> Dichosos aquellos que perseveran en la paz
> porque el Altísimo los coronará...

Sobre la poesía de San Francisco, así como de otros franciscanos, cfr. A. F. Ozanam, *Los poetas franciscanos de Italia en el siglo XIII,* trad. cast., Buenos Aires, 1949.

La devoción a la Virgen, rasgo típico de la Edad Media, ha sido fuente de honda inspiración religiosa. Gonzalo de Berceo, en pleno siglo XIII, recogiendo la piedad popular, ha sabido exponer, en sus *Milagros de Nuestra Señora,* la ingenua fe del pueblo en la Madre de Dios, descanso del peregrino en esta tierra y agua que apaga su sed. Así se desprende de su prólogo en el que el poeta —siguiendo el hábito medieval de la alegoría— expone a sus oyentes sus ideas sobre la vida, la religión y la Virgen:

> Yo, maestro Gonzalvo de Berceo nominado,
> yendo en romería caecí en un prado,
> verde e bien sencido, de flores bien poblado,
> lugar cobdiciadero para ome cansado.
>
> Daban olor sobrio las flores bien oloentes
> ....
> manaban cada canto fuentes claras corrientes,
> en verano bien frías, en invierno calientes.
>
> ....
> La verduta del prado, la olor de las flores
> las sombras de los árboles de temprados sabores,
> refrescáronme todo...
>
> ....
> Señores e amigos, lo que dicho habemos
> palabra es oscura, exponerla queremos...
>
> ....
> Cuando aquí vivimos, en ajeno moramos...
> ... la nuestra romería entonz la acabamos
> cuando a paraíso las almas enviamos.

En esta romería habemos un buen prado,
en qui trova repaire tot romeo cansado,
la Virgen gloriosa, madre del buen criado...

Ya en el siglo XVII, tenemos, en Francia, casos concretos de religión personal. Si en el aspecto «reflexivo» la obra de Pascal es una buena muestra de un modo de pensar sobre los problemas religiosos con cierto estilo particular *(Las Provinciales,* los *Pensamientos)*, en el teatro la obra de Corneille y de Racine son un buen ejemplo para entender aspectos de su pensar religioso. El *Polyeucte* de Corneille, ejemplo del santo intransigente, expresa, en muchos aspectos, el sentido más profundo de su autor, que, en esta obra, halló mejor eco entre el pueblo que entre los espíritus cultivados. Un contemporáneo del autor se expresaba en estos términos, a propósito de la mencionada obra:

Y-a-t-il rien de plus sec et de moins agréable que ce qui est dans cet ouvrage? Y-a-t-il personne qui ne soit mille fois plus touche de l'affliction de Sévère lorsqu'il trouve Pauline Mariée que du martyre de Polyeucte?

Pero, como ha escrito un editor de esta tragedia corneilliana: «Quitad el cristianismo de *Polyeucte:* ¿qué queda de él?»

En el caso de Racine, *Esther* y *Athalie* ocupan un lugar especial en su obra. Sin embargo, hay también en estas dos piezas una gran parte del genio poético de su autor. Por ello ha podido escribir Vossler (*Jean Racine,* trad. cast., Buenos Aires, 1946, pág. 97), al comparar estas dos piezas religiosas con las grandes piezas «paganas» de Racine: «si hay alguna diferencia, ella radica en que aquellas no nombran al Dios de la Sagrada escritura y de la Iglesia». Y, con todo, en las piezas religiosas «Dios no surge en la escena, pero desde ella se le llama, se le alaba, se le reverencia, se le implora y se le padece sin cesar» (íd.).

Otra maravillosa muestra de un teatro con hondas preocupaciones religiosas es, de un lado, *El condenado por desconfiado,* de Tirso de Molina, y *La devoción de la cruz,* de Calderón. Si el primero plantea un hondo problema teológico —la predestinación— que el talento dramático de su autor sabe desarrollar magistralmente, en la pieza de Calderón es un fuerte hálito popular —la fuerza de la devoción— el que resuelve el conflicto. Ambas piezas, por otra parte, reflejan el modo del sentir popular de su tiempo, y, simultáneamente, la visión personal de profundas cuestiones religiosas. Y lo mismo cabe decir de los *Autos sacramentales,* tanto los de Lope como los más perfectos técnicamente hablando de Calderón.

La poesía lírica religiosa de Lope es otro maravilloso ejemplo de la profundidad del sentimiento de este hombre, «demasiado humano», y que, pese a su vivir «en pecado», siente en su interior la fuerza de su fe y de su piedad.

En algunas ocasiones, se trata de una religiosidad panteísta, o, al menos, profundamente impregnada de la presencia de Dios en la Naturaleza, la que evoca el poeta. El primer caso podría ser el de Shelley —léase su *Defense of Poetry*—. Un buen ejemplo de lo segundo, el *Cant espiritual* de Maragall, donde el poeta muestra un amor casi religioso por la creación, en la que se siente como en su casa, y no desea, al morir, otra cosa que poder contemplar ese mundo con los ojos de Dios.

El sentimiento religioso protestante inspiró a Klopstock, (1724-1803) su *Mesiada* (*Messias,* terminado en 1773). El poema «debe entenderse no como épico sino como lírico», ha dicho de esta obra F. Martini (*Deutsche Literaturgeschichte,* Stuttgart, 1968, pág. 192). Y aunque la fuente de inspiración y el feliz protestante, no tienen el pesimismo del Barroco, ni la conciencia de pecado propio del pietismo: una profunda fe en la salvación del hombre pervade todo el poema. En eso se diferencia del *Paraíso perdido,* de Milton, 1667, puritano, que cantó la culpa de nuestros primeros padres con acento harto pesimista.

No es raro que la religión adopte una forma digamos filosófica. Los grandes problemas «metafísicos», los grandes anhelos de la Humanidad son el centro de la reflexión del escritor, que los convierte en problemas eternos, y, por ello, religiosos: Unamuno en su *Sentimiento trágico de la vida en los hombres y en los pueblos* plantea la oposición *razón-fe* en el centro de la preocupación existencial del hombre, que es trágica porque la antonomia no es superable más que por medio de un «salto».

Y lo mismo podríamos decir de Kierkegaard y de Pascal. A veces el problema religioso, la lucha entre el mundo y la fe, se convierte en materia novelesca, como ocurre, entre otros, con Graham Greene *(El poder y la gloria, El fondo del problema)*. En el caso de nuestro autor, su obra literaria es un modo de expresar su profunda experanza. «Mártir de la esperanza» lo ha llamado Ch. Moeller (*Literatura del siglo XX y cristianismo,* I, pág. 344), quien resume así el pensamiento o, mejor, la actitud religiosa de G. Greene.

«El espectáculo del universo debiera lógicamente provocar, en los que son lúcidos como el Pilluelo, la blasfemia final. Parece que este mundo ha sido traicionado por Dios, que el Creador lo ha abandonado a sí mismo... Y, sin embargo, cuanto más se encarniza uno contra el universo, cuanto más se odia uno a sí mismo... tanto más se hace oír una voz que suplica tener compasión.»

A veces aparece esa contemplación del mundo, a la que se acaba de aludir, pero sin la cuerda salvadora de la esperanza. Recordemos el soneto de Quevedo que comienza

Miré los muros de la patria mía,

para terminar:

y no hallé cosa en que poner los ojos
que no fuera el recuerdo de la muerte.

Pero otros espíritus han visto otra cosa en el Universo. Fray Luis ha sabido percibir el empuje religioso que se encierra en la contemplación de la noche serena, en la percepción de una melodiosa música que lo eleva a las más altas esferas, en el placer estético-moral del paisaje:

Cuando contemplo el cielo
de innumerables luces adornado
y miro hacia el suelo
de noche rodeado,
en sueño y en silencio sepultado,

el amor y la pena
despiertan en mi pecho un ansia ardiente;
despiden larga vena
los ojos hechos fuente,
la lengua dice al fin con voz doliente:

Morada de grandeza,
templo de claridad y de hermosura,
mi alma que a tu alteza
nació, ¿qué desventura
la tiene en esta cárcel baja, oscura?

Aletea aquí el optimismo idealista de la filosofía platónica, que tanto ha de influir en el mundo renacentista (Marsilio Ficino, por ejemplo) y para el cual, como para los antiguos órficos, y en parte los Gnósticos, el alma tiene un origen divino y aspira a regresar al punto de donde partió. La belleza —y ése es un rasgo típicamente platónico— despierta al alma de su sopor, y le hace recordar su auténtico destino.

Una doctrina semejante hallaremos en el conjunto de escritos llamado *Hermetismo* —una subespecie del orfismo, con mezcla de platonismo y de estoicismo, al tiempo que de ciertos influjos orientales.

* * *

La religión es el elemento básico que alimenta el nacimiento de la *literatura apologética*. El caso más conocido es la apologética cristiana, representada por una serie de autores que se veían en el trance de defender al Cristianismo de los ataques de los pensadores paganos. De un lado, Celso —siglo II—, el primero que de una forma sistemática ha atacado los dogmas cristianos, será refutado —bastantes años después— por Orígenes. Los ataques de Profirio *(Contra los Cristianos),* mucho más peligrosos que el *Discurso verdadero,* de Celso, darán lugar a otra floración de apologistas. San Agustín escribió su *Ciudad de Dios,* una de sus más importantes obras, para defender a la Iglesia del ataque que la hacía culpable de haber minado la fuerza interna del Imperio Romano.

Los Apologistas del siglo II, en especial Justino, Taciano, Atenágoras, Teófilo, han sido editados en la B. A. C. (Madrid, 1954); el *Apologético* de Tertuliano, por M. Dolç (Barcelona, Alpha, 1960, con texto y traducción catalanes).

Contra los ataques al cristianismo *(Contra Galileo)* de Julián contestaron varios autores, entre ellos Gregorio de Nisos. El libro de Balmes, *Cartas a un escéptico en materia de religión,* puede considerarse apologético.

Nos queda por hablar de la literatura que trata de temas de la propia religión, y sus aspectos. No se trata ya de defender la fe y las creencias personales, sino de esbozar aspectos muy concretos de la creencia. Todas las religiones disponen de ese tipo de literatura: los *Upanischads* indios son un ejemplo. Yehudá-ha Levi, un hispano-hebreo, escribió en árabe el *Libro de la prueba y del fundamento en defensa de la religión menospreciada,* que, al tiempo que de apologética, trata temas concretos de la religión revelada. Avicena y Averroes se ocuparon de aspectos del dogma islámico. Erasmo compuso su *Enchiridion militis christiani* para exponer su ideal de cristiano que practica la *philosophia Christi,* que es como define el gran humanista el contenido de la fe cristiana. Y Kant *(La religión dentro de los límites de la mera razón)* tomó la religión como objeto de estudio y de análisis.

Hay aspectos sociorreligiosos que han incidido, y de un modo muy directo, sobre la Literatura. Tal es el caso de la Inquisición. Creada para vigilar la pureza de la fe, en algunos países se convirtió en un modo más o menos directo de controlar las actividades ideológicas y literarias de algunos grupos concretos. Tal es el caso de España, de acuerdo con las reiteradas tesis de Américo Castro. Como es sabido, para el eminente crítico se produce, a partir de la conquista musulmana, y a consecuencia de una serie de hechos concretos, la aparición de tres grandes estamentos o clases: los musulmanes, los judíos y los cristianos. Tras convivir pacíficamente durante varios siglos, llega un momento, hacia el siglo XV, en que se escinde tal unidad, y se erige en grupo dirigente el de los cristianos viejos, es decir, de aquéllos que no descendían de algún converso. Se va imponiendo —a juicio de A. Castro— una paulatina y gradual actitud de vigilancia respecto a los semitas, en especial los judíos. Se observa la aparición de un determinado «código»: el de la limpieza de sangre. Es decir, los hombres del Siglo de Oro viven obsesionados por poder demostrar, en cada momento, su pertenencia al grupo superior. Lo semita se hace sospechoso, al tiempo que se va despreciando. Surge luego, además, el intento de penetración del Erasmismo, que es combatido, como ha desmostrado Bataillon, con todos los medios al alcance de la clase noble, que, por definición, es la depositaria de la ortodoxia. Todo lo que huele a «semita» y todo lo que es sospechoso de erasmismo es perseguido. Los procesos abundan (familia de Luis Vives, fray Luis de León, el Broncense). De ahí que los cristianos nuevos estén en constante sobresalto, «viven desviviéndose». Y hallan un refugio en la creación artística y científica. Para el noble de esta época toda ilustración le parece sospechosa. Por eso está libre de sospechas el labriego, el villano, y por ello, en lo que respecta al tema de la *honra* (que de una forma tan obsesiva domina en el teatro —y no sólo en él—), surge la cuestión de la venganza de toda mancha hecha a la *honra* (*El médico de su honra, Peribáñez, Fuenteovejuna,* etc.). «Los personajes de más alto rango —escribe Castro— ... poseían honra inmemorial, y les era lícito y dramáticamente posible vengarse en secreto, y así acontece en ciertos dramás de Calderón. Pero no les cabía hacerlo a los villancs ofendidos, de baja clase y de alta casta, por ser su condición honrosa efecto de las dudas que habían surgido acerca del linaje de muchos señores. Era, por tanto, necesario recalcar ostensiblemente que el labriego no era sospechoso».

La angustia en que viven los cristianos nuevos se supera, a juicio de Castro, mediante la creación literaria. Y ello explica la enorme cantidad de descendientes de judíos que ha descubierto Castro entre los escritores de la época, desde Rojas hasta Santa Teresa: «La poesía, en verso o en prosa, revela el drama del español en la época máxima de su historia. Sin más auténtico patrimonio que el más allá celestial, la pureza de su casta y la potencia de su poder imperativo, la persona se sentía rodeada por doquiera de vacíos y desconocimientos.»

A. Castro ha vuelto una y otra vez sobre este tema a partir de la publicación de su libro *España en su historia,* que, desde 1962, tomará el nuevo título de *La realidad histórica* de España. Sobre el tema, enfocado desde la perspectiva de la honra y la limpieza de sangre, ha vuelto en su libro *De la vida conflictiva,* Madrid, Taurus, 1961 (y del que hemos tomado los textos antes citados).

Sobre el problema del erasmismo español y las persecuciones de que fue objeto, cfr. M. Bataillon, *Erasmo y España,* (trad. cast., México, F. C. E., 1966 [2]).

* * *

Una de las más claras manifestaciones de la piedad es, sin duda, la *plegaria.* Por ello, un estudio de las plegarias puede ilustrar muy bien las relaciones entre Literatura y Religión.

Puede la plegaria adoptar una forma fija, ritual, que perdura a lo largo de los tiempos: no sólo la plegaria ritual de los pueblos primitivos y arcaicos, sino incluso en culturas más elevadas. Recuérdese que el *Padrenuestro,* la plegaria básica del cristianismo, fue instituida hace dos mil años. Pero la existencia de unas fórmulas fijas es también la característica de la plegaria homérica: hay que tener en cuenta que la plegaria refleja el deseo del hombre de obtener algo de la divinidad. Por ello es normal que toda plegaria fija contenga una serie de elementos: invocación, enumeración del poder y de la fuerza del dios; *captatio benevolentia* hacer enumerar los sacrificios que anteriormente se le han dedicado, o bien indicación de que en otras ocasiones parecidas se ha conseguido la ayuda divina. Finalmente, la petición concreta. Tal es el esquema, según decíamos, de la plegaria homérica, del que tenemos un claro ejemplo en la plegaria de Crises en el canto I de *La Ilíada:*

> ¡Óyeme, dios del arco de plata, que a Crisa y a Cila
> la divina protejes, señor poderoso de Ténedos!
> ¡Oh Esmínteo! si un día elevando algún templo precioso
> y quemando en tu honor gruesos muslos de toros o cabras
> agradable te fui, que se cumpla este voto que te hago:
> ¡que en los Dáneos me paguen tus flechas el llanto vertido!

Pero el origen de la plegaria no se halla, lógicamente, en este tipo, como ésta, sino en lo que Heiler llama «la plegaria espontánea del primitivo». Pronto, en las religiones superiores, se suprimirá esta forma fija, aunque, en la religión personal de cada uno, puede surgir a cada instante. En algunos casos, la plegaria se alarga considerablemente y toma la forma del *himno:* recuérdese el himno que Hesíodo inserta en los *Trabajos y los Días* en honor de Zeus; o la elegía de Solón a las Musas, que es una plegaria y, al tiempo, un canto a estas divinidades. O el maravilloso himno a Zeus que hallamos en el *Agamenón* de Esquilo:

> Zeus, quienquiera que sea,
> si ese nombre le gusta, con él le invoco.

No es infrecuente hallar en la tragedia plegarias que se apartan del tipo normal de mera petición, para acompañar a un don hecho al dios. Nos hallamos entonces en la plegaria que no contiene elementos «egoísta»: así la plegaria que Hipólito dirige a Artemis en la tragedia euripídea de este nombre (*Hipp.*, 73 y sigs.):.

Te traigo, Señora, esta trenzada corona que para ti
con flores he trenzado de una pradera intacta,
do ni el pastor ha entrado su rebaño
a pacer, ni entró jamás el hierro,
pradera intacta que recorre la abeja en primavera
y hace Pudor con gotas de líquido rocío florecer.
A quienes por natural son castos, puros,
a quienes nada tienen que aprender sobre virtud
les ha sido concedido frecuentarlo, mas no a los pecadores.

Como ejemplo de *himno* de un filósofo, podemos aducir el famoso *Himno a Zeus,* de Cleantes, en el que se expresa la idea central de esta escuela filosófica: la identificación de Zeus con el Destino. Pero es posiblemente en el Cristianismo donde hallamos las más puras plegarias. Hemos hablado del *Padrenuestro,* pero podríamos aducir otras muchas. Aparte las que recoge Prudencio en su *Cathemerinon,* hay algunas plegarias-himnos medievales que han merecido incluso ser orquestadas por su alto valor: así el *Pange lingua* de Santo Tomás, que hemos mencionado antes. Interesante es, por otra parte, analizar lo que los grandes pensadores y los espíritus religiosos han dicho sobre la plegaria. Epicuro sostuvo que aunque no existe la Providencia la plegaria tiene un alto valor psicológico pues nos permite sentir la fuerza de la divinidad. Sócrates creía que a los dioses hay que pedirles el bien, son indicar cuál, porque ellos saben mejor que nadie lo que nos hace falta. Rousseau insiste en que la plegaria debe ser un ponerse a disposición de la divinidad para hacer lo que ésta disponga: «Me voici, Seigneur, pour faire ta volonté». Diderot insiste en que la plegaria no debe pedir nada, «car le cours de la nature est commendé para une necessité si tu n'existes pas, ou bien par ton commun dementi si tú existes». Kant insiste, como Epicuro, en el poder psicológico y moral de la oración.

En las grandes personalidades religiosas «en la cima de la piedad personal, la plegaria es la manifestación libre y espontánea de experiencias vitales profundamente emotivas» (Heiler, *La prière,* pág. 245). Las plegarias de los Profetas, de los Santos, serán, en este sentido, siempre modélicas. Podemos distinguir, en la historia de las religiones, tres grandes corrientes en relación con la plegaria: la de la mística de los *Upanishads;* la de la corriente *órfico-pitagórico-platónica,* que llega hasta Plotino y el Pseudo-Dionisio. Luego la corriente *profética.* De hecho algunos críticos creen que pueden reducirse a dos, considerando que, en cierto modo, el profetismo representa un aspecto secundario de la mística.

Pero, sobre todo, es la cristiana (en parte continuación de la corriente platónica, a través de Escoto Eriugena) la que representa con mayor pureza el ideal de la plegaria. Como ha dicho Heiler, «ser cristiano es rezar». Y esa plegaria cristiana se desarrolla desde las grandes plegarias que hallaremos en el Nuevo Testamento (en algunos casos siguiendo formas y contenidos del Antiguo), pasando por San Pablo, San Agustín, San Francisco de Asís, Santo Tomás de Aquino, San Bernardo, Eckhart, Tauler, Kempis, Santa Teresa. El polo opuesto a la plegaria mística de Santa Teresa es la de Lutero: en éste, la plegaria no es una absorción contemplativa, sino la expresión humana de las necesidades más íntimas del corazón.

Un ejemplo de esa *plegaria mística* —San Juan de la Cruz, Santa Teresa— es el famoso *Soneto a Jesús crucificado,* de autor desconocido, y que algunos quieren atribuir a uno de los mencionados santos:

No me mueve, mi Dios, para quererte
el cielo que me tienes prometido,
ni me mueve el infierno tan temido
para dejar, por eso, de ofenderte.

Tú me mueves, Señor; muéveme el verte
clavado en una cruz y escarnecido,
muéveme ver tu cuerpo tan herido,
muévenme tus afrentas y tu muerte.

Muéveme, al fin, tu amor, y en tal manera,
que aunque no hubiera cielo yo te amara,
y aunque no hubiera infierno te temiera.

No me tienes que dar porque te quiera,
que, aunque lo que espero no esperara,
lo mismo que te quiero te quisiera.

8

LITERATURA Y MITOLOGÍA

El mito ofrece... un rostro doble: por un lado denota estructuras conceptuales, y, por otro, una estructura perceptual.

E. CASSIRER.

1

Antes de ocuparnos del tema central de este capítulo, es decir, de las relaciones existentes entre el Mito y la Literatura, conviene, para no dejar cabos sueltos, hacer una pequeña introducción para definir el concepto del mito, el sentido del término Mitología y aclarar los principales métodos de investigación que los especialistas aplican a esta parcela de las ciencias del espíritu.

Comencemos por señalar que el mito es un fenómeno difícil de definir. Realidad cultural extremadamente compleja, los mismos estudiosos de la Mitología están de acuerdo en señalar que no resulta demasiado fácil definirlo:

> «Sería difícil, escribe Mircea Eliade (*Mito y Realidad,* Barcelona, 1973, pág. 18), encontrar una definición de mito que fuera aceptada por todos los eruditos y que, al mismo tiempo, fuera accesible a los no especialistas.»

La razón de esa dificultad estriba, a juicio nuestro, en el hecho de que hoy en día se han acumulado una serie de nuevas interpretaciones del fenómeno mítico; es decir, que el concepto *mito* se ha ampliado considerablemente, lo que trae consigo una extensión de su sentido. Hasta hace muy poco, el mitólogo sabía muy bien a qué hechos se refería el mito: se trataba de una serie de *historias* referentes a los dioses que los pueblos habían conservado mediante la tradición, normalmente oral, pero en algunos casos también por medio de la Literatura. Pronto lo que se consideraba *mito* —es decir, las *historias* fabulosas del pasado más remoto de los griegos—, se extendió a los pueblos primitivos. Se intentó distinguir entre *mito* y *leyenda:* en tal distinción, se hablaba de *mito* cuando la referencia era a los *dioses,* mientras que la *leyenda* trataba de los hechos de los *héroes.* Las escuelas *etnológica* y *folklórica* intentaron hallar entre los pueblos primitivos (—en el caso de los *etnólogos*— o en los restos de las costumbres de los pueblos actuales, en el caso de los folklóricos) hechos que pudieran explicar el origen de los mitos. Simultáneamente, surge la tendencia *evhemérica* (de Evhemero, un escritor de la época helenística que creía que los dioses eran antiguos hombres que la imaginación popular habría divinizado), es decir, una explicación del mito que consiste en hacerla historia modificada por la fantasía. Freud aplicó el psicoanálisis al mito, convirtiendo a éste en un reflejo del inconsciente: el mecanismo del mito sería el mismo, para el profesor vienés, que el de los sueños, y su motivación, también la misma: la *líbido.*

En estas condiciones, es fácil adivinar que resulta difícil la tarea de definir, hoy, lo que sea el mito. Y si, en efecto, analizamos algunas de las definiciones avanzadas notaremos al punto ciertas discrepancias.

Alan Warth define el mito en los siguientes términos:

> El mito debe definirse como un complejo de historias que, por varias razones, los seres humanos consideran como demostraciones del sentido profundo del universo o de la vida humana.

Por su parte, David Bidney da la siguiente definición:

> Mito es un fenómeno cultural universal que se origina por una pluralidad de motivos y que comprende todas las facultades mentales.

E. Cassirer, por su parte, lo define así:

> Una forma autónoma del espíritu humano... con su estructura, función y expresión propias... con unidad de sentimiento.

Austin Warren, tras señalar que el mito sería el argumento que el ritual pone en escena, pasa a una visión más amplia para definirlo del modo siguiente:

> En sentido más amplio, mito viene a significar toda historia anónima en que se refieren orígenes y destinos; la explicación que una sociedad brinda a sus jóvenes de por qué el mundo existe y de por qué obramos como obramos, sus imágenes pedagógicas de la naturaleza y del destino del hombre.

Finalmente, para Kerényi, el mito «reconstruye el universo partiendo de un punto alrededor del cual el que busca la razón de ser se organiza a sí mismo».

Estamos muy lejos, pues, de la visión originaria que el helenista daba al término mito. Ahora se insiste en dos hechos fundamentales: de un lado, que se trata de algo que expresa una cierta visión «primigenia» que la humanidad tiene de los hechos que la rodean. Un modo de explicarse el mundo sin acudir a la *razón* o a una explicación científica. En segundo lugar, el mito se propone hallar la explicación de los elementos en los cuales vive inmersa la sociedad primitiva (el rito), pero también una forma especial de reaccionar el hombre de todos los tiempos. Sólo así se explica que pueda hablarse del *mito del estado* (cfr. E. Cassirer, *El mito del estado,* trad. cast., México, 1947), del *mito del eterno retorno* (cfr. M. Eliade, *El mito del eterno retorno,* trad. cast., Buenos Aires, 1952), del *mito de progreso* (cfr. J. Bury, *La idea del progreso,* trad. cast., Madrid, 1971), y que, en fin, se haya podido hablar del mito del *matriarcado,* del mito del *proletariado,* y de otros muchos conceptos complejos en los que la función fabuladora (el *mythos)* juega un papel más importante que la racional *(logos).*

No es ahora el momento de exponer con detalle lo que podríamos llamar la historia de la mitología (cfr. J. Alsina, *Tragedia, religión y mito entre los griegos,* Barcelona, 1973), y deberemos contentarnos con una información mínima, pero necesaria, para entender la cuestión de las relaciones entre Mitología y Literatura, en especial el influjo que aquélla ha ejercido sobre ésta.

Diremos, en aras de la concisión, que el fundador de la mitología científica fue el helenista K. O. Müller, quien en sus *Prolegomena zu einer wissenschaftlichen Mythologie,* Gottinga, 1825, echa las bases para una cabal comprensión de la mitología y de los métodos científicos —no meramente descriptivos, pues— con los que debe abordarse su estudio. A finales del siglo XIX surge la mitología comparada, que dio unos resultados más bien pobres. La tendencia, etnológica y folklórica, ha dado figuras como Frazer *(La rama dorada,* trad. cast., México, F. C. E. , 1951), Mannhardt *(Antike Wald und Feld-kulte,* 1877), A. Lang, Tylor y otros. La orientación evhemerista está magníficamente representada por M. Nilsson, quien en su libro *The mycenaean origin of Greek Mythology,* (Berkeley, 1932) demostraba que la mitología griega se había formado en la época micénica (siglo XIII a. de C.). La orientación antropológica halló en una serie de estudiosos de la *mentalidad primitiva* (Lévy-Bruhl, Malinovski, Durkheim) sus mejores representantes. Ya hemos hablado de Freud. Pero debemos añadir que Jung, discípulo suyo, corrigió muchas de las orientaciones de su maestro, para sostener que el mito es una representación del *inconsciente colectivo,* que se manifiesta en una serie de *arquetipos* y símbolos (cfr. Jung-Kerenyi, *Einfürung in das Wesen der Mythologie,* 1941 [3]). Ya los antiguos, sobre todo los neoplatónicos, y antes los estoicos, intentaron *justificar* las *inmoralidades* de los dioses, tal como cuenta sus historias la mitología, acudiendo a una visión simbólica de los mismos (con un simbolismo físico o moral: cfr. Buffière, *Les mythes d'Homère,* París, 1956). Pero el simbolismo de los psicoanalistas va por otro camino.

Dentro de los movimientos más recientes tenemos, de un lado, que representa Cl. Lévi-Straus *(La mentalidad primitiva, Mitológicas,* etc.), uno de los representantes de la escuela *estructural* (que, por otra parte, empalma con los etnólogos); otro estructuralista, que se aparta empero de lo antropológico para acercarse a los comparativistas, es Dumézil *(Mythe et épopée, Juppiter, Mars Quirinis, Les dieux des indoéuropéens, Les mythes des Germains,* etc.). Relacionada también con el estructuralismo es la línea seguida por Venant y Detienne *(Dionysos mis a mort,* del segundo; *Mito y pensamiento en la Grecia antigua,* del primero), cuyo método consiste en partir de la relación rito-mito para reconstruir el sentido primigenio del mito, casi siempre oculto en la maraña de sus testimonios.

Para una visión genérica del problema, con una crítica del estructuralismo, cfr. Kirk, *Myth. Its meaning and structure in Ancient and other cultures,* Berkeley, 1970.

Sobre la relación mito-literatura, en general, cfr. Righter, *Myth and Literature,* Londres, 1974, un conciso pero luminoso libro.

2

Abandonemos ahora las anteriores indicaciones y adentrémonos ya en las relaciones concretas entre Mitología y Literatura. Es evidente, por lo pronto, que la fuerza plástica de una buena parte de los mitos tenían que impresionar la imaginación de los artistas. Sobre todo el mito griego, que, en muchos aspectos, ocupa un lugar especialísimo entre las demás mitologías. Sobre todo cuando nos enfrentamos no ya con la génesis del mito, su origen, su sentido ritual originario. El mito griego, aunque ha estado largo tiempo en formación, y presenta, por tanto, diversas versiones y ampliaciones según las épocas y los autores, se caracteriza por su carácter *erosivo,* antropomórfico, que lo hace muy atractivo para el escritor, para el pintor e incluso para el músico. Y como el mito griego ha tenido su suprema manifestación en la Literatura, especialmente en la Epopeya y la Tragedia —pero no exclusivamente en estos dos géneros—, resulta innegable que hablar del influjo del mito griego sobre la literatura occidental significa, en último término, adentrarse en la selva inextricable de la influencia de lo clásico sobre lo moderno. Literatura y Mitología se confunden aquí.

Eso no significa, por supuesto, que neguemos la posibilidad de establecer comparaciones entre el mito helénico y el de los demás pueblos. Es más: desde que Eduardo Mayer trazó su exposición de la historia del pueblo helénico en conexión con los demás pueblos del próximo oriente resultó ya incoherente, incluso anticientífico, centrar nuestra atención exclusivamente en lo que se vino en llamar «el milagro griego». «La historia del pueblo griego ya no es una historia solitaria y ejemplar, sino la historia de uno de los pueblos de la Antigüedad» ha escrito Díez del Corral en un libro muy iluminador sobre el tema. Pero, tras estas palabras, el ilustre historiador se apresura a añadir que aquí amenaza el peligro de relativizar en extremo las características propias de la Antigüedad clásica «achatándola hasta ponerla a la altura histórica de los frigios o de los kurritas». Por más que los comparatistas etnológicos se empeñen en tratar con el mismo rasero los mitos polinésicos o precolombinos y al mito helénico, siempre podrá formularse la pregunta de por qué ha sido la mitología griega y no la de los pueblos primitivos la que ha encendido la imaginación del hombre occidental y le ha llevado a inspirarse en esta mitología cuando se ha tratado de dar manifestación a su más íntimo deseo de autoexpresión. Una cosa es afirmar que detrás del mito helénico hay toda una prehistoria paralela a la que han tenido los pueblos primitivos y otra cosa muy distinta pretender que el resultado final de sus respectivas evoluciones tenga que valorarse por igual. A esto hay que añadir lo que algunos tratadistas (entre ellos Kirk) han llamado «la simplicidad temática de los mitos griegos», que contrasta con la complejidad que muestran muchas otras mitologías. Puede haber razones sociales y de todo tipo, pero el hecho está ahí.

Cl. Lévi-Strauss, que, como sabemos, ha iniciado una nueva metodología para el enfrentamiento con el problema del mito y de la mentalidad primitiva, pretende poner en el mismo nivel el mito helénico y el de los demás pueblos. Sin embargo, no puede negar que un rasgo —para él distintivo— de lo helénico es que el mito de los griegos ha dado origen a la filosofía. El mito griego se ha trascendido a sí mismo y ha dado lugar al pensar racional. De una mentalidad concreta, propia de lo primitivo, ha dado un paso gigantesco hacia la abstracción, lo que, de paso, permitió el nacimiento de la ciencia.

Sin negar, pues, el valor de otras mitologías, la germana, la céltica, la hindú, es preciso aquí señalar que la literatura occidental se ha nutrido, de un modo muy específico, del riquísimo manantial que representan las leyendas y los mitos de la Hélade. Intentar demostrarlo será nuestra tarea inmediata.

Uno de los factores que más sobresalientemente determinan a los mitos griegos es la capacidad para permitir una interpretación simbólica. Cierto que todo mito es, en cierta manera, un símbolo (para Cassirer una de las «formas simbólicas» por las que quiere explicar la cultura); cierto, asimismo, que todo mito es, en el fondo, un intento por manifestar anhelos íntimos de la humanidad. Pero en lo griego esta misión está maravillosamente conjuntada con el personalismo de los héroes de su mitología: son personas que nos dicen mucho, con las que nos sentimos íntimamente identificados. Detrás de ellas hay una secular antropomorfización, y no sólo en su forma exterior: el mito griego conoce ciertamente seres fantásticos y monstruosos (Cíclopes, Centauros), pero son siempre figuras en desaparición, fósiles de una época teriomórfica, escasísimos en número comparado con las restantes figuras del mito helénico: no tenemos aquí las figuras híbridas o claramente zoomórficas de los mitos polinesios, indios o mesopotámicos. El *logos* helénico ha actuado purificando todo lo que podía destruir el carácter humano de sus mitos.

La mitología del próximo oriente difícilmente ha podido influir sobre la producción literaria occidental. Aparte el hecho de que muchas de sus producciones han permanecido desconocidas hasta época reciente, poco podían decirle al hombre occidental figuras como Gilgamesh, Enkidu, Tiamat, o el mismo Osiris, pese al profundo simbolismo que ya los mismos griegos (Plutarco, *De Iside e Osiride)* reflexionaron sobre el simbolismo déstico de la religión egipcia.

Más han suscitado la imaginación de los escritores algunos de los temas y figuras del *pueblo hebreo,* encarnadas en la *Biblia*. Hay toda una literatura que se ocupa de algunos de estos elementos bíblicos. Racine llevó a la escena los personajes de Esther y Atalia; Unamuno reinterpretó las relaciones fratricidas de Caín y Abel en su novela *Abel Sánchez,* viendo en el tema un problema estrictamente psicológico y ético, el de la envidia. En el caso de Racine, por otra parte, se trata más de enfocar el tema bíblico como un tema puramente histórico. Adán y Eva ha sido el tema, entre otros muchos, de Milton en su *Paradis lost.* El tema hindú de Barlaam y Josafat, ya helenizado, empero, desde muy pronto, ha dado tema a algunas obras medievales; el sacrificio de Abraham es el tema de un poema de la literatura medieval griega. Pero estamos aquí ante una temática religiosa propia de todo lo medieval.

Las cosas cambian cuando pasamos a las leyendas y mitos de los griegos. Aquí, apenas hay una figura sin tocar, difícilmente un tema ha dejado de ser explotado. Y de un modo muy distinto según las épocas de la literatura occidental. La gran revolución en esa nueva visión del mito se produce esencialmente en la época moderna: frente a la interpretación «arqueológica» apunta ahora —a partir sobre todo el *simbolismo*— una manera más directa, más en busca del sentido esencial, íntimo, del mito y de las figuras míticas. No es ya sólo que el escenario en que se mueven ahora los personajes no es el mundo antiguo, sino el *nuestro:* es que los mismos personajes son vistos a través de la óptica del hombre moderno. Surgen así obras como la *Antígona* de Anouilh o de Espriu, cargadas de reminiscencias de la mentalidad moderna; surgen las obras como *Mourning becomes Electra* de O'Neill, la *Fedra* de Unamuno, el *Ulysses* de Joyce, o el *Orfeo* de Rilke, *Las moscas* de Sartre, *La máquina infernal* de Cocteau, por citar obras bien típicas, para darnos cuenta de la profunda diferencia que existe entre estas visiones actuales del mito, frente a las de las épocas barroca o neoclásica, incluso muchas veces del Romanticismo.

Dos son los principales ciclos que podemos distinguir aquí, del mito griego: el *troyano* y el *tebano.* A su lado, determinados temas que caen dentro de otra temática general, pero que nos interesan sobremanera por el influjo que han tenido sobre la Literatura.

1. Comencemos por el tema de *Orfeo y Eurídice.* El núcleo central es, sin duda, el mito del descenso del espíritu en el mundo subterráneo, como una especie de *katábasis* en busca de la inmortalidad. La imaginación griega, empero, lo ha modificado profundamente: en el momento de plenitud de su desarrollo, el mito es concebido sobre todo como un arquetipo del amor entre dos seres, amor truncado por la muerte que el hombre, pese a todos sus esfuerzos, no ha logrado vencer. Amor y muerte, imposibilidad para el mortal de vencer las cadenas de la dura necesidad, símbolo, en el fondo, de la impotencia humana ante el destino. Orfeo simboliza, en última instancia, el *muro impenetrable.* Los dos mejores tratamientos del tema que nos ha legado

la Antigüedad son los de Virgilio y Ovidio. En sus *Geórgicas* Virgilio ha evocado poéticamente la figura de los dos amantes. El poeta romano plantea el tema del llanto solitario del abandonado esposo (Eurídice ha muerto mordida por una serpiente), la búsqueda de Eurídice por Orfeo en el mundo de los muertos —donde, con su música, logra aplacar la cólera del dios de ultratumba y llevarse a su esposa—. Pero con una condición que el pobre Orfeo no podrá cumplir: en el ascenso hacia el mundo superior, no puede volverse hacia su esposa hasta llegar a la cima. Incapaz de resistir la tentación, empero, Orfeo se vuelve, y la sombra de su esposa vuelve a hundirse en el Hades murmurando estas palabras:

¿Qué demencia, infeliz, nos pierde a ambos?
¿Qué gran locura, Orfeo? Ya los hados
me llaman nuevamente hacia la sima;
anegados en lágrimas mis ojos,
son presa del sopor que da la muerte.
¡Adiós para siempre!

De los tratamientos occidentales del mito sólo podemos mencionar unos pocos, pero muy significativos. En plena Edad Media (siglo XIV) aparece un curioso tratamiento en la obra anónima *Sir Orfeo* «donde —escribe el profesor L. Gil— las líneas generales de la leyenda perduran, aunque acomodadas a la mentalidad de la época con anacronismos ingenuos y el aditamento de otros temas también clásicos».

Puede verse un amplio tratamiento en L. Gil, *Transmisión mítica,* Barcelona, 1975, págs. 134 y sigs., y J. B. Friedman, *Orpheus in the Middle Ages,* Cambridge, Massachusetts, 1970.

En los tiempos modernos Orfeo y su infeliz destino han sido objeto de múltiples tratamientos: Angelo Poliziano, en pleno siglo XV, escribe una curiosa pieza teatral *(La favola di Orfeo),* con acompañamiento, parece, de música y danza. Ninguna novedad concreta respecto al tratamiento de la trama si descontamos que el autor inserta, casi entero, un fragmento del propio Poliziano en el que se ataca a las mujeres e incluso se apunta un cierto elogio de la pederastia. Y si lo pensamos bien, no se aleja demasiado, esta nota, de ciertas tendencias antiguas que veían en algunos adeptos de la secta de Orfeo, un desprecio no disimulado por el bello sexo. Así ocurre con el *Hipólito* de Eurípides, cuyo protagonista ofrece rasgos que le acercan un tanto a la misoginia.

No haremos sino citar las interpretaciones de Ronsard *(L'Orphée en forme d'élegie,* 1563), cuya novedad consiste en que el propio Orfeo cuenta sus desdichas; la de Juan de Jáuregui *(Orfeo,* 1624), no exenta de belleza literaria; la de Lope de Vega *(El marido más firme),* la de Calderón *(El divino Orfeo,* auto sacramental), la de Montalbán *(Orfeo en lengua castellana,* 1624). Sobre el tema, cfr. P. Cabañas, *El mito de Orfeo en la literatura española,* Madrid, 1948.

Pero desearíamos detenernos un poco más en las aportaciones del Romanticismo y las del mundo contemporáneo. Novalis, en pleno romanticismo, toca el tema en su *Orpheus* con el espíritu propio de la época: el cantor se lamenta, ante la naturaleza (en la noche estrellada, y ante la mirada de la Luna), de la muerte de su esposa y decide ir en su búsqueda. La Luna y la Noche serán, en la parte final del poema, los dos acompañantes del pobre Orfeo en su infructuoso intento por cavar una fosa e ir al encuentro de su amada. Un hermoso poema lírico le dedicó Shelley.

El *Orfeo* de Rilke *(Sonetos a Orfeo)* es la exacta expresión de lo más íntimo del alma del gran poeta checo-alemán. Lo evoca, de una forma muy rilkeana, no en el momento de la esperanza, cuando el esposo tiene todavía fe en la posible resurrección de Eurídice. El *Orfeo* de Rilke es evocado por el poeta en el instante en que la pierde para siempre. «La experiencia religiosa subyacente en los *Sonetos de Orfeo* —ha escrito Díez del Corral— no abre un nuevo camino: limítase a acelerar la marcha sobre el que el mismo poeta se trazara... Al menos, de facto, el poeta consideró que sólo en virtud de la teofanía órfica había podido llevar plenamente a cumplimiento su mensaje poético» *(La función del mito clásico en la literatura contemporánea,* Madrid, 1957, pág. 151.)

2. El sentido de la figura de *Prometeo* queda, en la Antigüedad, algo ambigua. Por un lado, en la versión de Hesíodo en *Los Trabajos y los Días* (vs. 42 y sigs.), Prometeo es un ser que se opone a la *voluntad de Zeus* —garante del *orden olímpico;* en cambio, desde Esquilo, en el *Prometeo encadenado,* la figura del Titán será el símbolo de quien lucha contra la tiranía, y, sobre todo, del protector de las artes y artífice del progreso. He aquí cómo él mismo narra su destino, y los beneficios que ha traído a la Humanidad, por lo que ahora purga su pena clavado en una roca de Escitia (vs. 445 y sigs.):

> No hablaré reprendiendo a los mortales
> sino para contaros los favores
> que gustoso les hice: En un principio
> viendo, en vano veían, y escuchando
> no oían, cual de ensueños sombras vanas
> sin uso de razón no discernían.
> Ignoraban el arte de hacer casas
> al aire libre y a luz del cielo.
> De la madera el uso se ignoraba,
> trogloditas, moraban cuan activas
> hormigas en el seno de los antros,
> donde la luz del sol jamás penetraba.

No tenían señal cierta de invierno,
ni de la primavera rica en flores,
ni del verano en frutos abundoso;
ningún criterio en el obrar seguían,
sin tino obraban hasta que la puesta
y salida intrincable de los astros
les enseñé y la ciencia de los números,
la más noble de todas aprendieron
las letras a juntar...
Yo el primero introduje
de la adivinación diversas formas
y discerní el primero los ensueños.
....
Hice hablar a sus ojos esos signos
del fuego que eran antes invisibles...

La Edad Media vio, en su tortura, una especie de preanuncio del Calvario. Tertuliano *(Apología,* XVIII, 2) había contrapuesto Prometeo al Dios creador, insistiendo en que Dios es el auténtico Prometeo *(hic est enim verus Prometheus qui saeculum certis temporum dispositionibus et exitiubus ordinavit).*

Pero será la Edad Moderna la que verá, de un modo prácticamente constante, en la figura de Prometeo el símbolo de la lucha por la libertad. En *De sapientia veterum* (1691), F. Bacon saludará en el enemigo de Zeus el símbolo de la esencia y del espíritu del hombre; Giordano Bruno lo cree un rebelde contra las estrechas estructuras del dogma; Ronsard, algo más piadoso, el símbolo del hombre siempre pendiente de la redención; Vida verá en él el símbolo del poeta y del artista; Calderón le dedicó una pieza *(La estatua de Prometeo).* Pero será el mundo moderno el que consagrará la visión definitiva de nuestro héroe. Goethe, que se ocupó en varias ocasiones de nuestro personaje, ve en él —siguiendo ideas de lord Shaftesbury— al artista: él como Dios es un creador (*Prometeo,* 1773). Y en los fragmentos de *Pandora* (1807) contrapone a Prometeo, símbolo del hombre de acción, a su hermano Epimeteo, que es un soñador. Al comienzo del drama hace hablar así a Epimeteo:

Felices considero infancia y juventud:
Después de la jornada turbulenta
y gozosa, en ellas hace presa
con su poder, el sueño, que borrando
todo resto de su fuerte presencia,
un ensueño formado, funde entonces
pasado y porvenir... Para mí no hay distinción
entre el día y la noche... que lleva una antorcha en la mano.

Mientras pone en boca de Prometeo estas palabras:

Oh llama de esta antorcha: te anticipas
madrugadora al astro matutino
y blandida por manos paternales
la luz anuncias antes de la albada.
Hay que rendirte culto, como a un dios:
Que toda ocupación, que es lo más digno
de varonil estima es la alborada,
y sólo es el esfuerzo quien concede
sustento y bienestar...

Shelley *(Prometeo liberado, Prometheus unbound,* 1820) nos lo presenta como al orgulloso rebelde que, tras destruir la tiranía de Júpiter, abre para la Humanidad una nueva era de prosperidad.

Leopardi hablará de lo *prometeico* como una dimensión propia de lo humano:

A voi, fra queste
stirpi il cielo avvivò, soli fra tutte,
figli di Prometeo, la vita increbbe;
a voi le morte ripe,
se il fato ignavo pende,
soli, o miseri, a Voi Giove contende.
(Bruto minore, págs. 70 y sigs.)

Y ya en nuestro propio tiempo, A. Camus *(Prométhée aux enfers,* 1946; *L'homme révoltée,* 1951) hará de Prometeo un trasunto de la rebeldía humana; A.Gide *(Prométhée mal enchané,* 1899) hace del águila que, según el mito, iba cada día a roerle el hígado, el símbolo de la conciencia moral del hombre.

Otros tratamientos: Kazantzakis publicó un *Prometeo,* drama, en 1945; E. D'Ors un *Nou Prometeu encadenat,* donde expone vivencias propias; K. Kerényi, en calidad de intérprete del mito antiguo, ve en nuestro héroe el arquetipo de la existencia humana *(Prometheus: die menschliche Existenz in griechischer Deutung,* Hamburgo, 1959). G. Bachelard, en su *Psicoanálisis del fuego,* trad. cast., Madrid, 1966, ha hablado de «complejo de Prometeo».

Sobre el mito en la Antigüedad, cfr. L. Séchan, *Le mythe de Prométhée,* París, 1951. El tratamiento en la literatura europea es abordado por R. Trousson, *Le thème de Prométhée dans la littérature européenne,* Ginebra, 1964.

3. El *ciclo troyano,* con todas sus variadas leyendas, sus personajes, sus múltiples variantes, ha sido ampliamente tocado por la literatura occidental. Los elementos básicos del ciclo los podemos hallar expresados, en la Antigüedad, tanto en los poemas homéricos como en la

tragedia, que proporcionan importantes elementos poéticos: el juicio de Paris, el rapto de Helena, el sacrificio de Ifigenia, la guerra troyana, el regreso de los héroes (Ulises, Agamenón), los sucesos que ocurren al regreso de los griegos a sus hogares (asesinato de Agamenón, venganza de Orestes, Andrómaca en el exilio, etc.).

La guerra troyana como tal, en su conjunto, fue, sobre todo para Eurípides, el pretexto para atacar el belicismo de su tiempo. Sus *piezas negras (Troyanas* y *Hécuba* sobre todo) son piezas que, con el fondo de la guerra de Troya, claman por la llegada de la paz en el fragor de la guerra del Peloponeso. Algo parecido ha hecho Giraudoux en su drama *La guerre de Troie n'aura pas lieu* (1935): escrito en el intermedio entre las dos grandes guerras europeas, la pieza quiere mostrar que el hombre goza de libertad, tanto para combatir la guerra como para evitarla. Es, pues, un mensaje humanitario, lleno de fuerza y de vigor.

Los distintos personajes del ciclo han dado mucha materia a las letras europeas: *Helena,* la causante de la guerra de Troya, fue magníficamente retratada, en su profunda feminidad, por Ovidio, en la carta que finge el poeta que ella escribe a Paris en respuesta a su requerimiento amoroso *(Heroidas,* XVII): ¡con qué habilidad el poeta romano pasa de la expresión de una indignación fingida, a la esperanza de que las palabras de Paris son sinceras, hasta la parte final en la que confía en que conseguirán el objeto de sus deseos! Hacia el final de la epístola, intenta convencer —¡innecesariamente!— a su amante de que deje la guerra para los demás, y que se entregue al amor:

Bella gerant fortes, tu, Pari, semper ama.

De los múltiples autores occidentales que se han ocupado de Helena (Hans Sachs, Goethe, Hoffmanstahal, Verhaeren), vale la pena detenerse de un modo especial en el tratamiento de esta inolvidable figura tal como Goethe la evoca en la segunda parte del *Fausto:* aquí Helena es el símbolo, del mundo griego (el poeta quiere establecer una relación etimológica entre Helena y Helénico, relación falsa, pero sugerente). Símbolo, además, de la Belleza, Fausto se enamora de ella, y de sus amores nace Euforión: Goethe ha querido ver en esta unión el símbolo de la fuerte atracción que el alma germana ha sentido siempre por el mundo helénico: He aquí las palabras que las mujeres del coro le dirigen *(Segunda parte, Acto III):*

Verschmähe nicht, o herrliche Frau,
des höchsten Gutes Eherenbesitz!
Denn das grösste Glück ist dir einzig beschert:
Der Helden tönt sein Name voran,
drum schreitet er stolz;

doch beugt sogleich hartnäckigsne Mann
vor der allbezwingenden Schöne denn Sinn.

(¡Oh, no desdeñes, mujer encantadora,
la honrosa posesión del bien supremo!
A ti sola te ha sido deparada
la suprema ventura: el honor de la Belleza...
Al héroe le precede su nombre,
y él camina en su pos, lleno de orgullo.
Pero el hombre más altivo se inclina
ante lo bello que lo domeña todo.)

Penélope ha sido el objeto de una pieza de Buero Vallejo *(La tejedora de sueños); Nausica,* la dulce princesa feacia, es el tema central de una obra de Goethe, quien inspiró a Maragall la suya. *Andrómaca,* la infeliz esposa de Héctor, se ve en el cautiverio frente a Hermíone, y ambas se enfrentan. El tema ha sido abordado por Racine en su inolvidable *Andromaque.* Pero las dos figuras que más han solicitado la imaginación de los escritores europeos han sido, sin duda, *Ulises* y *Agamenón,* con sus destinos tan distintos. Tennyson lo ha evocado, en su *Ulysses,* hablando al rey feacio (cfr. *Odisea,* canto VIII) y haciendo una especie de balance de su agitada existencia: su sed de aventuras, su insaciable ansia de errar siempre errante, sin parar jamás, hecho el símbolo del *homo viator,* constantemente a la búsqueda de nuevas emociones:

I cannot rest from travel: I will drink
life to the leese: all times I have enjoy'd
greatly, have suffer'd greatly, both with those
that lave me, and alone: on shore, and when
thro'scudding drifts the reiny Hyades
vext the dim sea: I am become a name!
....
How dull is to pause, to make and end,
to rust unburnish'd, not to shine in use!
As though to breathe were life. Life piled on life
were all to little, and of one to me
little remains: but every hour is saved
from the eternal silence, something more,
a bringer of nex things...

(No puedo poner fin a mis viajes;
la vida he de apurar hasta el final,
siempre mucho gocé y mucho sufrí,
con los que me han amado, o bien solo,
ora en la playa, o bien cuando las Hiadas
lluviosas ofendían el turbio mar.

¡Me he convertido en nada más que un nombre!
....
¡Qué hastío detenerse, alcanzar el final,
aherrumbrarse sin el brillo de lo usado!
Como si por ventura vivir fuese respirar.
Una vida tras otra, muy poco me serían
¡y me queda tan poco de la mía!
Mas consigo salvar a cada instante
del eterno silencio un algo que me lleva
novedades...)

Unos siglos antes, en pleno XVI, J. de Bellay cantaba a Ulises como al ser feliz que pudo regresar a su hogar, tan deseado: *Heureux qui comme Ulysses a fait un beau voyage*... Luego han evocado su figura sucesivamente, Pascoli *(L'ultimo viaggio*, 1904); Kavafis *(Itaca)*. Kazantzakis en su descomunal poema la *Odisea*, Giono *(Naissance de l'Odyssee*, 1938), A. Cunqueiro *(Las mocedades de Ulises)* y, de modo especial, Joyce, en su famosa novela *Ulysses*, donde —confesión propia— ha seguido paso a paso, trasponiéndola a un ambiente moderno y reduciendo la acción a un día, la estructura de la *Odisea* (cfr. M. Dolc, «Correspondències homèriques en l'Ulysses de Joyce», en *Boletín del Instituto de Estudios Helénicos*, VI, 1, 1972, págs. 99 y sigs.). Sobre la figura del héroe en la literatura universal, cfr. B. Stanford, *The Ulysses theme*, Oxford, 1963).

Pero, de entre todos, ha sido la familia de Agamenón —él mismo, Clitemnestra, Electra, Orestes— la que con más intensidad ha sido tratada por la literatura europea. Unas veces, se ha llevado a escena una versión del tema a base de una mera adaptación de la *Orestía* de Esquilo, la *Electra* de Sófocles o el *Orestes* o la *Ifigenia* de Eurípides: Rucellai *(L'Orestea)*, García de la Huerta *(Agamenón vengado)*, P. Claudel *(Agamenón)*. En otras ocasiones, se ha abordado la temática antigua, pero trasladando los hechos al mundo contemporáneo (O'Neill en *Mourning becomes Electra*, Sartre en *Las mouches*, T. S. Eliot en *Family reunion)*; finalmente, el tema ha sido reelaborado, con interpretaciones nuevas: Racine en su *Iphigénie*, Goethe en su maravillosa *Iphigenie in Taurerland*, Voltaire, Giraudoux, Pérez Galdós en sus piezas respectivas sobre Electra, Freud quiso crear el *complejo de Electra* como pendant al *complejo de Edipo*, cuya falta de base ha sostenido, recientemente, J. P. Vernant («Oedipe sans complexe», en *Mythe et tragédie en Grèce ancienne*, París, 1973).

4. Dentro del *ciclo tebano* forman parte esencial de esta temática las inolvidables figuras de Edipo, Antígona y sus dos hermanos, Eteocles y Ponicies.

Ha sido Freud quien con más insistencia ha hablado de Edipo y su destino, como queriendo hallar en este tema una confirmación de sus famosas doctrinas psicoanalíticas. Pero independientemente de este análisis puramente psicológico, muchos autores se han ocupado de este análisis puramente psicológico, muchos autores se han ocupado de esta enigmática y desgraciada figura, símbolo de la fragilidad humana. Edipo es, sobre todo en la versión de Sófocles *(Edipo Rey),* el hombre sabio e ilustrado que sólo fracasa cuando de interpretar su propia vida se trata. La pieza sofóclea —para Aristóteles considerada como el prototipo de lo trágico— fue abordada, en pleno XVII, por Corneille *(Oedipe,* 1559), donde la sencilla trama del poeta griego se lleva a una enojosa complicación. Voltaire *(Oedipe,* 1718) con su racionalismo a cuestas para explicar la tragedia del héroe y de su madre-esposa, inventa unas relaciones anteriores de Yocasta con Filoctetes, para justificar que Yocasta no ama a Edipo. Hofmannsthal *(Oedipus und die Sphynæ,* 1905) no sigue el texto de Sófocles: la temática de su drama se desarrolla precisamente en el tiempo que precede a la tragedia sofóclea. El *Edipo* de Gide (1930) se desarrolla en un ambiente moderno, y con unos personajes que arrastran sus inconfesables pasiones (Etocles y Polinices sienten deseos incestuosos para con sus hermanas), o bien están rebajados al nivel de la vida más burguesa y cotidiana: Tiresias es el pedagogo de los hijos de Edipo; Creontes siente preocupación por la neurosis de Ismene; Edipo está preocupado por la ilegitimidad de su trono, aunque en su fuero interno cree que lo ha ganado en buena lid.

El tema fue abordado también por Cocteau en su *Machine infernale.* En él, la leyenda de Edipo es la de la trampa en la que caen tanto los dioses como los hombres: Anubis dice a la Esfinge:

> *Les dieux possèdent leurs dieux. Nour avons les nôtres. Ils ont les leurs. C'est ce qui s'apelle l'infini.*

Pero, acaso, de entre la casa de los Labdacidas tebanos, la figura que más ha atraído a los escritores haya sido la de *Antígona,* que ya en Sófocles estaba dotada de una fuerte personalidad: decidida, afectuosa para con su hermano, llena de amor por Hemon, su prometido, sabe enfrentarse valientemente al tirano y proclamar lo que hoy llamaríamos los principios básicos de los *derechos humanos.* Ante la orden de Creonte de no enterrar el cadáver de Polinices, uno de los dos hermanos caído ante Tebas, Antígona sabe enfrentarse con el nuevo príncipe para decirle:

> No fue Zeus quien dio ese bando
> ni la Justicia que comparte su morada con los dioses
> infernales, definió semejantes leyes entre los hombres.

> Ni tampoco creía yo que tuvieran tal fuerza
> tus pregones como para transgredir, siendo mortal,
> las leyes no escritas y firmes de los dioses.
> Pues su vigencia no viene ni de ayer ni de hoy...
>
> (Trad. L. Gil.)

De las muchas Antígonas que en el mundo han sido, destaca por su fuerza y por su significación la de Anouilh (1942). Los hechos son trasladados a la época actual, cosa a la que los escritores actuales nos tienen ya acostumbrados. Lo importante de la pieza es que Antígona es capaz de decir un *¡No!* rotundo a las pretensiones de Creonte. Antígona es de la raza de los héroes que saben renunciar a una vida cómoda, aburguesada, en aras de unos principios (parece que Anouilh quiso, con su pieza, exhortar a sus compatriotas a luchar, contra la fuerza alemana, a hacer resistencia al *tirano,* con un *No* decidido y casi absurdo). Antígona pertenece, pues, al grupo de personas idealistas, opuestas a los que sólo atienden a una vida banal, oscura y vulgar. Como lo ha resumido M. Henri *(Eurídice,* II, pág. 470):

> Mon cher, il y a deux races d'êtres. Une race nombreuse, féconde, heureuse, une grosse pâte à pétrir, qui mange son saucisson, fait ses anfents, pousse ses outiles, compte ses sous...; des gents pour vivre, des gens pour tous les jours, des gents qu'on n'imagine pas morts. Et puis il y a les autres, les nobles, les héros...

Lo importante, al enfocar la pieza de Anouilh frente a la de Sófocles, es que en aquél la muchacha obra «absurdamente». Mientras en el griego el cadáver de Polinices yace allí, a la vista de todos, fácilmente reconocible, en el francés está tan desfigurado que no puede distinguirse. Es imposible saber si las honras fúnebres —tan meramente simbólicas— de la hermana van realmente dirigidas a Etéocles o a Polinices. Lo que desea Creonte es que Antígona se someta, acepte sus órdenes, que acepte el «compromiso». Pero ella no cede. He aquí sus propias palabras:

> Yo no quiero comprender. Yo estoy aquí para hacer otra cosa que comprender. Estoy aquí para decir que no y para morir.

5. De entre los *grandes mitos occidentales* nos ocuparemos de los tres que consideramos más significativos: Don Juan, Fausto y Tristán e Isolda, aunque hay otros muchos que presentan un cierto interés. Pero es que esos tres han pasado a ser auténticos arquetipos de la forma mental del hombre europeo y encarnan, en su contenido, anhelos y aspiraciones que los convierten en la expresión más viva del alma moderna.

Comencemos por *Don Juan*. Su figura es la del ser que busca la Belleza y que se aturde en el furor sexual. Es el héroe de la eterna seducción. Y con todo, hay, en las interpretaciones de este personaje, un poco de todo. En una de las primeras obras que se ocupan del tema *(El burlador de Sevilla,* de Tirso de Molina, 1630), estamos ante un tratamiento de carácter teológico y moral. La tesis que en la obra sostiene Tirso es sencilla: el hombre que va dilatando su arrepentimiento queda, al final, atrapado por las garras de la muerte y le resulta, por ende, imposible la salvación. Es, pues, un tema que responde a las hondas preocupaciones de la España de la Contrarreforma.

Es un rasgo típico del Burlador el tener que adoptar personalidades distintas de la propia para conseguir sus «victorias» amorosas. Si consigue seducir a Doña Isabel es porque se acerca a ella en plena noche, haciéndose pasar por su marido, a Doña Alba tiene que acercarse disfrazado. No es, pues, el seductor que hallaremos en otros autores. Es, simplemente, el *pecador.* Y, de acuerdo con la doctrina de Tirso, el protagonista tiene que morir irremediablemente. La mano de piedra del padre de Doña Isabel lo arrastra al fuego eterno.

Si el Burlador de Tirso se caracteriza por su inconsciencia, lo que hace su conducta algo más perdonable, en Molière *(Don Juan ou le Festin de pièrre,* 1665), Don Juan sabe reflexionar sobre su disoluta conducta. Tampoco, como en el Burlador, llega a seducir. Ahora lo que hace es acudir a la violencia, al rapto de sus víctimas. Actúa conscientemente, según hemos dicho, y por eso es malvado. La famosa estatua de piedra juega en el dramaturgo francés el papel de mero efecto de teatro.

El *Don Juan* de Molière halló muchos y buenos imitadores: Shadewell, Goldini, A. de Zamora *(No hay deuda que no se pague y convidado de piedra,* 1774), tiene la originalidad de salvarlo, lo que anticipa algunos tratamientos posteriores.

En 1787, Mozart compone su ópera *Don Giovanni,* con letra de Daponte. Es uno de los muchos casos en los que la música se ha ocupado de un tema mítico *(Fausto* de Gounod, *Orfeo* de Stravinski, y, antes, de Gluck). A partir del Romanticismo asistimos, por otra parte, a una nueva visión del personaje. Se tiende a reivindicarlo, o, al menos, a comprenderlo. Como si los escritores reflejaran en él los más íntimos deseos del hombre, buscan el modo de penetrar en su interior, de hurgar en su conciencia, de diagnosticar su enfermedad, más que de condenar su conducta: lord Byron *(Don Juan,* 1818-1824, inacabado) lo presenta como el amante irresistible, lo salva *in extremis:* desde la tumba, Inés le tiende la mano *(Don Juan Tenorio,* 1844); Baudelaire *(Don Juan aux Enfers,* 1846) hace de él un abúlico, incapaz de reaccionar ante los estímulos; Hoffmann *(Don Juan,* novela, 1863) un desilusionado (estamos ya muy cerca del *mal du siècle)*. A partir de los últimos años del siglo XIX surge una auténtica moda de *donjuanismo* (B. Shaw, E. Rostand). Y pronto aparecerá una nueva tendencia que consistirá en ver negativamente lo que en una cierta tradición era visto positivamente: Unamuno verá en él a un hombre que, falto de un amor verdadero, tiene que convertirse en seductor *(El hermano D. Juan o el mundo es teatro,* 1934).

También los ensayistas han tratado de D. Juan, han hecho de él no un tema literario, sino un objeto de análisis y estudio. A. Camus *(Le donjuanisme,* 1942) ha creído ver en él una especie de Sísifo moderno, en tema de las relaciones sexuales. Lejos de envidiarle, hay que sentir por él una enorme compasión. Y Gregorio Marañón *(Don Juan)* analiza su conducta sexual para concluir que, al no tener un tipo ideal de mujer —propio de los hombres sexualmente maduros—, Don Juan es el eterno adolescente.

Sobre el tema, cfr. M. Berbeiller, *L'éternel Don Juan,* París, 1961; G. Gendarme de Bévotte, *La légende de Don Juan,* París, 1911, y Michele Sauvage, *Le cas Don Juan,* París, 1953.

La materia prima para la formación de la leyenda de *Fausto* es la vida de un tal Jorge Fausto (que vivió en la primera mitad del siglo XVI: la época de la Reforma, no debe olvidarse), que hizo estancias en Wittenberg (la ciudad donde Lutero expuso sus famosas tesis), Erfurt e Ingolstadt; que practicó la medicina y la astrología junto con la alquimia; que estudió magia en Cracovia y que llegó a practicar la nigromancia, y que, al final, el diablo en forma de perro se lo llevó. Al lado de esta figura se han unido otros elementos para que cristalizara: la de Cipriano, que de mago y perseguidor de los cristianos se convierte en un santo.

Con todos esos elementos se va formando, en la Edad Media, una figura singular que pacta con el diablo para recibir honores y dignidades; así en la famosa *Légende de Théophile,* de la que tenemos una versión en uno de los *Milagros* de Berceo: *el Milagro de Teófilo.*

La figura de Fausto ha tenido, en la literatura, una doble versión: de un lado, la del hombre que vende su alma al diablo y muere condenado y abandonado por el Cielo. Es la versión *protestante* del tema, y la que hallaremos representada en la obra de Marlowe *The tragical History of Doctor Faustus* (representada en 1594): en ella el autor insiste en el *titanismo* de Fausto y en la melancolía de Mefistófeles (el diablo con el que Fausto ha hecho un pacto).

Pero hay otra versión, que podríamos llamar cristiana pura (o, si se quiere, *católica* en un sentido amplio): en esta versión, Fausto es el hombre que aspira a todo, y que una vez ha hecho su pacto con el diablo, se arrepiente y se rebela contra él, para, al final, ser perdonado. Es la versión que, con todas las diferencias del tratamiento, hallaremos en Berceo, Calderón *(El mágico prodigioso)* y Goethe.

Uno de los rasgos más notables de la figura de Fausto, sobre todo el que hallamos en Goethe, es su *aspiración al todo:* no le basta toda la sabiduría que ha atesorado a lo largo de su vida. Aspira a gozar también de la felicidad, aspira al goce de la vida. Ese rasgo es el que ha permitido a Spengler ver en el *alma fáustica* una innegable manifestación del hombre moderno. Escribe, en efecto, este historiador *(La decadencia de Occidente,* I, pág. 238 —en la versión de M. García Morente, Madrid, Espasa-Calpe, 1958):

> En adelante daré el calificativo de *apolínea* al alma de la cultura antigua, que eligió como tipo ideal de la extensión el cuerpo singular, presente y sensible. Desde Nietzsche es esta denominación inteligible para todos. Frente a ella coloco el *alma fáustica,* cuyo símbolo primario es el espacio puro, sin límites, y cuyo «cuerpo» es la cultura occidental, que comienza a florecer en las llanuras nórdicas, entre el Elba y el Tajo... Fáusticos son la dinámica de Galileo, la dogmática católica-protestante, las grandes dinastías de la época barroca...

Sin duda la versión que nos ha dado Goethe —que trabajó en la obra durante casi toda su vida— es la más profunda, la más rica, la más llena de simbolismo. Recoge el autor en su versión prácticamente los rasgos más típicos para hacer de Fausto una atractiva figura: el desengaño ante la mera sabiduría, sin la savia de la vida, queda expresado en los versos que Mefistófeles dice a Wagner, el discípulo de Fausto que desearía ser como su maestro:

Grau, teurer Freund, ist alle Theorie,
doch grün des Lebens goldner Baum.

(Gris es, querido amigo, toda teoría,
pero verde el árbol dorado de la vida.)

El propio Fausto es presentado en el famoso monólogo con que se abre la primera parte, tras la famosa apuesta entre Dios y el Diablo, lamentándose de que la ciencia no le ha dado ya la felicidad:

Habe nun, ach, Philosophie,
Juristerei und Medizin,
und leider auch Teologie
durchaus studiest, mit heissem Bemühn.
. . . .
und sehe, dass wir nichts wissen können!

(He estudiado, hay, Filosofía,
Jurisprudencia y Medicina,
y también, ay, Teología,
con la atención más encendida.
....
y en cambio veo que nada podemos saber.)

Pero no sólo ve que el hombre, por sabio que sea, nada puede saber: es que el tiempo dedicado al saber le ha impedido vivir... Luego ocurre todo lo que ocurre: el pacto con el diablo, el amor por Margarita, su desgracia, la unión con Helena, y, sobre todo, la salvación final a través de la Mujer. Para Goethe, en suma, Fausto puede salvarse porque éste, símbolo del hombre que «mira hacia lo alto», lleva en sí los requisitos necesarios para poder romper los lazos con lo diabólico. En una ocasión confiesa Goethe a Eckermann (6 junio 1831) que la clave para la salvación final de Fausto —y ello significa la salvación de la Humanidad— radica en estos versos al final de la pieza:

Gerettet ist das edle Glied
der Geisterwelt vom Bösen:
wer immer strebend sich bemüht
den könner wir erlösen.

(Salvado está del Mal el noble miembro
del mundo espiritual:
aquel que se esfuerza y que trabaja
nosotros lo podemos redimir.)

Entre Goethe y Thomas Mann se engarzan una serie considerable de tratamientos del tema: En A. von Chamisso (1804) Fausto se suicida para salvarse de sus dudas sobre la verdad que le inquietan; en Puschkin (1826) es el tedio (el *mal del siglo)* lo que le aleja de Dios; Heine *(Der Doktor Faustus,* 1851) trata el tema con cierta trivialidad, volviendo a la tradición antigua; Paul Valéry *(Mon Faust,* 1940) ha querido interpretar la figura de Fausto como una muestra de que es imposible llegar hasta el sentimiento a través de la razón. Finalmente, Thomas Mann *(Doktor Faustus,* 1947) se vuelve hacia la versión popular, apartándose de la de Goethe.

Sobre el tema y su incidencia en la Literatura, cfr. Ch. Dédéyan, *Le thème de Faust dans la littérature européenne,* 1954-1961 (4 tomos).

Dentro de las grandes *leyendas célticas* destacan las del *ciclo asturiano*, uno de cuyos temas es la búsqueda del Grial (o Graal), el mítico cáliz en el que bebiera Cristo es la última cena. Continúan, en cierto modo, estas leyendas el *Roman courtois.* De entre las leyendas de este ciclo —junto al *Perceval* y otros— destaca la deliciosa historia de *Tristán e Isolda.* De hecho, hay interpretaciones a veces dispares del sentido último de este tema. Denis de Rougement *(El amor y Occidente,* trad. cast., Barcelona, 1978) ha sostenido con pasión que detrás de la tragedia de estos dos amantes está el sentido universal de la relación Amor-Muerte tal como en un célebre poema los uniera Leopardi:

Fratelli, a un tempo stesso, Amore e Morte
ingenerò la sorte.

Tristán e Isolda, amantes y desgraciados, serán la elevación a *mito* de la inconsciente creencia humana según la cual el amor auténtico tiene que ser infeliz. Trasunto de ese mito serían los destinos de los grandes amantes de la Literatura: Píramo y Tisbe, Romeo y Julieta, Fedra, Abelardo y Eloísa...

Sobre el tema, cfr. C. García Gual, *Primeras novelas europeas,* Madrid, 1974, págs. 157 y sigs. De entre las innumerables versiones de la leyenda destacan la de Chrétien de Troyes (un *Tristán* perdido, pero del que tenemos noticia), *La folie de Tristan* que nos ha conservado el manuscrito de Oxford sigue una versión de Thomas; y, sobre todo, la ópera de Wagner. Pero de los amantes se han ocupado, en alguna parte de su obra, hombres como Hans Schas y Walter Scott.

Una breve lista de mitos o leyendas que han influido en la literatura universal ofrecemos aquí como simple complemento de lo que llevamos escrito. La lista no es completa, pero creemos que significativa: Heracles, Amor y Psique, Narciso, Píramo y Tisbe, Anfitrión (con sendas versiones de Plauto, Molière, Kleist y Giraudoux), Alcestis, Endimión (cfr. el poema de Keats!), Medea, Pandora (Goethe), Pigmalión (Bernard Shaw), el Judío errante, El comte Arnau (Maragall, Segarra). Eso sin contar los *personajes literarios,* algunos de los cuales se han convertido en auténtica fuente de inspiración: Hamlet, Don Quijote, Falstaff, Götz, Sigfrido, Roldán (Ariosto), Dido (Virgilio), Troylo y Cressida (Shakespeare) y un larguísimo etcétera...

Los mitos platónicos

Lugar aparte ocupan los llamados mitos platónicos. Como es bien sabido, en algunos diálogos platónicos de la madurez (en especial *Fedro, Gorgias, Fedón, República, Banquete, Político, Timeo),* al final el filósofo intenta ofrecer una visión mítica, metafórica o poética de aquellos que dialécticamente se han tratado en el diálogo. Se trata sin duda de un esfuerzo considerable por parte del autor por hacer más comprensible su doctrina, pero también de una manifestación del innegable genio poético de su autor.

Algunos de ellos son muy bellos, y han merecido para Platón un puesto entre los grandes poetas de Grecia. En el *Fedro* se esboza, para aclarar la teoría platónica del amor, un bello mito sobre el impulso alado del alma regada por el amor, que hace que aquella tienda hacia lo Bello. Se alude también, gráficamente, a la relación entre el alma y su cochero, es decir, a las «partes» o facultades del alma; en el *Fedón* es el tema de la inmortalidad el que le inspira una evocación poética del mundo del más allá; el *Banquete* expone, en boca de Diótima, los secretos del *eros;* el *Timeo* alude a las grandes catástrofes de la humanidad (entre ellas el mito de la Atlántida); en la *República* hay dos mitos: uno que sirve para explicar qué es la dialéctica (es el mito de la caverna, quizá el más famoso de Platón) y el de Er el Armenio, al final de la obra, donde se explica cómo las almas escogen una nueva vida antes de reencarnarse.

Sobre los mitos de Platón, cfr. P. Frutiger, *Les mythes de Platón,* París, 1930; P. M. Schuhl, *La fabulation platonicienne,* París, 1947, y J. A. Stewarty, *The myth of Platon,* Londres, 1960.

9

LITERATURA Y PENSAMIENTO

El pensamiento no puede existir sin la palabra.

B. CROCE.

Hay tantos puntos de contacto entre la especulación filosófica dicha en palabras bellas, y la verdadera literatura, que a veces se superponen o coinciden en su camino.

F. DE FIGUEIREDO.

1

Hay una serie de hechos que permiten hablar de relaciones entre el pensamiento y la literatura. Porque entendemos aquí Pensamiento en un sentido amplio, no como una mera especialidad especulativa. ¿Cuáles son estos hechos? Por lo pronto, que, en algunos círculos, suele entenderse que la Literatura, en determinados aspectos, puede aparecer como una especie de Filosofía: en este caso, el estudio de este aspecto de la Literatura consistirá en un análisis de la obra literaria para extraer de ella unas ideas rectoras que la conforman.

No podemos negar que en determinadas producciones literarias subyace en ocasiones una idea central más o menos filosófica. Lo que ocurre es que, las más de las veces, una vez analizada, tal idea resulta o banal, o, simplemente, es una mera reflexión que no puede llamarse estrictamente filosófica. Pero ello nos parece interesante insistir en que la búsqueda de una idea directriz en la obra literaria puede llevarse a extremos absurdos: durante los primeros años del siglo XIX se intentó buscar, en cada uno de los poemas de Píndaro, una idea-central que resumiera todo el sentido profundo de la Oda (cfr. Hermann, *Opúscula,* VI; Leipzig, 1835, 1-69). El trabajo del filólogo alemán, que sentaba la existencia de una idea-lírica, intentaba ser una réplica a la tesis de Dissen *(Pindari carmina,* Gotha, 1830) para quien en cada poema pindárico subyace un pensamiento «profundo» que encierra todo el contenido especulativo del poema: lo malo es que, cuando se intenta buscar en esas ideas de Dissen el pensamiento pindárico, éste se reduce a meras máximas de tipo casi popular. Por ejemplo, la *Ist.* II significaría que el poeta «elogia la unión de mas las más excelsas virtudes»; H. Ulrich, por su parte *(Ueber Shakespeare's dramatischer Kunst,* 1839), siguiendo tendencias estéticas parecidas, entiende que el sentido filosófico último de *El mercader de Venecia* es la máxima «summum ius summa iniuria».

No es extraño, por ello, que pronto apareciera en los críticos una actitud escéptica e incluso algo más que escéptica, frente al *pensamiento* de los poetas. En uno de los libros más inteligentes escritos sobre Píndaro (G. Norwood, *Pindar,* Berkeley, 1956), al abordar el capítulo titulado *Views of the life of man* tiene buen cuidado en dejar muy sentado que lo que debe buscarse en él es poesía, no filosofía, y ataca a aquellos que han creído descubrir un pensamiento filosófico pindárico (Wilamowitz, Jaeger). Algo parecido han hecho Boas y T. S. Eliot. El primero, en una conferencia titulada precisamente *Philosophy and Poetry* (Cambridge, Massachusetts, 1932), escribe: «Las ideas en poesía suelen ser trasnochadas y falsas»; el segundo *(Selected Essays,* Nueva York, 1932, págs. 115 y sigs.) afirma que «ni Dante ni Shakespeare pensaron nada de verdad».

Creo que salta a la vista lo exagerado de ambas posturas. Es cierto que, en muchas ocasiones, la *sabiduría* del poeta se reduce a meros clichés tradicionales, que se remontan a la más lejana antigüedad. Podríamos aplicar esta afirmación tanto a los *poetas-filósofos* (Hesíodo, Píndaro, Esquilo, Eurípides, Browning, Keats) como a los *filósofos-poetas* (Cleantes, Séneca, Lucrecio, Unamuno). Se ha pretendido hacer de Hesíodo un precursor de la filosofía (cfr. H. Diller, *Antike und*

Abendland, II, 1946, págs. 140 y sigs.); ya hemos aludido a la consideración de Píndaro como filósofo (cfr. Wilamowitz, *Pindaros,* Berlín, 1922, pág. 284); Esquilo ha sido interpretado en más de una ocasión no como poeta, sino como teólogo (Reinhardt, Maddalena). Y Eurípides es, para la filosofía de comienzos del siglo XX y finales del XIX, «el filósofo de la Ilustración griega» (W. Nestle, entre otros). Lo mismo podríamos decir de otros poetas.

Otra cosa es reconocer que hay poetas más preocupados que otros por la especulación, por las ideas, y que se han adherido a una tendencia filosófica concreta. Lucrecio, en su *De rerum natura* —sin dejar de ser un gran poeta—, no sólo se presenta como un entusiasta admirador de Epicuro, sino que expone, en su poema, la filosofía del maestro. Horacio se declaraba seguidor, asimismo, de la secta epicúrea, aunque otros críticos opinen que más bien debe considerarse relacionado con el estoicismo. Todos conocemos los lazos que unieron a Schiller con Kant, y hasta qué punto su poesía y su producción en general huelen a kantismo; Shelley era un platónico, Goethe se sentía atraído por los presocráticos, Hölderlin era amigo de Hegel...

Uno de los métodos para estudiar las relaciones entre pensamiento y literatura es el de la *historia de las ideas.* No se trata, en realidad, de un método y enfoque únicos, sino que es una forma de acercamiento que permite orientaciones distintas. En realidad, entre la historia de las ideas y la historia de la filosofía hay una diferencia de grado. Aquella suele tener una visión de los temas algo más amplia que ésta: da cabida en sus estudios a las producciones de poetas y escritores en general, mientras que la historia de la filología, en su sentido estricto, se limita al pensar especulativo. El libro de J. M. Valverde, *Vida y muerte de las ideas,* Barcelona, 1980, por ejemplo, quiere ser una historia del pensamiento occidental (y así reza el subtítulo), y da cabida, junto a los pensadores estrictos, a figuras como Lutero y Calvino, a Voltaire y a Goethe. En algunos casos se limita al estudio exhaustivo de un tema monográfico: A. Schweitzer, por ejemplo, ha escrito sobre las relaciones entre Civilización y ética *(Kulturphilosophie, II: Kultur und Ethik,* 1923; hay traducción inglesa: *Civilization and Ethics,* Londres, 1946). En el prefacio escribe el autor:

> Mi tema es la tragedia de la cosmovisión occidental. Cuando yo era todavía un estudiante me sorprendió encontrar la historia del pensamiento siempre escrita meramente como una historia de los sistemas filosóficos, jamás como una historia del esfuerzo del hombre por llegar a una concepción del universo.

A. O. Lovejoy *(The Great chain of Being. A Study of the History of an Idea,* Nueva York, 1960, trad. esp.., Barcelona, 1983) ha trazado la evolución, a través de los siglos, de la unidad del Ser tal como aparece en el Neoplatonismo y corrientes emparentadas. Lo que Lovejoy entiende por historia de las ideas queda al punto aclarado en las primeras páginas del libro:

> By the history of ideas I mean something at once more specific and less restricted than the history of philosophy... Though it deals in great part with the same material as the other branches of history of thought and depends greatly upon their prior labors, it divides thay material in a special way, brings the parts of it into new groupings and relations, viewsit from the standpoint of a distinctive purpose... (pág. 3).

> Cfr. también, del mismo, *Essays in the History of Ideas,* Baltimore, 1948. Leo Spitzer ha combatido la tesis de Lovejoy, aun reconociendo que puede fructificar la combinación entre semántica e historia intelectual, y él mismo ha realizado en este campo interesantes aportaciones, como la historia del concepto de «Ambiente-medio». Cfr. también su libro *Essays in historical Semantics,* Nueva York, 1948.

En una misma línea, si bien en cierto modo con unas finalidades distintas está la obra de P. Hazard. Hazard, en efecto, ha estudiado la *Crisis de la conciencia europea,* París, 1934; y *La pensée européene aus XVIII*[e] *siècle,* París, 1946 (de las dos hay traducción española).

Ambas obras, que, en cierto modo, se complementan, trazan el proceso que ha de conducir desde la ruptura de la unidad europea con la Reforma, hasta el proceso de descomposición del cristianismo. Obra en cierto modo confesional, escrita con pasión, con una visión parcial de los problemas, es, con todo, en su conjunto, una forma de enfocar la historia del espíritu a través de ciertas ideas concretas.

> Cabe incorporar a este apartado libros como A. Toynbee, *Guerra y civilización* (trad. cast., Buenos Aires, 1952; de hecho es una selección de pasajes de su *Study of History),* donde sostiene la tesis de que «la guerra ha demostrado ser la causa inmediata del derrumbamiento de todas las civilizaciones». Se trata, por tanto, de seguir los pasos de esa corrupción de la civilización por parte de la guerra. Con cierto escrúpulo colocaríamos también aquí la *Filosofía de la Ilustración,* de E. Cassirer (trad. esp., México, 1943), por cuanto, como el autor señala, «no se trata tanto de abarcar la Ilustración en su extensión cuanto de alcanzar su hondura particular».

Otras veces este enfoque adopta la forma de lo que los alemanes llaman «*Geistesgeschichte»,* que, aunque a veces se hace equivalente a historia de las ideas, no lo es. De hecho, la *Geistesgeschichte* —en el fondo una herencia hegeliana— se basa en el principio del *Zeitgeist* (espíritu de la época): entonces lo que pretende esa orientación es tratar de reconstruir el espíritu de una época a partir de sus objetivaciones —religión, derecho, pensamiento, costumbres, literatura, etc.—. O, como lo ha definido Eppelsheimer, «buscar la totalidad que hay detrás de los objetos, y explicar todos los hechos mediante este espíritu de la época». Con este método se ha intentado trazar, de un lado, la historia del espíritu de los griegos (W. Nestle, *Griechische Geistesgeschichte,* Stuttgart, 1944 (hay traducción española, Barcelona, 1961), de los romanos (Kligner, *Romische Geisteswelt*), incluso la del *espíritu* inglés (pese a que los ingleses no suelen aceptar los postulados, tan típicamente germánicos y especulativos, de la *Geistesgeschichte):* un ejemplo es el prólogo de H. Morley a sus *English Writers,* Londres, 1864.

Hay otros ejemplos: H. Fränkel ha aplicado el método a la época arcaica griega *(Dichtung und Philosophie des frühen Griechentums,* Munich, 1962 ²), Korff a la época de Goethe *(Geist der Goetheszeit,* 1923-1953) y Eppelsheimer al Renacimiento *(Das Renaissance. Problem, Deutsche Vierteljahrschrift für Literaturwiss und Geistergeschichte,* 2-1933, págs. 497 y sigs.).

A veces se ha podido comprobar que existe una cierta armonía entre historia de la filosofía y la literatura, armonía que no suele deberse a casualidad sino a causas profundas. En Grecia, la época del humanismo sofístico y del socratismo, hallamos figuras como Sófocles, que, y en eso se está de acuerdo, ha llevado el humanismo al centro mismo de su obra. En este sentido es ya tradicional señalar que Filosofía y Tragedia suelen ser complementarias, y, de acuerdo con ciertas interpretaciones, solidarias. No sin razón se ha hablado en ocasiones de la *filosofía trágica de los griegos.* En la Inglaterra del XVI y XVII se ha observado una cierta relación entre la filosofía renacentista y la poesía de la época (Spenser). La *Ifigenia en Táuride* de Goethe sólo se entiende en la atmósfera de la Alemania del XVIII cuando Herder desarrollaba sus ideas sobre la Humanidad. La poesía de Schiller va unida a la kantiana, la de Shelley al platonismo del momento.

Por otra parte, no es rara la figura del poeta-filósofo, o la del filósofo-poeta. Cleantes expone, en un bello himno, los principios de la filosofía estoica, con su identificación entre Providencia y Destino. Lucrecio canta en su poema *Sobre la naturaleza* las excelencias del epicureísmo; en Dante hallaremos, junto al poeta, el pensador *(De monarchia,* por ejemplo); las corrientes platónicas del momento se reflejan en la poesía de Coleridge (como en Shelley, según vimos); Dostoievski es un novelista pensador, cuyo influjo sobre los orígenes del pensamiento contemporáneo han reconocido no pocos historiadores de la filosofía.

R. Unger es el representante de una orientación a la que cabría llamar la búsqueda del filósofo en la literatura (cfr. su *Weltanschauung und Dichtung,* Zurich, 1917). Traza una lista de los *grandes problemas* con los que se enfrenta la humanidad (la muerte, el destino, la libertad, la salvación, la naturaleza) y va siguiendo su desarrollo y sus distintas soluciones por parte de los escritores y pensadores. Caben aquí autores como Leopardi (sobre todo su *Infinito),* pero también los poetas metafísicos ingleses e incluso nuestro Quevedo. Surgen así una serie de enfoques que resultan altamente atrayentes aunque en no pocos casos las ideas de los poetas no reflejan sino —según decíamos antes— lugares comunes de la humanidad.

Así, Galli ha seguido los pasos de la idea de la muerte en Horacio *(Il sentimento della morte nella poesia di Orazio,* Milán, 1947); F. Boyancé ha estudiado la religión de Virgilio *(La religión de Virgile,* París, 1964); F. Delacroix el senequismo de Quevedo *(Bull. hisp.,* 56-1954, págs. 305 y sigs.); A. Amerio la filosofía de Leopardi *(L'ultima filosofia de Giacomo Leopardi,* Turín, 1953), mientras que G. Gentile aborda su poesía filosófica *(Poesia e filosofia di G. Leopardi,* Florencia, 1940).

Se han estudiado asimismo las grandes ideas en épocas determinadas: P. Décharme el sentimiento religioso griego *(La critique des traditions religieuses chez les Grecs,* París, 1904); Brémond el francés *(Histoire littéraire su sentiment religieuse en France);* W. Rehm la idea de la muerte en Alemania *(Der Todesgedanke in den deutschen Dichtern,* Halle, 1928); Kluckhohn el concepto del amor *(Die Auffassung der Liebe in den Dichtern des achtzehnten Jahrhunderts und in der Romantik,* Halle, 1922). También, sobre el amor en Grecia: Adrados y otros *(El descubrimiento del amor en Grecia,* Universidad de Madrid, 1959); cfr., asimismo, C. S. Lewis, *The allegory of Love,* Oxford, 1936, y M. Praz, *La carne, la morte e il diavolo nella letteratura romantica,* Milán, 1930.

No es raro tampoco que, en ocasiones, los pensadores acudan a la expresión de sus ideas mediante la literatura. Se trata, en estos casos, o bien de un interés pedagógico para hacer más intuitivo, más comprensible su mundo interior, o bien del deseo irresistible de ver encarnadas sus ideas en un medio menos especulativo. Podemos incluir en este método el empeño de Platón por exponer en forma poética sus ideas mediante sus famosos mitos. También Séneca ha puesto en escena, a través de sus tragedias, los postulados de su filosofía estoica. Al menos, suele estarse de acuerdo en este punto entre los eruditos. Unamuno ha acudido o bien a sus *nivolas (Niebla, Amor y Pedagogía)* o bien al ropaje de la poesía *(El Cristo de Velázquez,* entre otras). Finalmente, para no alargarnos, recordemos que buena parte de la producción teatral de Sartre *(Las moscas, Huis clos)* es un intento para hacer más digerible su *Etre et le Néant.*

2

La relación existente entre la ciencia de la literatura y la cosmovisión *(Weltanschauung)* ha sido tratada en diferentes ocasiones por parte de los historiadores y los críticos. M. Wundt, en su contribución al libro colectivo, editado por Ermatinger, *Filosofía de la ciencia literaria* (Ciencia literaria y teoría de la concepción del mundo), ha realizado un excelente estudio del problema. Partiendo de los distintos tipos de concepción del mundo establecidos por Dilthey, va siguiendo la pertenencia de los diferentes géneros a cada una de estas concepciones, o bien señala la actitud teórica que comporta cada tipo de concepción de la literatura. Distingue aquí Wundt los siguientes tipos de concepción del mundo: *naturalismo, idealismo y psicologismo, idealismo subjetivo* o de la libertad, *idealismo objetivo* e *idealismo absoluto.*

El *naturalismo* como concepción, según la cual «la experiencia constituye el contenido verdadero y decisivo del pensamiento», sería a la filosofía lo que la filología pura ante los estudios literarios. O, dicho de otra manera: la filología positivista representa una concepción naturalista y empirista del hecho literario y estético. Ejemplo: H. Taine, con su teoría positivista de la raza, el medio y el ambiente.

El *psicologismo,* aun partiendo de postulados teóricos semejantes, enfoca la poesía en otra perspectiva: no ve en ella un hecho externo, sino un hecho interior. La poesía se concibe ahora como una vivencia interna *(Erlebnis),* de modo que la tarea de la ciencia literaria en este caso consiste en explicar la vivencia del poeta como producto de sus dotes espirituales, de las circunstancias del momento, o de los azares de su vida. Es el *biografismo.* Dilthey *(Das Erlebnis und die Dichtung,* Leipzig, 1907) puede servir de ejemplo, aunque hay otros (Gundolf y, en cierta medida —por su tendencia al *psicologismo*—, los estudios literarios de Freud).

En el *idealismo* la obra poética adquiere el sesgo de obra superior. En el *idealismo subjetivo* «la idea se concibe como la regla de validez universal que tiene su base en el sujeto y se aplica como pauta a toda la realidad para contrastar su validez». En el *neokantismo* tenemos expresada esta orientación en el campo de la filosofía. Para esta orientación, la ciencia literaria queda rebajada a la mera categoría de zona especial de aplicación de la teoría estética.

Distinto es el enfoque que da el *idealismo objetivo:* ahora no es la idea la que da la pauta; la idea rige como la vida concreta del objeto mismo. La expresión de esta actitud es la *historia de las ideas,* de la que nos hemos ocupado ya, y el Romanticismo su manifestación histórica.

El *idealismo absoluto* es una asunción de los dos idealismos ya abordados. Encierra los pensamientos contrastados de ambos.

Para Wundt, la ciencia literaria «sólo llegará a adquirir rango pleno de ciencia cuando sea capaz de ascender de la fase del idealismo objetivo —que es el que domina por el momento en ella, según el autor— a la del idealismo absoluto.

¿Existe una relación entre los distintos géneros literarios y las distintas *concepciones del universo?* Para Wundt, la contestación es claramente afirmativa. La *epopeya* sería un género que se apoyaría en una concepción naturalista, porque «lo que caracteriza a la epopeya es la entrega pura al objeto-real, en sus conexiones. La *lírica,* en cambio, sería la traducción poética del *psicologismo:* su mundo es el de las vivencias interiores, de la *idea.* Ya no aspira a la mera imitación de la naturaleza sino expresar esa naturaleza tal como aparece a la conciencia. Finalmente, el *drama* sería la manifestación del *idealismo:* en él se combinan mundo externo e interno, «hermana en su acción la variedad desplegada de los sucesos épicos y la vida interior de la lírica». Esa variedad de la vida interior, empero, no se expresa en forma subjetiva, sino objetivamente a través de los personajes. El conflicto entre dos mundos, que desconocen tanto la épica como la lírica, es, en efecto, la esencia del drama.

3

Nos resta hablar de la *forma literaria* bajo la cual se manifiesta el pensamiento. La filosofía como género literario. Pero aquí conviene, ante todo, superar el malentendido frecuente que consiste en dar por supuesto que hay entre la filosofía y género literario la misma relación que existe entre el líquido y la vasija, según el feliz símil de Julián Marías. «Lo que ocurre, escribe el pensador español *(Ensayos de teoría,* Madrid, 1966, pág. 9), es que la filosofía suele echar mano de ciertas formas literarias vigentes, que se adaptan, mejor o peor, a su íntima necesidad». Lo cierto es que puede afirmarse que nunca, o muy escasas veces, el pensamiento filosófico ha creado su propio género literario. Se ha limitado a servirse de lo que tenía a mano. O, si tiene varios a su alcance, el filósofo acude a aquél que considera más idóneo y adecuado a su finalidad específica. No es casualidad que Ortega haya utilizado el artículo periodístico para exponer, a veces, sus ideas, si tenemos en cuenta que, entre otras cosas, la tarea de Ortega fue una misión divulgadora de ciertas corrientes y formas del pensamiento.

En todo caso, hemos de partir de un hecho importante: la filosofía no representa una forma única de pensar, ni un mismo modo de enfrentarse con la realidad. En unos casos, se siente como un impulso religioso; en otros, como un encadenamiento sistemático; no faltan tampoco los filósofos que ven en su actividad una especie de misión casi sacerdotal. En estas condiciones, es evidente que el filósofo debe escoger aquella forma literaria que más se adecua a sus fines. Históricamente la filosofía se expresó (Parménides, Empédocles) primero mediante la poesía, por el simple hecho de que la filosofía griega ha salido de la manifestación poética de la vida: Hesíodo es uno de sus precursores. Pero pronto (Anaximandro, Anaxímenes), sobre todo cuando se tomó conciencia de una especial substantividad, se optó por la prosa. Una prosa, empero, como ha dejado bien claro Jaeger, de hondas resonancias poéticas.

Las formas bajo las cuales se ha filosofado en el mundo son múltiples, muy variadas. Puede decirse que se han empleado todos los géneros literarios y todas las formas imaginables de difusión del pensamiento. Siguiendo a Marías, señalaremos estas formas bajo las cuales se ha expresado la filosofía a lo largo de su historia (dejamos aparte lo que puede considerar como filosofía en Oriente):

1. Poema presocrático.
2. Prosa presocrática.
3. Discurso sofístico.
4. Diálogo socrático-platónico.
5. Akróasis aristotélica.
6. Disertación estoica.
7. Meditación cristiana.
8. Comentario escolástico.
9. *Quaestio.*
10. *Summa.*
11. Autobiografía.
12. Tratado.
13. *Essay.*
14. Sistema (idealismo alemán).

Claramente se observa que, pese a la larga enumeración, faltan aquí ciertas formas: falta, por ejemplo, la *carta*. Pero faltan asimismo la *diatriba* cínica, el *diccionario* (Voltaire), la *compilación* (San Isidoro, Boecio), la *utopía* (Moro, Estoicos), el *protréptico*. El conjunto evidencia la enorme riqueza de formas literarias bajo las cuales se ha expresado el pensamiento. Vamos a estudiar, muy por encima, algunos de estos tipos.

1. *El poema:* La filosofía griega en más de una ocasión, y sobre todo una buena parte de los presocráticos —pero también en otras escuelas—, ha escogido la forma poética para expresarse. En el caso de los presocráticos es el tipo de poema homérico-hesiódico, con su lengua y su metro (el hexámetro). Jenófanes, que suele considerarse o un precursor o un discípulo de Parménides, utilizó asimismo la forma elegíaca, a base de un hexámetro y un pentámetro. También Cleantes y Lucrecio utilizaron la poesía hexamétrica para exponer sus ideas.

2. *El diálogo:* La forma dialógica, aunque no abundante, sí es una forma literaria empleada con cierta frecuencia, y no sólo entre los antiguos. Los diálogos platónicos, en sus distintas etapas, son el primer ejemplo claramente conocido, si bien parece que Platón llevó a su grado máximo de perfección un género que tenía ya una rudimentaria existencia. Pero en el caso de Platón, el empleo de esta forma literaria tiene un sentido pleno, pues lo que nos presenta el filósofo es el pensamiento desarrollándose en forma *dialéctica,* y esta palabra y *diálogo* están etimológicamente emparentadas.

Aparte Platón, han empleado el diálogo Aristóteles (en sus diálogos de juventud, hoy perdidos y sólo fragmentariamente conservados), y Cicerón, quien empero hace un uso muy distinto del de su lejano maestro. En Cicerón no hay dialéctica, no hay discusión vivaz: normalmente, el que lleva la voz cantante, y suele dar el título al diálogo, hace largas tiradas, sólo circunstancialmente interrumpido por sus interlocutores *(Tusculanas, De Officiis, De natura deorum, Amicitia, De senectute.)*

Pueden incluirse aquí, aunque tienen un alcance filosófico muy reducido, Luciano de Samósata y Erasmo.

En la edad moderna, uno de los representantes más típicos del empleo del diálogo es Berkeley en su obra *Three dialogues between Hylas and Philonous* (trad. cast., Espasa-Calpe, Argentina, Buenos Aires, 1952). Como señala el mismo autor en el prefacio, de lo que se trata es de abordar, en una forma menos académica, los temas tratados en otros libros suyos, como los *principios del conocimiento humano.* Sintomático es que los nombres de los dos protagonistas lleven nombres parlantes *(Hylas* = materia; *Philonus* = amante del espíritu). Berkeley ha seguido aquí la práctica que otros, por ejemplo Erasmo, han utilizado en algunos de sus diálogos (así en su *Ciceranus* tenemos un Bulophorus, un Hypologus y un Nosoponus), también nombres parlantes. Cabe citar también aquí los *Diálogos* de L. Vives.

3. *La carta:* No está muy representada en la literatura filosófica, pero no ha dejado de jugar su papel en la historia del pensamiento. Las de Platón —que en parte son apócrifas— suelen ser el gran modelo. En ellas y a través de ellas el autor expone las ideas directrices de su pensamiento. Epicuro, asimismo, ha utilizado este método para divulgar su propia doctrina *(A Meneceo, A Heródoto, A Pitocles.)*

No estrictamente para fines filosóficos, pero sí para dar a conocer sus ideas religiosas y teológicas, tenemos las Cartas de San Pablo, y las restantes epístolas del Nuevo Testamento. También las *Cartas a un escéptico en materia de religión.* En Roma las *Cartas a*

Lucilio, de Séneca, adquirieron merecida fama: es el procedimiento empleado por el filósofo para, dirigiéndose a un discípulo, dirigirse de hecho a toda la humanidad.

4. *El ensayo:* Es bien sabido que el ensayo es un procedimiento literario que goza de gran libertad para expresar toda suerte de ideas. En él es importante que se deje correr la fantasía y la imaginación, aunque contando con la base de una información sólida. Díaz-Plaja lo ha definido muy bien: «Apoyad bien los trampolines, oh eruditos; pero después, oh poetas saltad.»

Caben, pues, en el ensayo por su naturaleza, los temas y los enfoques más dispares. Género eminentemente moderno (de hecho lo inventa Montaigne en sus *Essais),* lo han practicado figuras como Diderot, Voltaire, Locke, Gobineau, Sartre, Ortega, Unamuno, Ferrater Mora, etc.

De todos ellos, acaso los que más lo han empleado han sido Unamuno y Ortega. De hecho, Unamuno ha titulado *Ensayos* la recopilación de sus artículos y opúsculos. Y si algunos de los trabajos aquí incluidos no lo son propiamente, sí lo son *El sentimiento trágico...* y *En torno al casticismo.* La calidad ensayística de Ortega es bien conocida. Podemos añadir a la lista a su discípulo Julián Marías.

5. *El comentario:* Podemos distinguir varios tipos de comentario dentro de la literatura filosófica. Ya el nombre indica que el autor se sitúa en un plano de mero exégeta de la obra comentada, aunque en algunos casos contienen auténtica obra doctrinal y original. En la Antigüedad el comentario neoplatónico (Porfirio, Olimpiodoro), consistente en interpretar, desde el punto de vista de la doctrina del *destino del alma,* las obras no sólo del maestro o del maestro del maestro (Platón), sino asimismo obras literarias. Porfirio comentó en su *Antro de las Ninfas* un pasaje de la *Odisea.* Heredero de los Neoplatónicos, tenemos los comentarios del tipo musulmán, judío, o cristiano (escolástico o no).

6. *El protréptico:* Como indica su etimología (del griego *protrépein = orientar hacia algo),* el Protréptico es un tipo de literatura filosófica que aspira fundamentalmente, a ganar adeptos para la propia filosofía. Es, pues, un género propio de aquellos autores que han elaborado un concepto nuevo de filosofía y pretenden ganar para ella a las gentes. El *Gorgias* de Platón abrió el fuego; Aristóteles escribió uno que sólo se ha conservado en parte: es una auténtica llamada a la filosofía, que todavía concibe su autor como una llamada religiosa, pues lo escribió en su etapa platónica. La predicación del Cristianismo se prestaba a este tipo de literatura, y así Clemente de Alejandría compuso uno que iba

dirigido a los paganos: es, pues, una obra apologética al mismo tiempo. Sabemos que Minucio Félix escribió uno *(Octavio)* y que influyó notablemente en el alma de San Agustín.

También Jámblico, en su afán por ganar adeptos para la nueva religión del Neoplatonismo, escribió un *Protréptico*, en el que se ha conservado buena parte del trabajo perdido de Aristóteles.

¿Nos atreveremos a incluir dentro de este apartado a Nietzsche? Sabido es que su obra filosófica toma la forma de una exhortación más o menos velada *(Así hablaba Zaratrusta)* y que su intención suele ser, asimismo, la de desvelar hacia problemas que él considera básicos.

7. *La meditación, la confesión* ha conocido variada fortuna. En la Antigüedad la obra clásica son las *Meditaciones* de Marco Aurelio —o como deba traducirse el título de su obra que, literalmente significa *A sí mismo*—: se trata de una literatura intimista, en la que el autor traza su curva existencial pero al tiempo medita sobre los grandes problemas de la vida. Los *Soliloquios* de San Agustín pueden hacerle *pendant*.

Pero el género no es exclusivo de los antiguos: Pascal, en sus *Pensées*, adopta una forma semejante, la de reflexión; Descartes *(Meditaciones metafísicas)* ha seguido los pasos de sus antecesores. Finalmente, aunque sólo sea por el título, hay que situar aquí las *Meditaciones del Quijote*, de Ortega.

8. *El tratado* es un tipo que presenta muchas variantes y pueden reunirse en este epígrafe obras tan dispares como *El filósofo autodidacto* de Aben Tofail, los trabajos de Luis Vives (sobre todo el *De anima)*, las obras de Aristóteles *(La Física, La metafísica*, etc.), Erasmo *(De libero arbitrio)*, Cardano *(De varietate rerum)* y Telesio *(De rerum natura)*. También el *De docta ignorantia* de Nicolás de Cusa y el curioso tratado de escepticismo renacentista-barroco *Que nada se sabe*, de Francisco Sánchez.

Un lugar aparte, al menos por aspectos formales, ocupan los tratados de Kant y de Spinoza. Ambos, enamorados de la ciencia físico-matemática de su tiempo, adoptan el método geométrico, con postulados, corolario y axiomas *(Ethica more geometrico demostrata*, de Spinoza; *Crítica de la razón pura, Crítica de la razón práctica*, de Kant).

9. Quedan por analizar los *estudios sistemáticos*, especialmente utilizados por los idealistas alemanes (Hegel, *Filosofía del Espíritu*, puede considerarse un ejemplo típico).

Quedan algunos tipos sin clasificar satisfactoriamente: ¿dónde colocar los trabajos de Heiddeger, de Max Scheler, de Jaspers? En algunos casos, uno estaría a establecer un nuevo apartado titulado *discurso*, donde cabría la obra de Comte *(Discours sur l'esprit positiv)* y la de algún otro (Bossuet, Diderot). En cuanto a las *Summa* y a la *Quaestio* son tipos propios de la escolástica, pero prácticamente no tocados por otros pensadores.

A la utopía pertenecen obras tan dispares como la *República* de Platón —que es, al tiempo, un diálogo—; los escritos perdidos de Zenón el estoico; Tomás Moro *(Utopia),* Campanella *(La ciudad del Sol),* etc.

10

LITERATURA Y PSICOLOGÍA

> No cabe la menor duda de que la Psicología puede ser puesta en relación con la Ciencia literaria.
>
> JUNG.

La obra literaria es el fruto de la labor del artista, con lo cual se evidencia inmediatamente que el mecanismo de la inspiración, concepción y elaboración de esa obra tiene un mucho que ver con la Psicología. Pero al mismo tiempo, esa obra puede ocuparse de personajes (esencialmente en los géneros narrativos y dramáticos) cuya *«realidad» psicológica,* carácter y personalidad es preciso analizar para comprobar que tienen consistencia y coherencia. Y, en tercer lugar, el poeta mismo plantea una serie de cuestiones que tocan de lleno los temas que aborda la Psicología. Hemos hablado en un capítulo anterior *(Poesía, poeta y creación poética)* de ciertos aspectos como la imaginación del escritor desde el punto de vista psicológico; de los tipos poéticos, y del mecanismo de la creación poética. No resta, ahora, plantear los temas dejados de lado, de modo que podamos redondear el cuadro.

Desde Freud se ha desarrollado, como es bien sabido, una nueva rama científica que va a caballo de la Psiquiatría y de la Psicología, aunque, en realidad, trasciende a las dos por sus métodos y por sus principios. Me refiero, claro está, al Psicoanálisis. Una vez elaborado en sus principios básicos por su creador, se extendió inmediatamente por Europa, y menos, quizá, como ciencia en sí misma que por las aplicaciones que puede tener en la interpretación del escritor y del sentido de su obra. Freud mismo no fue insensible, ni mucho menos, al estudio de los artistas, y una buena parte de su producción está consagrada al estudio de determinados «casos» de pintores, escultores y poetas. Figuras como Sófocles, Leonardo, Miguel Ángel, Goethe, Schiller, Shakespeare, Chamisso, Heine, Dostoievski aparecerán una y otra vez en su obra. Esta preocupación por el artista se explica porque, como queda claro en una de sus más importantes obras, *La interpretación de los sueños,* describe su autor (caps. VI y VII) el mecanismo y funcionamiento de la psique humana durante el sueño: en él hay una serie de funciones (dramatización, figuración, desplazamiento) que son comunes al acto de concepción artística.

Los principales trabajos de Freud consagrados al estudio de algunos artistas son los siguientes: *El poeta y la fantasía (Der Dichter und das Phantasieren,* donde se aborda el estudio de la teoría psicoanalítica de la creación literaria; *Un recuerdo de infancia de Leonardo da Vinci* (1910), donde analiza la figura del gran pintor y hace su psicoanálisis (cfr. E. Ludwig, *Freud,* págs. 166 y sigs.); *El Moisés de Miguel Ángel* (1914): intenta corregir la visión tradicional según la cual fue concebido por su autor en el momento de cólera del Legislador al comprobar la idolatría del pueblo.

Un recuerdo de infancia en «Poesía y Verdad», de Goethe (1917: interesante sobre todo por el método aplicado por Freud); *Dostoievski y el parricida* («D. und die Vatertötung», en *Gesammelte Werke,* XIV, págs. 399) (1927): en un prólogo a la versión de *Los hermanos Karamazov* aborda el mito del parricidio como el origen de la civilización humana. Algo parecido hará al analizar *El Edipo Rey* de Sófocles, donde elabora la doctrina del complejo de Edipo (el hombre desea matar a su padre y acostarse con su madre) y el complejo de Electra (la mujer ansía unirse a su padre). Para un estilo global de la interpretación freudiana de la cultura, Cfr. P. Ricoeur, *Freud: una interpretación de la cultura* (trad. cast., México, Siglo XXI, 1970). También, Fr. J. Hoffmann, *Freudianism and Literary Mind,* Luisiana, 1945.

La introducción del Psicoanálisis en Francia data de una fecha relativamente próxima al nacimiento de este método: en 1914 se trató en un manual de Psiquiatría de Régis y Mesnard. Lo curioso es que fueron los literatos quienes dieron a conocer la doctrina freudiana al público francés durante los años de la guerra europea (1914-1918). El movimiento surrealista (André Breton) y los colaboradores de la *Nouvelle Révue Française* (Gide, Martin du Gard, Thibaudet) señalaron, por vez primera en el país galo la existencia de una crítica psicoanalítica. Los poetas que crearon simultáneamente y en fecha inmediatamente posterior al surrealismo no tardaron en incorporar a su obra los postulados del psicoanálisis (Aragon, Eluard, entre otros).

En los países anglosajones muy pronto, también, se realizaron intentos de aplicación del método freudiano a la literatura: destacan investigadores como E. Jones, que estudió las figuras de Edipo y Hamlet *(Hamlet et Oedipe,* trad. franc., París, 1967) y sobre todo S. E. Hyman, quien actuó con mucho sentido crítico frente a los postulados de Freud.

También penetró el Psicoanálisis en Suiza (Baudouin, *Psicoanálisis del arte,* trad. cast., Buenos Aires, 1955): además no se olvide que Jung, el reformador del freudismo, era suizo; en Alemania hay que mencionar el hecho de que la misma creación literaria se interesó mucho por la psicología profunda (Rilke, Thomas Mann, H. Hesse): en el campo científico hay que mencionar a F. Strich y G. Pongs.

Los principios pansexualistas de Freud, empero, fueron pronto superados por algunos de sus discípulos. G. Jung, uno de los más eminentes, trabajó en un sentido doble. Por un lado, superó la teoría de la *líbido* como motor esencial de la psique humana, elaborando en cambio una teoría sobre la memoria colectiva que, en forma de *arquetipos,* se trasmitían de generación en generación. A partir de esta idea se modifica profundamente el concepto de *complejo,* concepto que tuvo en Jung una larga evolución. Si primero se trataba de un concepto de carácter meramente patológico, pronto Jung se elevó a la visión de un inconsciente colectivo sobre el cual flota la conciencia del YO y crea una relación entre las facetas individuales de la vida artística. Así, la tesis del yo colectivo-inconsciente se convierte en una hipótesis que permite abordar las producciones artísticas, y, también, los relatos mitológicos. *Complejo, Arquetipo* y *Símbolo* pasan a ser tres nociones relacionadas y básicas para el trabajo de la crítica. *b)* Jung, asimismo, se interesó por la *tipología.* Sus dos tipos básicos son el *introvertido* y el *extravertido,* pero de ellos se derivan muchos más.

Como Freud, se interesa asimismo por el mito, en cuyo campo ha trabajado en colaboración con K. Kerényi *(Einfürung in das Wesen der Mythologie,* Budapest, 1941 [2]). Sobre el tema de la relación entre el poeta y el psicoanálisis cfr. su contribución al libro de Ermatinger, *Filosofía de la ciencia literaria,* págs. 335 y sigs. Sobre el mito, también, cfr. P. Diel, *Le symbolisme dans la Mythologie grecque. Etude psychanalytique,* París, 1952. Son también importantes los estudios de G. Bachelard en este sentido (especialmente su *Psicoanálisis del fuego,* trad. cast., Madrid, 1966).

Así pues, una consideración desapasionada de la labor de Freud, pese a sus limitaciones, a sus errores y a sus exageraciones, ha abierto amplias perspectivas al estudio de la Literatura. El hecho de que paulatinamente el estructuralismo y el existencialismo fueran conjugándose con el psicoanálisis como metodología de la investigación (Aigrisse, G. Michaud, A. Béguin, Bachelard, R. Barthes, Ch. Mauron, J. P. Weber y un largo etcétera) ha permitido realizar importantes estudios que aportan un conocimiento mucho más profundo de la personalidad de los escribas. Estudios como los de Ch. Baudouim sobre Víctor Hugo, de Laforgue sobre Baudelaire, M. Bonaparte sobre Poe, de Delay sobre Gide, de Aigrisse sobre Valéry, de Laplanche sobre Hölderlin, de Albères sobre Saint-Exúpery, de Blin sobre Stendhal, de Doubrovsky sobre Corneille, de R. Barthes sobre Racine, o los de Mauron ya mencionados en otras partes de este libro sobre psicocrítica o sobre Baudelaire, son más que indicativos del magnífico fruto de esta orientación.

Pero también ha contribuido el psicoanálisis a un mejor conocimiento de lo que es la creación literaria en sí misma, así como de las relaciones que pueda tener con otras actividades existenciales (sueño, chiste, juego, etc.). Ya nos hemos ocupado de este asunto.

Por lo que antes hemos dicho, por otra parte, se vislumbra el enorme empuje que el Psicoanálisis ha dado a la crítica literaria, a la *lectura* de la obra literaria que se abre ahora mucho mejor a nuestra comprensión. En este sentido los trabajos de Barthes y la Psicocrítica de Mauron son significativas.

Los símbolos fundamentales que transmiten las obras literarias han sido profundizados, analizados y mejor comprendidos: Edipo, Hamlet, los cuentos de Hoffman, Narciso, Electra, Prometeo. También los héroes literarios han sido objeto de un estudio profundo y en muchos casos exhaustivo a través de los métodos del Psicoanálisis: *El mito del nacimiento del héroe,* de O. Rank, Fausto, Don Juan, Mme. Bovary, algunos personajes de Dostoievski, etc.

Pero también se han hecho importantes aportaciones a la intelección de algunos temas que aparecen con reiterada frecuencia en la Literatura. Un caso concreto es el del *doble,* o sea, el fenómeno de la *disociación* psíquica. Aparece en una serie de obras literarias ya con connotaciones éticas y en relación con ciertos aspectos patológicos de la psique. Lo hallaremos en obras tan distintas como en *La sombra,* de Andersen, el *Retrato de Dorian Grey,* de O. Wilde, *El doble,* de Dostoievski. Podríamos añadir *El extraño caso del Dr. Jekyll.*

Otro de los aspectos con mayor frecuencia abordados por los críticos de orientación psicoanalítica es la *tipología.* Al hablar del *poeta,* en un capítulo anterior, hemos hecho alusión a diversos intentos de establecer tipologías, ya de carácter general, ya aplicadas concretamente al escritor. Añadiremos que el intento de G. Michaud *(Introdution à la sciencie de la Littérature,* Estambul, 1950) no se limita a establecer diversos tipos teóricos y generales, sino que intenta situar en cada uno de ellos a determinados autores concretos: así, dentro del tipo *flemático* (que cabría identificar, en parte, al menos, con el *homo theoreticus* de Spranger), sitúa a Kant, Leibniz, Renan, Bergson (nosotros añadiríamos a Tucídides y a Aristóteles); en el tipo *apático* son incluidos hombres como Verlaine (y aun con cierta indecisión); forman parte del tipo *sanguíneo* espíritus como Fontenelle, A. France, M. de Sévigné (nosotros incluiríamos asimismo a figuras como Alceo, Hesíodo, Aristófanes); en el tipo *femenino* incluye a Ana de Noailles, y, por nuestra parte, incluiríamos también a Safo. *Coléricos* serían Rabelais, Corneille, Balzac (y, entre los antiguos, nosotros añadiríamos a Horacio, Arquíloco e Hiponacte); en el tipo *apasionado* cabrían figuras como Dante, Pascal, Bossuet, Goethe (y acaso Esquilo y Píndaro); son *nerviosos,* entre otros, Chateaubriand, lord Byron, O. Wilde, Rimbaud, André Gide, Musset), y *sentimentales* Rousseau, Amiel, Vigny (Eurípides, entre los griegos).

Por su parte, Th. Ribot *(Essai sur l'imagination créatrice,* París, 1900) establece, partiendo de sugerencias nietzschenianas, dos tipos básicos de imaginación dentro de los cuales cabrían todos los artistas: el *plástico* cuya imaginación se siente constantemente excitada por el mundo exterior y el *difluyente* (auditivo y simbólico). Podrían incluirse dentro del primer tipo hombres como Píndaro, Eurípides, Dante, Víctor Hugo; en tanto que en el segundo tipo habría que incluir a los románticos (como Tieck, Hoffman, Poe) y a los simbolistas (Mallarmé, Milton, Eliot, Seferis, Rilke). Otro intento parecido es el del crítico rumano L. Rusu *(Essai sur la creation artistique,* París, 1935): Tres son para él los grandes tipos psicológicos: de un lado, el tipo *simpático* (que aquí equivale a espontáneo, festivo), *demoniaco anárquico* y *demoniaco equilibrado.* Pertenecen al anárquico figuras como Hölderlin, Kleist, Nietzsche; para Rusu el prototipo del equilibrado es Goethe, aunque se pueden incluir otros muchos, naturalmente (Shakespeare, Dante, Sófocles, Balzac, Dickens, Tolstoi...).

> La dicotomía tipológica establecida por Ribot deriva, evidentemente, de Nietzsche, quien en su *Origen de la Tragedia* había distinguido el *espíritu plástico* y el *musical* (representados, míticamente, por Apolo y Dionisio). En cuanto a la división de Rusu, creemos que puede haberse inspirado en Goethe, en el cual aparece por vez primera el término *demónico.* Un interesante estudio de tres poetas *demonios anárquicos* (Hölderlin, Kleist y Nietzsche) puede verse en el libro de S. Zweig, *La lucha contra el demonio.* Sobre el equilibrio (¿clasicismo?) de Tolstoi frente al desequilibrio de Dostoievski, cfr. Berdiaeff, *El credo de Dostoievsky* (trad. cast., Barcelona, 1951).

En relación con la actividad creadora, Jung ha ensayado, asimismo, un intento de dicotomía, estableciendo el *tipo psicológico* y el *tipo visionario.* Caracteriza al primero el hecho de que tiene «como materia un contenido que se mueve dentro de la riqueza de la conciencia humana», con lo cual se quiere significar que la materia de que se nutre su mundo literario es una experiencia de la vida, una emoción fuerte, una vida pasional, el destino del hombre en general; en suma algo conocido de la conciencia humana o que, por lo menos, puede ésta llegar a sentir. En esta orientación se hallan una gran cantidad de obras literarias: las novelas de amor, de familia, de ambiente, la novela social, la policíaca, una gran parte de la poesía lírica, el drama: en ellos la creación artística procede siempre del vasto campo de la conciencia humana, de la condición humana.

El tipo *visionario,* por el contrario, es la antítesis: la vivencia que sirve de contenido es una entidad extraña, de recóndita naturaleza, como surgida «de los abismos de tiempos prehumanos» o de universos sobrehumanos de luz y de sombra; el valor de la vivencia reside, en estos casos, en su carácter monstruoso, extraño, que produce una sensación de perplejidad y de extrañeza.

> Pueden entrar dentro de este tipo, obras como *El pastor de Hermas* (también toda la literatura apocalíptica), *La divina Comedia,* la segunda parte del *Fausto,* los poemas de William Blake, varias obras de Nietzsche y de Wagner, etc.

Otro aspecto que podemos considerar aquí es lo que algún crítico llama la *psicología de la obra,* esto es, el problema de que hasta qué punto los personajes y la trama son psicológicamente verdaderos. El problema es interesante porque no siempre el escritor se propone hacer el retrato psicológico de sus personajes; y aunque no lo intenta, hay épocas en las que lo que se busca no es el carácter, sino lo que los griegos llaman el *êthos.* Por ejemplo, hace ya muchos años el joven T. von Wilamowitz intentó explicar la falta de caracteres psicológicos en Sófocles acudiendo a la hipótesis de que el autor sólo pretendía impresionar, buscar un efecto dramático: por ello algunos de sus personajes parecerán faltos de personalidad.

Otras veces se pretende hacer un diagnóstico del tipo psicológico a que pertenece un personaje concreto. Mientras Lily Campbell, por ejemplo, ha intentado demostrar que Hamlet es «el tipo de hombre de complexión sanguínea que sufre de hipocondría atrabiliaria», otros han intentado definir la figura de *Tristan Shandy,* de Sterne, como un enfermo de las afecciones descritas por Locke y llamada *asocianismo lingüístico.* Figuras problemáticas como Werther, el príncipe Mischkin, los hermanos Karamazov, Raskolnikov, Segismundo, Don Quijote, y un sinfín más, son, han sido, o serán objeto de estudio desde este punto de vista.

> Sobre Werther y Mischkin cfr. el estudio que les consagra M. Cabaleiro Goas (Barcelona, 1951). Don Juan ha sido abordado por distintos autores (cfr. el capítulo sobre *Literatura y Mitología),* las heroínas de Stendhal por A. Maurois. El personaje de Stendhal llamado Julien Sorel ha sido creado, según Wellek, a partir de la psicología de Destutt de Tracy.
>
> En general, sobre el tema, puede verse el curioso estudio de N. N. Dracoulides, *Psychanalyse de l'artiste et de son oeuvre,* Ginebra, 1952.

EL ANÁLISIS DE LA OBRA LITERARIA

Cuanto más inconmensurable y menos comprensible es para el entendimiento una obra poética, tanto mejor.

GOETHE.

Un poema no s'explica.

C. RIBA.

1
GENERALIDADES

Mediante el análisis de la obra literaria se intenta resolver, en los hilos que forman la trama, un tapiz rico en figuras, pero procurando no perder de vista lo que los une y da por ello sentido a esta obra. El punto de partida básico del análisis debe arrancar, ante todo, del estudio de la concepción de la obra: ya Goethe había escrito que «el contenido de una obra de arte está determinado primariamente por la concepción». Añadamos nosotros que también por su *intencionalidad.*

¿Qué es el análisis tal como lo concibe la actual Ciencia de la Literatura? No, por supuesto, el resumen de su *argumento,* aunque tal resumen esté entrelazado con algunas observaciones encaminadas a ofrecer ciertas características de la obra (cronología, país donde se concibió...). A primera vista puede ya comprenderse que tal resumen no puede decir nada serio sobre la obra de arte. No sólo porque lo que hace que una obra sea literaria sea el *cómo* y no el *qué,* sino por la pobreza que este procedimiento representa. ¿Cómo describir y resumir, por ejemplo, el *Edipo Rey* de Sófocles, el *Hamlet* de Shakespeare, con todo su enorme caudal de poesía? Ni siquiera desde el mero punto de vista filológico puede bastar una descripción externa del contenido de una obra de arte literaria. Un filólogo eminente, A. Boeckh, lo señaló ya en su día al afirmar que

> la descripción del contenido de una obra de arte es siempre un penoso trabajo manual, ajeno a la verdadera filología, si bien como preparación para descubrir la unidad y la idea fundamental de una obra sea necesario, en todo caso, una ojeada de conjunto *(Prefacio* a su versión de la *Antígona).*

Pero análisis tampoco significa, al estilo neoclásico, aplicar las reglas de la Preceptiva y estudiar el caso concreto de una obra literaria para descubrir en ella si se cumplen o no esas reglas. Tampoco es acudir a la clasificación de la obra que nos ocupa en determinados grupos de modo que, ateniéndonos al contenido o a la forma, indiquemos a qué tipo de clasificación y a qué grupo pertenece.

¿Explicará el sentido último de una obra literaria el método biográfico? ¿Consistirá el análisis en una explicación histórica? Aunque pueda tener cierta importancia tal manera de proceder, jamás estas consideraciones biográficas o históricas agotarán las posibilidades de comprensión profunda del sentido de un poema; ni siquiera, tampoco, la consideración filológica. El verdadero análisis debe consistir en un examen, todo lo exhaustivo que sea posible, del contenido, pero, al tiempo, poniendo de relieve la íntima relación que hay entre el *qué* y el *cómo,* entre el *fondo* y la *forma,* entre el *significado* y el *significante:* Y eso sólo puede posibilitarlo el análisis estético-literario. Es decir, en última instancia, la Estilística tal como hoy la entiende la moderna Ciencia Literaria.

Suelen distinguir los representantes actuales de la Nueva Estilística de un lado el *Inhalt* (en la terminología de R. Petsch), que podríamos definir como el *contenido bruto* de una obra; a su lado, el *Stoff* es ya la *materia preparada* para convertirse en *contenido ideal* (o *Gehalt).*

> El estructuralismo literario, que ve en la obra literaria, como signo, un significante y un significado, trata a esta obra de la misma manera que los lingüistas el signo lingüístico, y obra en consecuencia.
>
> H. D. F. Kitto ha intentado señalar, con respecto al drama, la profunda correspondencia entre lo que él llama *estructura* y *pensamiento (Structure and Thought),* definiendo como *poiesis* el modo particular de cada autor para conseguir esta íntima correspondencia. Cfr. su libro *Forma and Meaning in Drama,* Londres, 1956, donde se estudian algunos dramas griegos y shakespearianos. In-

siste en el mismo principio en su obra *Poiesis. Structure and Thought,* Berkeley-Los Ángeles, 1966. Los *formalistas* rusos distinguen, en cambio, frente a la dicotomía tradicional entre fondo y forma, lo que ellos llaman *argumento* y *trama* (ésta es la disposición artística de los elementos estructurales).

El contenido

Aristóteles llama *mythos* (fábula, argumento) al contenido bruto de toda obra literaria. La manera de ensamblar los elementos que constituyen este mythos es la *systasis tôn pragmatôn,* o sea, la organización temática, que contribuye, o mejor, determina, un todo bello y perfecto.

Distinguen algunos críticos entre *asunto* y *motivo.* Asunto es «lo que vive en la tradición propia, ajeno a la obra literaria y que va a influir en su contenido» (W. Kayser). Por ejemplo, muchos asuntos de la tragedia griega son comunes a los tres trágicos, y, sin embargo, le han dado una forma o un tratamiento literario completamente distinto. En las crónicas medievales hay muchos *asuntos* que han servido a Shakespeare para elaborar sus piezas, y lo mismo ocurre con Lope de Vega. Papel importante juega aquí lo que llamamos *investigación de fuentes* (Quellenfoschung), que intenta descubrir los asuntos subyacentes en toda obra literaria, señalando cuando el autor es independiente o depende de otro (fuente). Existen diccionarios que recogen los grandes asuntos de la literatura universal. Por ejemplo, el de Frenzel. El *motivo* representa un momento más concreto. Forman el motivo una serie de rasgos comunes o de situaciones repetidas dentro de un grupo de asuntos. Suelen hallarse, por ejemplo, muchos motivos en los *cuentos* (Märchen), que han sido, por otra parte, bien estudiados por los críticos (la muerte del dragón por un hombre, lo que comporta la mano de una princesa; el motivo del engaño; la condición que se pone a una situación concreta, etc.).

Para los motivos del cuento popular, es importante el libro de J. Bolte y G. Polivka, *Anmerkungen zu den Märchen der Brüder Grimm,* 1913, en cinco volúmenes. Para aspectos concretos, el libro de W. R. Halliday, *Indoeuropaean Folktale and Greek Legend,* Cambridge, 1933, aporta datos interesantes. Para un tratamiento estructural, el libro ya editado varias veces de Propp, *Morfología del cuento,* Madrid, 1974.

En todo motivo hay siempre una repetición de situaciones típicas, y que, por ende, tienen una profunda significación humana. Por otra parte, en todo motivo es posible distinguir *rasgos,* o sea, aspectos concretos que los diferencian. En todo caso, sería imposible dar aquí una lista de los más importantes motivos de la literatura universal. De entre los más conocidos citaremos: el del error de la *muerte aparente* (Píramo y Tisbe, Romeo y Julieta); el *príncipe apasionado* que se disfraza de siervo *(Comedia del viudo,* de Gil Vicente); los *hermanos enemigos (Siete contra Tebas,* de Esquilo), que no es infrecuente en los dramas del *Sturm und Drang,* en Shakespeare y en Lope de Vega *(La estrella de Sevilla),* pero también en la epopeya *(Nibelungos, Orlando furioso);* el de la persona amada que, habiendo muerto, se aparece a los suyos (Patroclo a Aquiles en *La Ilíada,* el padre de Hamlet a éste), la muerte joven del héroe (Aquiles, Sigfrido); relación amor-muerte (Tristán e Isolda, y los *enamorados* de la literatura universal...).

También en la lírica pueden hallarse *motivos,* aunque ya son de otro tipo. De entre los más frecuentes citaremos el de la *noche* (estudiado por M. R. Lida); el *amanecer mitológico* (también estudiado por M. R. Lida); el del *ciervo herido y la fuente* (íd.,), la *despedida,* el sepulcro, la corta vida de la rosa, etc.

El término *leit-motiv,* o *motivo dominante,* tomado de la música, consiste en la repetición sistemática de un mismo o parecido motivo a lo largo de la obra. Es técnica habitual en Esquilo, Píndaro, Proust, Goethe, etc. (En Esquilo ha sido estudiado por Hiltbrunner, y en Píndaro por Bowra y Webster.)

E. R. Curtius *(Literatura europea y Edad Media latina,* I, páginas 122 y sigs.) ha dado un gran impulso al estudio de los *tópicos,* unos clichés fijos o esquemas de pensamiento o expresión que, procedentes de la Antigüedad, pasaron al Barroco a través del Renacimiento y la Edad Media latina.

El *Stoff* no es ya la materia bruta que el escritor encuentra en su fuente, o que un hecho de la vida le haya podido inspirar. Es un contenido preformado ya y capaz de convertirse en el símbolo que siempre es la obra literaria. Lo importante de esta materia preformada, o Stoff, para la obra literaria queda, creemos, claramente resaltado con las siguientes palabras de R. Petsch:

> Su misión fundamental, en lo que a la *materia* se refiere, consiste en examinar la peculiaridad de aquélla y lo que significa para la obra en su conjunto. Y al decir peculiaridad de la materia poética queremos referirnos ante todo al modo peculiar como el poeta la capta, y que sólo de un modo muy parcial depende de la condición efectiva de la materia prima, pues la determina con fuerza mucho mayor la idea de la poesía misma... El poeta deberá saber dar a la materia histórica, de algún modo, el encanto de lo único, de lo incomparable, de lo vivo que es inherente a la vivencia singular. Será necesario que la materia dada sufra una mayor transformación... (*apud* Ermatinger, *Filosofía de la Ciencia literaria,* 266).

O, dicho con otras palabras: la materia, de por sí, puede contener o no un cierto grado de *poesía,* pero es el talento artístico del poeta el único capaz de infundirle auténtica belleza estética. Como ejemplo de que el *Stoff* puede ser indiferente para su transformación en poesía, basta el ejemplo de Baudelaire: él fue el primero que, con su genialidad artística, intuyó que de una materia más bien repulsiva podía elaborarse auténtica poesía:

Tu marches sur des morts, Beauté, dont tu te moques,
de tes bijoux l'horrour, n'est pas la moins charmante?

Finalmente, el contenido ideal, o *Gehalt.* Es preciso, para la cabal comprensión de una obra de arte literaria, poner a la luz los fondos profundos, los criterios y valoraciones que el poeta —hijo, al fin y al cabo, de su tiempo— desliza en la obra. Sin esa consideración, estaremos ciegos y sordos para el verdadero encanto de la obra. No es posible realizar un análisis profundo de *La vida es sueño* sin examinar con cierta profundidad el pensamiento de Calderón y de su tiempo, como no es posible entender íntegramente el *Fausto* goethiano sin conocer su demonología, ni las *Elegías de Duino,* de Rilke, sin conocer sus ideas específicas sobre los *ángeles.*

Al análisis del contenido sigue el de la forma. Pero como la forma comporta, de un lado la *musicalidad* de su expresión (y pienso especialmente en la poesía, pero no queda excluida la prosa), y de otro el mero aspecto lingüístico (puesto que una obra literaria está formada por *sones* y *palabras)*, todo análisis del significante debe comprender el del aspecto rítmico y métrico, así como el de los usos específicos que de la lengua hace el autor. Hay que ocuparse, pues, de la métrica y de la estilística.

2

EL SIGNIFICANTE: RITMO Y METRO

Junto al *estilo,* del que nos ocuparemos más adelante, el ritmo y el verso son elementos importantísimos para la cabal comprensión de la obra poética. El ritmo —tanto en poesía como en prosa, aunque con leyes distintas— es básico, aunque cada lengua utiliza procedimientos distintos. Así, frente al *ritmo acentual,* propio de las literaturas modernas, tenemos un *ritmo cuantitativo,* basado en la sucesión de largas (¯) y breves (˘). En otros casos —como en la poesía bíblica— el ritmo se basa en una organización especial del verso llamada *paralelismo.*

LITERATURAS PRE-HELÉNICAS

De entre las literaturas prehelénicas nos ocuparemos esencialmente de la hindú y de la hebrea.

La poesía hindú está representada, básicamente, por los *Himnos védicos* y los dos grandes poemas épicos *Mahabharata* y *Ramayana.*

Los *Himnos védicos* están constituidos por un número determinado de estrofas (entre tres y cincuenta y ocho, aunque por lo común no sobrepasan las diez o doce). Estas estrofas están formadas por versos de tipos distintos, —unos quince—, si bien por lo general sólo hallaremos tres tipos. La unidad métrica es el *verso,* no el *pie* ni el *metro,* como ocurre en otras literaturas (en la griega y latina, por ejemplo). Ello no es obstáculo para que el verso reciba el nombre de *pád* (= pie): la razón está en que la estrofa suele compararse a un cuadrúpedo, y como por lo general las estrofas vienen a tener cuatro versos, cada uno de ellos recibe el nombre de pie (notemos que en la literatura castellana, a veces pie = verso; y lo mismo ocurre en la poesía provenzal). Los versos usados con frecuencia más alta son los de ocho, once y doce sílabas. Un rasgo característico del verso védico es su gran libertad, ya que sólo las cuatro últimas sílabas están sometidas a un ritmo fijo, que es cuantitativo, no acentual. Este final rítmico del verso védico suele ser *yámbico* (˘– *yambo).* Así, todo verso octosilábico acaba en dos yambos. La estrofa formada por tres versos de este tipo se llama *gayatri;* cuando tiene cuatro versos —forma menos frecuente— recibe el nombre de *anustubh.* El verso *dodecasílabo* termina en una sucesión fija de largas y breves: larga-breve-larga-breve-breve (–˘–˘˘). La unión de cuatro de estos versos se llama estrofa *jagati.* Los endecasílabos son, de hecho, dodecasílabos catalécticos (que ha perdido una sílaba al final), su ritmo constituye una sucesión de larga-breve-larga-breve (–˘–˘), y forman una estrofa llamada *trstubh.* No es raro que en una estrofa se unan endecasílabos y dodecasílabos. El metro más usado en la poesía védica es el *trstubh.* La poesía épica, escrita en lengua *sánscrita* (que significa *clásica)* consta, por lo general, de una serie de *slokas* (estrofas) formadas por dos versos de dieciséis sílabas. Veamos algunos ejemplos ilustrativos:

Himnos védicos (I, 1, Agni)

Estr. I *Agnim īle puróhitam*
yajnásya devam rtvijam,
hótāram ratnadhātanam.

Estr. II *Agnís púrvebhis ŕśibhis*
idyas nuṭanais utá,
'śàś devān ā īhá vaksati.

Estr. III *Agninā rayim aśnavat,*
pósàm evá divé-divé,
yasasam vīravattamam.

(A Agni alabo, el sacerdote,
del sacrificio dios, oficiante,
oferente, máximo dador de bienes.

Agni, merecidamente ensalzado
por lo cantores antiguos
y digno de serlo por lo modernos.

Por Agni consiga la riqueza
y el bienestar de día en día,
glorioso, abundante en hijos...).

(Trad. F. Villar.)

Se trata, pues, de estrofas *qayatri,* es decir, formadas por tres versos octosílabos.

Veamos ahora un pasaje del *Mahabhárata:*

Cuento de Nala

13 *Vyūdhoraska, mahābāho, Naiṣadhānañ janādhipa:*
¿Kva nu, rājan, gato 'sīha tyaktvā mām vijane vane?

14 *Aśvamedhadibhir, vīra, kratubhir bhūridaksinaih*
¿katham istva, naravyāghra, mayi mithyā pravartase?

(El del ancho pecho, el de los grandes brazos, rey del pueblo de los Nisadhas / ¿adónde, oh rey, te has ido abandonándome en la selva inhabitada? / Después de sacrificios con caballos / ¿cómo, tigre, entre los hombres procedes con falsía?)

(Trad. F. R. Adrados.)

La versificación hebrea

La métrica bíblica, en las partes poéticas, se basa en un ritmo acentual, y, sobre todo, en el llamado *paralelismo:* se trata de un procedimiento por medio del cual a una frase con un contenido concreto, le sigue otra que expresa, en forma un tanto variada, el mismo concepto. Se trata de una forma de versificar basada en la simetría, aunque, naturalmente, el poeta no emplea una simetría excesivamente rígida. Es normal el empleo, en cada uno de los períodos paralelos, de términos sinónimos. Los llamados *binomios* (las dos frases paralelas: *samir wesayt)* además de contener palabras sinónimas, intentan hallar ecos fónicos de modo que los dos versículos quedan como fundidos, marcados como están por las correspondencias sonoras paralelas. En suma, se acude a una especie de *aliteración:* Ejemplos:

Is., 40,16: El Líbano no basta para leña,
sus fieras no bastan para hostias.

También podemos hallar una estructuración ternaria:

Is., 41,8: Apenas plantados, apenas sembrados,
apenas echaron raíces.

El paralelismo puede quedar más intensamente marcado si los dos versículos paralelos presentan la forma de *antítesis:*

Is., 8,23: al principio humilló la tierra de Zabulón
al final ensalzó la vía del mar.
Is., 65: mis siervos comerán,
vosotros tendréis hambre,
mis siervos beberán,
vosotros tendréis sed,
mis siervos gozarán,
vosotros seréis confundidos.

El gran juego que permite la antítesis paralelística ha sido bien expresado por L. A. Schökel *(Estudios de poética hebrea,* Barcelona, 1963, págs. 258 y sigs.):

> La antítesis es un instrumento múltiple y disponible: puede tomarla el entendimiento para discernir, el ingenio para jugar, la polémica para combatir y la elocuencia para impresionar.
>
> La antítesis puede subrayarse a base de juegos fónicos, como la paronomasia (términos parecidos, palabras en casos distintos, etcétera):
>
> Cfr. Isaías, 10,16: jabod-yaqod; íd., 5,7: mispat-misphut.

Las literaturas clásicas

El griego y el latín (éste mediante la adopción de formas métricas griegas) comportan una metra cuantitativa, es decir, basada en la alternancia de largas y breves, y, posiblemente, con un acento musical que marcaba el ritmo. La base de esta métrica no es el pie, como antes se creía, sino una agrupación de elementos métricos básicos que pueden comprender las dipodias y a veces las tripodias.

Los ritmos fundamentales son los siguientes:

1. Ritmo yámbico: ⏑-⏑- (⏑- = yambo)
2. Ritmo trocaico: -⏑-⏑ (-⏑ = troqueo)
3. dactílico: -⏑⏑ (-⏑⏑ = dáctilo)
4. anapéstico: ⏑⏑- (⏑⏑- = anapesto)
5. peónico: ⏓⏓⏑- (⏑⏑- = peón, a veces llamado crético)

A partir de estos elementos rítmicos se forman los miembros o *kôla,* que pueden llegar a ser tratados, independientemente, como un verso, aunque, por lo general, el verso griego está formado por la unión, arbitraria, de varios kôla (verso libre).

En la poesía griega hay dos grandes grupos de versos: los recitados y los líricos o cantados. Difieren en una serie de caracteres: los recitados comportan una estructura fija, en tanto que los líricos son formaciones libres que constituye el poeta a base de elementos preexistentes. Es lo que llamamos el verso libre.

Por su origen, los versos griegos se dividen en versos de origen indo-europeo y versos de origen pre-helénico o helénico. A base de la aplicación del método comparativo, Meillet *(Les origines indeuropéens des metres grecs,* París, 1923) llegó a la conclusión de que hay un parentesco de origen entre la métrica del antiguo indio (védico y sánscrito) y la métrica llamada eólica: en esta métrica los versos tienen siempre un número determinado de sílabas y suelen constar de una parte o base formada por elementos indiferentes (largos o breves) más otra parte en la que la cantidad está ya determinada.

Los principales versos recitados son: el hexámetro dactílico, el trímetro yámbico y el tetrámetro trocaico cataléctico (es decir, una sílaba eliminada al final); el pentámetro suele unirse al hexámetro formando el llamado dístico elegiaco.

El hexámetro, presenta la siguiente estructura:

Od., I. 1: *ἄνδρα μοι, ἔννεπε, Μοῦσα, πολύτροπον, ὃς μάλα πολλά*
X

La Eneida, I, 157: *Defessi Aeneadae quae proxima litora cursu*
X

Las rayas verticales dentro de los pies indican una pausa *(cesura);* la cruz antes del quinto la *diéresis* (pausa entre pies).

El hexámetro es el metro heroico por definición y se emplea en la epopeya.

La unión del hexámetro y el pentámetro (éste -⏑⏑-⏑⏑- / -⏑⏑-⏑⏑⏓) forma el llamado *dístico elegiaco,* que aparece, como su nombre indica, en la elegía pero también en el epigrama.

He aquí un ejemplo de cada una de las dos literaturas clásicas:

Solón, frag. 1: Μνημοσύνης καὶ Ζηνὸς Ὀλυμπίου ἀγλαὰ τεκνα,
Μοῦσαι Νιερίδες, κλῦτε μοι εὐχομένῳ

–⏑⏑–––⏑⏑–⏑⏑–⏑⏑–⏓
–––⏑⏑– / –⏑⏑–⏑⏑⏓

Propercio, II, 2: *Liber eram et vacuo meditabar vivere lecto:*
at me composita pace fefellit Amor.

El *trímetro yámbico* (empleado en la poesía yámbica de Arquíloco, y Simónides, en el teatro) tiene la siguiente estructura:

⏓–⏑– / ⏓–⏑– / ⏓–⏑ ⏓

ejemplos:

Sófocles, *Antígona*, 1: Ὦ κοινὸν αὐτάδελφον, Ισμήνης κάρα.
Plauto, *Captivi*, 158: *Non pol mirandum est fugitare hanc provinciam.*

El *tetrámetro trocaico* cataléctico (que aparece en pasajes arcaidos de la tragedia y en partes de la comedia) tiene la siguiente estructura:

Esquilo, *Persas*, 159: ταῦτα δὴ λιποῦσ᾽ ἱκάνω Χρυσεοστόλμους δόμους.
–⏑– ⏑/–⏑–/–⏑–⏑/–⏑–

Dentro de los *versos cantados* podemos distinguir, de un lado, los de la *lírica monódica* (Safo, Alceo, Anacreonte, Horacio), con números definidos de sílabas (lo cual significa que una larga no puede, como ocurre en los otros casos equivaler a dos breves). Suelen tener una base y una parte definida. Son los versos llamados eolo-coriámbicos, entre los cuales destacan el *asclepadeo* (⏓––⏑⏑––⏑⏑–⏓⏓), el *gliconio*, (⏓––⏑⏑–⏑⏓), el *ferecracio* (⏓––⏑⏑–⏓), y el *telesileo* (⏓–⏑⏑–⏑⏓) y el *reizianum* (⏓–⏑⏑–⏓).

Lo básico de estos versos es que suelen agruparse formando estrofas. Las dos más conocidas son la *sáfica* y la *alcaica*.

La *estrofa sáfica* consta de tres versos endecasílabos sáficos (–⏑–⏓–⏑⏑–⏑–⏓) y un *adonio* (–⏑⏑–⏓) que sirve de cláusula. Ejemplo:

Horacio, *Odas*, II,10:

Rectius vives, Licine, neque altum
semper urgendo, neque dum procellas
cautus horrecis nimium premendo
litus iniquom.

Que nos da la siguiente estructura:

–⏑–––⏑⏑–⏑–⏓
–⏑–––⏑⏑–⏑––
–⏑–––⏑⏑–⏑–⏓
–⏑⏑–⏓

La *estrofa alcaica* consta de cuatro versos: dos endecasílabos alcaicos (⏓–⏑–⏑–⏑⏑–⏓⏓) un endecasílabo (⏑–⏑–––⏑––) y un decasílabo alcaico (–⏑⏑–⏑⏑–⏑––).

Ejemplo: Horacio, *Odas,* I,16:

O matre pulchra filia pulchrior,
quem criminosis cumque voles modum
pones iambis, sive flamma
sive mari libet Hadriano.

Que nos da la siguiente estructura:

––⏑–⏑–⏑⏑–⏑⏓
––⏑–––⏑⏑–1⏑–
⏑–⏑–––⏑––
–⏑⏑–⏑⏑–⏑⏓

Otro gran grupo de versos líricos son los llamados *dáctilo-epítritos* formados por *kôla* dactílicos y *kôla* yámbicos y trocaicos. Los grupos dactílicos (o, mejor, enhoplios) más frecuentes son:

el llamado hemípes: –⏑⏑–⏑⏑⏓
el *hemiepes femenino:* –⏑⏑–⏑⏑–⏓
el *prosodiaco:* ––⏑⏑–⏑⏑⏓
el *enhoplio:* ––⏑⏑–⏑⏑–⏓
el *reizianum* (que algunos colocan dentro de los eólicos): ⏓–⏑⏑–⏓.

Estos elementos se unen a otros *yámbicos* o *trocaicos* (⏑–⏓–, –⏑––, –––⏑). Combinados a gusto del poeta, forma estrofas que hallaremos en la lírica coral y en las partes cantadas de la tragedia o de la comedia.

Los versos coriámbicos están formados por la agrupación de varios elementos coriámbicos (–⏑⏑– = coriambo).

Quedan, finalmente, una serie de estrofas formadas por distintos ritmos: los yámbicos, los trocaicos, los anapésticos, los jónicos, los docniacos, los itifálicos, baqueos y palimbaqueos.

Lo más importante de las estrofas líricas es que suelen presentarse —en la lírica coral— en forma de *díadas* o *tríadas (estrofa-antístrofa-epodo)* con el rasgo específico de que la estructura métrica de la estrofa es la misma que la de la antístrofa *(responsión).*

Como antes hemos indicado la poesía romana adoptó los metros y la versificación cuantitativa de los griegos, abandonando el verso tradicional romano llamado saturnio.

A finales de la Antigüedad la lengua griega adopta un ritmo acentual, lo que tuvo que traer consecuencias para la métrica: aunque los versos basados en el ritmo cuantitativo, se observan ciertos defectos que delatan que el poeta hablaba con ritmo acentual (así Nonno, que compuso un larguísimo poema —*Dionisiaká*— en un alambicado hexámetro. En la poesía bizantina se amplió ya el verso basado en el ritmo cuantitativo: el tipo más conocido es el llamado *kontákion,* basado en la isosilabia y la homotonía (es decir, el mismo número de sílabas y los acentos rítmicos distribuidos en cada uno de los elementos que componen la estrofa). Suele presentar rima, que estaba ausente de la métrica clásica.

ADAPTACIÓN DE LOS METROS CLÁSICOS A LAS LENGUAS POSTERIORES

Aunque las lenguas modernas se basan en un ritmo acentual, ha habido una serie de intentos por adaptar tales ritmos. Durante la época clásica, en España, Villegas (siglo XVI-XVII) compuso poemas en estrofas sáficas. Un ejemplo de este autor:

Dúlce vecíno de la vérde sélva,
huésped etérno del abríl florído,
vítal aliénto de la mádre Vénus,
Céfiro blánco.

Pero fueron sobre todo los poetas alemanes de la segunda mitad del siglo XVIII quienes con más acierto realizaron esta adaptación. Después que Voss realizó la proeza de verter Homero en hexámetros alemanes, Goethe, Schiller, Kleist y Hölderlin publicaron una serie de poemas en ritmos basados en la métrica antigua. Sobre todo adoptaron, el hexámetro, el dístico elegíaco y la estrofa alcaica.

Goethe escribió su *Hermann und Dorothea* en hexámetros, de los que damos un ejemplo (*Hermann und Dorothea,* I,1):

Hab'ich den Markt und die Strassen doch nie so einsam gesehen!
— ⏑⏑ — ⏑⏑–⏑⏑⏑––– ⏑⏑— –

Y sus *Elegías Romanas,* inspiradas en Propercio, imitan o intentan reproducir el ritmo del dístico elegiaco: Cfr. *Römische Elegien,* I,2:

Mehr als ich ahnete schön, das Glück, es ist mir geworden,
Amor führte mich flug allen Paläste vorbei!
–⏑⏑–⏑⏑––––⏑⏑–⏑⏑––
–––⏑⏑– / –⏑⏑–⏑⏑⏑

Y Hölderlin, que también compuso bellas elegías en dísticos, imitó asimismo la estrofa alcaica en varios de sus poemas:

Tomo un ejemplo de su poema *A las Parcas:*

Nur einen Sommer gönnt, ihr Gewaltigen!
Und einen Herbst zu reifem Gesange mir,
dass williger mein Herz, vom süsse
Spiele gesättiget, dann mir sterbe!

Intentos se han hecho también de aplicación del hexámetro y del dístico elegíaico en las literaturas hispánicas. En la literatura castellana (aparte los tímidos y no del todo exactos intentos de un Rubén Darío, por ejemplo), J. M. Pabón nos ha dado una versión de la *Odisea* en verso homérico, y en la catalana tenemos los intentos de Carlos Riba *(Odisea),* Balasch y Peix *(La Ilíada),* y M. Dolç *(La Eneida).* Carlos Riba, además, compuso sus *Elegías de Bierville* en dísticos elegíacos. Damos algún ejemplo:

C. Riba, *Odisea,* VI,1:

Mentre així dormia el sofert divinal Ulisses,

M. Peix *(La Ilíada,* IV,1):

Prop de Zeus, asseguts, tenien els déus assemblea.

J. M. Pabón *(Odisea,* VI,1):

Allí el divinal, pacientísimo Ulises dormía.

M. Dolç *(La Eneida,* II,1):

Van callar tots i sobre l'esguard fitaven immòbils.

Ejemplo tomado de las *Elegías de Bierville,* de C. Riba (Elegía V)

Clou-te, cúpula verda per sobre el meu cap cristl.lina!
Aigües de curs discret, brisa que a penes ets més
que un moviment del silenci, imiteu la manera senzilla
com la meva sang ara s'oblida, i jo sé.

En la Literatura latina medieval, tan rica en manifestaciones, tenemos, al lado de poemas con rima y ritmo acentual, intentos de imitar la métrica clásica; hexámetros, dísticos elegíacos, estrofas sáficas. (Pueden verse ejemplos de todas clases en el volumen editado por F. J. E. Raby, *The Oxford Book of Medieval Latin verse,* Oxford, 1959, y en R. Arias, *La poesía de los Goliardos,* Madrid, 1970).

Las literaturas medievales

Durante la Edad Media hay que distinguir varios tipos de literaturas. De un lado, la *latina,* religiosa o profana, que utiliza distintos metros, ya cuantitativos, organizados en distintos tipos de versos y estrofas. En algunos casos, y de forma completamente especial, hallaremos en esta literatura elementos tomados de los autores clásicos latinos, como el hexámetro, el dístico elegíaco y la estrofa sáfica. Es bastante frecuente, en la poesía de origen más o menos popular, o que la imita, el verso de ocho sílabas, aunque hallaremos otros muchos tipos de versos. La rima aparece con bastante regularidad. La llamada *poesía goliardesca* o goliárdica, a veces aparece en versos de trece sílabas con estrofas monorrimas de cuatro versos (que se refleja en la poesía culta llamada mester de Clerecía). Como ejemplo de los muchos que podríamos citar, tenemos el siguiente texto, procedente de los llamados *Cantos de Cambridge:*

Levis exsurgit Zephyrus
et sol procedit tepidus,
iam terra sinus aperit,
dulcore suo diffluit.

El que copiamos a continuación, y cuyo autor es el autor que se autollamaba *Archipoeta,* muestra un tipo de estrofa con rima única:

Ecce Ionas tuus plorat,
culpam suam non ignorat,
pro qua cetus eum vorat,
veniam vult et implorat,
ut a peste qua laborat,
solvas eum, quem honorat,
tremit, colit et adorat.

Dentro de la *epopeya* medieval, comprobaremos que, lógicamente, hay variedad según su procedencia. El *Beowulf* tiene sus versos formados a base de dos hemistiquios con dos sílabas fuertes en cada uno de ellos. El ritmo es, pues, acentual, como es corriente en esta literatura:

Dā waes on ūhtan mid āerdeege,
Grendles gūd craeft gumum undyrne:
pā waes after wiste wōp up āhafen,
mikel moegenswēg. Maere pēoden.
asp eling aergod unbliōe saet... (vs. 126 y sigs.)

(Cuando llegó el alba, al llegar la mañana,
de Grendel el estrago fue descubierto:
después de la fiesta se oyeron grandes quejidos
lloros, alboroto. El ínclito rey
el egregio señor muy triste estaba.)

La métrica de *Los Nibelungos,* lo mismo que su estructura, es algo más complicada: por lo pronto, está formado su verso por dos hemistiquios, y cada estrofa está constituida por cuatro versos. Esta estrofa se organiza a base de pareados. El primer hemistiquio de cada verso tiene un final masculino, mientras el segundo lo tiene femenino (es decir, con acento en la última sílaba). Al final del tercer verso hay una pausa. El primer hemistiquio suele tener siete sílabas, y por lo general es más largo que el segundo. Dentro de cada verso hay pequeñas unidades, los *pies* (los alemanes los llaman *Takten),* que no necesariamente han de ser iguales. El verso, además, se determina por el número de sílabas acentuadas (tiempos marcados o *Hebungen)* La parte átona recibe el nombre de tiempo no marcado *(Senkung).* En consecuencia, la estructura del verso de *Los Nibelungos* sería la siguiente:

Ez wúochs in Búrgòndèn ein vil édel mágedîn,
dáz in állen lándèn nihts sechöéneres móhte sîn,
Krimhílt geheizen si wárt ein schoéne wîp
dar úmbe úosen dégene víl verliesen del lîp.

(Vivía en Burgundia una muy noble dama,
en todas las regiones no había otra más bella,
Krimilda se llamaba era hermosa doncella
por ella muchos nobles perdieron la existencia.)

Sobre el carácter de la interpretación musical de *Los Nibelungos,* cfr. E. Jammers, «Der musikalische Vortrag des altdeutschen Epos» (*Der Deutsche Unterricht,* 11-1959, págs. 98 y sigs.)

En los cantares de gesta franceses la versificación es todavía bastante rudimentaria. Se componen de *laisses* (estrofas) bastante cortas en los cantares más antiguos —algo más largas en las posteriores—. Normalmente los versos son de diez sílabas, aunque en ocasiones *(La pélérinage de Charlemagne)* pueden ser de once y hasta de doce. La estrofa es monorrima. En la *Chanson de Roland* el verso tiene diez, once y hasta doce sílabas. He aquí un ejemplo (*Chanson de Roland,* CLI Oxford):

Li cont Rollant, quand vid mort ses amis,
iasir a tere, contra oriente son vis,
ni poit muer, non plur et non sospirs;
tant dolcement e regreter lo pris:
«Sire, compagno, Deo abia de ti mercis!
In nulle terre meior et ens e dis,
ne me fis mal ni eo te'l forfis;
quand tu es mort, a gran tort son vis».
De dol che'l mena si se pasma altersis
sur son cival c'hom clama Valentis:
aficez est sor li stret d'or fins
che in nulle parte nen poit mie chairs.

Sobre el carácter cantado de las chansons de geste, cfr. J. van der Veen, «Les aspects musicaux des *Chansons de Geste*» (*Neophilologus* 41-1957, págs. 82 y sigs.).

Los cantares de gesta castellanos, y tomaremos como ejemplo el *Poema de Mio Cid,* presentan una métrica poco regular. La tendencia es el verso de dieciséis sílabas (pero los puede haber más cortos), que riman en asonante. Normalmente el verso está dividido en dos hemistiquios claramente diferenciados. He aquí el pasaje de la despedida del Cid y Doña Jimena:

Merced ya Cid — barba tan complida,
fem ante vos — yo e vuestras ffijas,
iffantes son — e de días chicas,
con aquestas misdueñas — de quien so yo servida.

La epopeya bizantina del *Digenís Akritas* está compuesta a base de versos de quince sílabas, llamado *verso político*. He aquí un ejemplo tomado del comienzo del Poema (I, 30 y sigs.):

Ἠν ἀμηρᾶς τῶν εὐγενῶν πλουσιώτατος σφόδρα,
φρονήσιος τε μέτοχος καί ἀνδρίας εἰς ἄκρος
οὐ μέλας ὡς αἰδίπες ἀλλα ξανθός ὡραίος
ἀνδῶν ἄρτι τὸ γένειον, εὐπρεπέστατον, σγοῦρον.

(Érase un Emir de noble estirpe, inmensamente rico,
dotado de sensatez y valentía en grado sumo,
no negro como los Etíopes, sino rubio y apuesto,
el noble mentón, recién florido, rizado).

(Trad. J. Valero.)

La lírica medieval profana presenta una gran variedad. En el llamado *Mester de Clerecía* castellano tenemos *tetrasfrofos monorrimos,* es decir, estrofas de cuatro versos con rima única y consonante. El verso tiene catorce sílabas, y está dividido en dos hemistiquios. Normalmente después del primer hemistiquio hay una pausa —que marca precisamente el final del hemistiquio—. He aquí un ejemplo (Berceo, *Los milagros de Nuestra Señora):*

En Toledo la noble, esa villa real
que yace sobra el Tajo, esa agua cabdal,
ovo un arzobispo, coronado leal,
que fue de la Gloriosa amigo natural.

La *lírica francesa medieval* presenta dos tipos de origen distinto, como distintas son las lenguas en que estaban escritas. La lengua de *oil* —el francés medieval— dio los llamados *trouvères;* la lengua de *oc* (provenzal en sentido amplio), los *trovadores.* Mientras empero la métrica francesa por antonomasia (la de oil) no suele presentar complicaciones excesivas (normalmente versos de nueve sílabas, a veces con estrofas de pie quebrado) la métrica provenzal era muy complicada. Al igual que la mayoría de las literaturas románicas, la versificación de los trovadores es *silábica* y con *rima.* La unidad métrica —lo que llamamos verso— no tiene un nombre específico (en ocasiones se le llama *bordó):* el verso puede oscilar entre las cuatro y las once sílabas (aunque no exclusivamente: hay poemas con versos de catorce sílabas). La rima es consonante y muy rigurosa.

Cuando es superior a las diez sílabas, el verso presenta una cesura que lo divide en dos hemistiquios. Las estrofas presentan formas muy variadas. Puede hablarse de la estrofa de pie quebrado; y presentan nombres distintos según sea la rima que emplean (singular, etc.).

La estrofa se llama *cobla.* Es *unisonans* cuando la misma rima se repite en todas las estrofas; *singular,* si cada estrofa tiene la suya propia; las *dobles* tienen la primera y la segunda cobla con igual rima; las *ternas* cuando se cambia de rima en cada tres estrofas. Es *alternada,* cuando hay cambio repetido entre cada grupo de estrofas, y *capfinida* cuando la palabra del último verso aparece al principio de la siguiente en la misma o en forma parecida, como en caso siguiente:

del auzels per la bruoilla
....
pel brouill aug lo chan e.l refrim...

Hay estrofas que comportan un *refranh* (verso o conjunto de versos que se repiten *(estribillo),* según el ejemplo siguiente:

Dirai vos sense duptansa
d'aquest vers la comensansa,
—escoutatz!—

(Marcabrú).

Sobre la versificación trovadoresca, cfr. K. Vossler, *Formas poéticas de los pueblos románicos* (trad. cast., Buenos Aires, 1960, páginas 95 y sigs.); también Faral, *Les arts poétiques du XIIe et XIIIe siècles,* París, 1923, y M. de Riquer, *Los Trovadores,* Barcelona, 1975, I, págs. 34 y sigs.

La métrica moderna

A partir del siglo XVI —incluso todavía en pleno siglo XV— comienza Europa a introducir los metros —y con ellos, los temas— empleados por Dante y llevados a su máxima perfección por Petrarca, de la poesía italiana. En España se abandona, aunque no del todo, la métrica tradicional (en especial el octosílabo, que perdurará en los romances), para adoptar el endecasílabo, y, con él, también las estrofas del tipo del terceto, la canción, el madrigal, la octava real, el soneto, etcétera.

El introductor en España de la métrica italiana fue Boscán, aunque hay testimonios de intentos anteriores, que no llegaron a cristalizar: así, Hug de Montcada (1478-1528) ensayó las formas italianas, y el marqués de Santillana publicó unos *Sonetos fechos al itálico modo*. Parece que el *Arte poética*, hoy perdida, de Pere Serafí (1505-1567) era la primera métrica renacentista escrita en catalán. Boscán nos ha conservado un testimonio autobiográfico donde nos cuenta que el ensayo por introducir los metros italianos fue un consejo que le dio el embajador veneciano Andrés Navagero. Boscán, en efecto, en una carta a la duquesa de Soma —y que Menéndez Pelayo considera como el *manifiesto* de la nueva poesía— escribía:

«Estando un día en casa con el Navagero... tratando con él cosas de ingenio y de letras, y especialmente las variedades de muchas lenguas, me dijo por qué no probaba en lengua castellana sonetos y otras artes de trovas usadas por los buenos autores de Italia...»

Hubo, naturalmente, la oposición de los tradicionalistas, capitaneados por Cristóbal de Castillejo, quien, por otra parte, quería quitar importancia a la innovación, insistiendo en que ya Juan de Mena los había empleado:

Juan de Mena cuando oyó
la nueva trova pulida,
contentamiento mostró,
caso que se sonrió
  como de cosa sabida,
  y dijo: «Según la prueba,
  once sílabas por pie
  no veo causa por qué
  se tenga por cosa nueva,
  que yo también las usé.»

En todo caso, fue el genio literario y lingüístico de Garcilaso quien consiguió aclimatar el intento. En Francia fueron, tras Cl. Marot, los poetas de la Pléyade quienes consiguieron introducir estos metros nuevos. Con la introducción del metro italiano se rompía, en cierto modo, la tradición de la métrica castellana. No es que ésta fuera relegada al olvido, pero la tradición halló una gran competencia en las formas italianas, que desde entonces no dejaron ya nunca más de cultivarse.

De entre las formas tradicionales más características hay que nombrar el octosílabo, el dodecasílabo (empleado por Juan de Mena en su *Laberinto de la Fortuna)* e incluso el alejandrino, así llamado por ser la forma métrica usada en el *Libro de Alexandre.* Dentro de las estrofas tradicionales, la *redondilla* y la *cuarteta* (estrofas de *arte menor)* merecen especial mención. Cuando los versos son de arte mayor (más de ocho sílabas), tenemos el *cuarteto* (con rima ABBA) o el *serventesio* (rima ABAB). La *copla de arte mayor* (estrofa de ocho versos dodecasílabos y tres rimas, con el esquema ABBA:ACCA) desapareció también. La copla de arte menor fue desplazada, en el siglo XV por la llamada *copla castellana,* de origen provenzal, formada por versos octosílabos con rima ABBA:CDDC o bien ABAB:CDCD.

Observemos que en Castilla, en el siglo XVI, todavía perduraba una terminología con reminiscencias de la usada en la poesía provenzal: *pie* equivale a *verso; copla* con el valor de *estrofa;* serventesio (cfr. el *sirvantés* provenzal, aunque aquí tiene otro sentido).

Lugar aparte ocupa el *zéjel,* definido por Menéndez Pidal como «un trístico monorrimo con estribillo, y, además (esto es lo esencial), con un cuarto verso de rima igual al estribillo, rima que se repite en el cuarto verso de todas las estrofas de la misma canción (*Poesía árabe y poesía europea,* Madrid, Col. Austral Espasa-Calpe, 17). Como muestra, ofrece el mismo crítico el siguiente ejemplo de Alfonso Álvarez de Villasandino (siglos XIV-XV):

Vivo ledo con razón,
amigos, toda sazón. (Estribillo.)

Vivo ledo e sin pesar,
pues amor me fizo amar (Mudanza 1.ª)
a la que podré llamar
más bella de cuantas son. (Vuelta.)
(*Vivo ledo con razón,* etc.)

Vivo ledo e viviré,
pues que de amor alcancé (Mudanza 2.ª)
que serviré a la que sé
que me dará galardón. (Vuelta.)
(*Vivo ledo con razón,* etc.)

Se ha podido señalar que la estructura de la composición de Villasandino es exactamente la misma, tanto en el metro como en la estrofa, que el zéjel i4 de Aben Cuzmán:

Ya meliha 'd-du nya qūl;
'ala 's ent, ya 'bni malul? Estribillo *(markaz).*

Ey ana 'indak wagih,
yatmaggag minnu wafih Mudanza *(agsab).*
tumma f'ahla ma tatih,
targa 'anasak wasul, Vuelta *(simt).*
(Ya meliha 'd-dunya qūl, etc.)

El zéjel, por otro lado, fue sufriendo transformaciones, llegando a tener sólo como rasgo distintivo y esencial un verso, o varios, de vuelta, con rima igual en todas las estrofas, la *vuelta unisonante* a través de toda la composición: Como inventor del zéjel (o *muwa xxaha)* las fuentes árabes dan a Muccádam de Córdoba.

De entre los versos introducidos a partir de Italia merece especial mención el *endecasílabo:* se trata de un verso de once sílabas, que puede presentar varias formas de acuerdo con los acentos rítmicos que comporta. Dentro de la métrica italana, hay dos tipos, el que tiene el acento rítmico en la sexta sílaba, y el que tiene dos acentos rítmicos principales, uno en la cuarta y otro en la octava. En los dos primeros versos de la *Divina Commedia* aparecen ya los dos tipos:

Nel mezzo del camin di nostra vita
mi rotrovai in una selva oscura.

El llamado endecasílabo de gaita gallega (acentos en la primera, cuarta y séptima) fue ensayado ya en la Edad Media

En su *Elogio del Endecasílabo,* Dámaso Alonso ha cantado los valores poéticos de este tipo de verso. Escribe, en efecto, el ilustre crítico (*De los siglos oscuros al de Oro,* Madrid, 1964 [2], 180):

¿Qué ángel matizó la sabia alternancia de los acentos, la grave voz recurrente de la sexta sílaba, o los dos golpes contrastados de la cuarta y la octava, en el modo sáfico? ¿Quién le dio la magia proteica de ser siempre uno y ser siempre vivo, nuevo y cambiante...?

Con la métrica italiana se introducen, asimismo, diferentes tipos de estrofas: el *terceto* (en el que estaba compuesta la *Divina comedia),* que consta de tres versos, rimando el primero con el tercero, quedando libre el segundo que rima con el primero y el tercero de la estrofa siguiente, fue introducido también por Boscán y Garcilaso, y empleado, entre otros, por el autor de la *Epístola Moral a Fabio* y por Quevedo *(Epístola Censoria)* entre otros. Es muy apto para la reflexión.

La *lira,* utilizada también por los poetas italianos, tuvo una gran fortuna en España: tenemos ejemplo en Garcilaso, Fray Luis de León y

San Juan de la Cruz: es una estrofa de cinco versos, endecasílabos y heptasílabos, combinados en la forma AB ABB. Sea el ejemplo siguiente:

Un no rompido sueño,
  un día puro, alegre, libre quiero,
no quiero ver el ceño,
vanamente severo,
de quien la sangre ensalza o el dinero.

La *octava real* (o heroica) es una estrofa de ocho versos endecasílabos que presenta la siguiente estructura: ABABAB CC. Introducida por Boscán, fue pronto adoptada. Ercilla lo empleó en su *Araucana* (Tasso lo emplea en su *Gerusalemme liberata* y Camoens en *Los Lusíadas).* Suele ser muy apta para narrar acciones heroicas. En épocas posteriores lo emplearon, entre otros, Espronceda en *El diablo mundo.* He aquí un ejemplo tomado del comienzo de *La Araucana:*

No las armas, amor, no gentilezas
de caballeros canto enamorados,
ni las muestras, regalos y ternezas
de amorosos afectos y cuidados;
mas el valor, los hechos, las proezas
de aquellos españoles esforzados
que a la cerviz de Arauco no domada
pusieron duro yugo por la espada.

O bien este ejemplo del Tasso:

Canto l'arme pietose e'l capitano
che'l gran sepolcro liberò di Cristo,
molto egli oprò co'l senno e colla mano,
  molto soffri nel glorioso acquisto;
e in van l'inferno vi s'oppose, e in vano
s'armò d'Asia e di Libia il popol misto;
il ciel gli diè favore, e sotto a i santi
segui ridusse i suoi compagni erranti.

La *estancia* es una combinación de versos heptasílabos y endecasílabos a gusto del poeta. Aunque de origen provenzal, fue en Italia donde alcanzó su perfección. Se distinguen en ella tres partes: *fronte,* en la que suelen predominar los endecasílabos, y se divide en dos partes (llamados pies) cada una de tres versos; la *volta,* formada normalmente por un heptasílabo y que es la transición hacia la *coda* (formada por tres grupos de versos heptasílabos y endecasílabos) y que termina con una *tornata,* un verso final que se repetirá a lo largo de todas las estancias del poema, si éste contiene varias. Veamos el ejemplo de la siguiente, tomada de Garcilaso de la Vega:

Fronte:
¡Oh más dura que el mármol a mis quejas,
y al encendido fuego en que me quemo
más helada que nieve, Galatea!

Estoy muriendo y aun la vida temo;
témola con razón, pues tú me dejas;
que ni hay sin ti el vivir para qué sea.

Volta — Vergüenza ha que me vea

Coda:
ninguno en tal estado,
de ti desamparado,
y de mí mismo yo me corro agora.
¿De un alma te desdeñas ser señora
donde siempre moraste, no pudiendo
della salir un hora?

Tornata — Salid sin duelo, lágrimas, corriendo.

También el madrigal procede de italia, donde lo encontramos a fines del siglo XIV y durante el XV. Consta de dos o tres tercetos endecasílabos, a los que se da remate con uno o dos pareados (Vossler): Su esquema es muy variado. Lo utilizó Petrarca en varias ocasiones. De estructura muy elástica, se va haciendo cada vez más libre, llegando a alternar heptasílabos con endecasílabos y desapareciendo su estructuración en tercetos. En algunas ocasiones hay dos o más versos sin rima: Véase este ejemplo de Tasso:

Occhi leggiadri e belli,
nel vostro dolce nero
un danciul diventó, scherzando, arciero,
e saetta da gioco,
mille'alme e mile cori,
e rinfresca gli ardori;
e non li mancan le saette, e'l foco
ne gli mancar giammai,
che sono strali e fiamme i vistri rai.

Suele tocar temas de amor y ambientes pastoriles e idílicos. Pero la gran aportación de la métrica italiana es el *soneto.* Su etimología, aunque no aclarada del todo, parece hacer referencia a una melodía fácil y limitada. En sus orígenes no tenía una forma o estructura determinada, pero en Italia se convirtió en un poema de forma fija, si bien puede aparecer todavía, incluso en Italia, bajo formas no prefijadas. Cuando llegó a su perfección formal definitiva, está constituido por *ca-*

torce versos normalmente endecasílabos (en la literatura francesa suele emplearse el *alejandrino)*. Hay críticos que opinan que pudo haber surgido de un *strambotto* de ocho versos y otro de seis. El esquema ABBA ABBA CDC CDE acabó imponiéndose. Suele estar formado por dos cuartetos y dos tercetos, con la rima antes indicada, si bien es posible que contenga tres cuartetos y un pareado.

Ya hemos señalado que el número de catorce versos puede alterarse. Hay ejemplos de veinte y veintidós versos en Dante y en Guittone d'Arezzo. El esquema terminado en un pareado es frecuente en Shakespeare. En Portugal fue introducido por Sa de Miranda.

En algunos casos lleva una estrofa adicional llamada *estrambore.*

Veamos un ejemplo de soneto con estructura de dos cuartetos y dos tercetos (Petrarca, *Rime,* 147):

Quando'l voler che con duo sproni ardenti
e con un duro fren mi mena e regge,
traspassa ad or ad or l'usata legge
pero far in parte i miei spirti contenti,

trova hi le paure e gli ardimenti
del cor profondo ne la fronte legge,
e vede Amor, che sus imprese corregge,
folgorar ne turbati occhi pungenti;

onde, come collui che'l colpo teme
di Giove irato, si ritragge indietro,
ché gran temenza gran desire affrena.

Ma freddo foco e paventosa speme
de l'alma che traluce come un vetro,
talor sua dolce vista rasserena.

Como ejemplo de tres cuartetos y un pareado veamos el soneto 17 de Shakespeare:

Who will believ my verse in time to come,
if it were fill'd with your most high deserts?
Though yet, heaven know, it is but a tomb
which hides your life and shows not hal your parta.

If I could write the beauty of ypur eyes
and in fresh numbers number all your graces,
the age to come would say: «This poet lies;
such heavenly touches ne'er touch'd earthly faces.»

So should mypapaers, yellowed oith their age,
be scorn'd, like old men of less trubb than tongue,
and your true rights be term'd a poets rage
be streched metre of an antique song:

But were some child of yours alive that time
you should live twice, in it and in my rhyme.

El *alejandrino* puede tener trece, catorce sílabas, según el acento de la sílaba final.

En el mester de Clerecía del siglo XIII y XIV hallaremos el alejandrino de catorce sílabas; lo mismo en la época moderna, por ejemplo, en la *Atlántida* de Verdaguer. Como ejemplo de la poesía medieval, podemos tomar unos versos de Berceo:

En Toledo la noble, esa villa real,
que yace sobre el Tajo, esa agua eabdal,
ovo un arzobispo, coronado leal...

(Obsérvese que, de hecho, una pausa divide el verso en dos hemistiquios de siete sílabas cada uno). Compárese ahora Verdaguer:

Veux eixa mar que abraça de pol a pol la terra?
En altre temps d'alegres Hespérides fou hort.

Aquí ya no tenemos dos hemistiquios fusionados con cierta monotonía y menos mecánicamente. Los acentos rítmicos caen en la sílaba 4, 6, 9, 11 y 13. Hay pausa normalmente después de la séptima. En la literatura francesa, sobre todo durante el clasicismo, el alejandrino de trece sílabas es el metro más corriente. Véanse estos dos versos de Corneille y Racine respectivamente:

Dis-moi, doc, je te prie, une seconde fois (Le id, I, 1, 6)

o

Peuvent-ils de leur roi venger suels la querelle? (Athalie, I, 1).

Se observa normalmente la cesura que divide el verso en dos hemistiquios:

Elvire, m'as tu fait / un rapport bien sincère?

El verso francés suele comportar rima. En Racine y Corneille solemos hallar pareados. Puede haber, asimismo, *encabalgamiento.* Las modalidades del alejandrino francés se determinan por la posición de los acentos, que pueden aparecer en las sílabas 2,6,9 y 12 (Ce jour, ce triste jour frappe encore ma mémoire) o en 4,6,9,12

(De ces parvis sacrés j'ai deux fois fait le tour.) La presencia de los acentos suele dividir el verso en varios grupos fónicos que marcan el ritmo. Podemos hallar divisiones en 2-4-3-3, en 4-2-3-3; en 3-3-4-2, etc.

Ejemplos:

Aux pieds - de votre roi - prosternez vous - mon fils (2-4-4-2)
Quoi! Je te l'ai prédit-mais- tu n'as pas voulu (1-5-1-5)
Seigneur - j'ai d'autres soins - que de vous affliger (2-4-6)

ASPECTOS DEL RITMO Y DEL VERSO

«El esquema métrico —ha escrito W. Kayser— implica su independencia de la realización concreta.» A esta realización o ejecución suele llamarse *Vortrag*. Las pausas, las diferencias en el lugar de los acentos rítmicos, las pausas, la entonación misma hacen que versos de estructuras iguales resulten, de hecho, completamente distintos. Compárense los dos sonetos siguientes y podrá comprobarse lo que estamos diciendo:

Tu gracia, tu valor, tu hermosura,
muestra de todo el cielo, retirada,
como cosa que está sobre natura,
ni pudiera ser vista ni pintada.

Pero yo, que en alma tu figura
tengo, en humana forma abreviada,
tal hice retratarte de pintura,
que el amor te dejó en ella estampada.

No por ambición vana o por memoria
tuya, o ya por manifestar mis males
mas por verte más veces que te veo
y por sólo gozar de tanto gloria,
señora, con los ojos corporales,
como con los del alma y del deseo.

(D. Hurtado de Mendoza.)

A ti me vuelvo, gran señor, que alzaste,
a costa de tu sangre y de tu vida
la mísera de Adán primer caída
y donde él nos perdió, Tú nos cobraste.

A Ti, pastor bendito, que buscaste
de las cien ovejuelas la perdida
y hallándola del lobo perseguida
sobre tus hombros santos te la echaste.

A Ti me vuelvo en mi aflicción amarga,
y a Ti toca, señor, el darme ayuda,
que soy cordera de tu aprisco ausente,

y temo que a carrera corta o larga
cuando a mi daño tu favor no acuda
me ha de alcanzar esta infernal serpiente.

(Cervantes.)

Aquí, la diferencia en los acentos, en las pausas, la presencia, en el primer soneto, de algún encabalgamiento, frente a la rigidez un tanto hierática de los endecasílabos del segundo soneto, producen una impresión muy distinta en el ánimo del lector.

El metro y el ritmo, pues, son dos aspectos distintos de un poema. Más difícil resulta descubrir el verdadero movimiento poético. Y aunque uno y otro, ritmo y metro, van siempre juntos, el ritmo es algo más sutil. Si el metro puede ser comparado al cañamazo de una tela, el bordado cubre completamente este cañamazo, y ya no se ve, aunque su presencia es lo que da vida y color al tejido.

Con palabras, creemos que poco acertadas, sostenía Worsworth que «el metro es algo adventicio a la composición». De hecho, ocurre todo lo contrario: los críticos del Romanticismo (como los Schlegel) afirmarían algo completamente distinto: dirían que el verso es inmanente a la obra poética, y que no resulta indiferente el verso elegido para una composición. Los griegos, que tenían una especial sensibilidad para estas cosas, descubrieron ya que el verso largo confiere majestad a un poema, en tanto que el verso corto indica una mayor agitación, un mayor movimiento anímico. Lope de Vega escribió, en su *Nuevo arte de hacer comedias,* que cada tema se debe expresar en un ritmo apropiado:

Acomode los versos con prudencia
a los sujetos de que va tratando:
las décimas son buenas para quejas,
el soneto está bien en los que aguardan,
las relaciones piden los romances,
aunque en octavas lucen con extremo.
Son los tercetos para causas graves,
y para las de amor las redondillas.

Un buen ejemplo de cuanto llevamos dicho es la anécdota que cuenta que cuando Pope mostró su versión de Homero en pareados ingleses, replicó el crítico a quien se lo mostraba: «Un buen poema, señor Pope, pero no es Homero.»

BIBLIOGRAFÍA

Para una introducción general a la versificación, cfr. A. W. de Groot, *Algemeine Versler,* La Haya, 1946.

Para la métrica de las *lenguas clásicas,* remitimos a W. J. Koster, *Traité de métrique grecque,* Leyden, 1966 [4], y A. Dain, *Traité de métrique grecque,* París, 1965. El libro de Koster contiene una referencia a la métrica latina.

Para la versificación *provenzal,* entre otros, cfr. M. de Riquer, *Los trovadores,* Barcelona, 1975, I, págs. 34 y sigs.

Se hallarán muy sugestivas indicaciones sobre estos problemas, con buena bibliografía en K. Vossler, *Formas poéticas de los pueblos románicos,* Buenos Aires, 1960.

Sobre las métricas de las literaturas modernas: O. Paul, *Deutsche Metrik,* Munich, 1955 [3]; A. Heusler, *Deutsche Versgeschichte,* Berlín, 1925-1929 (3 tomos); M. Grammont, *Le vers français,* París, 1937; P. Guiraud, *La versification,* París, 1973; C. M. Lewis, *The principles of English Verse,* Yale, 1946; P. Verrier, *Essai sur les principes de la métrique anglaise,* París, 1909; F. D'Ovidio, *Versificazione italiana,* Milán, 1910; A. De Carvalho, *Tratado de versificaçâo portuguesa,* Oporto, 1941; Navarro Tomás, *Métrica española,* Nueva York, 1956; R. Baehr, *Manual de versificación española,* Madrid, 1955; R. Jakobson, *O chechkom stikhe* (sobre el verso checo), Berlín, 1923; B. Tomaschevsky, *Ruskoeatikhostozhenya. Metrika,* San Petersburgo, 1923.

3

LA ESTILÍSTICA

Los antiguos tenían una idea muy clara de lo que es el *estilo,* y llegaron incluso a elaborar una teoría de los tipos de estilo. Así lo hallamos expresado en el tratado *Sobre el estilo* (*De elocutione* o *περὶ ἑρμηνείας*) del Pseudo-Demetrio, así como, para un caso particular, en el sobre *lo sublime* del llamado *pseudo-Longino.* Distinguían tres clases de estilo: el *elevado,* el *elegante* y el *llano.* Esta doctrina fue reelaborada por los tratadistas medievales quienes, a partir de las tres obras básicas de Virgilio, *Bucólicas, Geórgicas* y *La Eneida,* donde querían ver encarnados los tres, inventaron lo que se conoce con el nombre de *rota virgiliana,* donde a cada una de las obras corresponde un lenguaje o estilo concreto. Véase en la página siguiente reproducida esta rota:

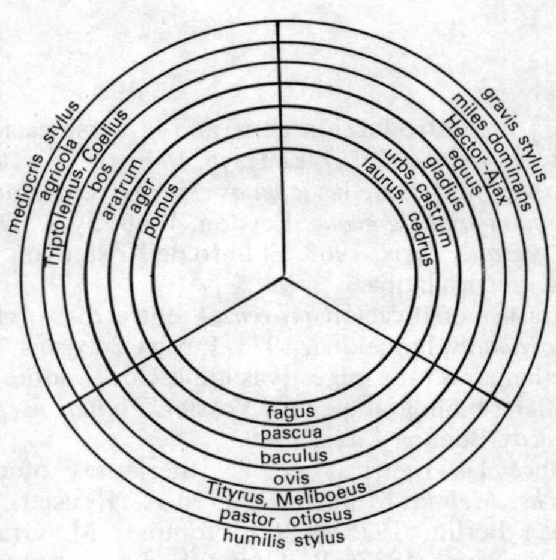

Sin embargo, y pese a las importantes realizaciones que los antiguos hicieron al conocimiento del estilo, estuvieron muy lejos de elaborar una Estilística en el sentido en que hoy la entendemos. El estilo fue, para ellos, un capítulo de la Retórica, que a su vez era una manera de llamar a la Preceptiva, que era una actitud dogmática, actitud que perduró, de hecho, hasta el Romanticismo. Fue Ch. Bailly quien, en su *Précis de stylistique* abrió el camino hacia la creación de lo que hoy llamamos *Nueva Estilística*.

El texto del Pseudo-Demetrio ha sido recientemente traducido —junto con el Pseudo-Longino— en la Biblioteca clásica Gredos. El texto griego puede verse en la edición de Rhys Carpenter, en la col. Loeb (Londres, 1927, con reediciones).

El vocablo estilística, tal como aparece por vez primera en el siglo XX, tendrá un sentido muy concreto. Bailly lo ha definido como «el estudio de las obras literarias desde su ángulo del estilo». Sin embargo, todavía hoy existen corrientes distintas en este campo concreto de los estudios literarios.

Ch. Bailly defendía el principio de hacer de la Estilística una subdivisión de la Lingüística. Se niega a aceptar que pueda haber una Estilística de la *langue* y del lenguaje en general, pero tampoco acepta que el lenguaje individual («el sistema de expresión de un individuo aislado») pueda ser objeto de la Estilística. Pero, además, congruente con ese desechar lo individual, niega que pueda hablarse de Estilística del lenguaje literario, que siempre es el fruto de un esfuerzo voluntario y de una intención estética. El tema propio de la ciencia estilística será, pues, para Bailly, la *parole,* es decir, los hechos de expresión de un idioma particular.

Para Bailly, en suma, el objeto de la Estilística es el *lenguaje afectivo* tal como lo definió en su libro *Le langage et la vie* (París, 1926). Fue recogiendo parte de estas ideas del gran lingüista citado como se constituyó la moderna Estilística. Ésta no pretende ya ser pura preceptiva, ni relacionarse con la retórica. Concebida como un puente entre la Lingüística y la Literatura, ha sido llevada a su máximo desarrollo por espíritus como Croce, Vossler, L. Spitzer, Amado Alonso, Dámaso Alonso, H. Hatzfeld. Podrá haber matices diferenciales entre ellos —y los hay, efectivamente— pero hay un gran fondo de acuerdo entre sus ideas. Por ejemplo, mientras Leo Spitzer se aplica primordialmente al texto concreto, Vossler penetra en la obra entera de un autor —mediante el método que él llama *Einfühlung*— para entresacar de ella los rasgos que lo caracterizan (Dante, Rabelais, Lope de Vega). Lo importante es que, a partir de ahora —estamos en los primeros decenios del siglo XX— no se pretende ya reducir la actividad estilística a la emisión de sentencias inapelables de acuerdo con las normas de una preceptiva, o a meros comentarios filosóficos o estéticos que nada o casi nada ilustran para penetrar en el alma de un autor o de una obra, incluso de una época. La Nueva Estilística es aplicable, como dirá A. Alonso, a obras actuales o remotas; lo que pretende reconstruir no es lo externo, sino el tuétano mismo del alma de un escritor, o de una obra. Leo Spitzer, que durante sus primeros escarceos estilísticos estaba influido por Freud dada la relación existente entre los elementos estilísticos y el mundo psíquico del autor, escribía en 1961:

> Al explicar los sueños, los *tics,* los actos irracionales y hasta la aparición de neologismos por la lógica del subconsciente *(Freud)* había sustraído a lo arbitrario ciertas zonas psicológicas que hasta entonces habían permanecido inexplicadas, si no desconocidas. En esta atmósfera freudiana deben situarse algunos de mis primeros estudios de 1920-1930 que tendían a probar que algunos rasgos característicos de un autor moderno, y que se repiten con bastante regularidad en su obra, se relacionan con centros afectivos (no morbosos, como en Freud) de su alma, con ideas o sentimientos profundos.

Este texto procede de su ponencia publicada en las *Actes du VIIIe Congrès de la Féderation Internationale de Langues et Litératures modernes* (París, 1961, págs. 26 y sigs.). Pero Spitzer se había ocupado ya anteriormente de cuestiones parecidas: en 1911, en su libro *Die Wortbuldung als stylitisches Mittel exemplifiziert an Rabelais,* había sostenido ya que los neologismos rabelaisianos están profundamente arraigados en su psiquismo.

Por su parte, D. Alonso ha planteado los principios metodológicos de la Estilística desde el punto de vista del *habla* (parole), al sostener decididamente, que el objeto es el estudio de todos los elementos significativos presentes en el lenguaje, orientando así el estudio hacia el habla literaria que Bailly había querido eliminar de la Estilística. Por lo demás, D. Alonso ha insistido en el carácter «creador», «intuitivo» de todo análisis estilístico. Hablando del problema, escribe en su libro *Poesía española* (Madrid, 1950; 11):

> Este libro quiere precisamente mostrar que no existe una técnica estilística; que el ataque estilístico es siempre un problema de los que los matemáticos llaman idea feliz. Es decir, que la única manera de entrar en el recinto es un afortunado salto, una intuición...

Y añade, más adelante, después de hablar de ese salto «obscuro y ciego» que es la intuición estilística, que «hay una amplia zona del objeto poético que es investigable por procedimientos cuasi científicos».

Una amplísima información sobre los estudos consagrados a los distintos temas o campos estilísticos nos ha ofrecido la monumental obra de H. Hatzfeld, *Bibliografía de la Nueva Estilística* (Madrid, 1955). También los trabajos de A. Alonso (*Materia y forma en poesía,* Madrid, 1965 [3]). D. Alonso (en el libro ya citado), L. Spitzer (*Lingüística e historia literaria,* Madrid, 1955).

Interesantes son las observaciones teóricas de Warren-Wellek en su libro *Teoría literaria* (págs. 297 y sigs.), J. Nadler («El problema de la historia del estilo»), en Ermantinger, *Filosofía de la ciencia literaria* (401 y sigs.), V. M. de Aguiar (*Teoría de la Literatura,* 434 y sigs.). W. Kayser dedica un amplio tratamiento al tema (*Interpretación y análisis de la obra literaria,* 161 y sigs.) bastante completo: aparte dedicar unos párrafos a las *figuras retóricas,* divide el análisis estilístico en varios estratos: *nivel sonoro* (estilística del sonido), *nivel léxico* (estilística de la palabra), *nivel sintáctico* (estilística de la frase) y *niveles* superiores a la frase, con ilustraciones prácticas y ejemplos del procedimiento a seguir.

EPÍLOGO

LEER, INTERPRETAR, VALORAR

> La grandeza de la Literatura no puede determinarse solamente por raseros literarios, aunque debemos recordar que, el que sea Literatura o no, sólo puede determinarse por raseros literarios.
>
> T. S. ELIOT.

En un breve pero jugoso libro sobre el fenómeno literario se formula José M. Valverde la pregunta «¿Para qué leer?», y se contesta, después de pasar revista a lo que podríamos denominar la historia del hecho de leer:

> La literatura, pues, no sirve para nada, y sin embargo para quien lo disfruta es, como dice el mismo Proust, la verdadera vida, la posesión más honda de sus días y de su mundo (*La literatura,* Barcelona, 1982, pág. 61).

En otro contexto, Julián Marías (*Literatura y generaciones,* Madrid, 1975) se plantea la cuestión del lugar que ocupa la literatura en la educación, y dice:

> Cada vez doy más importancia al estudio de la Literatura. Ha sido, y sigue siendo, por presencia o ausencia, el factor decisivo que ha determinado el *interés* de los hombres hacia determinados temas.

Yo creo que siempre ha sido tarea importante la de determinar y definir ese quehacer que podemos llamar el contacto con los grandes escritores y muy especialmente con los espíritus a los que podemos aplicar el nombre de clásicos. En una perspectiva ideal es posible establecer que ese contacto viene determinado por tres momentos, por tres fases distintas, aunque complementarias: lectura, interpretación, valoración. Cierto que no siempre hallaremos esos tres momentos: quien no tenga en su espíritu algo más que la mera afición a la lectura se limitará al primer momento. Sin embargo, todo lector ideal e inteligente querrá penetrar en el sentido más profundo de una obra literaria: no puede quedarse a las puertas. Ensayará una interpretación, querrá emitir un juicio.

¿Podremos ir un poco más adelante y decir que al primer momento corresponde, en cierta medida, la Filología, al segundo la Ciencia literaria y al tercero la Estética? La mera preparación de los materiales, tarea de la ciencia filológica, es un primer contacto con la obra; es también un primer contacto la lectura. La ciencia literaria nos permite dar un paso ya más adelante y con ello la posibilidad de una interpretación, de algo más que un simple contacto. La Estética nos proporciona los medios de decir, justificadamente: «He aquí una buena obra, una obra maestra.»

Ante el primer contacto directo y vivo entre el lector y la obra literaria aparece, empero, la primera dificultad: ¿Tiene esa obra un solo y único sentido? ¿Podemos afirmar, como han hecho algunos críticos, que detrás de un poema o de un ensayo, o de una tragedia, hay tantas obras como lectores, lo que significa que la obra literaria tendrá tantos sentidos como interpretaciones pueden hacer de ella los lectores? Dos posiciones se enfrentan, aquí, de un modo frontal: desde Unamuno, que llega a afirmar que cuando una obra ha salido de las manos de su creador ya no le pertenece y que, por tanto, es legítima toda interpretación, a Dámaso Alonso, que, al querer hacer de la Estilística un método científico, sostiene, consecuentemente, que hay un sentido y no más que uno detrás de la obra literaria. El profesor Kitto, que piensa como nuestro D. Alonso, ha sostenido, en el ámbito anglosajón, la misma postura unitaria.

Hay que reconocer, sin embargo, que los mismos críticos han hecho cosa algo difícil la univocidad de la obra literaria. En uno de sus más importantes libros, escribe el profesor Lloyd-Jones:

> Los filólogos han gastado mucha erudición e ingenio para trazar el desarrollo en profundidad ética desde Homero a Hesíodo, y desde Hesíodo a la poesía lírica y a los elegíacos arcaicos, de la lírica a Esquilo, de Esquilo a Sófocles. Muchas de sus obras no guardan ninguna relación con lo que se dice en estos textos, sino que es simplemente el producto de la insistencia del siglo XX en el progreso en todos los campos.

Lo que el filólogo inglés dice sobre la interpretación del sentido de gran parte de la literatura griega puede perfectamente aplicarse a otros campos. Lo que significa que, en muchos casos, la tarea de la crítica ha consistido en colocar en un lecho de Procusto a la Literatura haciéndoles decir a las obras de arte literario no lo que inicialmente pretendían, sino cosas muy distintas. Que lo que hoy llamamos el *mensaje* de una obra puede ser el fruto de la especulación del crítico que proyecta sobre ella su propio mundo intelectual o moral.

Eso no significa, con todo, que debamos descalificar a la crítica como tal. Significa, sencillamente, que, por un lado, un rasgo importante de la obra literaria —sobre todo de la poética— es su *ambigüedad;* pero que, de otro, en ocasiones, el crítico pueda rebasar lo que, en rigor, le está permitido. Así se explican, entonces, muchas cosas: y se explica, sobre todo el curioso fenómeno que consiste en que épocas distintas hayan visto cosas completamente distintas en los mismos autores. Se ha defendido encarnizadamente que es Sófocles un pesimista; pero con la misma insistencia ha habido quien ha sostenido que su optimismo es algo que resulta del todo evidente. Frente a quienes quieren ver en el *Edipo Rey* la plasmación del profundo pesimismo helénico, escribía Hölderlin estos versos:

Viele versuchten umsonst das Freudigste freudig zu sagen;
hier spricht endlich es mir, hier in der Trauer mir aus.

(Intentaron muchos en vano expresar lo gozoso con gozo:
aquí al fin se me expresa, aquí a través de la tristeza.)

En el siglo XIX, Verrall sostuvo la tesis del racionalismo euripídeo. Nietzche, por otra parte, hizo de él el *asesino* de la tragedia porque, a su parecer, la carga de racionalismo, de apolinismo, que había en su obra representó la asfixia del elemeno dionisíaco que había en ella. Sin embargo, en el siglo XX se le ha hecho un irracionalista, más aún, un místico.

La grandeza de la *Divina Commedia* no es discutida por nadie; los críticos, además, son unánimes en afirmar que en ella hay reflejado todo el siglo de Dante. Pero ¿afirman todos lo mismo respecto a su sentido literario? No, ciertamente, y B. Croce, para quien son incompatibles un poema largo y poema filosófico, la definió como «una serie de fragmentos líricos interrumpidos por pseudo-ciencia».

Problemas parecidos se plantean con el *Hamlet* y el *Coriolano:* Hasta 1756 el sentido de *Hamlet* y del príncipe danés no planteó problema alguno. Fue desde que Th. Hanmar se preguntó por qué Hamlet no asesina inmediatamente a Claudio cuando empezaron los críticos a hacerse a sí mismo preguntas parecidas. Y hubo contestaciones para todos los gustos: para unos, el poeta no habría tenido más remedio que alargar la obra, pues si el asesinato se producía en seguida, adiós tragedia. Lo malo es que estos críticos no se preguntan si Shakespeare es tan estúpido como para escoger un tema dramático que no ofrecía ninguna posibilidad...

¿Es el *Paraíso perdido,* como cree L. P. Smith, un compuesto de teología trasnochada y de delicia auditiva? ¿Puede separarse el contenido de la forma, de tal manera que se olvide el primero para poder gustar lo segundo? Wellek tiene sus dudas: para el gran crítico checo un elemento esencial de la belleza del poema es, precisamente, su contenido.

Las *Almas muertas,* de Gogol, no fueron entendidas por la crítica en su tiempo. Sólo más tarde se ha sabido descubrir en esta novela lo que, parece, quiso decir su autor.

El profesor Kitto ha insistido en que, para una cabal comprensión de la obra literaria, es postulado básico y esencial no forzar el su sentido pretendiendo adaptarlo a las propias intenciones o convicciones. Eso, lo que trae, normalmente, es una falsificación, y suele provocar juicios precipitados, que más tarde el tiempo desmentirá. Por ello, la obra literaria no puede sustraerse, por lo general, a los vaivenes de la moda: recordemos los fracasos de Eurípides en vida, el prejuicio que durante el siglo XVIII había contra Shakespeare o contra Calderón. «El tío vivo de los gustos» —por usar una conocida expresión de E. E. Kellet— es fenómeno universal que plantea serias cuestiones cuando abordamos el problema de la objetividad de la crítica. ¿Será suficiente el remedio que propone el ya mencionado profesor Kitto, y que consiste en respetar la *poiesis* específica de cada autor, el sello inconfundible que sabe dar cada poeta a su obra? Nos parece, que, por desgracia, no basta con eso...

Es probable que ese recurso no sea del todo posible. A nivel personal el fenómeno de asociación de determinados textos con vivencias del propio lector puede falsear el sentido concreto de un pasaje, de una obra, de toda la producción de un escritor. Se produce entonces una peligrosa identificación entre el *mood* del lector y el texto que tiene ante sus ojos. Si se me permite acudir a una vivencia personal, diré que, de adolescente, solía interpretar unos versos de Maragall de forma muy distinta a su *auténtico* sentido, porque yo identificaba mi propio estado de ánimo con el que creía adivinar en el poema. Decía así:

L'amic em deia: En aquesta hora dolça
—era un diumenge el caure de la tarda—
és quan se'm torna més potenta i viva
la memòria que servo d'aquella altra.

La hora, la escena (domingo, atardecer, recuerdo de una mujer amada) me hacían revivir, también a mí, recuerdos que estaban muy profundamente arraigados en mi alma. Ello falseaba, sin duda, el sentido que Maragall quería dar a su poema. Visto con ojos más objetivos, se descubre que lo que el poeta quería evocar es la vivencia de que hay muchas mujeres a las que no hemos conocido, y que, sin embargo, no perturban nuestro espíritu.

M. Arnold, el gran crítico y poeta de la época victoriana, ha dicho cosas muy sabrosas sobre esta cuestión en su libro *Poesía y poetas ingleses.* Vale la pena que el lector interesado lea esas páginas. Por su parte, otro crítico y poeta contemporáneo, T. S. Eliot, en un apéndice de su libro *Función de la poesía y función de la crítica*, ha sabido convertir en principio su propio descubrimiento vivencial de la literatura. Escribe el gran crítico:

> El conocimiento de por qué Dante, Shakespeare o Sófocles ocupan el lugar que ocupan, sólo muy lentamente se alcanza en el curso de la vida. El deliberado intento de hacerse con una poesía que no nos es afín, y que, en algunos casos, no lo será jamás, es algo que requiere extrema madurez: una actividad cuya recompensa bien merece el esfuerzo, pero que no puede recomendarse a la gente joven sin grave peligro de amortecer la sensibilidad y de hacerle confundir el auténtico desarrollo del gusto con su ficticia adquisición.

La pregunta clave, pues, me parece que es ésta: «¿Es la crítica capaz de proporcionarnos la comprensión definitiva de la obra literaria?» Los poetas mismos suelen mostrarse escépticos en este punto. Decía Rilke al joven poeta con el cual tuvo una corta pero interesante relación epistolar: «Mit nichts kann man so wening berühren als mit kritischen Worten» (Con nada puede uno abordar menos la obra literaria que con palabras críticas). Y ello por la sencilla razón, como más adelante sigue escribiendo el mismo Rilke, de que «la mayoría de las experiencias son inefables, y más inefable que nada son las obras de arte, existencias ocultas cuya vida perdura junto a la nuestra, que pasa».

Pero si es posible la comprensión de la obra literaria, la verdad es que hay que tener en cuenta muchos factores, algunos de lo cuales son extraliterarios. No es infrecuente, por ejemplo, que una obra literaria no pueda ser entendida íntegramente si se nos escapa lo que algunos llaman el *trasmundo.* Pensemos, por ejemplo, en el *Egmont* de Goethe: para captar todo el sentido de esta obra dramática, entiendo que hay que tener muy en cuenta el hecho de que su autor, Goethe, coloque, como hombre ético, a un nivel muy alto de importancia el principio de la libertad y el de la autoridad. Porque es a partir de la oposicón entre estos factores, entre estos dos valores, de donde brota el gran proceso de la vida política. No es casualidad que Goethe defienda la causa de su héroe, porque éste encarna sus más íntimos sentimientos. Detrás de cada hecho, afirmaba nuestro Menéndez Pelayo —o más bien, en el fondo mismo de cada hecho— hay una idea estética, y, a veces, una teoría y una doctrina completas, de las cuales el artista puede o no darse cuenta, pero que siempe imperan, y siguen en su concepción de un modo eficaz. Y lo que nuestro polígrafo afirmaba de la obra estética puede perfectamente aplicarse a otros campos del *trasmundo* del artista.

Una lectura *ingenua,* quiero decir, sin el bagaje filológico e ideológico que a veces nos acompaña, puede, por otra parte, hacernos comprender de un modo mucho más profundo el sentido de una obra que todas las referencias bibliográficas. En estos momentos en que los ojos y la mente del lector están atentos a lo más íntimo del poeta, es cuando puede brotar la chispa reveladora. Cuenta Norwood en el prólogo de su inteligente libro sobre Píndaro que fue la curiosidad por entender etimológicamente el adjetivo *aénaos* usado por el poeta en su *Olímpica,* XIV, lo que le permitió elaborar su interpretación simbolista del escritor. Cada cual habrá vivido, en este contexto, sus propias experiencias; cada cual habrá hecho lo que yo llamo su propio *descubrimiento del Mediterráneo.* Recuerdo que, en cierta ocasión, leyendo a Leopardi me sorprendió hallar en él (el poema era *Primo Amore)* el adjetivo *leggiadro,* raro en italiano actual, y que significa *bello, alegre, gozoso.* Brotó entonces en mi ánimo un curioso sentimiento. Recordé haber hallado este mismo adjetivo en Petrarca, por otra parte un poeta que ha hablado tanto de amor. Y me pregunté sorprendido: «¿Es que Leopardi petrarquiza?» Bien: algún tiempo después llegó a mis manos un ensayo del crítico italiano Cesare de Lollis donde se ponía claramente en evidencia la enorme carga de inspiración petrarquista que hay en el poeta de Recanati. Y, ciertamente, el propio Leopardi había escrito en el *Zibaldone* que aunque había sufrido el influjo de Petrarca, con el tiempo había conseguido librarse de él. De Lollis, pues, confirmó mi *descubrimiento,* aunque curiosamente en su estudio no cita el adjetivo *leggiadro.* Es igual; para mí, el descubrimiento del elemento petrarquista en Leopardi me permitió, creo, entender mucho mejor el poema *Primo Amore.* Mi efímero descubrimiento, hecho al azar y con ese medio al que he llamado la *ingenuidad,* me permitió entender mejor un poema.

ANTOLOGÍA

1

TEXTOS CRÍTICOS

POESÍA Y PINTURA

Cuando, en casos particulares, se quieren establecer comparaciones entre el pintor y el poeta, debe ante todo examinarse si ambos han tenido completa libertad; si, libres de todo obstáculo exterior, han podido proponerse como única finalidad llegar a la más elevada potencia de su arte.

Para el artista de la Antigüedad, la religión constituía con frecuencia una de las trabas de que hablo. Su obra, destinada al culto y a la adoración, no siempre podía ser tan perfecta como lo habría sido si, al ejecutarla, solamente hubiera tenido en cuenta el placer del espectador. La superstición recargaba de emblemas a los dioses, y las obras que por todas partes se adoraban no siempre eran las más bellas.

Baco era representado con cuernos en su templo de Lemnos, de donde la piadosa Hipsípila hizo escapar a su padre bajo la apariencia del dios. Sin duda que así era representado en todos los templos, pues los cuernos constituían un símbolo que le caracterizaba. Sólo el artista libre que no hacía su Baco para un templo omitía este símbolo, y si entre las estatuas de esta clase que todavía nos quedan, no encontramos ninguna que tenga cuernos, es quizá una prueba de que no poseemos ninguna de las que estaban consagradas y bajo cuya apariencia era realmente adorado el dios Baco. Además es muy probable que, en los primeros siglos del cristianismo, descargase principalmente sobre estas estatuas la cólera de los piadosos destructores y que únicamente respetasen alguna que otra estatua de las que no eran objeto de adoración.

Puesto que entre las antigüedades que se hallan enterradas hay objetos de una y otra clase, yo desearía que no se aplicase el nombre de obras de arte sino a aquellas en las que el artista ha podido mostrarse verdaderamente artista, aquellas en las cuales la belleza ha sido su primero y último fin. Otra obra cualquiera, en la que aparezcan rasgos excesivamente marcados de convivencias religiosas, no merece el nombre de obra de arte, porque en este caso el arte no se ha desarrollado con toda libertad, no ha sido más que un auxiliar de la religión. Ésta, con los datos materiales que le imponía, se preocupaba más del símbolo que de la belleza. No quiero decir con esto que la religión, muchas veces, no haya hecho consistir el símbolo en la belleza misma, o que, por condescendencia con el arte o por el gusto refinado del siglo, no se haya separado del símbolo lo suficiente para que pudiera parecer que lo bello dominaba exclusivamente.

Si no se hace esta distinción, el perito y el anticuario se encuentran continuamente en contradicción, porque no se comprenden. Si el perito, con arreglo a sus ideas sobre la finalidad del arte, sostiene que el artista de la Antigüedad no ha ejecutado nunca tal o cual obra, es decir, como tal artista, por su libre voluntad, el anticuario entenderá por esto que ni la religión ni ningún otro motivo, fuera del dominio del arte, han podido obligar al artista a que la ejecute, considerado el artista como obrero. Creerá, pues, poder impugnar las razones del perito con cualquier estatua que éste, sin escrúpulos, aunque con gran escándalo del mundo de los sabios, haya condenado a volver a los escombros de donde había sido extraída.

(G. E. Lessing, *Laocoonte,* Madrid, Bergua, s. a., págs. 90 y sigs.)

LEER Y VALORAR LA POESÍA

La poesía que nos hace falta es la mejor: nos daremos cuenta de que la mejor poesía tiene una capacidad para formarnos, sostenernos y deleitarnos, que ninguna otra cosa posee. Un sentido más claro y profundo de la perfección poética y de la fortaleza y alegría que podemos derivar de ella es el beneficio más valioso que podemos obtener de una colección poética como ésta. Y, sin embargo, hay en la misma naturaleza y forma de la colección algo que tiende inevitablemente a oscurecer en nosotros la consciencia de lo que debía ser este beneficio y a distraernos de la búsqueda del mismo. Debíamos, por consiguiente, tenerlo presente al comenzarla y obligarnos a volver a él al ir leyendo.

Sí; al leer la poesía deberíamos tener presente en nuestro espíritu y debería gobernar sin cesar nuestra estimación de lo que leemos el sentido de lo que es mejor, de lo que es realmente excelente y de la fuerza y gozo que se saca de ello. Pero esta estimación verdadera es susceptible de ser reemplazada, si no estamos vigilantes, por otros dos tipos de estimación, la estimación histórica y la personal, ambas engañosas. Un poeta o un poema pueden contar para nosotros históricamente, pueden contar para nosotros por razones estrictamente personales y pueden contar también verdaderamente. Pueden contar históricamente. El curso del desenvolvimiento del lenguaje, del pensamiento y de la poesía de una nación es profundamente interesante, y al considerar la obra de un poeta como una etapa en este desarrollo podemos fácilmente llegar a atribuirle más importancia como poesía que la que realmente tiene y podemos llegar a usar un lenguaje de exagerado elogio al hacer su crítica; en una palabra, a sobrestimarlo. Así surge en nuestros juicios poéticos el error originado por la valoración que podemos llamar histórica. Luego, un poeta o un poema pueden contar para nosotros por motivos personales. Nuestras afinidades, gustos y circunstancias personales pueden desviar nuestro juicio sobre la obra de éste o de aquel poeta y hacernos atribuirle más importancia como poesía de la que realmente tiene, debido a que para nosotros es, o ha sido, de gran importancia. En este caso sobrestimamos también el objeto de nuestro interés y le aplicamos unos elogios exagerados. Y así llegamos al origen de un segundo error en nuestros juicios poéticos: el error causado por una valoración que podemos llamar personal.

Ambos errores son naturales. Es notoria la forma tan natural con que un hombre que estudia la historia y desarrollo de una poesía puede sentirse inclinado por su labor a deternerse en reputaciones y obras antaño destacadas y ahora oscuras, y a reñir con un público atolondrado por pasar, obedeciendo a la simple tradición y al hábito, de un nombre o una obra famosa de su poesía nacional a otra, ignorante de lo que se pierde y de la razón de conservar lo que conserva y del proceso entero del desarrollo de su poesía. Los franceses se han convertido en afanosos investigadores de su propia poesía primitiva que durante tanto tiempo descuidaron; el estudio ha hecho que muchos de ellos se sientan insatisfechos con su llamada poesía clásica, la tragedia de corte del siglo XVII, una poesía a la que Pellisson reprochó hace tiempo su carencia del verdadero sello poético, con su *politesse stérile et rampante,* pero que, con todo, ha reinado en Francia tan absolutamente como si hubiera poseído de verdad la perfección de la poesía clásica. La insatisfacción es natural; sin embargo, un crítico completo y vivaz, M. Charles d'Héricault, el editor de Clément Marot, va demasiado lejos cuando dice que «la nube de gloria que rodea a un clásico es una niebla tan peligrosa para el futuro de una literatura como intolerable para los fines de la historia». «Nos impide —continúa— ver más allá de un solo punto, el punto culminante y excepcional; del resumen, ficticio y arbitrario, de un pensamiento y de una obra. Reemplaza una fisonomía por un halo, coloca una estatua donde hubo una vez un hombre y apartando de nosotros toda huella del trabajo, de los intentos, de las debilidades, no solicita el estudio, sino la veneración; no nos muestra la forma en que la cosa se ha hecho, sino que nos la muestra como modelo. Sobre todo, esta creación de los personajes clásicos es inadmisible para el historiador, pues aparta al poeta de su tiempo, de su verdadera vida, rompe los parentescos históricos, ciega la crítica por medio de la admiración convencional y hace inaceptable la investigación de los orígenes literarios. No nos ofrece un personaje humano, sino un Dios sentado inmóvil en medio de Su obra perfecta, como Júpiter en el Olimpo y casi es imposible que el joven estudioso, ante quien es exhibida una obra a tal distancia de él, no se sienta impulsado a creer que salió ya hecha de aquella cabeza divina.»

Todo esto está dicho muy brillantemente y eficazmente, pero nosotros tenemos que hacer una distinción. Todo depende de la realidad del carácter clásico de un poeta. Si es un clásico dudoso, pasémoslo por el tamiz; si es un falso clásico, expulsémoslo. Pero si es un verdadero clásico, si su obra pertenece a la clase de lo verdaderamente bueno (pues éste es el verdadero y recto sentido de la palabra clásico), entonces lo mejor que podemos hacer es sentir y gozar su obra lo más profundamente que podamos y apreciar la gran diferencia que hay entre ella y toda obra que no tenga el mismo elevado carácter. Esto es lo que es saludable y formativo; éste es el gran beneficio que puede obtenerse del estudio de la poesía. Todo lo que se meta por medio, todo lo que obstaculice esto, es dañino. Es verdad que debemos leer nuestros clásicos con los ojos abiertos y no con ojos cegados por la superstición; debemos darnos cuenta de cuándo su obra se acerca y cuándo se aleja de la clase de lo verdaderamente bueno y debemos apreciarla en ambos casos en su justo valor. Pero la utilidad de esta crítica negativa no radica en sí misma; estriba enteramente en que nos permite tener un sentido más claro y un goce más profundo de lo que es verdaderamente excelente. Descubrir la labor, los tanteos, las debilidades, los fracasos de un clásico auténtico, entrar en contacto con su época y con su vida y con sus parentescos históricos, es mero diletantismo literario, a menos que tenga por finalidad ese claro sentido y ese goce más profundo. Puede decirse que cuanto más conocemos a un clásico más podemos gozar de él, y si viviéramos tanto como Matusalén y tuviéramos todos unas cabezas de perfecta claridad y unas voluntades de perfecta fijeza, esto podría ser tan verdadero de hecho como plausible es en teoría. Pero, aquí ocurre casi lo mismo que con el estudio de latín y griego de nuestros muchachos. La complicada base filológica que les exigimos es, en teoría, una admirable preparación para apreciar dignamente los autores griegos y latinos. Cuanto mejor sea la base, mejor podremos disfrutar de aquellos autores. Es cierto, si el tiempo no fuera tan corto y las cabezas de los estudiantes no se cansaran tan pronto y su capacidad de atención no estuviera tan exhausta; sólo que la complicada preparación filológica continúa, pero los autores son poco conocidos y menos gozados. Lo mismo ocurre con el investigador de los «orígenes históricos» de la poesía. Él debía gozar del verdadero clásico lo mejor posible para llevar a cabo sus investigaciones; con frecuencia se distrae del gozo de lo mejor y se afana con exceso en lo menos bueno y propende a sobrestimarlo en proporción al trabajo que le ha costado.

(M. Arnold, *Poesía y poetas ingleses,* Madrid, Colección Austral, Espasa-Calpe, 1950, págs. 18 y sigs.)

LA POESÍA ES «INSPIRACIÓN»

Pues el poeta es una cosa sagrada, alada y ligera, y es incapaz de hacer poéticamente nada hasta que se ponga endiosado y poseso, tanto que no se halle en él inteligencia alguna. Pero hasta que no llega a estar así poseso no hay hombre que pueda ni hacer poesía ni dar oráculos en canto. Puesto que, según esto, no se poetiza por arte ni se dicen por arte tantas y tan bellas cosas sobre los poemas, cual tú las dices sobre Homero, sino por gracia divina, no será uno por cierto capaz de hacer bellamente sino aquello solo a lo que le empuje la Musa; que así a uno le dará por ditirambos, a otro por encomios, a estotro por danzar al son de cánticos, a éste por épica, a aquél por yambos. Ahora, que en todo lo demás esos miembros no harán nada de provecho. Porque, en definitiva, lo que decían no lo decían por arte, sino por virtud divina; que si sobre una sola cosa supieran hablar por arte, hablarían también por arte de todas las demás. Por esos motivos, el Dios, volviéndolos posesos, se sirve de los poetas cual de ministros, como echa mano de los oráculos y de los buenos adivinos, para que, oyéndolos nosotros, se nos entre por los ojos que no son ellos los que dicen palabras de tanta dignidad, puesto que sus mentes no están entonces en sus cabales, sino que el Dios mismo es el que habla y ellos hacen tan sólo se resonadores de su palabras para nosotros.

(Platón, *Ión,* 534 a-d.)

POETAS UNIVERSALES

Se puede afirmar que una obra literaria tiene *universalidad* cuando, además, esa amplitud con relación a su propia lengua tiene igual significación con relación a varias literaturas extranjeras. Así, por ejemplo, con toda justicia podemos referirnos a Goethe poeta como a un clásico, debido al lugar que su poesía ocupa dentro de su propia lengua y literatura. Sin embargo, por el hecho de ser parcial, por la falta de permanencia de parte de su contenido, por su sensibilidad germana, porque Goethe se muestra, a los ojos del extranjero, limitado por su época, su lengua, su cultura, no podemos considerarlo un clásico *universal,* ya que no representa toda la tradición europea e, igual que nuestros autores del siglo XIX, es un tanto provinciano. Es un escritor universal en el sentido de que es un escritor cuyas obras debería conocer todo europeo, pero ésa es otra cuestión. Tampoco, por una u otra razón, podemos esperar hallar algo cercano al clásico en *ninguna* lengua moderna. Es preciso volverse a las dos lenguas muertas; es importante que hayan muerto, porque gracias a su muerte hemos recibido nuestra herencia; pero el hecho mismo de que estén muertas no les confiere valor alguno, aparte de la circunstancia de que todos los pueblos de Europa sean sus beneficiarios. Y de todos los grandes poetas de Grecia y Roma, creo que es Virgilio a quien más debemos nuestra horma clásica: lo cual, repito, no es lo mismo que alegar que sea le poeta más grande, ni aquel a quien en todo sentido debemos más: me refiero sólo a una deuda determinada. Su amplitud, su peculiar amplitud se debe a la situación única que el Imperio romano y la lengua latina ocupan en nuestra historia. Situación que puede decirse concuerda con su *destino.* Ese sentido del destio aparece conscientemente en *La Eneida.* Eneas mismo es, del principio al fin, un «hombre del destino», un hombre ni aventurero ni intrigante, ni vagabundo ni profesional, un hombre que cumple su destino, y no por coacción o mandato arbitrario, ni, desde luego, estimulado por la gloria, sino sometiendo su voluntad a una fuerza superior que hay detrás de los dioses...

(T. S. Eliot, «¿Qué es un clásico?», en el libro *Sobre la poesía y los poetas,* Buenos Aires, 1959, págs. 65 y sigs.)

EVOLUCIÓN DEL GUSTO POÉTICO

Claramente recuerdo cómo, a los catorce, se me ocurrió abrir un ejemplar del *Omar* de Fitzgerald que por casualidad se halló a mano, y la casi abrumadora introducción en un nuevo mundo de emociones que esa lectura significó. Algo como una súbita metamorfosis: el mundo se me aparecía reciente, pintado de brillantes colores, deliciosos y punzantes. A partir de ese momento seguí la trayectoria usual en el adolescente: Byron, Shelley, Keats, Rosetti, Swinburne...

Creo que este período persiste hasta los veintidós años; se trata de una etapa de rápida asimilación, cuyo principio acaso no reconozcamos desde el final: tanto puede haber variado el gusto. Lo mismo que en el caso del período infantil, muchos no pasan de aquí, y el gusto por la poesía que guardan en la edad madura no es más que un recuerdo sentimental de los placeres juveniles y está probablemente entrelazado con sus restantes emociones sentimentales retrospectivas. No cabe duda de que es éste un período de agudo disfrute, mas no hay que confundir la intensidad de la experiencia poética en el adolescente con la intensa experiencia de la poesía. En esta etapa, el poema, o la poesía de un determinado poeta, invade la conciencia juvenil hasta posesionarse completamente de ella. En realidad no la contemplamos como algo que existe fuera de nosotros, lo mismo que en nuestras experiencias amorosas juveniles no vemos tanto la persona como inferimos la existencia de algún objeto exterior que pone en movimiento las nuevas y deliciosas emociones en que estamos absortos. El resultado es un brote de actividad poética que podemos designar como imitación, siempre que tengamos bien presente el sentido verdadero del término que empleamos: no se trata de la deliberada elección de un poeta al cual mimetizar, sino de una especie de posesión demoníaca por otro poeta.

El tercer estadio, la madurez, llega cuando dejamos de identificarnos con el poeta que leemos; cuando nuestras facultades críticas permanecen despiertas y sabemos lo que podemos y lo que no podemos esperar de él. El poema posee una existencia propia, ahí fuera: estaba antes que nosotros y estará cuando nosotros ya no estemos: Sólo en este momento se encuentra el lector preparado para distinguir entre los distintos matices de grandeza en poesía; antes únicamente puede esperarse de él capacidad para distinguir lo genuino de lo falso, pues ésta siempre debe adquirirse primero. Los poetas que frecuentamos en la adolescencia no están colocados en un orden objetivo de excelencia, son los accidentes que les pusieron en relación con nosotros quienes deciden; y está bien que sea así. Dudo de la posibilidad de hacer comprender a colegiales, e incluso a estudiantes universitarios, las diferencias de grado entre poetas, y no sé si es discreto el intentarlo. El conocimiento de por qué Shakespeare, Dante o Sófocles ocupan el lugar que sólo muy lentamente se alcanza en el transcurso de la vida. El deliberado intento de hacerse con una poesía que no nos es afín, y que en algunos casos no lo será jamás, es algo que requiere extrema madurez: una actividad cuya recompensa bien merece el esfuerzo, pero que no puede recomendarse a la gente joven sin grave peligro de amortecer su sensibilidad y de hacerle confundir el auténtico desarrollo del gusto con su ficticia adquisición.

(T. S. Eliot, *Función de la poesía y función de la crítica,* Barcelona, Seix y Barral, 1955, págs. 47 y sigs.)

ASPECTOS DE LO CÓMICO

¿De dónde proviene lo cómico de la repetición de una frase en el teatro? En vano se buscaría una teoría de lo cómico que respondiera de modo satisfactorio a esa cuestión tan simple. Y la cuestión queda, en efecto, sin resolver mientras quiera hallarse la explicación del rasgo mismo, aislado de lo que él nos sugiere. En parte alguna queda más al descubierto la insuficiencia del método corriente. Mas la verdad es que si se dejan a un lado algunos casos muy especiales, de los cuales trataremos más adelante, la repetición de una frase no causa risa por sí misma. Sólo nos hace reír porque simboliza una determinada combinación particular de elementos morales, símbolo a su vez de una combinación enteramente material. Aunque refinado, espiritualizado, trasladado a la esfera de los sentimientos y de las ideas, es el juego del gato que se divierte con el ratón, el juego del niño que empuja y vuelve a empujar al diablo hacia el fondo de su caja. Enunciemos la ley que a nuestro parecer define los principales efectos cómicos de repetición de frases en el teatro: *En una repetición cómica de frases se enfrentan generalmente dos términos: un sentimiento reprimido, que se dispara como un resorte, y una idea, que se divierte en reprimir de nuevo el sentimiento.*

Cuando Dorina refiere a Orgón la enfermedad de su mujer, y éste le interrumpe sin cesar para preguntarle por la salud de Tartufo, la pregunta que siempre se repite: «¿Y Tartufo?», nos da la sensación muy clara de un resorte que se dispara. Ese resorte es el que Dorina se divierte en rechazar, volviendo una y otra vez a hablar de la enfermedad de Elmira. Y cuando Scapin viene a anunciar al viejo Geronte que a su hijo se lo han llevado prisionero a bordo de la famosa galera. y que hay que rescatarlo en seguida, juega con la avaricia de Geronte exactamente como Dorina con la ceguera de Orgón. La avaricia, apenas reprimida, se dispara de modo automático, y ese automatismo es lo que Molière ha querido resaltar mediante la repetición maquinal de una frase en la que se expresa el pesar por el dinero que habrá de dar: «¿Qué diablos iba a hacer en esa galera?» La misma observación vale para la escena en la que Valerio le hace ver a Harpagón que haría mal en casar a su hija con un hombre al que ella no ama. «¡Sin dote!», interrumpe siempre la avaricia de Harpagón. Y detrás de esa frase, que se repite siempre de un modo automático, entrevemos un mecanismo de repetición montado por la idea fija.

(H. Bergson, *La risa,* Madrid, Col. Austral, Espasa-Calpe, 1975, págs. 66 y sigs.)

LITERATURA Y SINCERIDAD

Gerardo Diego recordaba una vez que, al leer en voz alta uno de sus poemas creacionistas, alguien le preguntó qué había querido decir con esos versos, y él contestó: «He querido decir lo que he dicho, porque si hubiese querido decir otra cosa, la habría dicho». Pero la idea típicamente romántica, vigente aún hoy día (a pesar de que, por ejemplo, Proust la atacara a fondo en su típico crítico Saint-Beuve), es que la literatura es una suerte de salón donde se reúnen unas personas interesantísimas a cuyo secreto corazón se trata de llegar, quizá no tanto por sus mismos escritos cuanto leyendo «entre líneas» —incluso dando más autoridad a las cartas o a los testimonios de otros que a su propia obra—. Se ha dicho que si tuviéramos las cuentas de la lavandera de Shakespeare comprenderíamos mejor *Hamlet,* pero más bien es al revés: la fría distancia shakespeariana (*Others abide our question. Thou are free...* «Otros admiten nuestra pregunta. Tú eres libre», así empieza el soneto que le consagró Matthew Arnold) es lo propio de aquel neutralísimo dramaturgo que creó tantos personajes variados sin dar nunca la cara.

La naturaleza lingüística del hombre —insistamos— impide ya que uno se conozca bien a sí mismo, lo cual sería la condición previa para expresarse, según esa pretensión romántica (y actual), pero, aun suponiendo que el escritor se conociera bien, ¿podría poner su unicidad en términos literarios que, al fin y al cabo, son palabras de todos? Y aun dándolo por hecho, ¿tendría que residir el ideal literario precisamente en el ajuste de ser y expresar, como quería Croce? Porque la expresión perfecta de un imbécil podría valer menos que la expresión desajustada de alguien con una mente más rica o incluso que una expresión desajustada del anterior imbécil. Y, sobre todo, ¿no es más bien el logro de un «personaje» y una «obra», con todas sus ambigüedades y simplificaciones, el verdadero objetivo literario, aunque luego alguien proteste que ahí hay una falsedad porque aquel escritor, aparentemente tan edificante, se sabe de buena tinta, por declaraciones de un cuñado suyo, que es un sinvergüenza en la vida real, o, viceversa, que el aparente *poeta maldito* es un buen empleado y un buen marido? La sinceridad, de hecho, es más bien una tensión de acento para convencer de que se es lo que se quería ser —sobre todo para convencerse a uno mismo.

(J. M. Valverde, *La Literatura,* Barcelona, Montesinos, 1981, págs. 37 y sigs.)

VIRGILIO Y LOS GRIEGOS

Todos los poetas augústeos imitaron los modelos griegos. Pero todos quisieron ser, más que imitadores, émulos. Esto es lo que quería decir Horacio cuando se presentaba como un nuevo Alceo; esto es lo que significaba el que Propercio quisiera ser el Calímaco de Roma.

Virgilio escribió a los treinta años las *Bucólicas.* Estaba tan profundamente empapado de cultura griega, que debía tener por muy familiares las imágenes, los personajes, los motivos teocriteos. Y eso en tal medida que a muchos críticos modernos, más eruditos que dotados de sentido poético, las *Églogas* de Virgilio les parecían una imitación mediocre, y casi un mosaico, un *centón* teocriteo. Y en verdad que la técnica de esa poesía es teocritea. Muchos versos son, más que imitados, traducidos directamente del modelo griego. Griegos son, finalmente, los nombres de los pastores. Y sin embargo el poeta nuevo consigue crear una obra original. Muchas cosas que estaban en Teócrito faltan en él; y tienen cierta razón aquellos críticos que encuentran las *Bucólicas* inferiores al modelo griego. El poeta de Siracusa tiene mucha más vivacidad, frescor, concreción de representaciones. A esta concreción llaman los críticos «objetividad», y olvidan que los pastores de Teócrito, a pesar de los esfuerzos del poeta por darles un barniz rústico, son pastores de salón, refinados aun cuando pretenden ser groseros. En uno de los idilios más bellos de Teócrito, las *Talisias,* se revela claramente que se trata de poetas disfrazados de pastores. Pero, en fin, dejando de lado los términos de los críticos, el Siciliano Teócrito es siempre un poco el discípulo de Sofrón, celebrado en la Antigüedad como el maestro insuperable del mimo.

Mas no debe pedirse a Virgilio lo que no podía darnos. Él sin duda nunca habría sabido escribir las *Siracusanas.*

Hay que reaccionar debidamente contra la tesis sostenida hace algún tiempo por un crítico que afirmaba que en las *Bucólicas* asomaba, de vez en cuando, un talante cómico. Lo que sí resulta patente es que si Virgilio carece de algunas de las cualidades típicas de Teócrito, mucho hay en las *Bucólicas* que falta absolutamente en los *Idilios* teocriteos. Eso lo saben aun los críticos adversos de Virgilio, los cuales, por ejemplo, han siempre condenado las alegorías de las *Églogas.* Cierto que la alegoría tiene mala prensa entre los estetas modernos. Pero cuando Virgilio recorría a las alegorías en parte recorría a una cierta tradición (piénsese en las que hallamos en las Talisias), y en parte se apartaba de ella.

La grandeza de esta poesía se halla *en todo lo que no se parece a* Teócrito: Virgilio, más aún que Teócrito, es hijo de una época cansada de cultura y de civilización y esta edad ve en el campo la inocencia, la paz del alma, incluso una especie de perfecta alegría. Teócrito celebraba demasiado el campo y su amenidad para sentirlos con la profundidad y la nostalgia virgilianas. Y, por otra parte, en el poeta nuevo no hallamos trazos de la sensualidad agreste del poeta helenístico. El entusiasmo por el campo que huele a sol y a mosto se ha afinado, despojado de su sensualidad, se ha enriquecido de sentimiento. El amor de Virgilio por los campos no tiene nada de literario, y canta, no el campo en general, sino su campo: nadie puede admirarse de que en su poesía se nombre el Ménalo y el Peneo, pero en realidad lo que aparece son las llanuras padanas y el curso del Mincio. Virgilio, hijo de campesinos, no tenía necesidad de aprender a conocer el campo en los libros, aunque fuera en el libro de un poeta: bastábale con acordarse del paisaje de su juventud.

Consecuencia natural de la nueva profundidad es una sobriedad también nueva. A la masa de sensaciones que en Teócrito se encabalgan y a veces incluso se mezclaban, de modo que una casi siempre ilumina la otra, a la riqueza fastuosa de Teócrito, se sustituye una divina pobreza de medios, un arte de gran clasicista que busca dar del paisaje sólo las líneas esenciales, y nada más. Virgilio jamás nos describe su llanura padana, pero nos habla de las sombras que se agrandan, cuando humean las chimeneas de las villas, de los montes alejados, y nos habla de las colinas que se yerguen en la inmensidad del llano. Son dos simples trazos: pero hay en ellos más poesía que en las ricas descripciones teocriteas. Y hay en ellos una melancolía que no estaba ni podía estar en Teócrito. No es una casualidad que las *Bucólicas* canten con tanta frecuencia la aproximación del crepúsculo vespertino: de esta hora el poeta debía sentir el profundo atractivo, el gran hechizo. Y quien habia sido arrancado cruelmente de su campo y había sufrido por ello no podía cantar el amor del campo sin cierta tristeza. En la primera Égloga, cuando Melibeo recuerda a su compañero los gozos que le han sido arrebatados para siempre, evoca el murmullo de las abejas, el canto de los podadores y, sobre todo, el gemido de las tórtolas en el olmo. El gemir de la tórtola no faltaba en Teócrito (*Tal.,* VII, 411), pero era una vez entre muchas, ahogada por mil ruidos del mediodía. Leyendo a Virgilio esta voz entra en el alma y ya no se olvida jamás.

A veces, en las *Églogas* hay un poco menos de melancolía: puede verse entonces en los labios del poeta una especie de rápida sonrisa, como ocurre en la égloga sexta. Pero se trata de breves instantes. Y no es, por otra parte, la sonrisa, ni la risa, de poeta siciliano. Teócrito reía y sonreía más a sus anchas. La sonrisa de Virgilio es la de quien, apesadumbrado por grandes preocupaciones, tiene como una especie de pudor al sonreír.

* * *

Si para las *Bucólicas* se sirvió del modelo exclusivo de Teócrito, las *Geórgicas* tuvieron varias fuentes, poéticas unas, en prosa otras. Además de toda la literatura geórgica romana, están Hesíodo, Nicandro, Arato, el mismo Teofrasto. Se ha estudiado con mucho celo por parte de los filólogos los modelos griegos y no griegos de la obra virgiliana. Pero no siempre se ha sabido valorar en su justa medida el arte del poeta. Cuando la fuente es una simple descripción o dato prosaico, como es natural, sólo porporciona la materia bruta, que recibiría el soplo vital del poeta. Cuando el modelo es un poeta, Virgilio escribe un poema distinto del modelo. Los ejemplos son abundantes en lo que concierne al segundo caso. Así, el modo de operar imitando los *Fenómenos* de Arato. El que esperara que Virgilio intentara renovar o transformar, en todo o en parte, la materia tocada por el poeta alejandrino se engañaría notablemente. Virgilio repite todo lo que está en Arato casi siempre en el mismo orden. Es más, todo produce la impresión de que el poeta latino esté incluso traduciendo al griego —lo mismo que ocurría, aparentemente, en las *Bucólicas* con respecto a Teócrito—. Algunas veces incluso Virgilio da la impresión de haber entendido mal el texto de Arato. Pero admitir todo esto no significa quitarle nada de su gloria y de su originalidad: a los cuadros minuciosos, impecables, pero fríos, de Arato, el poeta opone su propio pathos, y su sentido profundo de la naturaleza. Las enumeraciones completas, científicas, pedantes del alejandrino son dejadas de lado: el poeta romano escoge libremente entre la materia que le proporciona el modelo, y sabe renunciar a los detalles inútiles. Pero a veces añade algo propio: un adjetivo, un adverbio, bastan por sí mismos para transformar en poesía aquello que no era virgiliano. Para el romano la naturaleza entera está animada: los animales tienen alma, como la tienen las plantas. Los cuervos, tras la lluvia, gritan en su nido entre el follaje: «más alegre que de costumbre», dice el poeta, «por no sé qué dulzura». Porque, prosigue, «es grato, acabada la lluvia, volver a ver a los hijos». Aquí el poeta, evidentemente, se eleva mucho más que Arato, que simplemente dice: «Cualquiera podría decir y creer que se alegran»...

Y no sólo los animales y los árboles: todas las cosas del mundo tienen un alma en su poesía: las estrellas que caen iluminan en medio de la tiniebla la noche; el arco-iris que aparece en el mar; la luna que brilla, son seres animados.

El poeta llama «ascrea» esto es, «hesiódica» su poesía geórgica. ¿Será necesario aclarar que de Hesíodo hay muy poco, por no decir nada? También Arato había escrito un poema «hesiódico», y tampoco había mucho de Hesíodo en el poema Arato. Virgilio quería ser un nuevo Hesíodo, pero ello significa que quería ser un Hesíodo con un nuevo espíritu. También el poeta Beocio amaba el campo y recomendaba a los campesinos el amor al trabajo, y a las prácticas religiosas.

Pero amaba las cosechas y los rebaños por el beneficio que aportan al campesino, no por sí mismos. Pero jamás había cantado la espiga poco antes de brotar, cuando espera la lluvia de primavera; ni la vid, el pámpano, que no teme ni austro ni aquilón, y, llegado el tiempo, abre sus hojas.

Se ha dicho que las *Geórgicas* sólo contienen gran poesía precisamente en los episodios no geórgicos, cuando canta los prodigios tras la muerte de César, o cuando canta los loores de Italia o llora el destino de Orfeo y Eurídice. No. Virgilio es siempre poeta.

(G. Perrotta, «Virigilio e i greci», en *Marzocco,* 1927, núm. 17, págs. 2 y sigs.)

RASGOS ESPECÍFICOS DE ALGUNAS LITERATURAS

Suponed, por ejemplo, que el carácter esencial de la literatura italiana consiste en lo que podría llamarse *literatura artística.* Este solo carácter la distingue, la separa, inmediatamente de todas las grandes literaturas modernas —de la francesa como de la alemana, de la inglesa como de la española—, en las cuales abundan sin duda las obras de arte, pero donde hallaréis muy pocas que lo sean de modo principal, con ese previo designio, y cuyo autor se haya propuesto al ejecutarlas, como Ariosto o Tasso, seguir un capricho poético o realizar un ensueño de belleza. En el mismo carácter aparecen envueltas las secretas afinidades que, como se sabe, siempre ha tenido la literatura italiana con las demás artes, principalmente con la pintura o la música. Hay algo de Orcagna en el poema de Dante. Y, al leer la *Jerusalén* o la *Aminta* ¿no parece, en verdad, que se asiste a la transformación de la epopeya en ópera? Se explica también por ello el prestigio que la misma literatura ha ejercido en las imaginaciones de los tiempos renacentistas. Son los italianos quienes han procurado las primeras sensaciones artísticas a los franceses contemporáneos de Francisco I y de Enrique II...

Tomamos otro ejemplo y decimos que el carácter esencial de la literatura española consiste en ser una *Literatura caballeresca.* ¿No es cierto que queda iluminada toda su historia? Canciones épicas del Romancero; novelas de aventuras, del gusto del *Amadís* o de la *Diana* de Montemayor; dramas de Calderón y de Lope de Vega, *El médico de su honra,* o *Mudarra el bastardo;* tratados místicos y novelas picarescas, el *Castillo interior* o el *Lazarillo de Tormes;* aprehendemos el lazo que une entre sí estas obras tan diversas, su aire de familia, el rasgo hereditario que testimonia su comunidad de origen... Es más difícil de determinar el carácter esencial de la literatura francesa... Si se dijera, sin embargo, que nuestra literatura es esencialmente *sociable* o *social,* quizá no sería la expresión de la verdad cabal; pero, si no me engaño, no le faltaría mucho. Los prosistas y los mismos poetas, desde Chestien de Troyes hasta el autor de los *Humildes,* o *Intimidades,* desde Froissart o Commynes hasta el autor del *Espíritu de las Leyes* o el del *Ensayo sobre las costumbres,* casi nadie ha escrito en Francia sino en vista de la sociedad, no separando jamás la expresión de su pensamiento de la consideración del público al cual se dirigía...

(F. Brunetière, *El carácter esencial de la literatura francesa,* Buenos Aires, 1947, págs. 18 y sigs.)

ORIGEN DE LOS CANTARES DE GESTA

El escaso contenido histórico de las *chansons de geste* hoy conservadas (mucho menor que el de los cantares de gesta españoles), no se explica porque a varios poetas del siglo XI se les ocurra escribir novelas de asunto histórico (Bédier), ni porque los juglares del siglo X trabajen sobre una tradición de cantilenas líricas, carentes de materia narrativa (G. Paris), ni porque el poeta coetáneo o casi coetáneo se apoye en una corta tradición muy inventiva y él invente tan libremente como Ariosto (Rajna). Se explica porque la chanson de geste, aunque nace desde luego como narración coetánea y verídica del suceso, sin intermedio ninguno de tradición deformadora, sufre refundiciones continuadas (más activas que las que sufren los cantares de gesta españoles) y cada refundición va perdiendo algo de la verdad primera.

El cantar de gesta nace desde luego relatando gestas o hechos notables de actualidad. No le da origen el entusiasmo, la pasión que suscitan los rasgos grandes sucesos de un pueblo, según Gaston Paris, no la conmoción que en modo eventual promueve alguno que otro suceso extraordinario, sino la ordinaria y permanente necesidad sentida por un pueblo, que respira un clima heroico, necesidad de conocer todos los acontecimientos importantes de su vida presente, y deseo de recordar los hechos del pasado que son fundamento de la vida colectiva. La razón permanente del interés épico es, pues, la apetencia historial de un pueblo que se siente empeñado en una empresa secular. La epopeya no es un mero poema de asunto histórico, sino un poema que cumple la elevada misión político-cultural de la historia; es un poema historiográfico...

(R. Menéndez Pidal, *La épica francesa y el neotradicionalismo,* Barcelona, Universidad de Barcelona, 1958, págs. 68 y sigs.)

LA ÉPICA ROMÁNICA

Entre los pueblos románicos se encuentran tres tipos de poemas épicos:

1. El tipo *Chanson de geste* (Rolando y el Cid).
2. El tipo *Franciade, Henriade:* imitación erudita de Homero o de Virgilio: Giangiorgio Trissino: *L'Italia liberata da'Goti*, 1547-1948.
3. El tipo intermedio de la epopeya romántica: *Morgante, Orlando innamorato, Orlando furioso, Gerusalemme liberata.*

Común a los tres tipos el que el tema no suele ser ni aspira a entretener con la tensión de lo desconocido, puesto que todos lo conocen ya en sus grandes lineamientos. El tema es el lugar en que el poeta se encuentra y coincide con el público. Nuevos e interesantes son los motivos particulares, no el poema como totalidad. «Cántanos acerca de Rolando, de *nuestro* Rolando, tales y tales historias.»

El motivo central suele estar dado por la tradición, es saga; también lo está la intención, que es su fe, exaltación, éxtasis de cruzada, elevada emoción anímica en suma, alta tensión que funde las almas de todos y les comunica cierta manía u obsesión: el polo opuesto por lo tanto al tedio, la depresión y el aislamiento del autor de novelas.

Esto configura igualmente el estilo épico: discurso entusiasta, exaltado, lírico, cantante —una forma emparentada con la secuencia: con él pasamos de un aleluya a otra, en eterna alabanza. Su carácter se adapta a las celebraciones de hechos y personas, y tiende a ilustrar y a edificar. El sentido del humor, la burla, la ironía aparecen sólo en ocasiones (principalmente frente al enemigo); la ironía constante entrañaría la muerte de esa poesía épica.

Con frecuencia nos hablan de la objetividad épica, de su amplitud y pausado continente. Si bien se mira, no hallaremos tal cosa en la epopeya romance del tipo I (Roland). El cantor ha tomado partido con entusiasmo y pesa sobre él la tensión colectiva: ciñe su subjetividad; podrá parecer «amplio y verboso» únicamente a los escépticos que lo escuchen sin entrar en su círculo mágico.

Las repeticiones son prueba de emoción, y se proponen transmitirla, tienden a la sugestión. Una épica del tipo de *Roland* es una forma poética fundamentalmente fanática.

Esto mismo se encuentra naturalmente en el tipo II en forma muy derivada. Aquí la forma es erudita y humanista, pero inspirada en el patriotismo. Casi diríamos un fanatismo profesoral, aburrido, patético, vocinglero.

El tipo III nace de la ingeniosa conjunción de los otros dos, pero con la intención de divertir: está más cercano a la novela que a la épica.

Los poemas italianos sobre Rolando son esencialmente novelescos. Precisamente porque Rolando era para los italianos, en lo práctico, en lo nacional, lo religioso, lo ético, una figura tan lejana como la de Hécuba: personaje puramente de novela, creación de la fantasía para solazarse en privado o con algunos amigos; en cuanto a Carlomagno, era poco más que un «barba» de teatro.

Con la epopeya homérica de los antiguos griegos, como con la de los antiguos germanos, esta épica romántica muestra pocos rasgos comunes. Sólo podría equipararse con el *Edda,* con los *Nibelungos,* con el intento de subrayar las diferencias. Sorprende la escasez de elementos comunes. Común es el carácter colectivo, la repetición, la solemnidad, el alejamiento de lo cotidiano. Pero las epopeyas griegas y germánicas rebosan de sagas acerca de los dioses y semi-dioses, están llenas de fábulas y del placer de inventarlas. La antigua épica francesa, en cambio, ha crecido sobre el suelo de una religión firmemente dogmática y es en cierto modo poesía eclesiástica, cosa qu en manera alguna podría afirmarse de la epopeya griega o germánica. Como consecuencia, éstas no son fanáticas, no incitan a luchar en defensa y para propagación de la fe, tal como hacen el *Rolando,* el *Guillermo:* tienden a educar para la vida total.

(Vossler, *Formas poéticas de los pueblos románicos,* Buenos Aires, Losada, 1960, págs. 323 y sigs.)

DANTE COMO CLÁSICO

A Dante, a Shakespeare y a Goethe se les suele considerar como las tres cumbres de la poesía moderna. Esta apreciación no se ha impuesto sino en época reciente: en el siglo que siguió a la muerte de Goethe. En Alemania fueron Stefan George y su escuela quienes establecieron ese canon. En cuanto a Inglaterra, he aquí lo que dice T. S. Eliot:

> Nos parece que si lo clásico es realmente un ideal valioso, tiene que revelar una amplitud, una catolicidad... (y éstas) se encuentran de modo eminente en el espíritu medieval de Dante. Pues si una obra clásica es posible encontrar en las literaturas europeas modernas, esa obra es la *Divina Comedia.*

La actitud de Goethe con relación a Dante cambió mucho a lo largo de su vida. En julio de 1787 le causó disgusto presenciar en Roma el vacío debate sobre si Ariosto era más grande que Tasso, o Tasso que Ariosto; «pero mucho peor era cuando se hablaba de Dante»... Sólo en 1805 encontramos un juicio «categórico» positivo de Goethe acerca del poeta medieval:

Los pocos tercetos en que Dante habla de la muerte por hambre de Ugolino y sus hijos son de lo más sublime que jamás haya producido la poesía.

En los últimos años de su vida predomina la actitud de rechazo:

Huye del dantesco infierno,
ese turbio cenagal.
Sé sano, animoso, alegre:
busca el claro manantial.

Habla, asimismo, de la «grandeza repugnante y a menudo espantosa de Dante». En un ensayo escrito en 1826 reconoce «las grandes cualidades espirituales y afectivas» del poeta y lo compara con Giotto; pero en seguida atenúa la alabanza...

En Francia, la oposición fue más dura todavía. Antoine de Rivarol se anticipó genialmente a su época al traducir el *Inferno* (1784) y revalorar a su autor. Sainte-Beuve nos da una idea muy exacta de cómo fue evolucionando en Francia la estimación de Dante. En 1854 dedicó una de sus *Causeries du lundi* a comentar la traducción de Dante hecha por Mesnard... Los altos funcionarios de la Justicia solían traducir a Horacio en la antigua Francia; pero ¡traducir a Dante! Eso sí que era nuevo... Pero Sainte-Beuve, como Goethe, se muestra poco inclinado a abandonar la posición clasicista... Sólo en tiempos más recientes ha ampliado su horizonte la crítica académica francesa; y Louis Gillet (1876-1943), académico desde 1936, ha podido decir: «Quisiera hablar de Dante como de un gran poeta, como de la figura poética más grande que se levanta en Europa entre Virgilio y Shakespeare.

(E. R. Curtius, *Literatura europea y Edad Media Latina,* México, F.C.E., 1981 [3], II, págs. 499 y sigs.)

DESHUMANIZACIÓN DEL ARTE

Durante el siglo XIX los artistas han procedido demasiado impuramente. Reducían a un mínimum los elementos estrictamente estéticos y hacían consistir la obra, casi por entero, en la ficción de realidades humanas. En este sentido es preciso decir que con uno u otro cariz, todo el arte normal de la pasada centuria ha sido realista. Realistas fueron Beethoven y Wagner. Realista Chateaubriand como Zola. Romanticismo y naturalismo, vistos desde la altura de hoy, se aproximan y descubren su común raíz realista.

Productos de esta naturaleza sólo parcialmente son obras de arte, objetos artísticos. Para gozar de ellos no hace falta ese poder de acomodación a lo virtual y transparente que constituye la sensibilidad artística. Basta con poseer sensibilidad humana y dejar que en uno repercutan las angustias y alegrías del prójimo. Se comprende, pues, que el arte del siglo XIX haya sido tan popular: está hecho para la masa diferenciada en la proporción en que no es arte, sino extracto de vida. Recuérdese que en todas las épocas que han tenido dos tipos diferentes de arte, uno para minorías y otro para la mayoría, este último fue siempre realista.

No discutamos ahora si es posible un arte puro. Tal vez no lo sea; pero las razones que nos conducen a esta negación son un poco largas y difíciles. Más vale, pues, dejar intacto el tema. Además, no importa mayormente para lo que ahora hablamos. Aunque sea imposible un arte puro, no hay duda alguna de que cabe una tendencia a la purificación del arte. Esta tendencia llevará a una eliminación progresiva de los elementos humanos, demasiado humanos, que dominaban en la producción romántica y naturalista. Y en este proceso se llegará a un punto en que el contenido humano de la obra sea tan escaso que casi no se le vea. Entonces tendremos un objeto que sólo puede ser percibido por quien posea ese don peculiar de la sensibilidad artística. Sería un arte para artistas, y no para la mesa de los hombres; será un arte de casta, y no demótico.

He aquí por qué el arte nuevo divide al público en dos clases de individuos: los que lo entienden y los que no entienden; esto es, los artistas y los que no lo son. El arte nuevo es un arte artístico.

(J. Ortega y Gasset, *La deshumanización del arte*, Madrid, Revista de Occidente, 1960, págs. 10 y sigs.)

SOBRE LA LÍRICA EUROPEA DEL SIGLO XX

Únicamente Francia, entre todos los países de Europa, había visto nacer en la segunda mitad del siglo XIX el estilo lírico que desde ahora ha venido imperando en el siglo XX. Este estilo, esbozado ya a partir de Baudelaire, había sido presentido por el alemán Novalis y el americano Poe. Rimbaud y Mallarmé habían fijado los límites extremos a los que puede llegar la poesía. Y por muy dotados que hayan sido algunos poetas la lírica del siglo XX no aporta nada fundamentalmente nuevo. Esta afirmación no menoscaba en nada el prestigio de aquéllos, pero nos permite, e incluso nos obliga, a reconocer en sus obras la unidad de estilo que los une con aquellos antepasados suyos. Unidad de estilo no es sinónimo de monotonía, que significa una común actitud en la manera de tratar el lenguaje, en el modo de ver, en la temática, en las curvas internas. Goethe y Trankl no tienen unidad de estilo. En cambio, dos líricos como Trankl y Benn la tienen. Pero la originalidad no sufre detrimento por ello, ya que la originalidad es una cuestión de calidad, que no se decide por el tipo. Éste, en cambio —en este caso la unidad de estilo de la lírica moderna—, facilita la comprensión. Más aún: el reconocimiento de esta unidad de estilo es la única manera de penetrar en aquellos poemas que se apartan voluntariamente de la comprensión normal. Claro que la fase inmediata tendría que ser penetrar en la individualidad artística del poeta y eso sólo podemos intentarlo aquí a modo de ejemplo. Nuestro propósito, en capítulos posteriores, es aclarar el embrollado panorama de la lírica contemporánea mostrando en qué elevada proporción han sobrevivido los síntomas que nacieron durante el pasado siglo.

¿Han sobrevivido porque actuaron como influjo? En algunos casos quizá sí, pero ello no puede establecerse como regla general. En los poetas de primera fila, la influencia literaria no es un mero proceso pasivo, sino consecuencia de una afinidad que los ha conducido a confirmar y acentuar en un predecesor sus propias facultades artísticas...

(H. Friedrich, *Estructura de la lírica moderna,* Barcelona, Seix, 1959, págs. 221 y sigs.)

LA TERCERA PERSONA EN LA NOVELA

Esta función ambigua del *passé simple,* la hallaremos también en otro hecho de escritura: la tercera persona de la novela. Acaso recordaremos una novela en la que toda la invención consista en disimular al asesino bajo la primera persona del relato. El lector buscaba al asesino bajo todos los *il* de la intriga; pero era bajo todos los *je.* El autor sabía perfectamente que en la novela, ordinariamente, el *je* es testigo, el acto es *il.* ¿Por qué? El *il* es una convención-tipo de la novela. De modo semejante al tiempo narrativo, señala y cumple el hecho novelesco; sin la tercera persona hay una cierta impotencia de lograr la novela, o una voluntad de destruirla. El *il* manifiesta formalmente el mito; pero, en Occidente al menos..., no hay arte que no señale su máscara con el dedo. La tercera persona, como el *passé simple,* cumple, pues, esta función en el arte novelesco y proporciona a sus consumidores la seguridad de una fabulación creíble y, sin embargo, incesantemente manifestada como falsa.

Menos ambiguo, el *je* es, por la misma razón, menos novelesco; y es por ello la solución más inmediata cuando el relato se queda más acá de la convención (la obra de Proust, por ejemplo, no quiere ser sino una introducción a la literatura) y la más elaborada cuando el *je* se sitúa más allá de la convención y mira de destruirla remitiendo el relato a la falsa naturalidad de una confidencia (tal, el aspecto artificioso de algunos relatos de Gide). De modo semejante, el uso del *il* en las novelas une dos éticas opuestas...

(R. Barthes, *El grado cero en la escritura,* París, 1972, págs. 27 y sigs.)

2

TEXTOS POÉTICOS

CANÍCULA
(Alceo, fragmento, 162 Page)

Τέγγε πλεύμονασ οἴνῳ, τὸ γὰρ ἄστρον περιτέλλεται,
ἁ δ᾽ ὥρα χαλέπα, πάντα δὲ δίψαισ᾽ ὕπα καύματος
ἄχει δ᾽ ἐκ πετάλων ἄδεα τέττιξ, πτερύγων δ᾽ ὕπα
κἀκχέει λιγύραν... ἀοιδαν... ὄπιτωτα

. . . .

ἄνθει δὲ σκόλυμος νῦν δε γυναικες μιαρώταται,
λέπτοι δ᾽ ἄνδρες. ἐπεὶ [δη] κεφαλαν και γόνα ζείριος
ἄβδει.

Traducción de M. Rabanal

Refresca la garganta con vino, pues ya asoma
el astro, y la estación está en todo su rigor.
Todo se abrasa de calor; entre el follaje,
la cigarra canta dulcemente, de debajo
de sus alas está derramando su aguda canción
insistente, al tiempo que un brillante sol de fuego,
tendiendo su vuelo sobre la tierra, lo agosta
todo. Florece el cardo. Son ahora las mujeres
más lascivas, y los hombres más flojos,
puesto que la estrella de la Canícula
relaja su cabeza y sus rodillas.

Observaciones

Uno de los temas del poeta Alceo (siglo VI a. de C) es el olvido del tiempo mediante la entrega a la bebida. Unas veces es el invierno y el frío lo que hay que evitar; ahora es la estación del Can (la canícula). El pasaje se inspira en Hesíodo, *Erga,* 583 y sigs., y ha inspirado a su vez determinados aspectos de la poesía de Horacio.

UN POEMA DE SAFO
(Fragmento, 199 Page)

φαίνεταί μοι κῆνος ἴσος θέοισιν
ἔμμεν' ὤνηρ, ὄττις ἐνάντιός τοι
ἰσδάνει καὶ πλάσιον ἆδυ φωνεί-
σας ὐπακούει

καὶ γελαίσας ἰμέροεν, τό μ' ἦ μὰν
καρδίαν ἐν στήθεσιν ἐπτόαισεν
ὠς γὰρ ἔς σ' ἴδω βρόχε', ὤς με φώναι-
σ' οὐδ' ἓν ἔτ' εἴκει,

ἀλλ' ἄκαν μὲν γλῶσσα† ἔαγε†, λέπτον
δ' αὔτικα χρῶι πῦρ ὐπαδεδρόμηκεν,
ὀππάτεσσι δ' οὐδ' ἓν ὄρημμ', ἐπιρρόμ-
βεισι δ' ἄκουαι,

†έκαδε μ' ἴδρως ψῦχρος κακχέεται†, πρόμος δὲ
παῖσαν ἄγρει, χλωροτέρα δὲ ποίας

Traducción latina de Catulo (c. 51)

Ille mi par esse deo videtur,
elle, si fas est, superare divos,
qui sedens adversus identidem te
spectat et audit,

dulce ridentem, miseo quod omnis
eripit sensus mihi; nam simul te,
Lesbia, aspexi, nihil est super mi
vocis in ore,

lingua sed torpet, tenuis sub artus
flamma demanat, sonitu suppte
tintinant aures, gemina teguntur
lumina nocte.

(Otium, Catulle, tibi molestum est;
otio exultas nimiumque gestis;
otium et reges prius beatas
perdidit urbes.)

NOTA: La versión de Catulo es una adaptación. La estrofa entre paréntesis no reproduce el texto griego, sino que se adapta a la situación del traductor.

DOS POEMAS DE CATULO
(109 y 101)

1 (109)

Iucundum, mea vita, mihi proponis amorem
hunc nostrum inter nos perpetuumque fore.
Di magni, facite ut vere promittere possit,
atque id sicere dicat et ex animo,
ut liceat nobis tota perducere vita
aeternum hoc sanctae foedus amiticiae.

Traducción

Me prometes, mi vida, que este amor que nos une
será venturoso y durará eternamente.
Dioses, haced que su promesa sea promesa cierta,
y que lo que promete sea sincero y real,
y podamos así conducir a lo largo de nuestra existencia
este lazo eterno de una sagrada unión.

101

Multas per gentes et multa per aequora vectus
advenio has miseras, frater, ad inferias,
ut te postremo donarem munere mortis
et mutuam nequiquam alloquere cinerem.
Quandoquidem fortuna mihi tete abstulit ipsum,
heu miser indigne frater adempte mihi,
nunc tamen interea haec, prisco quae more parentum
tradita sunt tristi munere ad inferias,
accipe fraterno multum manantia fletu,
atque in perpetuum, frater, ave atque vale.

Traducción

Después de cruzar muchos pueblos y cruzar muchos mares
he llegado, por fin, hermano, ante tus restos mortales,
para ofrecerte la postrema ofrenda que se hace a los muertos
y dirigir mis palabras a tus silenciosas cenizas.
Hado adverso, a ti, oh mi hermano, te hurtó de mi lado,
si, infeliz hermano mío, sin motivo te ha hurtado.
Pero ahora, entre tanto, todo cuanto según la costumbre
se entrega en triste ofrenda a los restos mortales,
recíbelo ya, entre el llanto y gemidos de quien es tu hermano.
Y ahora, para siempre, oh hermano, recibe un saludo y un adiós.

INQUIETUD AMOROSA DE DIDO
(Virgilio, *La Eneida,* IV, págs. 521 y sigs.)

Nox erat, et, placidum carpebant fessa soporem
corpora per terras, silvaeque et saeva quierant
aequora, cum medio volvuntur sidera lapsu,
cum tacet omnis ager, pecudes pictaeque volucres,
quaeque lacus late liquidos quaeque aspera dumis
rura tenent, somno positae sub nocte silenti.
At non infelix animi Phoenissa, neque umquam
solvitur in somnos oculisve aut pectore noctem
accipit; ingeminant curae, rursusque resurgens
saevit amor, magnoque irarum fluctuat aestu.

Traducción

Era de noche ya y por doquier los cuerpos,
rendidos, en la calma del sueño se gozaban;
descansaban el bosque y la adusta superficie del mar,
cuando a mitad del camino van girando los astros,
callan los campos por doquier, los pintados pájaros,
los rebaños, los animales que habitan lejanos cenagales,
u horribles estepas, entregados al sueño en la callada noche.
Pero no el corazón infeliz de Dido: no desciende
jamás al sueño; sus ojos, su pensamiento no descansan
en la noche. Antes, redoblado dolor, su amor se aviva
rígido y flota en su cabeza una ola indómita de cólera.

Observaciones

La contraposición de la calma de la naturaleza a la inquietud del corazón enamorado es un *topos* de la literatura antigua.

La fuente de Virgilio para describir el enamoramiento y la inquietud de Dido es Apolonio de Rodas, *Argonáuticas,* III, págs. 444 y sigs.

HORACIO: ODA DEL INVIERNO
(Odas, I,9)

Vides ut alta stet nive candidum
Soracte nec iam sustineant onus
silvae laborantes geluque
flumina constiterint acuto.

Dissolve frigus ligna super foco
large reponens atque benignius
deprome quadrimum Babina,
o Talierche, merum diota.

Permite divis caetera, qui simul
stravere ventos aequore fervido
deproeliantis, nec cupressi
nec veteres agitantus orni.

Quid sit futurum cras, fuge quaerere, et
quem fors dierum cumque dabit, lucro
adpone nec dulcis amores
sperne, puer, neque tu choreas,

donec virenti canities abest
morosa. Nunc et Campus et arme
lenesque sub noctem susurri
composita repetantur hora,

nunc et latentis proditur intumo
gratus puellae risus ab angulo
pignusque dereptum lacertis
aut digito male pertinaci.

Traducción de B. Chamorro

¿No ves cómo la cima del Soracte
blanquea con la nieve,
y, agobiadas, las selvas
al peso inesperado se resienten,
mientras el manso río
bajo hielo tenaz en calma duerme?

Ahuyenta el frío, en el hogar quemando
leña que con largueza se renueve;
y aquel vinillo puro
que tan guardado tienes
cuatro años ha, del cántaro Sabino
escancia, ¡oh Taliarco!, alegremente.

Confía lo demás todo a los dioses;
y así que ellos sujeten
con su voz a los vientos irritados
contra el piélago hirviente,
aquietarse verás los viejos olmos
y los altos cipreses.

Huye de investigar lo que mañana
haya de ser. El día que la suerte
te da a gozar, acepta como obsequio,
y los dulces amores no desprecies,
tan joven, ni las danzas,
mientras lejana la vejez se advierte.

Hoy el Campo de Marte
y las plazas te esperan, y los tenues
coloquios que, en la noche,
a la hora convenida se suceden;

y la grata risilla delatora
del rinconcito en que tu amada ofrece
a tu avidez la prenda de sus brazos,
o de su mano, apenas resistente.

DOS POETAS HEBREOS

1

MOSÉ IBN EZRA: *Poesías báquicas y amorosas*

I

Contemplo el fulgor de las copas,
que recuerda el brillo de las espadas.
Con las hojas de éstas los esforzados guerreros
se cansan de hacer aquello que las copas
hacen con sus irisaciones

II

Ven gacela, acércate a mí,
pues en tu diestra todas las gracias vienen.
Cuando el vino dentro del vaso brilla
ilumina al mundo, mientras sol va a su ocaso...

2

JEHUDÁ HA-LEVÍ: *Poesías báquicas*

I

Sal, hermosa, robadora de corazones,
envía del rayo de tu luz los fulgores
e ilumina a través de tu velo, al modo como el sol
ilumina a través de las nubes que lo cubren.

Ya es hora de que dejes el interior de los aposentos
y salgas al encuentro del amado, en vela de amores,
y él alcance de tus labios sartas de besos,
del mismo modo que su corazón hendiste en sartas.

II

Ved la mesa que se asemeja al firmamento,
y yo, en medio de ella, aseméjome a la luna;
hacia mí alargaron la mano los nobles
porque de todo bien estoy colmada.

(Trad. J. M. Millás, *Literatura hebraica española,* Barcelona, Labor, 1967, págs. 86 y sigs.)

WALTER DE CHÂTILLON: PASTOURELLE

Declinante frigore,
picto terre corpore
tellus sibi credita
multo reddit fenore.
Eo surgens tempore
nocte iam emerita
resedi sub arbore.

De sub ulmo patula
manat unda garrula,
ver ministrat gramine
fontibus umbracula,
qui per loca singula
profluunt aspergine
virgultorum pendula.

Dum concentus avium
et susurri fontium
garriente rivulo
per convexa montium
removerent tedium,
vidi sinu patulo
venire Glycerium.

Clamis multiphario
nitens artificio
dependebat vertice
cotulata vario.
Vestis erat Tyrio
colorata murice
opere plumario.

Frons illius adzima,
labia tenerrima.
«Ades», inquam, «omnium
michi dilectissima,
cor meum et anima,
cuius forme lilium
mea pascit intima.

In te semper oscito
vix ardorem domito;
a mequidquid agitur,
lego sive scriptito,
crucior et merito,
ni frui conceditur,
quod constanter optito».

Ad hec illa frangitur,
humi sedit igitur,
et sub fronde tenera,
dum vix moram patitur,
subici compellitur,
Sed quis nescit cetera?
Praedicatu vincitur.

UN TROVADOR PROVENZAL: BERNAT DE VENTADORN

CANCIÓN (57 Riquer)

I

Pel doutz chan que.l rossinhols fai,
la noih, can me sui adormitz,
revelh de joi totz esbaitz,
d'amor pensius e cossirans.

II

Qui sabia lo joi qu'eu ai,
que jois fos vezutz ni auzitz,
totz autre jois fora petitz,
vas qu'eu tenc, que.l meus jois es grans.
Tals se fai conhdes e parlers,
que.n cuid'esser rics e sobrers
de fin'amor, qu'eu n'ai dos tans!

III

Can eu remire so cors gai,
com es be faihz a totz shausitz,
sa cortezi'e sos bels ditz,
ja mos lauzars no m'er avans;

c'obs m'i auri'us ans enters,
si.n voli'esser verdaders,
tan es cortez'e ben estans.

IV

Cil que cuidon qu'eu si sai,
no sabon ges com l'esperitz
es de leis privatz et aizitz,
sitot lo cors s'en es lonhans.
Sapchatz, lo melher messatgers
c'ai de leis, es mos cossirers
que.m recorda sos bels sem blans.

V

Domna, vostre sui e serai,
del vostre servizi garnitz.
Vostr'om sui juratz plevitz,
e vostre m'era des abans.
E vos etz lo meu jois primers,
e si seretz vos lo darrers,
tan com la vida m'er durans.

VI

No sai coras mais vos veirai;
mas vau m'en iratz e maritz.
Per vos me sui del rei partitz,
e prec vos que no.m sia dans,
qu'e.us serai en cort prezenters
entre domnas e chevalers,
francs e doutz et umilians.

VII

Huguet, mon cortes messatgers,
chantatz ma chanso volonters
a la reina dels normans.

DANTE EVOCA A SU AMADA
(De *Vita nuova)*

Tanto gentile e tanto onesta pare
la donna mia, quand'ella altrui saluta,
ch'ogni lingua divien tremendo muta,
a gli occhi non ardiscon di guardare.

Ella sen va, sentendosi laudare,
benignamente d'umiltà vestuta;
e par che sia una cosa venuta
di cielo in terra a miracol mostrare.

Mostrasi sì piacente a chi la mira,
che dà per gli occhi una dolcezza al cuore,
che intender non la può chi non la prova.

E par che della sua labbia si muova
uno spirito soave e pien d'amore
che va dicendo all'anima: sospira.

Traducción de C. Consiglio

Tan gentil y tan digna se muestra mi amada
cuando a alguno dirige su saludo,
que toda lengua, temblorosa enmudece,
y los ojos no se atreven a mirarla.

Ella, al sentirse alabar, sigue su camino
modestamente de humildad vestida,
y parece como descendida del cielo
a la tierra para mostrar un milagro.

Tan placentera se ofrece a quien la mira,
que a través de los ojos cala hasta el corazón
una dulzura que sólo es capaz de entender el que la experimenta.

Y sus labios parecen exhalar un hálito suave
saturado de amor, que incita al alma a suspirar.

PETRARCA: SONETO A LAURA

Parrà forse ad alcum che'n lodar quella
ch'i'adoro in terra, errante sia'l mio stile,
faccendo lei sovr'ogni altra gentile,
santa, saggia, leggiadra, onesta e bella.

A me par il contrario, e temo ch'ella
non abbia a schifo il mio dir troppo umile,
degna d'assai più alto e più sotile;
e chi nol crede, venga egli a vedella.

Sì dirà ben: —Quello one questi aspira
è cosa di stancar Atene, Arpino,
Mantova e Smirna, e l'una e l'altra lira.

Lingua mortale al duo stato divino
giunger non pote: Amor la spinge e tira,
non per elezïon, ma per destino.

ANGELO POLIZIANO
(De *Ritratto di Simonetta)*

1

Candida è ella, e candida la veste,
ma pur di rose e fior depinta e d'erba;
lo inaellato crin dell'aurea testa
scende in la fronte umilmente superba.
Ridegli attorno tutta la foresta,
e quanto può sue cure disacerba.
Nell'atto regalmente è mansueta;
e pur col ciglio le tempeste acqueta.

Traducción

Blanca es ella, y es blanco su vestido,
mas matizada de rosas, flores y hierba;
Su ensortijada cabellera, de la dorada testa
desciende hacia la frente, humildemente soberbia.
Le ríe en torno toda la floresta
y en cuanto puede sus cuitas apacigua.
En su gesto es regiamente benigna;
pero con su mirar calma las tempestades.

2

Fulgoron gli occhi d'un dolce sereno,
ove sua face tien Cupido ascose:
l'aer d'intorno si fa tottuo ameno,
ovunque gira le luci amorose.
Li celeste letizia il volto a pieno,
dolce dipinto di ligustri e rose.
Ogni aura tace al suo parlar divino,
e canta ogni augelletto in suo latino.

Traducción

Brillan sus ojos con serena dulzura,
en los que tiene Amor ocultas sus teas:
el aire a su alrededor se torna alegre
doquiera vuelve su amoroso rostro.
Tiene la faz de un goce celestial repleto
dulcemente teñido de rosas y de alheñas.
Todas las brisas callan ante su hablar divino,
y en su idioma cantan todas las avecillas.

GARCILASO: AMOR CONNATURAL

Escrito está en mi alma vuestro gesto,
y cuanto yo escribir de vos deseo;
vos sola lo escribisteis, yo lo leo
tan solo, que aun de vos me guardo en esto.

En eso estoy y estaré siempre puesto;
que aunque no cabe en mí cuanto en vos veo,
de tanto bien lo que no entiendo creo,
tomando ya la fe por presupuesto.

Yo no nací sino para quereros,
mi alma os ha cortado a su medida;
por hábito del alma misma os quiero.

Cuanto tengo confieso yo deberos;
por vos nací, por vos tengo la vida,
por vos he de morir, y por vos muero.

RONSARD: A HELENA

Quand vous serez bien vieille, au soir à la chandelle,
assise auprès du feu, devidant et filant,
direz, chantant mes vers, en vour esmerveillant:
«Ronsard me celebroit du temps que j'estois belle».

Lors vous n'aurez servante oyant telle nouvelle,
dejà sous le labeur à demy sommeillant,
qui au bruit de mon nom ne s'aille resvellant,
benissant vostre nom de louange inmortelle.

Je seray sous la terre, et fantôme sans os
par les ombres myrteux je prendray mon repos;
vous serez au foyer una vieille accroupie,

regrettant mon amour et vostre fier desdain.
Vivez, si m'en croyez, m'attendez à demain:
cueillez dés aujourdouy les roses de la vie.

Traducción

Cuando seas muy vieja, y, de noche, ante la chimenea
cabe el fuego te sientes, hilando y devanando,
dirás, cantando mis poemas, mientras te admiras:
«Ronsard me celebró en mis tiempos de bella.»

Entonces, sin criada que escuche tus palabras
ya junto a sus labores dormitando,
que al nombre de Ronsard no vaya despertando
al bendecir tu nombre con eterna alabanza.

Bajo tierra estaré, y fantasma sin huesos,
gozaré del reposo bajo mirtos tupidos.
Tú serás, ante el fuego, una anciana encogida,
añorando mi amor y tus fieros desdeños.

Vive, no aguardes del mañana los engaños primeros,
y corta desde ahora las rosas de la vida.

J. DE BELLAY: SONETO DEL DESTIERRO

Heureux qui, comme Ulysse, a fait un beau voyage,
ou comme cestuy là qui conquist la Toison,
et puis est retourné, plein d'usage et raison,
vivre entre ses parents le reste de son age!

Quan revoiray-je, hélas!, de mon petit village
fumer la cheminée; et en quelle saison
revoiray-je le clos de ma pauvre maison,
qui m'est une province et beaucoup d'avantage?

Plus me plaist le sejour qu 'ont basti mes ayeux
que des palais romains le front audacieux;
plus que le marbre dur me plaist l'ardoise fine,

plus mon Loyre Gaulois que le Tybre latin,
plus mon petit Lyré que le mont Palatin,
et plus que l'air marin la doucer angevine.

Traducción

¡Feliz quien, como Ulises, ha hecho un buen viaje,
o como aquel que un día conquistó el Vellocino,
y luego ha regresado, en pleno uso de razón,
a vivir con sus padres el resto de sus días!

¿Cuándo veré de mi pequeño pueblo
humear la chimenea? ¿Y en qué estación
volveré a ver la valla de mi pobre mansión
que es para mí un reino y mucho más incluso?

Más me agrada la estancia que edificaron mis abuelos
que el rostro soberbio de los palacios romanos;
más que el mármol, tan duro, la pizarra, tan fina,

más mi Loira francés que el Tíber latino,
más mi pequeño Lyré que l monte Palatino,
más que el aire marino la dulzura angevina.

W. SHAKESPEARE: MONÓLOGO DE HAMLET

(*Hamlet,* acto III, esc. 1)

To be or not to be: that is the question:
wheter itis nobler in the mind to suffer
the slings and arrows of outrageous fortune,
or to take arms against o sea of troubles,
and by oposing end them. To die: to sleep;
no more; and by a sleep to say we end
the heart-ache, and the thousand natural shocks
that flesh is heir to, 'tis a consummation
devotly to be wish'd. To die, to sleep;
to sleep; perchance to dream: ay, there's the rub;
for in that sleep of death what drems may come,
when we have shuffled off this mortal coil,
must give us pause: there's the respect
that makes calamity of so long life;
for who would bear the whips and scorns of time,
the oppressor's wrong, the proud man's contumely,
the pangs of despised love, the law's delay,
the insolence of office, and the spurns
that patient merit of the unworthy takes,
ehen he himself might his quietus make
with a bare bodkin? who would fardels bear,
to grunt and soeat under a weary life,
but that the dread of something after death,
the undiscover'd country from whose bourn
no traveller returns, puzzles the will,
and makes us rather bear those ills we have
than fly to others that we know not of?
Thus conscience does make cowards of us all,
and thus the native hue of resolution
is sicklied o'er with the pale cast of thought,
and interprises of great pitch and moment
with this regard their currents turn away
and llose the name of action

Traducción de J. M. Valverde

Ser o no ser: ésta es la cuestión: si es más noble sufrir en el ánimo los tiros y flechazos de la insultante Fortuna o alzarse en armas contra un mar de agitaciones, y, enfrentándose con ellas, acabarlas: morir, dormir, nada más, y, con un sueño decir que acabamos el sufrimiento del corazón y los mil golpes naturales que son herencia de la carne: Esa es una consumación piadosamente deseable: morir, dormir; dormir, quizá soñar. Sí, ahí está el tropiezo, pues tiene que preocuparnos qué sueños podrán llegar en este sueño de muerte, cuando nos hayamos desenredado de este embrollo mortal. Esa es la consideración que da tan larga vida a la calamidad: pues, ¿quién soportaría los latigazos y los insultos del tiempo, el agravio del opresor, la burla del orgulloso, los espasmos del amor despreciado, la tardanza de la justicia, la insolencia de los que mandan, y las patadas que recibe de los indignos el mérito paciente, si él mismo pudiera extender su documento liberatorio con un simple puñal? ¿Quién aguantaría cargas, gruñendo y sudando bajo una vida fatigosa, si no temiera algo después de la muerte, el país sin descubrir, de cuyos confines no vuelve ningún viajero, que desconcierta la voluntad y nos hace soportar los males que tenemos mejor que volar a otros de que no sabemos? Así, la conciencia nos hace cobardes a todos, y el colorido natural de las resoluciones queda debilitado por la pálida cobertura de la preocupación, y las empresas de gran profundidad y empuje desvían sus corrientes con esta consideración y pierden el nombre de acción...

UN SONETO DE CAMÔENS
(Soneto 13)

Alegres campos, verdes arvoredos,
claras e frescas aguas de cristal,
que em vós os debuxais ao natural,
discorrendo da altura dos rochedos.

Silvestres montes, ásperos penedos,
compostos em cincerto desigual,
sabei que, sem licença de meu mal,
já nâo podeis fazer meus olhos ledos.

E, pois me já nâo vedes como vistes,
nâo me alegrem verduras deleitosas,
nem aguas que correndo alegres vêm.

Semarei em vós lembranças tristes,
rogando-vos com lágrimas saudosas,
e nascerâo saudades do meu bem.

ASAMBLEA DE DIABLOS (*)
(Milton, *Paradise Lost,* I, vs. 338 y sigs.)

As when the potent rod
of Amram's son, in Egypt's evil day,
waved round the cost, up call'd a pitchy cloud
of locusts, warping on the eastern wind,
that o'er the realm of impious Pharaoh hung
like night, and darkén 'd all the land of Nile:
so numberless were those bad Angels seen
hov'ring on wing under the coupe of Hell
'Twixt upper, nether, and surrounding fires;
till,as a signal giv'n, th'uplifted spear
of their great Sultan waving to direct
their course, in even balance down they light
on the firm brimstone, and fill all the plain

Traducción

Como cuando la potente vara
del hijo de Amrán, en el día funesto para Egipto,
apostado en la costa llamó a una nube
fangosa de langostas, transportadas
por el viento del Este, y que cayendo
sobre el impío reino faraónico
dejó sin luz las regiones del Nilo;
así de numerosa aquella masa de Ángeles perversos
planeaba bajo la bóveda del infierno
con llamas encima, debajo y entorno,
hasta que, a una señal, la lanza enhiesta
de su Rey, ondeando para conducirlos,
ondeando igualmente se encaminan
al firme azufre y la llanura ocupan.

Observaciones

Para la comparación, véase *La Ilíada,* II, vs. 455 y sigs., de donde lo toma Milton.

Las fuentes de Milton para el *Paraíso perdido* son el *Génesis* y parcialmente Ovidio *(Metamorfosis,* I, vs. 1 y sigs.) y Hesíodo *(Teogonía,* vs. 116 y sigs.)

(*) Se trata de la reunión convocada por Satán para discutir la posibilidad de recobrar el cielo.

WILLIAM BLAKE: SPRING (PRIMAVERA)

Sound the Flute!
Now its mute.
Birds delight
Day and Night.
Nightingale
in the bale,
lark in sky,
merrily,
merrily, merrily, to welcome the Year.

Little Boy,
full of joy;
little girl,
sweet and small;
cock does crow,
so do you;
merry voice,
infant noise,
merrily, merrily, to welcome the Year.

Little Lamb,
here I am;
come and lick
my white neck;
let me pull
ypur soft Wool;
let me kiss
your soft face;
merrily, merrily, we welcome in the Year.

Traducción

¡Tañe la flauta!
Ahora está muda.
Las aves alegran
Día y Noche.
El ruiseñor
en la cañada,
la alondra en el cielo,
gozosa,
gozosa, gozosa para recibirla en el Año.

Muchaho,
lleno de gozo;
muchacha
dulce y pequeña;

el gallo canta,
y tú también;
voz alegre,
ruido infantil,
con gozo, con gozo para recibirle en el Año.

Corderito,
yo estoy aquí;
ven a lamerme
mi blanco cuello;
deja que tire
tu tierna lana;
deja que bese
tu suave rostro;
con gozo, con gozo, le recibimos en el Año.

SCHILLER: HOFFNUNG (ESPERANZA)

Es reden und träumen die Menschen viel
von bessern künftigen Tagen;
nach einem glücklichen, goldenen Ziel
sieht man sie rennen und jagen.
Die Welt wird alt und wird wieder jung,
doch der Mensch hofft immer Verbesserung.

Die Hoffnung führt ihn ins Leben ein,
sie umflattert den fröhlichen Knaben,
den Jüngling lockert ihr Zauberschein,
sie wird mit dem Greis nicht begraben;
denn beschliesst er im Grabe den müden Lauf,
noch im Grabe pflantz er die Hoffnung auf.

Es is dein leerer, schmeichelnder Wahn
erzeugt im Gehirne des Thoren,
im Herzem kündet es laut sich an;
su et was besset sind wir geboren;
und was die innere Stimme spricht
das täuscht die hoffende Seele nicht.

Traducción

Hablan y sueñan los hombres mucho
en días mejores y futuros;
hacia una meta dorada, alegre,
correr les vemos, y cazar.
El mundo se hace viejo, y vuelve a hacerse joven,
mas siempre espera el hombre que habrá de mejorar.

La esperanza en la vida lo introduce,
revolotea en torno a alegre muchacho,
su brillo hechicero encandila al joven,
y ni con el viejo se deja enterrar.
Pues si en la tumba termina su camino cansado
incluso allí en la tumba él planta su esperanza.

No es idea vacía y lisonjera
que brota de una mente enloquecida,
en el corazón fuertemente se anuncia:
para algo mejor hemos nacido;
y aquello que pregona esa voz interior,
eso no engaña nunca al alma esperanzada.

J. W. VON GOETHE: MIGNON

Nur wer die Sehsucht kennt,
weiss, was ich leide!
Allein und abgetrennt
von aller Freude,
seh ich ans Firmament
nach jenes Seite!
Ach! der mich liebt und kennt,
ist in der Weite.
Es schwindelt mir, es brennt
mein Eingeweide.
Nur wer die Sehnsucht kennt,
weiss, was ich leide!

Traducción

¡Sólo aquél que conoce la añoranza
sabe lo que yo sufro!
Sola y privada
de la alegría,
contemplo el firmamento
volviendo la mirada hacia aquel lado.
¡Ay!, el que me conoce, aquél que a mí me quiere
¡está de mí tan lejos!
¡Siento desvanecerme y que arden
todas mis entrañas!
¡Sólo aquel que conoce la añoranza
sabe lo que yo sufro!

W. WORSWORTH: CAMPOSANTO EN EL SUR DE ESCOCIA

Part fenced by man, part by a rugged steep
that curbs a foaming brook, a Grave-Yard lies;
the hare's best couching-place for earless sleep;
which moonlit elves, far seen by credulous eyes,
enter in dance. Of church, or sabbath ties,
no vestige now remains; yet thither creep
bereft ones, and in lowly anguish weep
their prayers out to the wind and naked skies.
Proud tomb is none; but rudely-sculptured knights,
by humble chlice of plain old times, are seen
level with earth, among the hillocks green;
union nor sad, when sunny daybrak mites
the sprangled turf, and neighbouring thickets ring
with jubilate *from the coirs of spring!*

Traducción

En parte por el hombre acotado, por una sima en parte
por do fluye espumeante la ribera, se halla un cementerio.
Allí la liebre alcanza su más tranquilo sueño,
y los elfos, bañados por la Luna, vistos de lejos
por unos ojos crédulos, entran en la danza.
No queda ya vestigio de templo ni aquelarre
mas por allí se arrastran desconsoladas gentes
que con velada angustia al viento y al celaje
le lloran su oración. No tumbas orgullosas;
mas rudos caballeros, que esculpió
el humilde querer de unos tiempos que fueron,
yacen en tierra, envueltos en verdor de la cicuta.
No es una mezcla triste si quiebra el alba clara
el resplandor del césped, y junto a los arbustos,
entonan su «alegraros» coros primaverales.

WORSWORTH: SÍ, FUE EL ECO DE LA MONTAÑA

Yes, it was the mountain Echo,
solitary, clear, profound,
answering to the shouting Cuckoo,
giving ti her sound for sound.

Unsolicited reply
to a babbling wanderer sent;

like her ordinary cry,
like-but oh, how different!

Hears not also mortal Life?
Hear not we, unthinking Creatures!
Slaves of folly, love, or strife—
voices of two different natures?

Have not we *too? —Yes, we have*
answers, and we know not whence;
echoes from beyond the grave,
recognized intelligence!

Such rebounds our inward ear
catches sometines fram afar—
Listen, ponder, hold them dear;
for of God, of God they are.

Traducción

Sí, fue el eco de los montes,
solitario, claro, profundo,
contestando al cuco gritón,
y devolviendo sonido por sonido.

Respuesta no reclamada,
dada a un caminante balbuciente;
cual su grito acostumbrado,
como... pero ¡cuán diferente!

¿No oye también la vida humana?
esclavos de locura, amor o lucha,
¿no escuchamos también nosotros, criaturas irreflexivas
voces de distintos tipos?

¿No las tenemos nosotros también? Sí, tenemos
respuestas, e ignoramos de dónde.
Ecos de más allá de nuestras tumbas
¡reconocida inteligencia!

Ecos así recoge nuestro oído
algunas veces, sí, mas desde lejos;
escucha, medita, guárdalos con cariño,
porque vienen de Dios, sí, de Dios vienen.

P. B. SHELLEY: HIMNO DE PAN

From the forests and highlands
we come, we come;
form the river-girt islands,
where loud waves are dumb
listening to my sweet pipings.
The wind in the reeds and the rushes,
the bees on the bells of thyme,
the birds on the myrtle bushes,
the cicale above in the lime,
and the lizards below in the grass,
were as silent as ever old Tmolus was,
listening to my sweet pipings.

Traducción

De las tierras altas y los bosques
llegamos, sí, llegamos;
de las islas ceñidas por los ríos,
donde, bravas, se callan las ondas,
al escuchar mi dulce caramillo,
Todo viento, en los juncos, en las cañas,
y la abeja en la campana del tomillo,
los pájaros en las ramas de su mirto,
la cigarra en sus limeros asentada,
los lagartos abajo, entre la hierba,
callaban más aún que se callaba el Tmolo
al escuchar mi dulce caramillo.

JOHN KEATS: SOBRE UNA URNA GRIEGA
(Fragmento)

O Attic shape! Fair attitude! with brede
of marble men and maidens overwrought,
with forest branches and the trodden weed;
Thou, silent form! dost tease us cout of thought
as doth eternity: Cold Pastoral!
When old age shall tis generation waste,
thou shall remain, in midst of other woe
then ours, a friend to man, to whom thou say'st,
«Beauty is truth, truth is Beauty» — that is all,
Y know on earth, and all ye need to know.

Traducción

¡Oh ática forma, oh actitud hermosa! Guarnecida
con hombres y doncellas hechas de mármol,
con ramas montaraces y con hollada hierba;
¡Tu empeño, oh silenciosa forma!, nuestros pesares
vence, como la eternidad, ¡oh tú, pastoral fría!
Cuando a los hoy lozanos consuma la vejez
te quedarás aquí entre tus cuitas,
como amiga del hombre, diciendo. «La Belleza
es la Verdad, y la Verdad Belleza»: eso es cuanto
en la tierra debéis, y más ya no os precisa.

FR. HÖLDERLIN: AN DIE PARZEN
(A las Parcas)

Nur einen Sommer gönnt, ihr Gewaltgen!
Und einen Herbst zu reifen Gesange mir,
dass williger mein Herz, vom süssen
Spiele gesättliget, dann mir sterbe.

Die Seele, der im Leben ihr göttlich Recht
nicht ward, sie ruht auch drunten im Orkus nicht;
doch ist mir einst das Heilige, das am
Herzen mir leigt, das Gedicht, gelungen,

willkommen dann, o Stille der Schattenwelt!
Zufrieden bin ich, wenn auch mein Saitenspiel
mich nicht hinab geleitet; einmal
lebt ich, wie Götter, und mehr bedarts nicht.

Traducción

Un verano tan sólo concededme, ¡oh Fuerzas poderosas!
y un otoño para hacer que mi canto madure,
porque, saciado mi corazón de dulces juegos,
a la muerte se entregue sin protestas.

El alma que aquí abajo fue frustrada
no podrá hallar reposo ni en el Orco,
mas si logro plasmar lo más querido,
y ante todo sagrado, Poesía.

sonreiré satisfecho a las feroces
sombras, aunque yo tenga que dejar
en el umbral mi voz. Un sólo día
habré vivido como un dios: Y eso es bastante.

Observaciones

El metro y la estrofa son alcaicos: 11-11-9-10.

A. DE LAMARTINE: LA SOLEDAD
(De *Méditations poétiques)*

Souvent sur la montagne, à l'ombre du vieux chène,
au coucher du soleil, tristement je m'assieds;
je promène au hazard mes regards sur la plaine
dont le tableau changeant se dérobe à mes pieds.

Ici gronde le fleuve aux vagues écumantes;
il serpente, et s'enfonce en un lointain obscur;
Là le lac inmobile étend ses eaux dormantes
où l'étoile dur soir se lève dans l'azur.

Au sommet de ces monts couronnés de bois sombres
le crépuscule encor jette un dernier rayon;
et le char vapoureux de la reine des ombres
monte, et blanchit déjà les bords de l'horizon.

Dependant, s'élançant de la flèche gothique
un son religieux se répand dans les airs;
le voyageur s'arrète, et la cloche rustique
aux derniers bruits du jour mêle de saints concerts.

Mais à ces doux tableaux mon âme indifférente
n'éprouve devant eux ni charme ni transport;
je contemple la tèrre ainsi qu'un ombre errante:
le soleil des vivants n'échauffe plus les morts.

LEOPARDI: L'INFINITO

Sempre caro mi fu quest'ermo monte
e questa siepe, qhe da tanta parte
dell'ultimo orizzonte il guardo esclude.
Ma sedendo e mirando, interminati
spazi di là da quella, e sovrumani

silenzi, e profondissim quiete
io nel pensier mi fingo; ove per poco
il cor non si spaura. E come il vento
odo stormir tra queste piante, io quello
infinito silenzio a questa voce
vo comparando: e mi sovvien l'eterno,
e le morti stagioni, e la presente
e viva, e il suon di lei. Così tra questa
immensità s'annega il pensier mio:
e il naufragar m'è dolce in questo mare.

Traducción de Loreto Busquets

Siempre me ha sido caro este collado
yermo, y este seto, que de tanta parte
del último horizonte la vista excluye.
Mas sentado y contemplando, interminables
espacios más allá de aquéllos, y sobrehumanos
silencios y profundísima calma
en mi mente imagino; tanto que casi el
corazón se me estremece. Y si del viento
oigo el susurro entre estas plantas, yo aquel
infinito silencio y esta voz
voy comparando: y acuérdome de lo eterno
y de las estaciones muertas, y de la presente
y viva, y su sonido. Así, en esta
inmensidad mi pensamiento anega
y el naufragar me es dulce en este océano.

H. HEINE: ES KOMMT ZU SPÄT
(Del *Buch der Lieder)*

Es kommt zu spät, was du mir lächelst,
was du mir seufzest, kommt zu spät!
Längst sind gestorben dir Gefühle,
die du so grausam einst versmäht!

Zu spät kommt deine Gegenliebe!
Es fallen auf meine Herz herab
all deine heissen Liebesblicke
wie Sonnenstrahlen auf ein Grab.

Nur wissen möcht'ich: wenn wir sterben,
wohin dann unsre Seele geht?
Wo ist das Feuer, das esloschen,
wo ist der Wind, der schon verweht?

Traducción

¡Demasiado tarde me llega tu sonrisa,
tus suspiros me han llegado demasiado tarde!
Aquellos sentimientos de los que tú te reías
—cruel— un día, están ya muertos todos.

¡Tarde me llega tu correspondencia!
Caen ahora sobre el corazón
tus ardientes miradas amorosas
como un rayo de sol sobre una tumba.

Sólo saber quisiera: cuando morimos,
¿adónde se encamina nuestra alma?
¿Adónde el fuego que ya está extinguido,
adónde el viento que no sopla ya?

DOS POEMAS DE MATTHIAS CLAUDIUS

1

Wir stolze Menschenkinder
sind eitel arme Sünder,
und wissen gar nicht viel;
wir spinnen Luftgespinste,
und suchen viele Künste,
und kommen weiter von dem Ziel.

Traducción

Nosotros, orgullosas criaturas,
somos tan sólo unos pecadores,
y sabemos muy poco;
levantamos castillos en el aire,
buscamos artificios,
y sólo nos alejamos de la meta.

2

Der Mond ist aufgegangen,
die goldnen Sternlein prangen
am Himmel, hell und klar;
der Wald steht schwarz und schweiget,
und aus dem Wiesen steiget
der weisse Nebel wunderbar.

Traducción

La Luna ya ha salido,
las doradas estrellitas
en el cielo brillan, claras y luminosas.
El bosque se levanta negro y calla,
y de los prados asciende
la blanca niebla, milagrosamente.

NORA DECIDE ABANDONAR SU CASA
(Ibsen, *Casa de muñecas,* III)

HELMER.—En suma, Nora, ¿qué significa ese lenguaje?

NORA.—Escucha, Torvaldo. Cuando yo estaba en casa de papá, me exponía él sus ideas y las compartía yo; si tenía otras por mi parte, las ocultaba, pues no le habría gustado. Me llamaba su muñequita y jugaba conmigo como jugaba yo con las muñecas. Después he venido a tu casa...

HELMER.—Empleas unas expresiones singulares para hablar de nuestro matrimonio.

NORA.—*(Sin cambiar de tono.)* Quiero decir que de las manos de papá he pasado a las tuyas. Lo arreglabas todo a tu gusto, de lo cual participaba yo o lo simulaba, no lo sé a ciencia cierta; tal vez lo uno y lo otro, mitad por mitad. Al echar ahora una mirada atrás, se me figura que he vivido aquí como viven los pobres... al día. He vivido de las piruetas que hacía para divertirte, Torvaldo. Por eso te satisfacía. Tú y papá habéis sido muy culpables con respecto a mí. A vosotros incumbe la responsabilidad de que yo no sirva para nada.

HELMER.—Eres absurda, Nora, absurda e ingrata. ¿No has sido feliz aquí?

NORA.—Jamás. He creído serlo; pero no lo he sido nunca.

HELMER.—¿Qué no has... no has sido feliz?

NORA.—No; he estado alegre, y todo se reduce a eso. Tú te mostrabas amable conmigo; pero no suponía nuestro hogar más que un salón de recreo. He sido muñeca-mujer en tu casa, como en casa de papá había sido muñeca-niña.

Observaciones

Ibsen ha planteado en su teatro aspectos muy avanzados de la ideología de su época (finales del siglo XIX). Cfr. sus obras varias *Un enemigo del pueblo, Edda Gabler, El pato salvaje, Los espectros.*

Se trata de un teatro realista e ideológico.

DOS POEMAS DE MARAGALL

1

Retorn

Oh Pirineu! En tes profondes gorges,
fill de la plana, m'he sentit com pres,
i amb l'esguard demanava al cel altíssim
amplària i vent.
Pujava per les costes gegantines
on blanquegen les cascades
i negregen els abets;
on la flor de la muntanya
perfumava el meu gran enyorament...
La llibertad dels cims, no l'assolia:
restava vora d'ells.

2

La vaca cega

Topant de cap en una i altra soca,
avançant d'esma pel camí de l'aigua,
se'n vé la vaca sota sola. Es cega.
D'un cop de roc llançat amb massa traça,
el vailet va buidar-li l'ull, i en l'altre
se li ha posat un tel. La vaca és cega.
Ve a abeurar-se a la font com abs solia,
mes no amb el ferm posat d'altres vegades
ni amb ses companyes, no: ve tota sola.
Ses companyes, pels cingles, per les comes,
pel silenci dels prats i en la ribera,
fan dringar l'esquellot, mentre pasturen
l'herba fresca a l'atzar: ella cauria.
Topa de morro en l'esmolada pica
i recula afrintada... Però torna
i abaixa el cap a l'aigua, i beu calmosa.
Beu poc, sens gaire set. Despres aixeca
al cel, enorme, l'embayada testa
amb un gran gesto tràgic, i se'n torna
orfe de llum sota del sol que crema,
vacil. lant pels camins inoblidables,
brandant llànguidament la llarga cua.

DOS POEMAS DE R. M. RILKE

1

(Día otoñal: de *Die frühe Gedichte)*

Herr, es ist Zeit. Der Sommer war sehr gross.
Leg deinen Schatten auf die Sonnenuhren,
und auf dem Fluren las die Winde loss.

Befiehl den letzten Früchten voll zu sein;
gib ihnen noch zwei südlichere Tage,
dränge sie zur Vollendung hin und jage
dide letzte Süsse in den schweren Wein.

Wer jetzt kein Haus hat, baut sich keines mehr,
wer jetzt allein ist, wird es lange bleiben;
wird wachen, lesen, lange Briefe schreiben
und wird in den Alleen hin und her
unruhing wandern, wenn die Blätter treiben.

Traducción

Señor, es hora ya. El verano fue bueno.
Pon tus sombras sobre los relojes de sol
y deja el viento libre en la llanura.

Ordena madurar a los últimos frutos;
concédeles dos días más de tu tibieza;
llévales hacia la perfección, y deja
que entre en el vino espeso la postrer dulzura.

Quien ahora casa no tiene, ninguna construirá;
quien ahora está solo lo estará largamente.
Velará, leerá, escribirá cartas muy largas,
y vagará por las avenidas de aquí para allá,
inquieto como el vuelo de las hojas.

2

(De *Sonetos a Orfeo)*

Wandelt sich rasch auch die Welt,
wie Wolkengestalten,
alles vollendete fällt
heim zum Uralten.

Ueber dem Wandel und Gang,
weiter und freier,
währt noch dein Vor-Gesang,
Gott mit dem Leier.

Nicht sind die Leider erkannt,
nicht ist die Liebe gelernt,
und was im Tod uns entfernt,

ist nicht entschleiert.
Einzig das Lied überm Land
heiligt und feiert.

Traducción

Por más que cambie, raudo, el universo,
como una masa de nubes,
todo lo perfecto vuelve
a la Antigüedad.

Allende el cambio y el camino,
más ancho, más libre,
aún dura tu pre-canción,
oh dios de la lira.

No son las penas conocidas,
ni el amor se ha aprendido,
y lo que de la muerte nos separa,

aún no está desvelado.
Tan sólo la canción sobre la tierra
glorifica y festeja.

P. VALÉRY

INTÉRIEUR

Une esclave aux longs yeux charchés de molles chaînes
change l'eau de mes fleurs, plonge aux glaces prochaines,
au lit mystérieus prodigue ses doigts purs;
elle met une femme au milieu de ces murs
qui, dans ma réverie errant avec décence,
passe entre mes regards sans briser leur absence,
comme passe le verre au travers du soleil,
et da la raison pùre épargne l'appareil.

Traducción

Una esclava de largos ojos, cargados con muelles cadenas,
cambia el agua a mis flores, se zambulle en los cercanos espejos,
al misterioso lecho prodiga sus dedos puros
y coloca una mujer en medio de esos muros
que, en medio de mis sueños, vagando con recato,
pasa entre mis miradas, mas sin quebrar su ausencia,
como a través del sol el cristal pasa
y salva el aparejo de la razón pura.

DOS POEMAS DE K. P. KAVAFIS

1

ITACA

Cuando emprendas tu viaje hacia Itaca
debes rogar que el viaje sea largo,
lleno de peripecias, lleno de experiencias.
No has de temer ni a los Lestrígones ni a los Cíclopes,
ni la cólera del airado Posidón.
Nunca tales monstruos hallarás en tu ruta,
si tu pensamiento es elevado, si una exquisita
emoción penetra en tu alma y en tu cuerpo.
Los Lestrígones y los Cíclopes
y el feroz Posidón no podrán encontrarte,
si tú no los llevas ya dentro, en tu alma,
si tu alma no los conjura ante ti.
Debes rogar que el viaje sea largo,
que sean muchos los días de verano,
que te vean arribar con gozo, alegremente,
a puertos que tú antes ignorabas.
Que puedas detenerte en los mercados de Fenicia,
y comprar unas bellas mercancías:
madreperlas, coral, ébano, y ámbar,
y perfumes placenteros de mil clases.
Acude a muchas ciudades del Egipto
para aprender, y aprender de quienes saben.
Conserva siempre en tu alma la idea de Itaca:
llegar allí, he aquí tu destino.
Mas no hagas con prisas tu camino;
mejor será que dure muchos años,
y que llegues, ya viejo, a la pequeña isla,
rico de cuanto habrás ganado en el camino.

No has de esperar que Itaca te enriquezca;
Itaca te ha concedido ya un hermoso viaje.
Sin ellas, jamás habrías partido;
mas no tiene otra cosa que ofrecerte.
Y si la encuentras pobre, Itaca no te ha engañado.
Y siendo ya tan viejo, con tanta experiencia,
sin duda sabrás ya qué significan las Itacas.

2

Cirios

Los días amados del pasado nuestro
como cirios se yerguen delante de nosotros,
como una gran hilera de cirios encendidos,
dorados y brillantes, y gozosos.
Los días transcurridos a nuestra espalda quedan
    —una hilera de cirios apagados—.
Los que más cerca están humean todavía
—cirios sin llama, fríos, encorvados—.
Yo no quiero mirarlos; su vista me entristece
y me apena el recuerdo de su primera llama:
miro tan sólo aquellos que ante mí resplandecen.
Yo no quiero volverme para no entristecerme
al ver con qué presteza se alarga la hilera ya extinguida,
con qué presteza aumentan los cirios apagados...

DOS POETAS ÁRABES CONTEMPORÁNEOS

1

Ilya Abu Mandi: Los enigmas (Al-Talasim)

He venido no sé de dónde, pero he venido.
He visto un camino ante mí, y por él he caminado.
Y continuaré andando tanto si quiero como si no.
¿Cómo vine? ¿Cómo veo el camino?
No sé.

Antes de ser hombre,
fui la nada, un absurdo, o fui algo.
¿Tiene solución este enigma? ¿Perdurará siempre?
No sé. Y ¿por qué no sé?
No sé.

2

ILYAS QUNSUL: CUARTETAS (Ruba'iyyat)

Creíamos que cuando se enfadaban eran leones;
pero el día en que se enfadaron fueron gallos.
Pretendían sobreponerse unos a otros con astucia,
y no quisieron aliarse entre sí.

Oyeron decir que las calamidades y las desgracias
les amenazaban. Pero no cambiaron de conducta.

Si la jactancia pudiera levantar tronos, la mayor parte
de los árabes serían reyes.

¡Malabaristas con la gloria de vuestra patria!
¡La cubristeis de ignominia y de dolor!

¡No creáis que se olvidará vuestra traición!
Aunque aparentara olvidar y escondiera su venganza
por un tiempo.

(Trad., Juan Vernet, *Literatura árabe,* Barcelona, Labor, S. A., págs. 202 y sigs.)

UN POEMA DE M. DE SÁ-CARNEIRO

Só de ouro falso os meus olhos se douram;
sou esfinge sem mistério no poente.
A tristeza das coisas que nâo foram
na minhé alma desceu veladamente.

Na minha dor quebram-se espadas de ánsia,
gomos de luz em treva se misturam.
As sombras que eu dimano nâo perduram.
Como Hontem, para mim, Hoje é distância.

Jé nâo estremeço, em face do segredo;
nada me aloira já, nada me aterra:
a vida vida corre sobre mim em guerra,
e nem sequer um arrepio de medo!

Sou estrela ébria que perdéu os céus,
seria louca que deixou o mar;
sou templo prestes a ruir sem deus,
estàtua falsa ainda erguida ao ar...

DOS POEMAS DE UNGARETTI

1

Canto

Rivedo la tua bocca lenta
(il mare le va incontra delle notti)
e lacavalla delle reni
in agonia caderti
nelle mie braccia che cantavano,
e reportarti un sonno
al colorito e a nueve morti.
E la crudele solitudine
che in sè ciascuno scopre, se ama,
ora tomba infinita,
da te mi divide per sempre.

Cara, lontana come in uno specchio...

Traducción

Vuelvo a ver tu boca lenta
(el mar sale a su encuentro por la noche)
y la yega de tus caderas
cómo te cae en agonía
en mis brazos que cantaban,
y te traen un sueño
de un nuevo colorido y de unas muertes nuevas,
y la cruel soledad
que cada cual, si quiere, en sí descubre,
ahora tumba infinita,
de ti me aleja para siempre.

Amor, lejana como en un espejo...

2

Nacimiento de la Aurora

Nel suo docile manto e nell'aureola,
del seno, fuggitiva,
diridendo, e pare inviti,
un fiore di pallaida brace
si toglie e getta, la nubile notte.

E l'ora che disgiunge il primo chiaro
dall'ultimo tremore.
Con dita smeraldine
ambigui moti tessono
un lino.

E d'oro le ombre, tacitanto alacri
inconsapevoli sospiri
I solchi mutano in labili rivi.

Traducción

En su manto tan dócil y en la aureola,
del seno, fugitiva,
burlándose, y diríase que invita,
una flor de pálida brasa
se arranca y arroja, la noche virginal.

Es la hora que separa
el primer clarear del temblor último.

En la linde del cielo, abre el abismo, lívida.

Con dedos de esmeralda
ambiguos movimientos
tejen un lino.

De oro las sombras, con afán reprimiendo
inconscientes suspiros,
los surcos truecan en fluidos ríos.

T. S. ELIOT: EL SERMÓN DEL FUEGO

(THA WASTE LAND, III)

The river's tent is broken: the last fingers of leaf
clutch and sink into the wet bank. The wind
crosses the brown land, unheard. The nynphs are departed.
Sweet Thames, run softly, till I end my song.
The river bears no empty bottles, sandwich papers,
silk handkerchiefs, cardboard boxes, cigarette ends
or other testimony of summer nights. The nynphs are departed.
And their friends, the loitoering heirs of city directors;
Departed, have left no adresses.
By the waters of Leman I sat and wept...

Traducción

Se ha roto la tienda que estaba cabe el río; los últimos dedos
de las hojas se agarran y se hunden en la húmeda orilla. El viento
cruza la tierra gris, sin ser oído. Se marcharon las ninfas.
Dulce Támesis, fluye despacio, hasta acabar mi canto.
El río no arrastra ni botellas vacías, ni papel de envolver bocadillos,
ni pañuelos de seda, ni cajas de cartón, ni una colilla,
ni otros testimonios de las noches de estío. Se marcharon las ninfas.
Y sus amigos, los ociosos herederos de los directores de bancos.
Se marcharon, sin dejarnos sus señas.
Cabe las aguas del Leman me senté y eché a llorar...

K. KROLOW: GENAZZANO (1955)

Genazzano am Abend
winterlich
gläsernes Klappern
der Eselshufe
steilauf die Bergstadt.
Hier stand ich am Brunnen
hier wusch ich main Brauthemd
hier wusch ich mein Totenhemd
mein Gesicht lag weiss
unterm schwarzen Wasser
im wehenden Laub der Platanen.
Meine Hände waren zwei Klumpen Eis
fünf Zapfen an jeder
die klirrten.

Traducción

Genezzano por la tarde
invernal
Golpes quebradizos como el vidrio
de los cascos del asno
que ascienden monte arriba hacia la ciudad.
Aquí estaba yo, en la fuente,
aquí lavaba yo mi velo de novia,
aquí lavaba yo mi sudario
Mi cara yacía blanca
bajo las negras aguas
a la sombra ondulante de los plátanos.
Mis manos eran dos bloques de hielo
con un carámbano en cada uno de ellos,
que tintineaban.

CARLES RIBA

Elegies de Bierville (V)

Clou-te, cúpula verda per sobre el meu cap cristal.lina!
Aigües de curs discret, brisa que a penes ets més
que un moviment del silenci, imiteu la manera senzilla
com la meva sang ara s'obliga, i jo sé.
L'inacabable somni del món endolceix una a una
ses onades entorn del malencònic jardí.
Dins la meva ànima en pau sóc el nàufrag que en illa profunda
on reneix de la mar, súbitament reconeix
la seva pàtria antiga; i no en té sorpresa; el crepuscle
fa més pur el sender —oh pueril, oh reial!
que l'ha tornat a prendre, envellit i nu, però en flama
més a cada pas, més alentint cada pas
perquè vol la nit, i arribar a l'esposa secreta
com esperat d'un esclat sempre imminent de l'enyor!
i ésser l'un per l'altre un do amorós del misteri
—nit amb joia dels ulls, nit més enllà de la nit.

SEFERIS: ASTIANACTE
(De *Mythistorêma)*

Ahora que has de partir, toma también a tu hijo
que vio la luz bajo aquel plátano
un día en que sonaban trompetas y brillaban las armas,
y, sudorosos, los caballos alargaban el cuello para alcanzar
la verde superficie del agua
del abrevadero con sus húmedos belfos.

Los olivares con las arrugas de nuestros padres,
las rocas, con la sabiduría de nuestros padres,
y la sangre de nuestro hermano vivo en la tierra,
era una alegría cierta, un orden generoso,
para las almas que conocieron su plegaria.

Y ahora has de partir, ahora que el día del pago
apunta, ahora que nadie sabe
a quién matará y cómo sucumbirá,
toma contigo al hijo que ha visto la luz
bajo las ramas de aquel plátano
y enséñale a estudiar los árboles.

ÍNDICE

9788423965229.4